제왕적 대통령제와 정당

제왕적 대통령제와 정당

20년간의 정당 모델·공천·선거법 논쟁과 성찰

푸른길

차 례

제왕적 대통령제, 어떻게 문제가 되는가?

　현대 민주주의는 시민들이 직접 참여하는 직접 민주주의가 아니라 시민들의 선거로 선출된 소수의 대표자에 의해 위임되는 대의 민주주의라는 점에서 정당 민주주의이자 의회 민주주의로 통한다. 현대 민주주의가 선거를 통한 대의 민주주의라는 점에서 정부와 시민 사회를 이어주는 매개 기관인 정당의 역할은 중요할 수밖에 없다. 다시 말해서 이것은 좋은 정당이 존재하지 않으면 좋은 의회 정치와 대의 민주주의를 운영할 수 없음을 의미하며, 제대로 된 대의 민주주의를 위해서는 좋은 정당이 만들어지고, 그 본질과 목표에 맞게 운영되어야 함을 의미한다.

　한국의 민주주의는 1987년을 기점으로 민주화를 시작한 지 35년으로 한 세대가 넘었다. 우리의 대의 민주주의는 과연 성공하고 있는 것일까? 과연 우리의 정당과 의회는 제대로 작동하고 있는 것일까? 이 같은 물음에 '성공적'이라고 선뜻 대답하기가 어렵다. 혹시 우리 정당과 의회의 모습은 미헬스가 말한 '과두제의 철칙'에서 허우적거리는 것은 아닐까?

　민주주의가 일정한 발전 단계에 도달하면 곧바로 타락하기 시작하여 "과두정으로 빠진다"는 미헬스가 말한 것처럼, '과두제의 철칙'. 이 '과두제의 철칙'을 어떻게 받아들여야 할까? 87년 민주화가 시작된 이후 한 세대가 흘러 정치는 계파 정치와 파벌 정치 그리고 제왕적 대통령을 추종하는 팬덤 정치와 수직적 당·청·정 관계로 몸살을 앓고 있다. 이런 우리의 상황은 미헬스가 말한 '과두제의 철칙'과 유사하지 않은가?

"파도는 항상 바위에 부딪혀 깨진다. 그러나 파도는 영원히 다시금 몰려온다. 파도가 연출하는 연극은 격려와 절망을 교차시킨다. 민주주의는 일정한 발전 단계에 도달하면 곧바로 타락하기 시작한다. 그때 민주주의는 귀족정의 정신을, 때로는 귀족정의 형식까지 받아들이고, 한때 민주주의가 투쟁하였던 귀족정과 유사해진다. 그러면 다시 민주주의의 내부에서 민주주의의 과두적 성격을 질책하는 새로운 비판자들이 생겨난다. 그러나 그들은 영광의 투쟁기와 불명예스럽게 지배에 참여하는 시기를 겪은 뒤에, 마침내 다시 구지배계급 속으로 흡수된다. 그러나 민주주의를 내건 새로운 자유의 투사들이 또다시 등장한다. 청년의 치유할 수 없는 이상주의와 노년의 치유할 수 없는 지배욕 사이의 가공스러운 투쟁은 그렇듯 끝없이 이어진다. 언제나 새로운 파도가 언제나 똑같은 바위에 부딪친다. 이것이 정당사의 심원한 서명이다." 미헬스. 2002. 김학이 옮김. 〈정당사회학: 근대 민주주의의 과두적 경향에 대한 연구〉. 397-8쪽

민주화가 시작된 지 35년 만에 소득 상위 10%를 과대 대표하는 '과두제 민주주의'로 전락한 한국의 정당 정치와 의회 정치. 이것을 바라보는 심정은 씁쓸하다. 우리는 민주공화국의 선진국인 미국식 민주주의 제도를 수입하였으나 그 제도를 작동시키고 있는 청교도인들의 '독특한 생활 습속'(개인의 자유

제왕적 대통령제와 정당

와 자율적 양심)에 대한 이해와 함께 이것을 한국적 토양에 뿌리를 내리도록 체질화하거나 내면화하지 못한 것으로 보인다. 이에 당 총재나 보스를 따르는 계파와 파벌 중심의 중앙 집권화된 관료주의 전통을 근본적으로 개선하지 못한 채, 거기에다 자율적 개인 습속에서 탄생한 미국식 민주공화주의 제도를 덮어 분칠하는 방식으로 운영하고 있다.

프랑스 정치가이자 사회학자였던 토크빌은 〈미국의 민주주의〉란 책에서 미국식 민주주의와 프랑스식 민주주의가 어떻게 다른지를 서술하였다. 그는 둘의 차이에 대해 아주 예민하게 언급했다. 미국 혁명은 종교와 자유 그리고 교회와 민주주의가 잘 부합하였으나, 프랑스 혁명은 두 개가 서로 부합하지 못하면서 충돌하였다고 보았다. 즉, 그는 미국은 '자율적 개인주의'로 무장한 청교도인들의 독특한 생활 습속과 민주공화주의 제도가 잘 부합하였다고 분석했다.

토크빌이 말하는 청교도인들의 독특한 생활 습속이란 무엇일까? 청교도인들은 칼뱅의 후예로서 신의 피조물인 인간 세계에서 통용되는 각종 우상 숭배들, 나이, 신분, 계급, 권력 등에 따른 차별을 부정한 사람들이다. 그러면서도 그들은, 신 앞에서 연약하고 유한한 인간들의 한계를 깨닫고, 자율적 개인주의에 기초해 서로 돕기 위해 개방된 결사체와 시민정부를 만들어 살아야 한다는 신조를 지키는 사람들이다. 결국 토크빌의 분석처럼, 청교도들의 유한 세계관과 개인주의적 생활 방식은 자연스럽게 민주주의에 친화적인 습속으로 작동하였다.

한국의 '과두제 민주주의'는 3김식 보스 정치와 제왕적 대통령제 그리고 계파 정치와 파벌 정치, 제왕적 대통령을 추종하는 팬덤 정치와 '당·정·청

원팀주의'로 재현되고 있다. 이러한 과두제 민주주의는 우리 시민의 생활 습속과 소통 방식이 폐쇄적 파벌 관계의 반영으로, 자율적 개인주의에 기초한 개방적 네트워크가 부족하다는 것을 반영한다.

이른바, 김영삼, 김대중, 김종필을 필두로 하는 3김 시대까지는 대통령이 집권 여당의 보스로서 총재직을 겸했다. 당 대표가 있었지만 어디까지나 총재로부터 권한을 위임받아 당을 운영하는 성격이 강했다. 당직 인선이나 총선 후보, 지자체장 후보 공천권도 당 총재인 대통령이 행사했다. 집권당에 대한 대통령의 장악력이 막강했고, 자연스레 당·정·청 관계가 수직적인 제왕적 대통령의 행태를 취할 수밖에 없었다.

그러나 3김 시대 이후 당권과 대권의 분리가 일반화하면서 대통령이 집권당 총재를 겸하는 관례도 역사 속으로 사라지게 됐다. 자연스럽게 그동안 일방적이고 수직적이던 당·정·청 관계도 새롭게 재정립해야 한다는 목소리가 제기되었다.

3김 시대에는 집권 여당 및 입법부가 제왕적 대통령이나 청와대의 시녀가 되거나 통법부 역할에 머물러 행정부를 견제하지 못하는 무능한 국회의 모습을 보여 주는 것이 다반사였다. 여당은 삼권 분립 체제에서 입법부의 일원으로서 정부와 청와대를 견제해야 하는 역할을 할 수 없었다. 이에 집권 여당을 '청와대의 여의도 출장소'라거나 청와대만 바라보는 '청와대바라기 정당'이라는 비판을 받을 수밖에 없었다.

한국 정치에서 본격적으로 정당 개혁다운 정당 개혁을 시작한 해는 2002년이었다. 2002년 노무현 대통령의 등장과 더불어 집권 여당의 당 대표 또는 원내 대표 경선에서 '당청 관계의 재정립', '수평적 당청 관계 정립' 등의 구호

제왕적 대통령제와 정당

가 등장하면서 정당 개혁은 탄력을 받았다. 수평적 당·청·정 관계의 수립을 통해 일방통행식이고 형식적인 당정 정책 협의는 쌍방향적이고 실질적인 당정 정책 협의로 탈바꿈해야 한다는 규범이 제기되었다. 또한 부처별 주요 정책은 당 소속 상임 위원회 차원의 당정 협의까지 거친 이후 발표되어야 하고, 국민적 공감없는 정책을 거르지도 못한 채 밀어붙이다가 야당의 반대와 견제를 잡히는 일은 더 이상 반복해서는 안 된다는 규범도 나왔다.

3김 시대에 지배적인 관행이었던 의원 줄세우기 관행은 아주 오래된 관습처럼, 2021년 대한민국 집권당에서도 '당·정·청 원팀주의'라는 이름으로 여전히 답습되고 있다. 2002년 기준으로 3김이 정치적으로 퇴장한 지 20여 년이 넘었고, 이른바 보스 정치를 혁파하기 위하여 의원들의 자율성을 강화하고 당을 원내 정당화하자는 내용으로 정치 개혁을 본격적으로 추진된 지가 20여 년이 넘었음에도 불구하고, 2022년 대통령과 청와대의 간섭과 그 영향력은 여전히 뿌리 깊게 건재하다는 사실이다.

그동안 우리 정치권은 오래전부터 관행적으로 삼권 분립의 민주공화국 대통령제를 '내각제 방식'으로 운영해 왔다. 이미 이승만 대통령을 포함 역대 대통령 거의 모두는 내각제 방식으로 운영해 왔다. 역대 거의 모든 대통령은 개인적 성품과 스타일을 떠나 관습적으로 '대통령제 정부의 내각제적 운영 모순'을 따랐기 때문에, 당·정·청 관계의 불화와 계파 갈등이 불가피했다.

어떻게 보면 '대통령제 정부 형태'임에도 당·정·청 관계를 '내각제 형태'처럼 수직적으로 운영하게 되면, 결국 현실에서는 '제왕적 대통령제'가 등장하게 되어 있다. 즉 당을 장악한 당 총재(보스)가 대통령이 될 경우, 행정부 권력과 함께 다수당을 근거로 입법부 권력을 모두 장악하게 되는 제왕적 대통령이 된다. 제왕적 대통령제의 핵심인 당·정·청이 하나가 되는 것은 마치 다수당의 당수가 행정부 권력의 수상이 되어 입법부와 행정부가 하나로 융합되는 내각제와 유사하다.

'제왕적 대통령제'란 권력 분립의 원리가 작동해야 하는 대통령제 국가에서 대통령 1인에게 권력이 집중되어, 의회나 다른 기관의 견제가 현저히 약화되고 대통령이 제왕적 권력을 가지게 되는 현상을 의미한다. 그래서 이것은 개헌 논의뿐만 아니라 대통령을 비판할 때 반대 진영에서 흔히 쓰는 논리로도 사용된다. 소위 제왕적 대통령제라고 불릴 정도로 현행 헌법 체제에서 한국의 대통령이 막강한 권력을 행사할 수 있다는 진단이 있는 반면, 그렇지 않고 대통령 개인의 문제나 개인 리더십과 연관된 정치 관행 및 정치 문화의 문제라는 진단도 있다.

제왕적 대통령제가 작동하게 되면, 보수, 진보 정권이라는 구분 없이 청와대 조직과 예산은 꾸준하게 늘어나는 현상이 발생한다. 제왕적 대통령제가 작동하게 되면 대통령이 국회, 정당을 대하는 방식도 달라진다. 야당뿐만 아니라 여당 내의 반대파까지 철저하게 외면하거나 배제하면서 집권당의 당수가 입법부와 행정부까지 장악하는 '수직적 당·정·청 관계'가 형성된다.

대선이 다가오면 늘 나오는 공약 중 하나가 청와대 비서실 축소였다. '민정수석실'의 기능은 제왕적 대통령제의 강력한 제도적 기능으로 작동해 온 만큼, 그 기능을 축소하자는 원성이 많다. 대권 후보들은 앞을 다퉈 '제왕적 대통령제'의 폐해를 언급하며 자신이 대통령이 되면 대통령 비서실의 기능과 역할을 확 줄이고 장관들에게 실질적인 의사 결정 권한과 인사권을 주겠다고 약속하지만 지켜지지 않는다. 그때 말뿐이다. '제왕적 대통령제'의 폐해를 여러 각도로 비판하면서도 그것이 근본적으로 극복되거나 개선으로 연결되지 않는다. 그 이유는 무엇일까?

여러 가지 이유가 있지만, 그 핵심에는 '제왕적 대통령제'의 개념을 발생론적인 인과 관계로 이해하지 않기 때문에 그것을 극복하기도 힘들다고 보는 게 적절하다. 특히, 제왕적 대통령제의 개념을 발생론적인 인과 관계로 보지 않을 경우, 곧바로 권력 구조의 개편으로 접근하여 내각제냐, 이원 집정부제(분권형 대통령제)냐 하는 식의 개헌 논의의 함정에 빠지게 되어 있다.

발생론적 인과 관계로 접근할 경우에는, 굳이 어려운 권력 구조의 개편이라는 개헌을 동반하지 않고 현재의 헌법이 규정하고 있는 틀 안에서 각 권력 기관의 독립성을 강화하고, 견제와 균형의 원리가 작동하는 분권 및 자치 구조를 만듦으로써 '제왕적 대통령제'의 폐해를 극복할 수 있는 방안을 찾을 수 있다.

제왕적 대통령제의 극복을 위한 권력 구조의 개편과 관련하여 하나의 이상론적인 대안을 예시로 들어보면 다음과 같다. 그 해법의 핵심에는 가로축·세로축 권력의 분산과 자치가 있다. 첫째, '가로축' 권력의 분산과 자치로서, 대통령의 권력을 입법부와 사법부로 분산시키고 자치를 강화시켜야 한다. 특히, 사법부의 독립성과 자율성을 강화해서 대통령의 행정 권력을 견제하도록 해 '법치주의'를 살리는 일이 급선무다. 법의 방패를 강화해서 사람이 아니라 법이 지배하도록 만들어야 한다.

둘째, '세로축' 권력 분산과 자치로서, 중앙 정부의 권한을 '보충성의 원리'에 따라서 주민 자치와 지방 정부로 분산시켜야 한다. 중앙 정부의 예산권, 인허가권, 경찰 등의 공안 권력을 읍·면·동 주민 자치 정부와 지방 정부로 대폭 이관해야 한다. 그리고 시장을 포함한 민간부문에 대한 국가의 개입을 줄이고 시민 사회 영역의 자율성을 강화시켜 나가야 한다. 과연 이런 이상론적인 예시가 곧바로 현실화된다면 얼마나 좋겠는가? 하지만 현실은 복잡하고 개혁은 힘들기 때문에, 현실에서 가능한 부분부터 개혁에 임하는 실용적인 태도가 필요할 것이다.

제왕적 대통령제의 개념을 발생론적 인과관계로 볼 때, 대통령제하에서도 입법부와 행정부의 권력이 융합하게 되면 '제왕적 대통령제'가 등장할 수가 있다. 한국에서 벌어지는 제왕적 대통령제의 비극은 '삼권 분립의 민주공화국 대통령제를 내각제처럼 운영하는 모순'에서 비롯된 측면이 강하다. 이러한 모순을 해결하기 위한 대안 모색은 당정 분리, 원내 정당화, 오픈 프라이머리, 대통령제 리더십의 복원 그리고 당·정·청 관계를 청와대 중심이 아니라 당·정·청이 대등하고 균형적으로 협력하는 수평적 당·정·청 모델(거버넌스 모델)의 개발에서 찾아야 한다. 무엇보다 공화정(republic) 정체의 정신인 권력 기관 간의 견제와 균형의 원리 및 보충성의 원리에 대한 근본적인 이해가 필요하다.

특히, 공직과 자리가 사람의 행태를 규정한다는 말이 있듯이, 감시와 견제를 통해 대통령 개인이 법과 절차를 무시하지 않도록 하는 정치 관행 및 문화가 생긴다면, 현행 제왕적 대통령제의 많은 부작용을 막을 수 있다. 예방적 조치로서 대통령의 지나친 공천권과 인사권을 축소하는 개혁이 필요하고, 대통령 당선 후 이른바, '캠프 공신들'에게 공직의 자리를 나눠주는 정실주의적 인사 관행을 개선해야 할 것이다.

문재인 정부시기에 청와대와 집권 여당인 민주당은 '당·정·청 원팀'이란

제왕적 대통령제와 정당

말로 내부 모순과 다양성을 숨기고 억압하면서 동질성을 과도하게 강제한 측면이 있다. 실제로 원팀이란 용어는 다양성과 차이 및 이견을 억압하고 동질성을 강조하는 전제주의 논리로 악용되는 측면이 강하다. 정당 내 다양성을 부정하는 '원팀주의'도 문제이고, 다양성의 토론과 공적 질서를 부정하는 '계파주의'도 문제이다. 다양한 이견과 차이를 드러내고 토론할 때 진정한 통합에 도달할 수 있다는 게 공화주의의 핵심 원리이다. 원팀주의'와 '계파주의'라는 두 극단을 벗어나 다양한 세력이 공존하되 견제와 균형을 통해 공공선에 도달할 수 있다는, 혼합정(republic)을 추구하는 공화주의적 정신에 기초한 정당의 조직문화가 필요하다.

그렇다면 이런 제왕적 대통령제가 쉽게 개선되지 않고 오랫동안 존속하는 배경은 무엇일까? 그 핵심에는 '중앙 집권화된 권력 구조'의 문제가 있다. 가로축의 권력 구조(입법부, 사법부, 행정부)와 세로축의 권력 구조(연방 정부, 지방 자치, 주민 자치)차원에서 권력 분립에 기초한 견제와 균형 및 공공성이 지켜지지 않기 때문인 것으로 보인다. 거기에다 이질성과 다양성이 표출하면서 적절하게 대응하는 국정 운영 방식 및 정당의 거버넌스 방식의 부재가 어려움을 더하고 있다. 이런 어려움의 등장은 지구화(세계화), 정보화, 후기 산업화, 탈물질주의화, 탈냉전화 등으로 표현되는 21세기 전환기적 시대 상황이라는 거시적 변화 요인에 따른 결과로 보인다.

이런 거시적 변화 요인들은 사회 이익을 더욱 복잡하고 다양하게 파편화(fragmentation)시키기 때문에 대의 정치의 기본 임무인 민의의 반영과 통합을 어렵게 한다. 이것은 한편으로 다양한 가치와 이념을 지닌 집단과 조직들을 분화시키면서도 다른 한편으로 가치가 절충되고 통합될 수 있는 중간 지대를 없애고, 파편화된 가치와 이념 및 극단적인 진영 논리로 무장하도록 촉진한다는 점에서 집단 극단화에 빠질 수 있는 환경을 자연스럽게 조성한다. 이에 전환기 이전과 달리 단순하고 쉽게 통치하지 못하고 통치 불능 사태(거버넌스의 위기)에 빠지는 정당과 정치권은 새로운 공공 철학의 개발보다는 손쉬운 대응 전략으로 정치적 양극화에 따른 '편향성의 동원 전략'이나 '포퓰리즘'이라는 전략적 극단주의를 사용하려는 환경에 노출될 수밖에 없다.

이 책에서 다루고자 하는 내용은 새로운 것은 아니다. 이 책은 민주주의를 살리는 정당 모델과 공천 개혁이 무엇인가에 대해 질문을 던지고 있다. 특히, 급박하게 변화하는 21세기 전환기적 시대 상황에서 출현한 거시적 변화와 함께 2002년을 기준으로 제왕적 대통령제를 극복하기 위해 한국 정치가 겪었던 지난 20년간의 정당 개혁 및 선거법 개혁의 흐름과 쟁점을 정리하는 한편 제기된 문제점과 극복대안을 공유하기 위한 바람의 차원이다.

지금까지 정당에 대한 이해와 정당 개혁에 대한 연구가 많이 있었지만 두 가지 변수인, 21세기 전환기적 시대 상황과 대통령제 정부 형태에 조응하는 대안 정당의 모습을 찾거나 정당 개혁을 추구하지 않은 측면이 강했다. 최근 '위성 정당'의 출현에 따른 양당 체제의 구축효과는 정치권과 학계에서 논의된 연동형 비례제 선거법이 대통령제 정부 형태와 충돌하는 상황을 고려하지 않고 무리하게 추진한 것에 대한 당연한 결과를 보여 준다.

그동안 한국 정당 개혁과 관련한 논의와 방법론에서는 대통령제 정부 형태라는 것을 무시하거나 의원 내각제에 친화적인 정당의 모습을 표준화하여 대안적인 논의를 진행한 경우가 많았다. 의원 내각제에 친화적인 이른바, 대중 정당 모델에 따라 이념적·조직적 정체성을 주장하다 보니 자연스럽게 시민 정치의 흐름과 충돌하는 경우가 많았다. 그렇다면 시민 정치의 흐름이 출현하는 21세기 시대 상황과 대통령제 정부 형태에 부응하는 대안적인 정당 모델과 공천 방식 및 선거법은 무엇일까?

이 책이 지향하는 목표는 제왕적 대통령제에 기초한 수직적인 당·정·청 관계와 권위적인 정당관계를 극복하기 위하여 지구화, 정보화, 후기 산업화, 탈냉전화, 탈물질주의화 등으로 표현되는 21세기 전환기적 시대 상황이라는 거시적 변화에 적극적으로 반응할 수 있는 공공 철학의 정신을 찾고, 거기에다 대통령제 정부 형태에 부합하는 정당과 공천 방식 및 선거법 등을 붙여서 양자 간의 '제도적 반응성'을 높이는 일이다. 한마디로 민주주의를 살리는 정당 모델과 공천개혁을 찾는 일이다.

이 책의 목차에 나온 내용들은 전문학술지와 대중적 저널에 실렸던 원고들과 학술대회에서 발표했던 원고들을 책의 목적에 맞게 재구성하거나 그것을 원용하여 새롭게 서술한 것이다. 관련 글들을 일반 시민들과 정치지망생 그리고 공직에 있는 정치인들과 공유하고자 대중적으로 쉽게 풀어쓰려고 노력했다. 관련 글들의 출처를 미리 밝히면 다음과 같다.

제1장 한국 정당 개혁의 흐름과 문제점의 출처는 "한국 정당 개혁의 전개와 방향: 정당 조직과 운영의 현황 및 문제점을 중심으로"(학술대회 발표, 2012)이다. 제2장 계파 공천(20·19대)과 19대 국회 입법 갈등 사례의 출처는 "계파의 집단 극단화를 통한 정치적 양극화: 계파 공천(20·19대)과 19대 국회 입법 갈등 사례"(동향과 전망, 99호, 164-200, 2017)이다.

제3장 원내 정당론과 대중 정당·포괄 정당·선거 전문가 정당론의 차이의

출처는 "원내 정당 모델의 명료화: 대안적 정당 모델과의 비교 논의"(의정연구, 30권, 5-38, 2010)이다. 제4장 '정당 약화론'과 국민 경선제 지속성"의 출처는 "'정당 약화론'과 국민 경선제 지속성"(동향과 전망, 317-358, 2020)이다.

제5장 네트워크 정당과 오픈 프라이머리의 출처는 "계파 정치 극복을 위한 네트워크 정당 모델과 오픈 프라이머리 논의"(정책연구, 통권186호, 143-179, 2015)이다. 제6장 시민 정치의 흐름과 네트워크 정당 모델의 과제의 출처는 "시민 정치의 흐름과 네트워크 정당 모델의 과제"(민주주의와 인권, 16권 1호, 5-50, 2016)이다.

제7장 대통령제에 부합하는 선거 제도와 정당 개혁의 출처는 "공화주의적 대통령제에 부합하는 선거 제도와 정당 개혁"(학술대회 발표, 2020)이다. 제8장 선거법 규제의 혁신: 선거 운동 규제에서 비용 규제로의 출처는 "숙의 민주주의 지향의 선거법 규제의 전환: 선거 운동 방식 규제에서 비용 중심 규제로"(한국과 국제 정치, 35권, 3호, 123-155, 2019)이다.

이 책이 나오기까지 여러 선생님들의 지도와 편달, 그리고 도움과 수고가 있었다. 부족한 글에 관심을 가져주시고 출판을 허락해 주신 (주)푸른길 김선기 사장님과 좋은 편집을 위해 애써주신 김다슬 선생님과 이선주 팀장님께 진심으로 감사드린다. 그리고 은사님이자 스승님으로서, 항상 좋은 가르침과 함께 공부하는 방법을 가르쳐 주신 임성호 경희대 정치외교학과 교수님, 이동수 경희대 공공대학원 교수님, 김홍우 서울대 정치학과 명예교수님, 전상직 한국자치학회 회장님께 감사드린다. 전상직 회장님은 주민자치에 대해 많은 가르침을 주셨다. 또한 공화주의를 함께 공부해 온 21세기 공화주의

클럽, 공화의 나라 시민 행동, 공화주의정치포럼, 한국정치평론학회, 한국자치학회, 한국주민자치중앙회 등 여러 동료들께 감사드린다. 그리고 함께 생활하면서 물심양면으로 여러 도움을 주고 있는 동지이자 아내인 김미경 씨에게도 깊은 감사의 말씀을 드린다.

2022년 2월

경희대 교정에서

채 진 원

제왕적 대통령제를 만드는 '대통령제화된 정당'

1. 대통령제화된 정당(presidentialized parties)이란?

우리는 보통 정당을 앤서니 다운스가 〈*An Economic Theory of Democracy*〉(1957년)에서 개념으로 정의한 것처럼, "선거를 통하여 공직을 획득함으로써 정부 기구(governing apparatus)를 통제하고자 하는 사람들의 집단"(p.25)으로 정의한다.

정당의 최종 목표가 정치 권력의 핵심인 정부 기구를 획득하는 것이라는 점에서 정당에 대한 이해를 구체적인 정부 형태와의 관계 속에서 파악하는 것이 중요하다. 특히, 대통령제 정부 형태와 의원 내각제 정부 형태는 정부를 구성하는 권력의 존재 형식과 운영 방식이 다르기 때문에 권력을 형성하고 운영하는 정당의 조직과 행태도 다를 수밖에 없다는 것을 반드시 고려해야 한다(강신구 2015, 77-83).

왜냐하면 정부의 권력을 획득하는 것을 최종 목표로 하거나 혹은 수단으로서 쟁취하고자 하는 사람들의 집단을 정당이라고 정의한다면 정부 형태, 즉 정책을 수립·집행하는 권력이 행정부·입법부에 분할·배분되는 양상은 권력을 획득하기 위해서 경쟁하는 사람들의 집단적 노력을 의미하는 정당의 조직과 행태에 필연적으로 영향을 주면서 변화를 불러일으킬 수밖에 없기 때문이다.

지금까지 정당에 대한 이해와 정당 개혁에 대한 연구가 많이 있었지만 대통령제 정부 형태와 의원 내각제 정부가 다르다는 조건 속에서 구체적인 정당의 형태를 보거나 정당 개혁의 방향을 판단하지 않은 측면이 강했다. 특히, 한국 정당 개혁과 관련한 논의와 방법론에서는 대통령제 정부 형태라는 것을 무시하거나, 의원 내각제에 친화적인 정당의 모습만을 정당인 것처럼 표준화하여 대안적인 논의를 진행한 경우가 많았다.

이번 기회에 이런 접근은 제왕적 대통령제를 정당과의 관계 속에서 이해하기 어렵기 때문에 제왕적 대통령제의 문제점을 개선하는 데 필요한 원인 진단과 처방과 관련한 시각 및 바람직한 대안을 찾기 어렵다는 것을 성찰하는 계기가 되어야 할 것이다.

학술적으로 볼 때, '제왕적 대통령제'에 기초한 수직적인 당·정·청 관계가 대통령이 국회 의원의 공천권, 국회 의원의 장관 임명권, 정부의 배타적인 예산 편성권, 기타 권력 기관 등을 동원할 수 있는 구조적 기반이 되는 '대통령제화된 정당(presidentialized parties) 모델'에서 탄생한다는 점에서 대통령제화된 정당을 주목할 필요가 있다. '대통령제화된 정당'(presidentialized parties) 개념은 미국의 정치학자 새뮤얼스와 슈가트에 의해 선구적으로 설명되었다(Samuels 2002; Samuels and Shugart 2010).

새뮤얼스와 슈가트는 〈*Presidents, Parties, and Prime Ministers: How the Separation of Powers Affects Party Organization and Behavior*〉(2010

년)라는 저서에서 '권력의 분립'(separation of powers)과 동시에 '목적의 분립' (separation of purposes)을 추구하는 대통령제 정부에 기반한 정당은 '정당 조직이라는 집단'보다 '대통령 개인'에게 의존하는 경향이 커서 당 조직의 이념적 정체성과 당 기율은 의원 내각제 정부에 기초한 정당 조직의 이념적 정체성과 규율에 비해 약화될 수밖에 없다고 설명한다.

이러한 새뮤얼스와 슈가트의 논의는 '권력의 분리'와 '목적의 분리'라는 긴장 관계에 따라 대통령과 집권당 간의 관계는 내생적으로 '수직적 관계'를 내포하고 있고, 이에 따른 갈등과 반발이 수반될 가능성이 크다는 것, 그리고 이것에 대한 합리적인 해법의 실마리를 제공한다는 점에서 이론적 시사점이 많다.

대체로 대권 후보의 탄생과정과 선거 운동의 시작부터 대통령과 집권당의 간의 관계는 갈등적이다. 대권 후보는 정파적 이념성이 강한 당내 인사보다는 탈이념적이면서 대중적인 이미지를 갖는 당 밖 인사들이 승리할 가능성이 크다. 선거 캠프의 구성 역시 정당 내 당파적 인사가 아닌 대중적 인지도와 호소력이 높은 당 외부 인사 중심으로 선거 캠프를 구성할 가능성이 크다. 그리고 집권 시 청와대와 내각의 인사 구성은 당내 인사보다는 선거 캠프 내 역할을 했거나 당 밖 인사를 쓰려는 경향이 강하다. 국회 의원의 장관 기용 등 정당 소속 인사를 쓰려고 하는 경우는 국회나 정당 대변보다는 청와대와 대통령을 대변하는 인물을 선호하는 경향이 강하다.

대통령은 선거 캠프 시절부터 역할을 했던 인물들을 청와대나 내각에 배치했다가 국회 의원 선거를 앞두고 국회 의원의 공천 과정에 영향력을 행사하고, 이들이 국회 의원으로 당선될 시 정당과 국회의 대변보다는 대통령에 대한 더 많은 충성을 요구하는 경향을 보이고 있다. 대통령은 국정 운영 방식에서도 자신의 높은 지지율에 의존하여 집권당과 거리를 두려고 하거나 임기 말 레임덕 방지를 생각하여 집권당을 자신의 지배하에 두려는 경향이 강하다. 당연히 이런 대통령의 수직적 지배 행태에 대해 집권당도 반발하는 경향이 있기에 대통령과 정당 관계는 협조 일변도가 아니라 갈등에 처할 가능성이 크다.

특히, 이 같은 대통령의 집권당 지배에 대해 집권당 지도부가 반발하여 강한 이념적·조직적 정체성과 강한 당기율에 기초한 '대중 정당 모델'로 맞설 경우, 당·정·청 관계는 충돌할 수밖에 없다. 역설적으로 새뮤얼스와 슈가트의 '대통령제화된 정당'(presidentialized parties) 개념은 대통령제라는 정부 형태가 정당의 이념적·조직적 정체성 및 당기율과 연관되어 있다는 것, 그리고 분점 정부와 같은 여소 야대 위기 상황을 피하기 위해 대통령과 집권당의 충돌을 회피하기 위한 합목적적인 규범을 내재화한다는 점에서 대통령제 정부 형태에 친화적인 정당 모델과 공천 방식 및 선거 제도까지 선택하는 경향성이 있다는 것을 이론적 함의로 보여 주고 있다.

일반적으로 정당을 보는 시각은 한 가지 유형이 아니라 크게 세 가지 유형으로 분류할 수 있다. 대표적으로 반정당주의론, 정당 불가피론, 정당 필수론이 있다. 첫째, '반(反)정당주의론'(anti-party)은 "정당은 선한 정부를 파괴하는 '사라져야 할 해악'이다"라고 보는 시각으로, 미국 초대 대통령 워싱턴, 영국 토리당의 볼링브로크 등이 주장했다. 둘째, '정당 불가피론'(unavoidable party)은 "정당은 자유 정부에서 '필요악'이다"라고 보는 시각으로, 영국의 데이비드 흄, 프랑스의 토크빌, 매디슨이 주장했다. 이것은 공화주의적 대통령제 정부와 친화성이 있는 '유연한 정당론'이다. 셋째, '정당 필수론'(essential party)은 "정당 없이 민주정부 없다"라고 보는 시각으로, 영국의 에드문트 버크, 필립 프리세 등이 주장했다. 이것은 내각제 정부와 친화성이 있는 '강한 정당론'이다(매디슨 1995; 유재일 2004, 113-140).

매디슨의 '유연한 정당론'은 '파당(정당) 필수론'도 아니고 '파당(정당) 반대론'도 아닌 양자 사이에 있는 '정당 불가피론'으로, 대통령제 정부가 아닌 내각제 정부와 친화적으로 작동되고 있는 강한 이념적 정체성과 당 규율화로 파벌을 양성화해서 필수화하고 있는 '강한 정당론'과 대조적인 정당 유형이다. 매디슨은 현대적인 공화주의 노선의 핵심 원칙으로 파벌의 영향력이 최소화되는 광역 선거구에서 탁월한 대표자들의 선출 그리고 파벌의 영향을 덜 받는 대표자들에 의한 통치 위임, 입법, 사법, 행정에 따른 권력 분립과 견제 및 균형, 사법부의 최종적인 입법 판단, 양원제, 연방제 등을 제시하였다. 이러한 원칙들은 매디슨의 '광역 연방주의 공화국론'으로 정립되었다(매디슨 1995, 61-68).

그렇다면 대통령제 정부 형태에 친화적인 정당 체제와 선거 제도는 무엇일까? 이 문제에 대해 고민한 선구적인 연구자는 듀베르제이다. 듀베르제는 대통령제와 친화적인 선거 제도와 정당 체제의 효과에 대한 결과를 '듀베르제 법칙'(Duverger's Law)으로 정리하였다. '듀베르제의 법칙'은 "소선거구 단순다수제는 양당제를 낳고, 2차 투표가 허용되는 다수제와 비례제는 다당제를 낳는 경향이 있다"는 명제이다(Duverger 1954, 217). 이것은 정치학에서 하나의 경향적 법칙으로 자리매김한 대표적인 가설로 평가되고 있다(Riker 1982).

이 듀베르제 법칙은, 공화주의적 대통령제 정부는 안정성을 강조하는 승자 독식의 소선거구제와 집권당과 반대당으로 나뉘는 양당 체제가 친화적일 수밖에 없고, 반대로 의원 내각제 정부는 다원성을 강조하는 비례 대표제와 다당체계가 친화적일 수밖에 없다는 것을 매우 도식적으로 설명해 주는 데 유효하다.

이 듀베르제의 법칙은 대통령제 정부 형태와 양당 체제의 친화성 그리고 의원 내각제 정부와 다당체제의 친화성을 다루고 있는 만큼, 과연 변화하는 21세기 시대 상황 속에 대통령제 정부 형태에 친화적인 정당 모델과 공천 방식 및 선거 제도는 어떤 형태인가에 대한 논의로도 연결된다.

듀베르제는 〈정당론〉에서 보수 세력인 영국의 보수당은 '간부 정당'(Cadre party·명사정당)으로, 진보 세력인 영국의 노동당은 '대중 정당'(Mass party·계급 정당)으로 분류했다. 그는 보통 선거권의 확대와 더불어 좌파 세력들이 노동자 계층의 대중들을 동원하기 위한 과정에서 대중 정당(계급 정당)으로 이행하자, 간부 정당 중심의 보수 세력들도 그 대응 과정에서 대중 정당으로 이행했다고 설명했다.

이렇게 '간부 정당'에서 '대중 정당'으로의 이행을 대중 민주주의와 정당사의 발전 과정으로 본 듀베르제는 우파적인 보수 세력이 좌파들이 선취한 대중 정당 모델을 따라간 것은 "좌파로부터의 감염(contagion from left)"으로 명명했다. 하지만 이에 대한 반론도 나온다. 대표적인 반론자인 엡스테인(Leon D. Epstein)은 〈*Political Parties in Western Democracies*〉(1967년)에서 이 같은 듀베르제의 설명에 반론을 제기했다.

그는 이런 듀베르제의 분석은 내각제가 많은 유럽 상황에서만 타당한 설명이고, 진성 당원보다는 이념 성향이 약한 일반 유권자가 참여하는 '예비 선거제'와 원내 정당 모델이 발전한 미국과 같은 나라에서는 설명력이 떨어진다고 보았다. 이에 그는 이념 성향이 강한 당원 개념보다는 이념 성향이 약한 일반 유권자가 참여하는 선거 캠페인이 발전한 미국은 '대중 정당'보다는 '유권자 정당'과 결합한 '원내 정당'이 더 적절하고, 발전한 모델이라고 설명하였다.

엡스테인은 실제 선거에 영향을 주는 TV 유세나 여론 조사 등의 선거 캠페인은 많은 당원을 필요로 하지 않고, 거꾸로 이념 성향이 강한 당원이 많고 '조직으로서의 정당'이 공고할수록 국민과의 융통성이 결여되어 선거에는 오히려 불리하다고 내다봤다.

엡스테인은 오늘날 미국식 예비 선거제와 친화성이 큰 '유권자 정당'이나 '네트워크 정당'의 기원이 되는 '원내 정당'과 '유권자 정당'의 결합 모델은 유럽식 대중 정당 모델과 다르다고 말했다. 그는 간부 정당에서 대중 정당으로 이행했다고 해서 명명된 '좌파로부터의 감염'과 대비되는 차원에서 미국식 원내 정당-유권자 정당 모델이 '간부 정당'에서 진화되었다는 점에서 '우파로부터의 감염'으로 명명했다. 이와 관련된 본격적인 논쟁은 본문에서 다루기로 한다.

본 서론에서는 앞에서 검토한 대통령제화된 정당(presidentialized parties), 듀베르제의 법칙, 우파로부터의 감염 등 학술적인 개념들을 기초로 하여 한국에서 등장하고 있는 제왕적 대통령제의 개념과 본질에 대해 살펴보고자 한다. 또한 본론에서는 문제점을 지적하고 대안을 제시하는 분석틀의 관점에서 대통령제 정부 형태에 친화적인 정당 모델, 공천 방식, 선거법 모델이 무엇인가에 대해 집중 논의한다. 제왕적 대통령제란 무엇일까? 이 용어는 저명한 역사학자로 케네디 대통령 시절 특별보좌관을 지낸 아서 슐레진저 전 하버드 대학교수가 지은 〈제왕적 대통령제(The Imperial Presidency)〉라는 책에서 기원한 말이다. 슐레진저는 닉슨 대통령의 리더십을 비판하기 위해 이 책을 썼다(Schlesinger 1973).

슐레진저는 닉슨이 대통령의 비상 대권을 밖으로는 월남전 확대에, 안으로는 정치적 반대 세력에 멋대로 행사해 제왕이 되는 듯 했으나 워터게이트 사건으로 몰락하고 말았다고 비판했다. 그는 저서에서 '제왕적 대통령제'란 개념을 민주국가에서 대통령의 권력행사가 입법·사법부보다 월등히 강해 삼권 분립의 원칙을 흔드는 상황을 분석하기 위한 용어로 사용했다. 슐레

제왕적 대통령제와 정당

진저는 미국의 대통령은 4년에 한번 국민의 신임을 받았을 경우 4년 동안 국민과 의회로 부터 어떤 방해나 압력을 받지 않고 평화 유지·전쟁 수행·예산 지출·권력행사를 의도대로 결정·행사한다고 지적했다.

한마디로 말해서 '제왕적 대통령제'는 제도적으로는 민주주의 대통령제이나, 대통령이 입법과 사법을 전횡하는 리더십이나 통치 스타일을 말한다. 이것은 미국과 같이 전쟁이나 위기 상황에서 입법부의 견제를 회피하기 위해 '대통령 행정 명령(executive order)'을 남발하는 것으로 나타나기도 하고, 한국과 같이 정당 정치의 제도화 수준이 낮을 경우, 대통령의 인치(人治)에 의지하는 권위적 통치 방식이나 민주적 절차를 무시하는 카리스마 리더십으로 나타나기도 한다.

그러나 제왕적 대통령제라는 용어를 사용하는 데 있어서 주의해야 할 것이 있다. 그동안 한국 대통령의 리더십이 '제왕적 대통령'으로 작동해 왔다는 것과 우리 헌법이 보장하고 있는 대통령제가 '제왕적 대통령제'인지는 구분해야 한다는 점이다. 많은 학자들이 다수의견으로 검토하고 논의한 대로 우리 헌법상 권력 구조는 '제왕적 대통령제'로 간주할 수 없다. 그래서 우리 헌법에 보장하고 있는 권력 구조를 '제왕적 대통령제'로 가정하여 이를 타파하고자 권력 구조의 변경을 이유로 해서 개헌의 명분을 삼는 접근은 단견이고 속단이라는 점이다.

'제왕적 대통령제'를 막기 위해서라면 헌법에 보장된 권력 구조의 변경이 아니라 리더십과 관련된 선거나 정당 제도 등 헌법 규정 외에 여러 가지 정치 문화와 관행을 개선함으로서 정치를 정상화시켜야 할 것이다. 단기적으로 볼 때, 권력 구조 변경 외에 대통령의 리더십, 국정 운영 방식, 정당 모델, 공천 방식, 인사권, 교육 문화 개혁을 추진하는 것이 정확한 처방일 것이다. 이하에서는 한국적인 상황에서 등장하는 제왕적 대통령제의 문제점과 폐해에 대해 살펴보고자 한다.

2. 제왕적 대통령제의 문제점 사례

1) '당·정·청 원팀'이 만든 제왕적 통치의 잔상(殘傷)

2021년 새해 때의 일이다. 문재인 대통령은 1월 7일 신년 인사회에서 "새
해는 코로나19를 극복하고 소중한 일상을 회복하는 '회복의 해', 통합된 사회
로 나아가는 '통합의 해', 빠르고 강한 경제 회복을 이루고 선도 국가로 도약
하는 '도약의 해'가 될 것"이라고 밝혔다.

문 대통령이 신년 인사회에서 '통합의 해'를 강조한 것은 여러모로 시사하
는 바가 컸다. 이것은 수직 하강하고 있는 대통령의 지지율과 국정 수행에
대한 부정 평가를 반전시켜야 한다는 절박함을 반영하고 있었다. 특히, '조국
사태'와 '추미애-윤석열 갈등'에서 극명하게 드러난 여야 갈등과 국민 분열
의 상황을 진정시키기 않을 경우 국정 운영의 동력을 회복하기 어렵다는 위
기 의식의 발로로 보였다.

2019년부터 계속되고 있는 조국 전 법무부 장관과 추미애 법무부 장관에
대한 여당의 비호와 야당의 반대 그리고 선거법, 공수처법 등 쟁점 법안을
다수결로 밀어붙인 거대 여당의 '입법 독주'와 야당의 반발은 적대적인 여야
관계와 국정 분열의 혼란상을 극명하게 보여 주었다.

그렇다면 문재인 정부는 어떻게 국면을 전환하면 좋았을까? 여러 가지가
있겠지만 당시 상황에 대한 인식 전환을 위해서 '국정 운영의 노선'에 초점을
맞출 필요가 있었다. 문재인 대통령이 취하고 있는 국정 운영 노선이 과연
삼권 분립의 대통령제에 부합하는 노선인가를 점검해 보는 것이 적절했다.
지금까지의 통념적 국정 운영에서 벗어나 우리 헌법이 규정하는 국정 운영

방식을 새롭게 정립할 필요가 있었다.

그동안 문 대통령이 보여 준 국정 운영 노선은 '당·정·청 일체의 원팀'으로 야당과 맞서는 '내각제 운영 노선'으로 요약할 수 있다. 이런 국정 노선은 여당의 의도와는 무관하게 입법부의 다수파인 여당과 행정부가 한팀이 되면서 입법독주와 집행독주에 나서고, 야당은 이것에 맞서 "통법부", "입법 독재", "제왕적 통치"라고 반발하면서 정부의 국정 운영에 발목을 잡는 파행적인 매커니즘을 양산할 수밖에 없다.

문재인 대통령은 정부 출범 전부터 노무현 대통령의 죽음에 대한 트라우마와 함께 참여 정부의 '당정 분리론'이 실패했다고 오해하고 있는 탓에 '당·정·청 일체의 원팀 노선'을 확고하게 선택했다. 문 대통령은 2017년 5월 11일 청와대에 당·정·청 협의의 '컨트롤 타워' 역할을 맡을 정책실장을 부활하기로 하면서 후보 시절부터 언급해 온 '당·청 일체 노선'을 거듭 강조했다. 문 대통령은 '당·청(정) 분리'를 표방한 참여 정부에서 내부 갈등이 극심했던 것을 반면교사 삼아 당과 함께 일체감 있는 국정 운영을 이끌어갈 것을 제안했다.

그는 2020년 9월 9일 민주당 주요 지도부를 초청한 간담회 자리에서도 '당청의 긴밀한 공조'를 당부했다. 문 대통령은 "'문재인 정부가 바로 민주당 정부다'라는, 그런 당정이 하나가 되는 마음으로 임해 나간다면 국민들에게 더 큰 희망이 되고 또 국난 극복의 가장 빠른 지름길이 되지 않을까 생각한다"라고 강조했다.

문 대통령의 '당·정·청 일체론'의 입장은 2017년 3월 30일 민주당 대선 주자들의 마지막 합동 토론회에서 안희정 후보와의 논쟁에서 잘 드러났다. 문후보는 "참여 정부 때 당정 분리가 옳지 않다고 본다. 당정 일체를 통해 문재인 정부가 아닌 민주당 정부를 만들겠다"라고 밝힌 바 있다. 문재인 후보가

'당정 일체론'을 제시하자 안 후보는 "'대통령이 되면 총재 역할을 하겠다는 것이냐'며 반격하며 이의를 제기했다. 이에 문 후보는 "그렇다. 제가 하는 정책 공약도 다 우리 당 총선공약을 그대로 가져오거나 조금 더 발전시킨 것"이라고 답했다. 안 후보는 문 후보에게 "대통령이 되면 총재처럼 지휘를 하겠다는 거냐"고 거듭 캐물었고, 문 후보는 "(대통령은) 정당 공천이나 운영에 관여를 안 하고 오로지 정책과 인사만 긴밀히 협의하면 되는 것"이라고 응수해 질문과 대답이 엇갈리는 모습을 보였다.

문재인 대통령의 '당정 일체론'은 '내각제 정부 형태'에 대한 선호에서 온 것으로 보인다. 2012년 7월 22일 문재인 의원은 〈연합뉴스〉와의 전화에서 "권위주의적 행태, 제왕적 대통령뿐만 아니라 권력형 비리가 끊임없이 생긴다"라고 비판하면서 '내각제 정부'를 대안으로 제시하였다.

문재인 대통령의 '당·정·청 일체론'은 노무현 대통령의 '당정 분리론'과 다른 것이 특징이다. 노무현 대통령은 2003년 1월 18일 양당 총무와 만나 입법부와 행정부 관계에 대해 '당정 분리론'의 취지를 언급하였다. 그는 "과거엔 대통령이 정당을 통해 국회를 지배하려 했으나 이젠 당정 분리가 됐고, 정당과 국회도 자율성이 강화돼야 한다. 주요 국정이 국회를 중심으로 운영되고, 대통령은 삼권 분립의 원칙에 따라 대통령의 역할을 해나가야 한다"라고 강조하였다.

노무현 대통령은 2005년 6월 27일 '열린우리당 당원여러분께 드리는 글 (1)'에서 당정 분리론의 혼란에 따른 재검토 주장에 대해 반론을 통해 거듭 설득하고자 하였다. 그는 "당정 분리를 재검토해야 한다는 주장이 있습니다. 그러나 이것은 적절한 방안이 아닌 것 같습니다. 대통령과 당의 분리는 대통령이 임의로 만든 것이 아니라 시대적인 요구에 따라 만든 것이고 이미 당헌 당규로 제도화되어 있습니다. 누구도 함부로 돌이키기 어렵습니다"라고 지적하였다.

이렇듯, 노무현 전 대통령은 당정 분리론을 통해 청와대와 집권당 간에 수평적인 관계가 구축되면서 겸손한 권력을 만들고자 하였다. 반면 문재인 대통령은 '당·정·청 일체의 원팀 노선'을 선택했다. 이런 문 대통령의 노선은 노무현 대통령의 시각에서 보면 '퇴행적 노선'에 해당하는 것으로 평가될 수 있다. 왜냐하면 '당·정·청 일체의 원팀 노선'은 대통령과 청와대가 집권당의 당론과 정책 및 인사에 개입하면서 집권당과 입법부를 수직적으로 지배하는 상태로의 회귀 노선이기 때문이다. 이런 수직적 지배 구도에서 여당 지도부는 강제당론제를 통해 의원 자율성과 의견 다양성을 억압할 수밖에 없고, 의원 자율성을 상실한 의원들은 입법부가 아닌 통법부(通法府)의 거수기(擧手機) 역할로 전락할 수밖에 없는 것은 당연하다.

문재인 대통령 역시도 역대 대통령과 다르지 않게 '삼권 분립의 대통령제' 정부형태에 부합하는 국정 노선보다는 여야 영수 회담, 대통령의 공천 개입, 청와대 및 정부 인사 공천 추천, 국회 의원의 장관 임명, 연립 정부하의 여·야·정 정책협의회 가동 등 내각제 방식을 선택했다. 이것은 분명한 모순이다. 그래서 5년간의 국정 운영은 대체적으로 국회 다수당의 오만과 독주로 시작하여 야당과의 극한갈등을 빚다가 레임덕이라는 잔상(殘傷)으로 끝을 내는 '제왕적 대통령제의 최후 통치'를 반복할 수밖에 없다.

'의회 중심의 내각제'는 정당과 내각의 집단 책임을 물을 수 있다는 장점에도 불구하고, 권력 분립과 견제와 균형을 강조하는 삼권 분립의 대통령제보다 '민주적 대표성'과 '민주적 정당성'이 떨어지는 단점이 있다. 즉 대통령은 일반적으로 국민이 직접 선출하지만, 수상은 의회의 정당 대표자들이 선출하기 때문에 민주적 대표성이 약하고 정치적 기득권이 커질 수 있다는 단점이 있다.

또한 내각제는 상대적으로 강한 입법부와 약한 행정부의 구조를 갖게 되어 권력 분립이 지켜지기 어려운 단점이 있기에 사법부나 행정부가 입법부의 강력한 권력 행사와 입법 독주를 제대로 견제할 수 없는 문제점이 있다. 특히, 대통령은 정해진 임기가 끝나면 다른 사람으로 바뀌지만 의회 의원들은 오랫동안 그 자리에서 권력의 기득권을 유지할 수 있어 이를 견제하기가 힘들다는 단점이 있다.

그렇다면 제왕적 대통령제의 발생 원인은 무엇일까? 우리 헌법이 "제왕적 대통령제를 하라"라고 법조문화되어 있어서 생긴 문제가 아닐 것이다. 또한 '대통령제 그 자체' 때문에 발생한 것도 아니다. 제왕적 대통령제가 탄생하는 핵심적 원인은, 정당의 보스나 리더들이 대통령에 당선되어 행정부를 장악한 상태에서 국회 의원 공천권과 장관직 등을 무기로 집권당 다수 의원들을 통제하여 입법부와 행정부의 권력이 융합되는 '내각제식 국정 운영 방식'을 선택하는 것 때문이라고 보는 것이 적절하다.

즉, 제왕적 대통령제는 국회 의원의 공천권을 장악한 정당의 보스나 리더가 대통령이 되어 삼권 분립의 국정 운영이 아닌 국회 다수당을 매개로 입법부 권력 그리고 검찰, 경찰, 국정원, 국세청, 공정위 등 행정부 권력, 사법부 권력을 전일적으로 융합하여 총동원할 수 있을 때 탄생한다는 점이다.

미국식 삼권 분립의 대통령제 정부에서 의회와 대통령은 서로 독립되어 있어서 견제와 균형의 관계가 자연스럽다. 삼권 분립의 대통령제를 '당·정·청 일체의 내각제 방식'으로 운영하면 어떤 일들이 벌어질까? 삼권 분립의 견제와 균형이 무너진다. 견제와 균형이 무너진 국회는 제왕적 대통령제를 보좌하는 통법부나 청와대 경호실로 전락할 수밖에 없는 것은 당연하다.

'보충성의 원리'에 따라 주민 자치와 지방 자치제에 기초한 연립 정부와 삼권 분립이 잘 지켜지는 미국은 국민의 대표기관인 입법부의 여야가 '원내 정

제왕적 대통령제와 정당

당화에 기초한 협치'를 통해 대통령의 행정부를 견제한다는 점에서 한국과는 대조적이다. 우리는 국회 다수파인 민주당과 대통령과 청와대가 '당·정·청 일체의 내각제 원팀'이 되어 제1야당을 견제한다는 점에서 미국과 다르다. 특히, 삼권 분립의 연방 정부인 미국은 지방 정부들이 주민 자치와 '보충성의 원리'로 연방 정부를 견제한다. 이것은 한국의 중앙 집권 정부가 지방 정부의 주민 자치를 보장하지 않고, 각종 보조금과 법으로 통제한다는 점에서 대조적이다.

따라서 우리 정치가 그동안 극단적인 진영 논리에 따른 국민 분열로 갔던 배경에는 삼권 분립의 헌법 정신과 유리된 국정 운영 노선에 대한 잘못된 통념이 있었다는 것을 인식하고, 이번 기회에 이것을 바로잡을 필요가 있다. 대통령이 아무리 국민 통합과 여야 협치를 구두선으로 언급한다고 하더라도 '당·정·청 일체의 내각제적 국정 운영 노선'을 근본적으로 수정하지 않는다면 국민 통합과 여야 협치는 실현불가능한 목표로 공염불이 될 수밖에 없다.

잠정적 결론으로 '당·정·청 일체의 내각제 원팀 방식'의 국정 운영 노선에서 벗어나 '삼권 분립의 대통령제에 부합하는 거버넌스적 방식'으로 국정 운영 노선을 전환해야 한다. 즉, '대통령제의 내각제적 운영 모순'을 멈추게 하는 정치 개혁이 필요하다. 삼권 분립과 주민 자치의 미비 그리고 내각제적 운영 모순을 바로잡기 위해서는 사법부의 독립, 주민 자치와 지방 자치의 획기적 강화, 그리고 국회와 국회 의원의 자율성이 획기적으로 제고되어야 한다.

이를 위해서는 우선 입법부와 행정부의 권력 융합을 연결시키는 매개 고리인 '정당의 하향식 계파 공천 방식'부터 개혁할 필요가 있다. 국회 의원의 장관겸직을 자제하고, 청와대와 행정부 관료 출신을 공천하여 대통령의 경호 부대를 만드는 국회 의원 공천 관행을 바꿀 필요가 있다. 대통령에 의한 '하향식 계파 공천'이 되지 못하도록 '미국식 예비 선거제'와 같은 상향식 공천 제도인 '국민 참여 경선제의 법제화'가 필요하다.

2) 다양성없는 정당과 국회: 토론없이 일만하는 정치

'일하는 국회'를 표방한 21대 국회가 시작되었지만 여야가 함께 일하는 분위기를 만들지 못했다는 평가가 우세했다. 그 배경에는 국회 개원부터 두 가지 사건이 있어서다. 다음과 같은 두 사건 모두는 숙의 민주주의와 의원 자율성을 약화시키는 우리 국회와 정당의 현주소를 보여 주었다.

첫째는 이해찬 민주당 대표가 상반기 원 구성과 관련하여 "민주당이 18개 상임 위원회의 모든 위원장 자리를 가져가는 것이 원칙"이라고 밝히면서 미래통합당이 반발한 사건이다. 주호영 원내 대표는 "민주당이 승자 독식으로 18개 상임 위원장을 모두 가져간다면 국회가 일방적으로 운영되어 제대로 가동될 수 없다"라고 반발했다.

둘째는 '공수처 설치법'의 국회 본회의 표결에서 기권한 금태섭 전 민주당 의원을 징계하자 그 근거가 된 '강제 당론'이 의원 자율성을 침해한다고 해서 논란이 커진 사건이다. 이해찬 대표는 "권고적 당론은 반대하되 자기 의견을 제시할 수가 있지만, 강제 당론은 반드시 관철해야 하는 것"이라고 강조했다.

하지만 금태섭 전 의원은 "정당이 소속 국회 의원의 표결을 이유로 징계하는 것은 대단히 중대한 일"이라면서 "조국 사태, 윤미향 사태 등에 대해서 당지도부는 함구령을 내리고 국회 의원들은 한마디도 하지 않는다. 이게 과연 정상인가"라고 반발했다.

20대 국회가 몸싸움과 고소·고발전 속에 '역대 최악의 국회'로 얼룩졌던 만큼, 21대 국회는 '민생 국회'로 가는 게 당연하였다. 민주당은 '일하는 국회'를 만들기 위해 많은 준비를 해 왔다. 국회법 개정을 1호 법안으로 정했다.

제왕적 대통령제와 정당

정당한 사유 없이 회의에 불참하는 의원의 세비를 단계적으로 삭감하는 페널티 조항도 넣었다.

하지만 이런 일하는 국회가 성공하기 위해서는 그동안 왜 일하는 국회가 되지 못했는지에 대한 엄밀한 원인 진단이 필요했다. 단순하게 출석률이 떨어지는 의원들이 많아서 세비를 삭감하면 해결될 문제인지, 아니면 출석을 하더라도 초당적인 의원들 간의 충분한 대화와 토론을 보장하지 않는 당론 중심의 조직 문화가 문제인지 살펴야 했다.

5월 29일 한국갤럽이 발표한 21대 국회의 역할에 대한 여론 조사 결과처럼, 국민들은 당 지도부가 정한 당론에 따라 일사불란하게 움직이거나 대치하면서 형성되는 대결의 정쟁 문화가 일하는 국회를 방해하는 것으로 보고 있었다. 이것은 의원들의 초당적인 대화와 토론을 보장하지 않는 정당의 집단주의적 조직 문화가 개혁되어야 함을 웅변한다.

국회가 토론 없이 일만 하면 어떤 결과가 나올까? 다수파 정당이 다수결의 논리로 밀어붙이고, 소수파 정당은 이에 반발하면서 법안의 졸속 처리나 늑장 처리가 나올 수밖에 없다. 토론 없는 대결의 20대 국회가 만든 졸속 법안의 대표적 예는 '연동형 선거법'과 '민식이법'이다. 특히 많은 차량 운전자를 규율하는 민식이법은 법 시행 당일인 3월 25일 청와대 국민 청원 게시판에 과잉 처벌이라며 올라온 법개정 요구문에 34만여 명이 참여할 만큼 이견이 컸다.

'말하기'를 정치 행위의 본령으로 보는 정치학자는 한나 아렌트이다. 그는 개성과 다양성을 드러내면서 말하는 '행위(action)' 없이, 하나의 목소리로 시키는 일에 열중하는 '작업(work)'만 하는 사회에서는 히틀러의 수족이 되어 유대인 학살에 나선 아이히만이 저지른 "악의 평범성"이 나온다고 보았다. 그 입장에서 보면, '행위'는 의원 간 토론이고, '작업'은 토론 대신 단일 대오로 움직이는 당론적 활동이다.

21대 국회가 성공하기 위해서는 일하는 국회나 당론에 구속받는 국회를 넘어 '토론하는 국회'로 가야 했다. 이를 위해서는 '의원 자율성 회복'과 '원내 정당화'가 급선무였다. 의원 총회 중심의 원내 정당화가 돼야 초당적 교차 투표는 물론, 의원들과 시민들이 온라인과 오프라인으로 연결되는 '네트워크 정당'도 가능하다. 의원 자율성 회복을 위해 강제적 당론을 폐지하고 국민 경선제 공천을 법제화하는 게 마땅하였다.

3) 강성 지지자들의 팬덤 정치에 포획된 정당

2021년 4·7 재보선에서 패배 이후, 민주당 내부에서 벌어지는 일부 강성 당원들의 일탈 행위는 참으로 해괴망측하였다. 그들은 초선 의원들의 반성 문 발표에 대해 '초선 5적'으로 몰거나 문자폭탄으로 공격을 일삼아서 충격을 주었다. 이들의 일방적인 공격과 비난은 상호 존중, 대화와 타협, 숙의, 열린 공론장을 지향하는 민주적인 정당의 규범에서 벗어나는 것이다.

이들의 일탈된 행동이 선거 패배 후에 나온 것이라 더욱 씁쓸하였다. 강성 당원들에 의해 정당 내부가 포획당한 채 열린 공론장을 개설할 수 없다는 점은 집권 여당이 처한 정당 민주주의 위기를 그대로 보여 준다. 이에 민주당은 국민의 목소리를 고루 대변할 책임 정당이기에 정당 민주주의의 적신호를 온정주의적 시각에서 숨기지 말고, 근본적인 정당 개혁의 차원에서 이 문제를 다시 보고 정상화 방안을 찾는 것이 국민에 대한 예의였다.

2021년 4월 9일 민주당 초선 의원들은 선거 패인으로, 당헌과 당규 개정에 따른 무리한 후보 공천, 국민적 공감을 잃은 검찰 개혁, 무원칙한 인사 등을 거론하며 국민에게 사과했다. 그리고 당일 오영환 등 5명의 초선 의원들은 '2030 의원 입장문'을 내고 "조국 전 법무부 장관이 검찰 개혁의 대명사라고 생각했지만, 그 과정에서 국민들이 분노하고 분열한 것은 아닌가 반성한다"라고 고개를 숙였다.

하지만 이것에 대해 강성 당원들과 극렬 지지층이 반발하는 일이 발생한 것이다. 그들은 민주당 권리 당원 게시판에 입장문을 낸 오영환, 이소영, 장경태, 장철민, 전용기 의원을 '초선 5적'으로 규정하고 거센 비난과 공격을 자행했다. "초선 5적", "배은망덕", "칼 꽂고 뒤통수친다" 등 표현 수위 또한 거칠었다. 권리 당원들 사이에선 초선 의원들 전화번호 목록과 이들에게 보낸 비난 문자를 인증하는 게시물도 꾸준히 공유되었다. 당에 대한 애정과 검찰 개혁에 대한 열정 때문일 테지만, 표현의 수위나 방식이 지나쳤다.

강성 당원들의 반발과 공격이 거세지자 반성문 발표에 참여했던 장경태 의원은 한 언론과의 인터뷰에서 "조국 전 장관이 잘못했다고 얘기한 것이 아닌데, 왜곡해서 알려졌다"라고 하면서 "더 처절하게 반성하고, 사죄하는 게 중요하다는 의미였다"며 "저 개인적으로는 조 전 장관이 잘못했다고 생각지 않는다"라고 입장을 번복하는 촌극도 벌어졌다.

더욱더 참담한 것은 강성 당원들의 눈치를 보는 민주당 차기 당권 주자들의 소신없는 태도였다. 그들은 강성 당원들과 지지층을 의식해 조국 사태에 대한 반성을 사실상 거부하거나 회피하였다. 송영길 의원은 재보선 참패의 원인 중 하나가 '조국 사태'라는 지적에 대해 "이미 지나간 일"이라며 평가를 거부하였다. 홍영표 의원은 강성 지지층이 조국 전 장관을 비판한 의원들에게 문자 폭탄을 보낸 것에 대해 "그것도 민심"이라고 평가했다.

하지만 강성 당원들에게 소신있게 말하는 사람도 있었다. 조응천 민주당 의원은 페이스북을 통해 "강성 친문(친문재인) 지지자들로부터 초선 의원들을 보호하라"라고 도종환 비상 대책 위원장에게 공개 요구하고 나섰다. 조 의원은 "우리 당에서 금기어 혹은 성역화된 조국 전 장관 문제는 보수 정당의 '탄핵'과 같이 앞으로 두고두고 우리의 발목을 잡을 아킬레스건으로 작동할 것"이라고 우려했다.

또한 조 의원은 "몇몇 진보 진영 셀럽들이 조국 사태 반성 메시지를 낸 초선 의원 5명의 휴대 전화 번호를 노출시켜 좌표를 찍고 '양념'(악플 공격)을 촉구해서 실제 문자 폭탄이 쏟아졌다"며 "맷집이 약한 의원들은 진저리치며 점점 입을 닫고 있다. 당이 점점 재보선 패배 이전으로 돌아가고 있다"라고 주장했다.

그리고 유인태 전 사무총장은 9일 CBS 라디오 '김현정의 뉴스쇼'에서 "그동안 민주당이 해 온 모습은 강성 지지층의 요구를 받아준 것"이라며 "그러면 당은 오그라들 수밖에 없다"라고 말하면서 정당 개혁을 주장했다. 유 전 총장은 "강성 지지층 얘기 들어보면 온갖 악플을 단다"라며 "그 사람들이 태극기 부대처럼 주먹을 휘두르고 그런 폭력은 쓰지는 않지만 언어 폭력은 계속돼 오지 않았나"라고 비판했다. 그러면서 그는 "이는 중도가 밥맛 떨어지게 만드는 것"이라며 "강성 지지층의 요구에 끌려 다녀서는 희망이 없다"라고 강조했다.

현대 민주주의에서 정당은 시민과 국가를 연결하는 매개 기관으로서 자신의 정책과 실천에 대해 선거 결과로써 책임을 지는 조직이기에, 선거 패인에 대한 다각도의 분석과, 토론을 통해 혁신의 방향과 내용을 마련하여 민심을 수습하는 것은 당연하고 상식적인 절차이다. 민주당 지도부가 "민심을 겸허히 수용하겠다"며 총사퇴한 지 일주일도 안돼 쇄신을 거부하는 강성 당원들의 이번 사태는 표심으로 심판한 민심과 얼마나 떨어져 있는지를 극명하게 보여 준다.

강성 당원들의 공격적 태도는 참으로 한심하고 위험하였다. 이런 모습이 평소 선거를 민주주의 꽃이라고 말하면서 선거에서 진 패자로서, 진심으로 반성하고 환골탈태하려는 집권 여당 당원들의 상식적인 태도인지 되묻지 않을 수 없다. 이런 강성 당원들의 이탈된 모습은 우리나라에 '민주 시민'이 존재할 수 있는 것인지, 그리고 민주 시민의 참여에 의해 운영되는 '시민 정당'이 가능한지에 대해서 근본적인 회의감마저 들게 한다. 이런 집권당의 조직 문화를 보면, 정당이 국민과 정부를 이어주는 민주주의를 위한 대의 기관이 맞나? 민주주의를 실현하는 주체인 민주 시민이 맞나? 의문이 들게 만든다.

그렇다면 그들은 왜 이런 행동을 보이는 것일까? 여러 해석이 있지만 강성 지지자들의 행태는 한마디로 대통령 우상 숭배 권력과 국회 의원 뱃지 권력을 놓지 않으려는 욕망에서 비롯된 '권력 중독 현상'으로 보는 것이 적절하다.

프랑스의 정치 철학자 미셸 푸코는 '판옵티콘'(원형감옥) 개념을 통해 인간이 감시와 처벌의 권력을 내면화하여 스스로 자기 마음의 감옥을 만들어서 자신의 자유를 억압하고 규제하는 '규율 권력' 관계에 빠져 있는 존재라고 설명했다. 강성 지지자와 피해 호소인이라 부르는 이들의 행태는 이런 규율 권력이 작동하는 판옵티콘에 갇혀 권력 중독에 빠진 정당과 시민상을 보여준다.

또한 미셸 푸코는 민주적인 헌법 국가에서도 이런 판옵티콘과 규율 권력이 작동하기에, 권력에 중독된 시민들은 진정 자유롭고 민주적인 시민이 되기 어렵다고 지적했다. 이에 그는 권력 중독에서 벗어난 자유롭고 민주적인 시민이 되기 위해서는 다음의 4가지 조건에 대해 저항적 행동 즉, "대항적 품행(counter-conduct)"에 나서야 한다고 주장했다.

첫째는 권력 관계 속에 있는 사실과 진실 규명이다. 둘째는 권력 관계 속에 있는 자신의 역할 규명이다, 셋째는 자신과의 관계를 이해하고 객관화하는 자기 배려이다, 넷째는 타인과의 관계를 이해하고 객관화하는 타인 배려이다. 이런 4개의 "대항적 품행"은 결국 '파레시아'(용기있게 말하기)라는 기술로 수렴된다.

'파레시아'는 소크라테스가 진실 추구를 위해 아테네 시민들에게 묻고 답하는 방법으로 "너 자신을 알라"라고 설파한 것처럼, 주변의 권력에 눈치를 보지 말고 진솔하게 용기있게 말하는 것을 말한다. 파레시아는 그리스어로 '모든 것을 말하기'라는 뜻이다. 파레시아를 행하는 사람은 파레시아스트(parresiastes)이다. 그는 자신이 생각하고 있는 모든 것을 말하는 자이다. 파레시아스트는 선동가와는 반대로, 민중이 듣기 좋아하는 의견만을 그들에게 들려주는 것이 아니라, 의견의 불일치를 만들어 내고 거북한 진실들을 부르짖는 임무를 담당한다.

푸코는 "아첨꾼에 대비되는 진정한 친구는 진실을 말하는 친구"이며 "파레시아를 실천하는 사람이 근본적으로 친구"(푸코, 2017)라고 했다. 이처럼 푸코는 권력 중독에 맞서 파레시아가 발현될 때, 진실이 드러나고 자유롭고 민주적인 시민 주체가 가능하다고 보았다.

그렇다면 이번 사태의 관련자들 중에서 파레시아스트는 누굴까? 당연히 강성 당원들과 지지자들보다는 조응천 의원이나 유인태 전 사무총장이라고 할 수 있다. 강성 당원들과 극렬 지지자에 의해 정당 민주주의가 왜곡되고 있는 작금의 민주당의 모습을 보면, 왜 일찍이 노무현 대통령이 당·정·청이 원팀이 되는 '당·정·청 일체론'에서 벗어나 '당정 분리'와 '원내 정당화' 및 '국민 참여 경선제'를 추구했는지 이해할 수 있다. 견제와 균형, 숙의가 없는 '당·정·청 일체론'에서 집단주의에 영향을 받는 강성 당원들과 극렬 지지자들의 목소리가 더욱 커지는 것은 당연하다.

그렇다면 민주당은 이념적이고 정파적인 편향성이 강한 강성 당원들과 극렬 지지자들에 의해 포획된 지금의 상태에서 벗어나려면 어떻게 해야 할까? 특히, 집권 여당이 당심과 민심의 충돌 문제를 해결하고 평균적인 전체 시민들의 이해와 요구를 대변하기 위한 '시민 정당'이 되려면 어떻게 해야 할까?

이를 위해 민주당은 근본적인 정당 개혁 차원에서 '당정 분리'와 '원내 정당화' 노선을 복원하고, 국민 참여 경선제를 '미국식 예비 선거제의 법제화'로 더욱 확대하여 일반 유권자의 공천 참여와 정당 참여를 더욱 활성화하기 위한 노력이 필요할 것이다.

4) 양당 체제와 충돌하는 '위성 정당'을 불러낸 연동형 비례 선거법

2020년 4·15 총선을 하루 앞두고 이종걸 더불어시민당 선대 위원장은 정의당을 향해 "경고장을 받아야 한다"라고 주장하면서 "민주당이 국민에게 약속한 연동형 비례 대표제 정신을 유일하게 실천에 옮긴 당인 더불어시민당을 선택해 달라"라고 호소했다.

여기에 맞선 김종철 정의당 선대위 대변인도 "연동형 비례제의 취지를 훼손하면서 출발한 '반칙 정당'이 정의당과 같은 '원칙 정당'에 경고를 운운하는 것은 참으로 오만한 일"이라고 비판하면서 "거대 정당의 꼼수를 심판해 달라"라고 호소했다.

결과적으로 이종걸 위원장의 호소는 적중했고, 김종철 대변인의 호소는 빗나갔다. 유권자들은 위성 정당을 심판하지 않고, 미래한국당과 더불어시민당에 표를 몰아주었다. 오히려 유권자들은 내각제에 친화적인 다당제를 열어달라며 연동형 비례제를 추구했던 정의당, 국민의당, 민생당을 심판하고, 대통령제와 친화적인 '양당 체제'를 구축했다.

다당제의 다양성보다는 양당제의 안정성을 선택한 유권자들의 민심에 따라 군소 정당들은 몰락하는 역습을 맞았다. 이런 민심 결과는 당초 연동형 선거법의 기대와는 다르다는 점에서 제도 도입에 대한 근본적인 성찰이 필요하다. 왜 민심은 위성 정당을 심판하지 않고, 그것을 허용했을까? 어떻게 이런 역습이 가능했을까?

이런 의문에 대해 장은주 영산대 교수는 페이스북(3월 20일)을 통해 "회수를 넘으면 귤이 탱자가 된다. 이 제도 역시 그렇다. 우리의 맥락, 우리의 상황, 우리의 역사, 우리의 조건에 대한 성찰 없는 제도 이식은 이렇게 코미디가 될 수밖에 없다"라고 진단했다.

역습 원인에 대해 여러 해석이 있지만, 정치 풍토가 다른 한국 상황에 동의와 합의없이 독일식 비례제를 순진하고 무리하게 이식하려다가 위성 정당의 역습을 자초한 것으로 보는 게 적절하다. 두 가지 함정에 빠졌다. 첫째, 연동형 비례제 추진 세력들은 독일의 제도를 한국에 무조건 꽂으면 된다는 '제도 이식론의 함정'에 빠졌다. 진정한 제도 개선론이 되기 위해서는 한국의 정치 풍토와 외국 제도와의 친화성을 따져보는 게 상식이다.

둘째, 그들은 연동형 선거법의 효과를 너무 좋은 쪽으로만 해석하고 알바니아나 레소토에서 위성 정당이 출현해서 비례 효과가 없었다는 사례들을 무시하는 '확증 편향성의 함정'에 빠졌다. 전문가들은 독일식 비례제가 한국과 같이 지역주의 정당들의 하향식 공천 문화가 있는 곳에서는 위성 정당의 출현으로 비례 효과가 훼손될 수 있기에 신중한 판단을 제안했었다. 이런 제안을 무시한 채 위성 정당이 출현할 줄 몰랐다고 남 탓만을 하는 것은 게임 경쟁에서 자기 무능을 숨기는 너무 순진한 태도이다.

이번 선거는 대통령 직선제에 부합하지 않는 다당제 추구 세력과 중도 수렴의 양당제를 추구하지 않는 좌우 극단 세력을 심판함으로써 '듀베르제의 법칙'과 '다운스의 중도화 법칙'을 관철했다. 이런 결과는 한국 정당의 문제는 '양당제'가 아니라 '극단적 양당제'가 문제라는 것을 웅변한다. 따라서 대안은 독일식 연동형 비례제와 친화적인 다당제가 아니라 한국식 병립형 비례제와 친화적인 '중도 수렴의 양당제'가 적절하다.

제왕적 대통령제와 정당

양당제에 부합하는 정치적 다양성 실현은 빅텐트론과 선거 연합 정당론과 같은 방식이 적절하다. 즉, 한 정당 내 다양한 정파들이 병존하면서도 '포괄적 공론장'이 되게 하려면 '포괄 정당 모델'이나 '시민 참여형 네트워크 정당 모델' 그리고 '국민 경선제 방식'을 활용해야 한다.

예를 들어, '혁신과 통합'(시민통합당)이 민주당과 통합하고 민주통합당을 만들어 공천했듯이, 정의당과 민주당이 빅텐트를 치고 그 내부에 진보 블록을 허용하는 방식으로 운영할 수도 있다. 사회주의자인 코빈이 영국 노동당 내 진보 블록으로 있거나 미국 좌파인 샌더스가 민주당 경선 후보로 나와 클린턴과 경선한 경우도 여기에 해당한다. 성찰이 필요할 때는 자기방어 기제를 내려놓고 토론하는 게 필요하다.

참고문헌

강신구. 2015. 『대통령제 정부 형태에서 대중정당론의 적실성에 대하여』. 정진민, 강진구, 최준영, 채진원, 서정건, 이현우, 안병진, 임성호. 『정당정치의 변화, 왜 어디로』. 형설출판사.

미셸 푸코. 오트르망 심세광, 전혜리 옮김. 2017. 『담론과 진실』. 동녘.

심지연 편저. 2004. 『정당의 기능』. 『현대 정당 정치의 이해』. 백산서당.

알렉산더 해밀턴, 제임스 매디슨, 존 제이. 김동영 옮김. 1995. 『페더랄리스트 페이퍼』. 한울.

Schlesinger Jr, M. A. 1973. The Imperial Presidency. Houghton Mifflin Marcourt.

Downs, A. 1957. *An Economic Theory of Democracy*. Addison Wesley Publishing Company.

Duverger, M. 1954. *Political Parties*. Methuen Press.

Epstein, L. 1967. *Political Parties in Western Democracies*. Praeger.

Riker, W. H. 1982. "The Two-Party System and Duverger's Law: An Essay on the History of Political Science". *The American Political Science Review*. 76(4). 753-766.

Samuels, D., & Shugart, M. 2010. *Presidents, Parties, and Prime Ministers: How the Separation of Powers Affect Party Organization and Behavior.* Cambridge University Press.

Samuels, D. 2002. "Presidentialized Parties: The Separation of Powers and Party Organization and Behavior". *Comparative Political Studies.* 35. 461-483.

Schlesinger JR, A.M. 1974. *The Imperial Presidency.* Houghton Mifflin Company.

제왕적 대통령제와 정당

제1부

한국 정당 개혁의 기원과
대중 정당-원내 정당 논쟁

한국 정당 개혁의 흐름과 문제점

I. 2012년 안철수 현상, 기성 정당 정치의 위기

2012년 18대 대선 시기 전후의 일이다. 2011년 10·26 서울시장 보궐 선거 전후에 발생한 '중도 성향의 안철수에 대한 지지 현상'과 '박원순 무소속 후보자의 당선 현상'은 기성 정당 정치에게 어떤 교훈과 시사점을 주고 있는가?

이것에 대해 여러 가지 의견이 있지만, 무엇보다 핵심적인 것은 무당파·SNS 유권자들[1]의 기성 정당 정치에 대한 불신과 불만이 분노와 표심으

---

1. YTN과 아산정책연구원이 한국리서치에 의뢰해 2011년 10월 26일 서울시장 보궐선거 투표를 마치고 나온 1,194명을 대상으로 한 출구조사에 의하면, 서울시장 선거 투표에 참여한 유권자 가운데 지지하는 정당이 없는, 무당파가 3분의 1(한나라당 35.8%, 민주당 21.4%, 지지 정당 없음이 33.1%)에 달하는 것으로 나타났다. 또한 무당파들은 주로 20~30대의 젊은층과 고학력자, 사무직군과 전문직군에서 주로 분포하면서, 이념적으로는 중도 성향이 많은 것으로 나타났다. 특히, 이 '무당파'들은 이른바 '안철수 현상(중도 성향의 안철수 지지 현상)'을 통해 급속하게 존재감을 드러냈으며, 트위터와 같은 SNS(소셜 네트워크 서비스)를 통해 결집하여 결정적으로 박원순

로 드러났다는 점에서 '기성 정당 정치의 위기 현상'을 보여 준다는 것이다. 따라서 진보 성향의 민주당과 보수 성향의 한나라당 모두 중도 성향의 안철수와 무소속의 박원순에게 정치적으로 패배하였다는 사실과 왜 그러한 결과가 나올 수밖에 없었는지를 이해하는 것은 매우 중요하다.

'안철수 현상'의 등장과 선거에서의 영향력에 대한 여러 다양한 해석이 있지만, 그동안 진보와 보수 중심의 이념적 양극화 정치(즉, 중도 수렴 부재의 정당 체제)를 불신해 왔던 중도 성향의 무당과 유권자들이 안철수라는 사람을 통해서 자신의 정치적 의지를 표출한 것으로 이해하는 것이 중요하다.

이것은 종전까지 이념적 양극화 정치로 중도 성향의 유권자를 배제해 왔던 정당 정치에게 타격을 가하고 그 한계를 드러냄으로써 정당 정치의 반성을 촉구하는 한편, 이후 정당 정치의 방향을 '중도 수렴의 정당 체제'와 중도 실용의 정치 그리고 민생 정치와 생활 정치로 전환할 것을 촉구하는 신호탄으로 해석된다.

또한 이러한 두 현상의 등장은 개방형 국민 참여 경선제와 원내 정당화 등 2002년 16대 대선 전후 과정에서 본격적으로 추진된 정당 개혁에도 불구하고, 정당 정치에 대한 유권자들의 불신이 여전하다는 것을 보여줬다는 점에서 '그동안 추진된 정당 개혁의 위기'라고 볼 수 있다.

특히, 2012년 1월 한나라당 홍준표 대표가 10·26 서울시장 보궐 선거 참패에 따른 당 쇄신책의 일환으로 중앙 당사를 폐지하고 현 중앙 당사에 있는 총무국과 민원국을 서울시당이나 여의도연구소로 분산 배치하는 원내 정당화를 시도하는 가운데, 비례 대표 의원의 50%를 국민 참여 경선으로 선발하고 정치 신인은 '슈퍼스타K'식 공개 오디션을 통해 영입하며 민간단체 등이

후보의 당선에 영향을 미친 것으로 드러났다.

참여하는 '당·민(黨·民) 정책 협의회'를 구성하는 방안을 검토한 것은 집권 여당의 위기 의식이 어느 정도로 심각한 것인지를 보여 주는 사례라 할 수 있다.

홍준표 대표의 이 같은 방안은 당시 한나라당 박근혜 의원 등이 반대하는 상황에서 실천되지는 못했지만, 정당 개혁의 논의를 살리기 위한 진전된 안으로 평가될 수 있다. 하지만 그동안 지속되고 있는 정당의 위기 상황을 변화시킬 수 있는 실질적인 개선책에는 미진한 것으로 평가되었다.

왜냐하면, 원내 정당화의 본질은 중앙 당사를 폐지하고 국회로 이전하는 것이 아니라 정치의 중심이 원외 정당과 길거리가 아니라 국회에서 펼쳐져야 한다는 것이 핵심이기 때문이다. 즉, 대통령과 청와대 및 당 지도부의 당론 채택과 이것에 따른 의원들의 동원 관행에서 벗어나 의원들이 자율성을 회복하고 그것을 기초로 여야 의원들 간의 민심을 반영한 진지한 대화와 정책 토론으로 국회의 토의 기능을 정상화시키는 것이다.

다시 말해서 의원들의 자율성에 기초한 토의 민주주의의 구현이 더 본질적이라는 것이다. 이런 측면에서 원내 정당화는 민주적인 당론 채택 과정과 당청 관계 및 개방적 국민 경선제의 실질화 그리고 시민들의 생활상의 요구와 필요가 정당 내부로 수렴되고 소통될 수 있도록 하는 개방적 정당 구조를 내실화해야 한다는 점에서 '유권자 정당화'와 '정책 정당화' 그리고 '디지털 정당화'와 연결될 필요가 있다.

상술한 두 현상 속에서 드러난 기성 정당 정치의 위기 상황과 변화된 민심은 그동안 추진된 정당 개혁의 한계와 문제점을 보여 주고 있다는 점에서, 그것의 실체를 면밀히 찾아보고 그것을 개선하기 위한 과제 도출의 필요성이 제기된다. 즉, 최근 급속하게 제기된 기성 정당 정치의 위기 현상에 대한 처방의 실마리를 찾기 위해서는, 다시 말해서 정당 개혁에 대한 방향성과 과제를 새롭게 보완하기 위해서는 그 동안 추진되었던 정당 개혁의 의의와 한계를 되짚어 보고 그것을 보완하기 위한 추가적인 개선 과제가 토론될 필요성이 있다.

이러한 문제 제기하에서 본 글의 목적은 첫째, 그동안 불가피하게 제기되었던 2002년 16대 대선 전후를 기점으로 한국 정당 개혁의 기원 및 전개 과정 그리고 현재 정당 조직의 현황과 문제점을 경험적 지표를 통해 전체적으로 살펴보는 데 있다. 둘째는 첫째에 기초하여, 그동안 추진된 정당 개혁에서 드러난 핵심적인 한계와 문제점을 진단하고 그것들을 개선하기 위한 정당 개혁의 새로운 방향성을 설정하고자 한다.

II. 2002년 대선 전후 정당 개혁의 기원과 전개과정

1. 정당 개혁 이전

그동안 한국 정당 정치의 지배적인 현상과 행태는 〈그림 1〉처럼 보스 (boss)인 당 총재가 정치와 정당을 지배하는 '머신 정치'(machine politics)라고 할 수 있다(강원택 2007). 김영삼, 김대중, 김종필로 대표되는 '3김씨'는 이른바 '정치 머신'(political machine)[2]의 보스(boss)로서 역할을 해 왔다. 그들

---

2. 정치 머신이라는 말은 1800년 미국 대통령 선거에서 파란을 불러일으키며, 부통령에 당선된 당시 뉴욕주 주지사 아론 버(Aron Burr)에 의해서 생겨났다. 정치 머신의 특징은 우선 머신은 보스 1인의 지배하에 보스의 지시대로 움직인다는 점이고, 둘째, 머신은 보스가 지명한 후보를 당선시키기 위해 수단과 방법을 가리지 않고 표와 돈을 동원한다는 점이다. 셋째, 머신은 선거에서 승리한 후 전리품을 분배한다는 점이다. 즉, 조직원들에게 물질적 혜택은 물론 다양한 공직을 분배하고, 정치 자금을 대준 기업가들에게 관급 공사와 같은 막대한 이권과 특혜를 준다는 점이다. 넷째, 결과적으로 머신은 정부와 정치의 질을 떨어뜨리고 정경 유착과 부정 비리를 양산해낸다는 점이다. 이에 대해서는 김용호, 2004, "머신 정당과 대중 정당," 「내일신문」신문로칼럼(10.19); 백창재, 2002, "미국의 정당 머신", 「한국경제신문」시론(7.17) 참조.

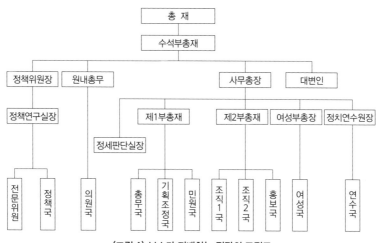

<그림 1> 보스가 지배하는 정당의 조직도

*출처: 1995년 창당한 자유민주연합 중앙당 조직도.

은 후보의 공천권과 정치 자금의 분배권 및 당직 인사권을 독점하여 의원들의 자율권을 구속하였을 뿐만 아니라 정당을 공당(公黨)이 아닌 사당(私黨)으로 운영하여 특정 보스만을 위한 '정치적 도구'로 만들어 버렸다.

따라서 당을 장악한 보스 중에서 자신이 대통령이 된 경우에는 원내 총무를 통해 국민의 대표기관인 '국회'도 대통령의 '하부 기구'로 기능하도록 만들 수도 있었다. 뿐만 아니라 보스와 보스를 따르는 의원의 사조직으로 전락한 '지구당'은 정당이 표방하는 가치와 정책에 관심을 갖고 참여하는 당원들과 지지자들의 공적인 공간이라기보다는, 오직 특정 후보자의 선거 승리를 위해 수단과 방법을 가리지 않고 표와 조직을 동원하는 고비용과 부패 정치의 온상으로 작동할 수밖에 없었다. 특히, 고비용-저효율의 정당 정치의 폐해와 관련해서는 〈표 1〉처럼 당시 당원의 당비 납부 비율을 살펴보면 그 실태의 심각성을 상상할 수 있다.

〈표 1〉에 의하면, 민주당, 한나라당, 자민련, 기타 정당을 포함하는 전체

<표 1> 2000년 이전 정당별 당원 대비 당비 납부자 비율(명)

구분	1997년		1998년		1999년	
	전체 당원 수	당비 납부자 비율(당원 수)	전체 당원 수	당비 납부자 비율(당원 수)	전체 당원 수	당비 납부자 비율(당원 수)
민주당	845,276	1.7% (14,382)	1,058,868	0.83% (8,777)	1,285,862	0.53% (6,839)
한나라당	4,175,361	0.62% (25,983)	3,165,873	0.34% (10,676)	3,121,007	0.36% (11,213)
자민련	1,601,727	0.05% (874)	1,564,755	0.18% (2,794)	1,724,520	0.24% (4,087)
기타 정당	126,157	0.42% (535)	17,810	2.96% (528)	14,798	11.81% (1,748)
합 계	6,748,521	0.62% (41,774)	5,807,306	0.39% (22,775)	6,146,187	0.39% (23,887)

*출처: 중앙 선관위, 1998-2000, 정당 활동 개황 및 회계 보고.

당원 중 당비를 납부한 당원 비율은 1997년 0.62%(6,748,521명 중 41,774명), 1998년 0.39%(5,807,306명 중 22,775명), 1999년 0.39%(6,146,187명 중 23,887명)로 모두 1%가 되지 않는다.

이런 극히 저조한 당비 납부 비율의 현황은 고비용−저효율 조직 구도의 상징적인 예로, 당시 방대하고 비대한 당 조직을 유지하고 페이퍼 당원들을 동원하기 위해, 정당의 보스와 당 지도부들이 비정상적이고 합법적이지 않은 방법과 수단으로 정치 자금을 동원하고 부패 정치에 연루되었을지 어느 정도 상상할 수 있다.

2. 정당 개혁 이후: 정당 개혁의 기원과 전개 과정

1)정당 개혁의 기원과 전개 과정[3]
민주화 이후 한국 정당 개혁의 기원과 추진 과정을 간략하게 살펴보면 다음과 같다. 그동안 한국 정치를 지배해 온 것은 '머신 정치'이고, 이것은 '정치 머신'의 역할을 담당했던 정당을 통해 진행되었다. 이러한 '정치 머신'의 특징을 키이(Key 1964)가 제시한 '정당 기능의 세 수준 모델'[4]로 보면, '정부 내 정당'의 기능을 극도로 약화시키고, 반대로 '조직으로서의 정당' 기능에 많은 비중을 부여하는 모델이라고 할 수 있다. 이 같은 '정치 머신'은 결국 '제왕적 당 총재'와 '제왕적 대통령'으로 현상화되면서, 한국 정치의 고질병인 고비용-저효율 정치와 파행 국회 및 국정 마비의 주범이 되었다. 그러나 2002년 16대 대통령 선거를 앞두고, 민주당이 대통령 후보자를 '국민 참여 경선제'로 선출하는 것을 기점으로 정치 개혁에 대한 국민적 열망이 터지자, 정치 개혁과 정당 개혁이 정치권의 본격적인 화두로 등장하였다. 2002년 당시 새천년민주당은 "당발전과 쇄신을 위한 특별 대책위(이하 특대위)"를 가동하여 정치 개혁과 정당 개혁에 박차를 가했다.

〈표 2〉처럼, 새천년민주당은 특대위를 가동하여 오랜 논의 끝에 정당 개혁 방안을 마련하였다. 특대위는 새천년민주당이 추구해야 할 바람직한 대안 정당 모델로서 처음에 원내 정당 모델과 대중 정당 모델을 유력한 안으로 검토하였다. 그 검토과정에서 두 모델을 둘러싸고 특대위원들 간의 심각한 의견충돌이 있었다. 하지만, 결국 특대위는 타협과 절충 끝에 정당 개혁의 전체적인 방향은 원내 정당 모델로 잡되, 개혁의 수위를 조정하는 식으로 합의[5]하여, '총재직 폐지', '의총에서 원내 총무 선출', '당정 분리', '상향식 공천',

---

3. 이 부분은 채진원, 2011a, "민주화 이후 정당 개혁의 한계와 정당 기능의 정상화 방안",을 준용하였음.

4. 키이의 '정당 기능의 세 수준 모델'은 다음과 같다. 정당의 속성을 이해하는 그 첫 번째 차원은 유권자와의 관계 속에서 형성되는 '유권자 속의 정당'(Parties in the Electorate)이다. 둘째는 '조직으로서의 정당'(Parties as Organization)으로 정당 조직과 운영의 측면을 보여 준다. 셋째는 입법부와 행정부를 구성하는 부분으로서의 '정부 내 정당'(Parties in Government)을 말한다.

5. 이 같은 최종 합의 사항(새천년민주당 2002)은 대체로 카리스마 정당 조직을 대신해서 원내 정

	현행	쇄신안
총무 위상	• 당 3역의 일원 • 형식상 원내 대표 의원	• 당연직 최고 위원 • 실질적 원내 사령탑
총무 권한	• 당 지도부 지시와 당론을 바탕으로 한 정당 간 협상 창구 • 원내 전략 지휘	• 상임 위원회 위원장 및 간사 추천 • 소속 의원 상임위 배정 • 원내 전략 지휘와 원내 행정 총괄
의원 총회 권한	• 원내 총무 선출 • 당무 위원 회의를 통과한 법안 심의	• 주요 정책 및 법안 의결 • 국회 의장 및 부의장 후보 선출 • 원내 총무 선출
총재직 폐지	• 총재 지배 체제 • 총재-대통령 겸임 • 하향식 공천 • 총재 정치 자금 장악	• 총재직 폐지, 집단 지도 체제 • 당-정 분리 • 상향식 공천 • 재정 운영 투명화
국민 경선제	• 폐쇄형 체육관 전당 대회 • 특정 지역·장노년 중심의 대의원 구성	• 국민 참여형 순회 예비 경선 • 국민 선거인단 구성 • 인구 비례로 대의원 구성 • 연령별 성별 비율 반영

*출처: 새천년민주당, 2002. 『당발전과 쇄신을 위한 특별대책위원회 백서』 재구성.

'국민 참여 경선제' 등을 개혁안의 핵심 사항으로 제출하였다. 이러한 새천년 민주당 특대위의 방안은 〈그림 2〉처럼, 2003년 2월 10일에 발표된 원내 조 직 구조안으로 구체화되었다.

이 같은 새천년민주당의 정당 개혁 추진은 국민적 공감대와 더불어 당시 제1야당이었던 한나라당이, 국민 참여 경선제를 수용하는 것을 포함하여 민 주당이 추진했던 것과 유사한 정당 개혁을 추진하도록 강제하는 데까지 영 향을 미쳤다. 결국 정당 개혁의 제도화와 관련하여 2004년 3월 17대 총선을

당 모델로의 정당 조직 개혁을 위한 조치로 이해된다. 그러나 대선 후보를 위한 국민 경선제의 선 거인단 경우는 진성 당원제를 기초로 하는 대중 정당 모델과 일정한 타협이 있었다. 그것은 선거 인단 수는 7만 명으로 하고, 그 비율을 대의원(20%): 일반 당원(30%): 국민 공모자중 추첨(50%) 한다는 데에서 드러난다. 새천년민주당, 2002. 『당발전과 쇄신을 위한 특별대책위원회 백서』, 111쪽.

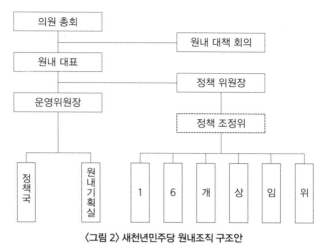

〈그림 2〉 새천년민주당 원내조직 구조안

*출처: 새천년민주당 개혁 특위, 2003, 당 개혁 방안(2.10), p. 22.

앞둔 시점의 국회 정치 개혁 특위는 '의원총회 활성화', '중앙당 축소', '지구당 폐지', '개방형 경선제' 등을 내용으로 하는 정치관계법 개정안을 여야 합의로 처리하였다. 이로써 미약하지만 일정 정도 정당 개혁의 단초를 마련할 수 있었다.

2) 정당 개혁의 전개와 원내 정당화의 왜곡 사례들[6]

본 단락에서는 2004년 국회 정치 개혁 특위에서 처리된 지구당 폐지를 포함하여 정당 개혁의 방향과 관련하여 쟁점이 되었던 사례인 열린우리당의 창당과 해산, 그리고 공천 방식의 변경을 통해 드러난 정당 개혁의 문제점과 한계를 핵심적으로 살펴보고자 한다.

---

6. 이 부분은 채진원, 2011, "지구화시대 정당의 거버넌스 모델과 전략" 일부 내용을 준용하였음.

(1) 열린우리당 정당 개혁의 한계

정당 개혁의 문제점과 관련하여 먼저 열린우리당에서 추진되었던 원내 정당화 실험에 대한 엄밀한 평가가 필요하다. 열린우리당은 2003년 11월 출범하여 창당 3년 9개월 만인 2007년 8월에 당을 해산하였다. 열린우리당의 정당 개혁이 좌초하게 된 배경은 무엇일까?

여러 가지 이유가 있다. 하지만 그 핵심에는 정당 모델의 이상형(ideal type)에서 볼 때, 서로 배치되고 충돌하고 있었던 원내 정당화와 대중 정당화의 핵심인 '기간 당원제'(진성 당원제)를 거의 같은 비율로 동시에 추구하려고 했던 점에 있는 것으로 해석된다. 이러한 동시 추구로 인하여 원내 정당화를 지지하는 세력과 기간 당원제를 지지하는 세력 간의 권력 투쟁이 어느 한 방향으로 정리되지 못한 채, 많은 혼란과 갈등이 야기되는 가운데 당이 해산될 때까지 팽팽하게 이어졌기 때문이다.[7]

열린우리당의 원내 정당화 실험은 '원내 정당화의 길'과 '대중 정당화의 길'이 동시에 추구될 수 없다는 것을 반증이라도 하듯이, 창당 3년여 만에 당 정체성의 혼란을 맞이한 가운데 결국 당을 해산하였다. 이 같은 열린우리당의 원내 정당화 실패 경험은 '원내 정당화'와 '기간 당원제'로 표현되는 '대중 정당화'처럼 방향성이 서로 다른 두 제도를 동시에 동일한 비중으로 추구하려다가 어느 하나도 제대로 된 성과를 남기지 못한다는 것을 보여 주고 있다.

이것은 열린우리당의 원내 정당 모델에 대한 분명한 인식과 일관된 방향성의 부족으로 인해 많은 혼란과 갈등을 경험했다는 교훈을 보여 주는 것이다. 특히, 앞서 논의된 〈표 2〉처럼, 민주당의 특대위가 제시했던 원내 정당

---

7. "열린우리당은 당정 분리뿐만 아니라, △기간 당원제 △지구당 폐지 △원내 정당화 △투톱 시스템(당 의장-원내 대표 권한 배분) 등의 원칙으로 운영되었다. 결과적으로 이런 원칙들은 차례차례 무너졌다. 기간 당원제는 '지지자들'의 생각을 반영하지 못했다", 성한용, 2007, "끝내 닫힌 우리당, 3년 9개월만에…민주신당과 합당", 「한겨레(08.19)」.

화를 위한 정당 개혁의 방향과 경험을 열린우리당 창당 주체들이 충분히 수렴하지 못한 측면이 정당 개혁의 실패 요인으로 크게 작용하였다고 볼 수 있다. 추후 이러한 오류가 반복되지 않기 위해서는, 원내 정당화(유권자 정당화)에 대한 분명하고 충분한 이해 속에서 구체적인 개혁내용을 보다 일관성 있게 추구하는 방안을 검토할 필요가 있을 것이다.

(2) 지구당 개혁의 왜곡과 지구당 폐지

정당 개혁의 문제점과 관련하여 두 번째는 정치권이 원내 정당화와 연계시켜 추진한 '지구당 폐지'에 대해 엄밀한 평가가 필요하다. 특히, 지구당에 대한 개혁 논의가 '지구당 폐지'로 흘러간 상황에 대해 깊이 이해할 필요가 있다. 이를 위해서는 당시 정당 개혁의 방향성과 관련하여 원내 정당화의 관점에서 지구당의 개혁에 대해 의견을 제시했던 2003년 새천년민주당의 '당 개혁안'을 살펴볼 필요가 있다.

2003년 새천년민주당의 지구당 개혁안은 이른 바, '지구당 폐지'가 아니라 '지구당 위원장제 폐지와 지구당 운영 위원회 제도 도입'이었다. 당시 새천년민주당이 지구당 위원장제 개혁으로 지구당 운영 위원회 제도를 채택한 이유는 △제왕적 지구당 위원장제의 폐해를 극복함으로써 사당화되어 있는 지구당을 공당으로 전환시켜야 한다는 점 △국회 의원 후보자 경선시 최대한의 공정성을 보장하여 신진 정치 지도력이 쉽게 참여할 수 있도록 문호를 개방해야 한다는 점 △기득권을 포기하고 밑으로부터의 개혁을 통해 국민 정당으로써의 국민적 신뢰를 확보할 수 있다는 점 등이다(새천년민주당 개혁특별위원회 2003).

이어서 당시 원내 정당화의 관점에서 지구당 개혁을 제시했던 대표적인 학자들과 정치권의 태도를 비교하여 재확인할 필요도 있다. 우선, 학자들 중에서 정진민과 임성호의 입장을 확인해 보면 다음과 같다. 그들은 '지구당 폐지'를 주장하지 않은 것으로 확인되었다. 오히려 그들은 정치권 차원에서 추진되는 '지구당 폐지'가 원내 정당화의 조건이 아니라는 의견을 적극 개진한 것으로 밝혀졌다(임성호 2003; 정진민 2003; 2005).

그들은 지구당 폐지에 반대하고, '지구당 폐지' 대신에 '지역구 당원 또는 정당 지지자들에 의해 자율적으로 운영되는 연결망 조직'을 제시한 것으로 드러났다. 그리고 그들은 지구당 개혁의 방향으로 '제왕적 지구당 위원장 제도 폐지'와 '지구당 운영 방식의 전면적인 개편'을 제시한 것으로 확인되었다. 그러나 당시 정치권의 현실은 지구당 폐지가 원내 정당화의 명분과 수단으로 둔갑되어 추진되었다.

그렇다면 지구당에 대한 개혁 논의가 지구당 폐지로 정치권 내에서 급선회하여 추진된 배경은 무엇일까? 다시 말해서 당시 원내 정당론자들에 의해 제시된 '지구당 위원장제의 폐지'가 정치권 차원에서 '지구당 폐지'로 극단적으로 전환된 이유는 무엇일까? 그것은 여러 가지 이유가 있지만, 그 핵심적 요인은 지구당을 상당수 장악하고 있었던 당내 기득권 세력의 정치적 기반을 무너뜨리고 정치 개혁을 명분으로 당내 헤게모니를 장악하려는 소장파들의 정치적 이해가 여야 모두에서 공통적으로 작동했기 때문으로 해석된다.[8]

즉, 여야의 소장파들은 당을 장악하고 있는 기득세력의 정치적 기반과 권력을 축소시키려는 강력한 수단으로 지구당 폐지를 적극 활용하였다는 진단

---

8. "한나라당 소장파인 남경필, 안상수, 오세훈, 원희룡 의원이 2일, SK비자금 사건에 대한 사과와 전면적인 정치 개혁을 요구하면서 지구당 위원장직을 사퇴했다. … 이번 소장파 4명의 지구당 위원장직 사퇴는 비자금 사건에 대한 사과의 의미라기보다 정치 개혁과 당 쇄신의 시동을 건 것이 아니냐는 추측이 지배적이다. 지난 31일 중앙당 폐지와 공정한 경선을 위해서 지구당 위원장직 총 사퇴 등 강도 높은 정치 개혁을 주장했던 이들이 먼저 행동에 나섬으로써 당 지도부를 압박하는 것으로 보인다"(프레시안 2003/11/03).

이다.

당시 정치권이 근시안적인 당 내부의 권력 투쟁에서 벗어나 원내 정당화의 관점에서 세방화(glocalization) 시대의 도래와 함께 지방의 역할이 활성화될 수밖에 없다는 것을 고려했더라면 그리고 지구당 운영 위원회 제도를 도입할 필요가 있다는 이전의 논의를 배경으로 했다면, 지구당 폐지 대신 지구당을 존립시키는 가운데 개선의 방향을 찾을 필요가 있었을 것이다. 세방화 시대에 도래하는 로컬 거버넌스의 관점에서 볼 때, 지구당 폐지는 실제적(practical)이거나 정치적(political)이지 못한 반정치적(anti-political)인 조치였다고 평가할 수 있다.

(3) 개방형 국민 참여 경선 제도의 안착과 구체화 실패

정당 개혁의 문제점과 관련하여 셋째는 2002년 16대 대선 전후 과정에서 '상향식 공천제'라고 각광을 받았던 개방형 국민 참여 경선 제도가 그 이후 정치권에 의해서 얼마나 내실화되고 있는지에 대한 엄밀한 평가가 필요하다.

원내 정당화의 다른 측면인 유권자의 참여를 활성화하기 위하여 당을 개방화하는 '유권자 정당화'는 필연적으로 후보 선출 과정에서도 보스와 중앙당 및 대통령이 독점적으로 가지고 있는 후보 공천권을 당원과 당 밖의 정당과 후보를 지지하는 지지자와 유권자들에게 개방하여 그들의 참여를 촉진시키는 것을 명분으로 하고 있다.

그러나 그러한 명분과 취지를 가지고 있는 개방형 국민 참여 경선 제도가 16대 대선 이후 제도적으로 안착하는 데 실패하고 있다는 징후가 계속해서 나타났다. 2007년 17대 대선전에는 개방형 국민 참여 경선 제도가 도입되기는 했지만, 순수한 형태의 개방형 국민 참여 경선 제도가 아니라 '여론 조사'가 삽입되어 그 제도적 불안정성을 강화시켰다. 또한 2008년 18대 총선을 앞두고 여야 정당들은 상향식 공천보다는 당 지도부에 의한 하향식 전략 공천을 실시하여 계파 간의 공천 갈등 문제를 발생시키기도 하였다.

그리고 2010년 6월 2일 지방 선거를 앞두고 여야 정당들은 주요한 공천 방식으로 이른바 '국민 공천 배심원제'(한나라당)와 '시민 공천 배심원제'(민주당)를 당론으로 정해 시행한 바 있다. 이러한 국민 공천 배심원제와 시민 공천배심원 제도는 당 지도부에 의한 계파 공천의 특혜를 방지하고자 하는 차원에서 공천 심사 과정에 당원이 아닌 일반 시민들의 참여를 촉진시키고 개방하였다는 점에서 일보 진전이라고 할 수 있다.

하지만 이것은 일반 유권자들이 정당의 후보를 직접 선출하는 상향식 공천 방식인 개방형 국민 참여 경선제와 비교해 볼 때, 여전히 중앙당과 당 지도부에 의한 하향식 공천 방식인 '전략 공천'을 양성화시켜줄 가능성이 큰 '전략 공천의 변형된 형태'에 불과하다는 지적을 피할 수 없다. 아울러 2012년 4.11총선을 앞두고 여야가 공히 공천개혁의 핵심으로 '완전 국민 참여 경선제'와 '모바일 투표제'를 공언하였으나, 종전의 전략 공천에 밀려 온전하게 실천되지 못하는 한계를 보여 주었다. 이러한 공언이 후퇴되어 당 지도부 중심의 전략 공천에 따른 공천 잡음으로 대규모 탈당과 무소속 출마 사태가 초래된 배경에는 완전 국민 참여 경선제에 대한 여야 합의가 되지 않았기 때문이다.

공천 잡음이 발생하지 않기 위해서는 근본적인 유권자 정당화와 근본적인 공천개혁 차원에서, 모든 정당들이 국가의 재정으로 같은 날 동시에 완전 국민 참여 경선 제도(미국식 오픈 프라이머리 제도)를 실시할 수 있도록 하는 합리적인 방안이 추진될 필요가 있다.

제왕적 대통령제와 정당

III. 정당 개혁 이후 정당의 조직과 운영의 현황 및 문제점

1. 생산적인 조직 기반과 운영의 미흡 현황

1) 당원 수와 진성 당원 수 증가율의 미흡

(1) 연도별 인구수 대비 당원의 수 비교

원내 정당화의 핵심 중 하나는 당의 지지 기반을 당원과 일반 지지자로 확대하는 '유권자 정당화'와 연계하여 '방만한 조직 구조'를 '생산적인 조직 구

〈표 3〉 연도별 인구수 대비 당원의 수(단위: 명)

연도별	총인구수	당원 수	당원 수/인구수(%)
2000	47,976,730	6,110,978	12.7
2001	48,289,173	6,041,874	12.5
2002	48,517,871	6,010,150	12.4
2003	48,823,837	5,203,750	10.7
2004	49,052,988	1,954,522	4.0
2005	48,782,274	2,692,103	5.5
2006	48,991,779	2,692,103	6.0
2007	49,268,928	3,759,045	7.6
2008	49,540,367	3,877,970	7.8
2009	49,773,145	4,123,687	8.3
2010	50,515,666	4,790,526	9.5
2011	48,988,833	5,101,584	10.4
2012	51,040,980	4,781,867	9.4
2013	51,296,287	5,198,389	10.1
2014	51,327,916	5,245,611	10.2
2015	51,529,338	5,837,061	11.3

*출처: 중앙 선관위, 2016, 정당 활동 개황과 회계 보고, p. 18.

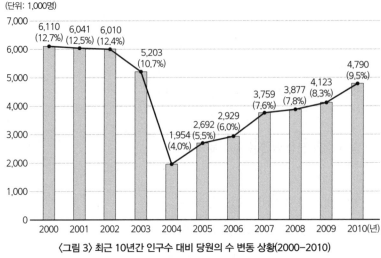

(단위: 1,000명)

〈그림 3〉 최근 10년간 인구수 대비 당원의 수 변동 상황(2000-2010)
*출처: 〈표 3〉 연도별 인구수 대비 당원의 수 그래프화.

조'로 축소 개선하는 것이다. 그것의 핵심은 당비를 내지 않는 페이퍼 당원과 방만하고 비효율적인 대의 기구와 조직 체계를 과감하게 축소하고, 당비를 내는 당원 비율을 높임으로써 정당의 고비용−저효율 구조를 내실화하는 것이었다. 〈표 3〉과 〈그림 3〉처럼, 2004년 대대적으로 페이퍼 당원이 정리되기 전 한국 정당의 당원 수는 약 600만 명에 달했다.

하지만 2002년부터 촉발된 원내 정당화로의 정당 개혁으로 인하여 2004년에 당원 수는 약 190만 명으로 약 3/1만큼 줄어들었다. 하지만 이후 약 10년간 인구수 대비 당원 수는 조금씩 증가는 하고 있으나, 2010년 현재 479만 명으로 인구수 대비 9.5%에 달하는 숫자에 머무르고 있다. 이러한 당원 수는 2000년 기준 12.7%와 비교해 볼 때, 증가했다고 보기에는 미흡한 실정이다.

　　　　　　　　　　　　　　　　제왕적 대통령제와 정당

(2) 연도별 주요 정당 진성 당원 수(비율) 비교

〈표 4〉 2010년 현재 주요 정당 진성 당원 수(비율) 현황(명/%)

정당	전체당원 수	당비 납부 당원	당비 납부 비율(%)
한나라당	2,090,979	293,470	14.0
민주당	1,918,474	293,470	8.4
자유선진당	479,576	18,345	3.8
미래희망연대	24,814	185	0.7
민주노동당	76,053	43,384	57.0
창조한국당	31,660	926	2.9
진보신당	25,819	20,051	77.7
전체합계(기타정당 포함)	4,790,526	550,998	11.5

*출처: 중앙 선관위, 2011, 정당의 활동 개황과 회계 보고.

〈표 5〉 2010년 현재 주요 정당 지역별 당원 수 현황

	한나라당	민주당	자유선진당	미래희망연대	민주노동당	창조한국당	진보신당
서울	758,088	315,370	1,863	9,534	12,454	6,252	8,546
부산	242,904	94,486	1,374	2,419	3,544	2,990	1,298
대구	106,590	19,215	1,369	–	1,690	1,439	1,005
인천	233,051	71,784	1,966	–	5,071	1,635	1,284
광주	247,518	189,162	1,326	–	3,405	2,111	1,123
대전	309,615	61,674	170,004	1,048	1,775	1,768	1,200
울산	112,552	11,247	3,007	–	5,157	1,011	1,063
경기	782,970	282,011	2,659	2,501	14,757	4,770	4,118
강원	179,337	36,513	13,775	2,216	2,061	1,239	1,121
충북	204,979	71,688	27,949	2,158	1,401	1,246	–
충남	386,670	47,126	246,152	1,552	2,506	–	1,445
전북	391,878	335,423	1,743	1,235	5,728	1,381	–
전남	345,887	292,960	1,724	–	4,202	1,107	–
경북	178,782	21,478	1,546	–	3,107	1,395	1,106
경남	239,184	45,042	1,823	2,151	8,185	1,640	2,510
제주	70,521	23,295	1,266	–	1,010	1,676	–
합계	4,790,526	1,918,474	479,576	24,814	76,053	31,660	25,819

*출처: 중앙 선관위, 2011, 정당의 활동 개황과 회계 보고.

〈표 6〉 한나라당 연도별 진성 당원 수/비율 현황

연도	전체당원 수	당비 납부 당원	당비 납부 비율(%)
2000	2,676,324	–	–
2001	2,684,307	–	–
2002	2,778,185	–	–
2003	2,170,228	–	–
2004	1,086,329	3,835	0.35
2005	1,152,167	259,649	22.5
2006	1,108,115	278,111	25.1
2007	1,650,011	200,583	12.2
2008	1,794,071	199,436	11.1
2009	1,959,466	209,769	10.7
2010	2,090,979	293,470	14.0

*출처: 중앙 선관위, 2001-2011, 정당 활동 개황 및 회계 보고.

〈표 7〉 민주당 연도별 진성 당원 수/비율 현황

연도	전체당원 수	당비 납부 당원	당비 납부 비율(%)
2000	1,736,138	–	–
2001	1,824,248	–	–
2002	1,889,337	–	–
2003	1,544,623	–	–
2004	469,221	3,835	7.32
2005	300,458	216,488	72.1
2006	394,035	114,284	29.0
2007	436,330	62,747	14.4
2008	1,643,021	23,233	1.4
2009	1,647,895	64,470	3.9
2010	1,918,474	160,820	8.4

*출처: 중앙 선관위, 2001-2011, 정당 활동 개황 및 회계 보고.
**각주: 2007년 대통합민주신당 제외, 2003년 열린우리당 제외.

〈표 8〉 민주노동당 연도별 진성 당원 수/비율 현황

연도	전체당원 수	당비 납부 당원	당비 납부 비율(%)
2000	4,658	–	–

2001	10,314	–	–
2002	25,469	–	–
2003	32,839	–	–
2004	45,928	45,928	100
2005	69,888	69,888	100
2006	79,021	54,816	69.4
2007	82,262	51,655	62.8
2008	70,670	40,277	57.0
2009	67,428	34,483	51.1
2010	76,053	43,384	57.0

*출처: 중앙 선관위, 2001-2011, 정당 활동 개황 및 회계 보고.

〈표 9〉 한국 주요 정당 최근 10년간 연도별 진성 당원 수/비율(명, %) 현황

연도	2000	2001	2002	2003	2004	2005
전체 당원 수	6,110,978	6,041,874	6,010,150	5,203,750	1,954,522	2,692,103
당비 납부 당원 수	–	–	–	–	162,158	1,042,989
진성 당원 비율	–	–	–	–	8.3	38.7
연도	2006	2007	2008	2009	2010	2011
전체 당원 수	2,929,098	3,759,045	3,877,970	4,123,687	4,790,526	–
당비 납부 당원 수	546,394	412,563	275,712	328,687	550,998	–
진성 당원 비율	18.6	10.9	7.1	8.0	11.5	–

*출처: 중앙 선관위, 2001-2011, 정당 활동 개황 및 회계 보고.
**주: 주요 정당은 매년 선관위에 등록되어 있는 정당 전체를 말함.

〈표 4〉, 〈표 5〉, 〈표 6〉, 〈표 7〉, 〈표 8〉, 〈표 9〉는 지난 10년간 연도별 주요 정당의 진성 당원 수와 진성 당원 비율을 전체적으로 이해하는 데 필요한 데 이터들이다. 종합적으로 살펴보면 다음과 같다. 한나라당의 진성 당원 비율 은 2010년 현재 14.0%로 2005년 22.5%에 비해 줄어들었다. 민주당의 진성 당원 비율은 2010년 현재 8.4%로 2005년 72.1%에 비해 줄어들었다. 상대적

으로 한나라당과 민주당보다 진성 당원을 많이 확보한 민주노동당의 진성 당원 비율은 2010년 현재 57.0%이지만 이것은 2004년 100%에 비해 줄어들었음을 알 수 있다.

그리고 〈표 9〉처럼, 중앙 선관위에 등록된 한국 정당들의 2010년 전체 진성 당원 비율은 11.5%로 이것 역시 2005년 38.7%에 비해 줄어들었다는 것을 알 수 있다. 이러한 전체적인 데이터를 종합해 볼 때, 그동안 원내 정당화 차원에서 추진된 페이퍼 당원 정리와 진성 당원 비율의 촉진책은 성공했다고 보기 어렵다. 왜냐하면 진성 당원 수와 진성 당원 비율은 상대적으로 증가보다는 하락 내지 정체하고 있는 것으로 판단되기 때문이다.

2) 자생적인 정치 자금 확대의 미흡

〈표 10〉 2010년 현재 주요 정당 수입중 당비 점유 비율 현황(단위: 백만 원)

정당	총수입	당비	당비점유 비율(%)
한나라당	59,821	11,693	20
민주당	37,334	5,536	15
자유선진당	6,884	286	4
미래희망연대	3,094	68	2
민주노동당	13,072	5,840	45
창조한국당	2,511	114	4
진보신당	4,711	2,401	51
전체합계(기타정당 포함)	130,971	28,243	22

*출처: 중앙 선관위, 2011, 정당의 활동 개황과 회계 보고.

〈표 11〉 한국 주요 정당 최근 10년간 총수입 중 당비 점유 비율 현황(단위: 백만 원)

연도	2000	2001	2002	2003	2004	2005
총수입	142,974	75,291	296,575	175,857	167,597	78,912
당비	9,882	4,571	41,975	36,326	24,331	25,490
당비 점유 비율	7	6	14	21	15	32

연도	2006	2007	2008	2009	2010	2011
총수입	188,160	215,787	244,662	96,916	204,599	
당비	59,531	46,066	37,501	27,702	59,745	
당비 점유 비율	32	21	15	29	22	

*출처: 중앙 선관위, 2001-2011, 정당 활동 개황 및 회계 보고.
**주: 주요 정당은 매년 선관위에 등록되어 있는 정당 전체를 말함.

　원내 정당화의 또 다른 핵심은 고비용-저효율 구조를 개선하여 정당 조직의 수입 구조를 확대하여 자생성을 갖는 조직으로 키우는 데 있다. 그 기본은 정당의 총수입 중에서 당비 점유 비율의 증대이다. 〈표 10〉은 2010년 현재 한국 주요 정당들의 총수입 중 당비 점유 비율이 22%이다. 하지만 이 비율은 〈표 11〉처럼 2005년 32%에 비해 훨씬 부족한 비율이다. 이러한 데이터 역시 그동안 추진된 정당 개혁에도 불구하고, 한국 정당들의 정치 자금 확대의 자생성은 상대적으로 미흡했던 것으로 판단된다.

3) 비대하고 방만한 조직과 운영 상태

　〈그림 4〉와 〈그림 5〉는 각각 2011년 현재 한나라당과 민주당의 조직 기구표이다. 두 당의 조직 기구표는 중앙당 슬림화를 주창했던 2004년 규모에 비해 훨씬 더 비대하고 방만해진 것으로 보인다. 이렇게 중앙당의 조직 기구표가 비대하고 방만해진 이유는 무엇일까? 그것은 유권자들의 정당에 대한 수요가 많아서 이것에 반응하기 위해서라기보다는 유권자들의 지지와 참여가 상대적으로 부족하기 때문에, 이것을 벗어나 적극적으로 유권자를 동원하기 위한 전진배치로 이해된다.

　〈표 12〉는 최근 10년간 한국 정당들의 총지출 중에서 조직 활동비 대비 정책 개발비 추이를 보여 주는 데이터이다. 2004년 당시 원내 정당화를 구호로 내걸었을 때, 정당들은 대체로 조직 활동비를 줄이고 정책 개발비를 늘리는

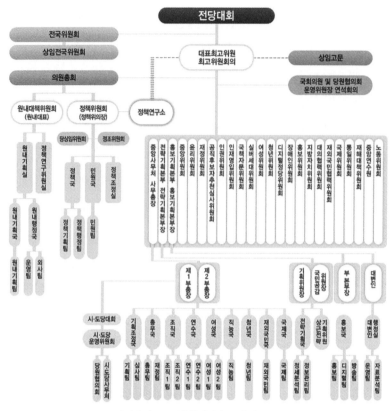

〈그림 4〉 2011년 한나라당 조직 기구표

*출처: 한나라당 홈페이지(2011.11.16)

쪽으로 개혁 방향을 잡았다. 하지만 이후 진행된 현실은 2006년부터 조직 활동비 대 정책 개발비는 7.8대 1이며, 2010년 현재에도 7.4대 1로 조직 활동비가 정책 개발비에 비해서 7.4배나 많은 것으로 나타났다. 또한 〈표 13〉은 연도별 한나라당과 민주당의 인건비 지출 현황이다. 2010년 현재 한나라당은 15,948,044,491원이고, 민주당은 11,550,501,042원이다. 이러한 인건비 추세는 갈수록 증가했음을 보여 준다. 이러한 전체 지표들은 한국 정당의 조직이 여전히 비대하고 방만하다는 현실을 보여 주고 있으며, 변화에 실패하고

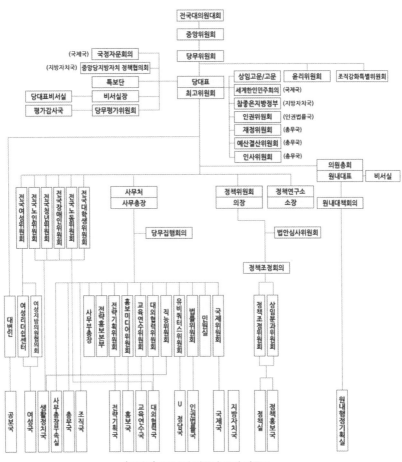

<그림 5> 2011년 민주당 조직 기구표

*출처: 민주당 홈페이지(2011.11.16)

있다는 것을 보여 준다.

<표 12> 최근 10년간 한국 정당 총지출 중 조직 활동비: 정책 개발비 비율(%) 비교

단위(%, 원)

연도	2000	2001	2002	2003	2004	2005
총지출	69,151	34,956	61,278	63,296	79,001	62,042
조직 활동비	24,131	13,545	31,708	12,728	15,248	16,896
정책 개발비	16,617	11,612	16,017	12,186	8,886	8,616

조직 활동비: 정책 개발비 비율	1.4 :1	1.7 :1	2 :1	1 :1	1.7 :1	2 :1
연도	2006	2007	2008	2009	2010	2011
총지출	152,605	221,312	219,968	82,086	176,721	
조직 활동비	59,191	46,353	36,597	19,386	62,639	–
정책 개발비	7,597	6,415	7,021	6,343	8,540	–
조직 활동비: 정책 개발비 비율	7.8 :1	7.2 :1	5.2 :1	3 :1	7.4 :1	–

*출처: 중앙 선관위, 2001~2011,정 당 활동 개황 및 회계 보고.
**주: 주요 정당은 매년 선관위에 등록되어 있는 정당 전체를 말함.

〈표 13〉 연도별 한나라당과 민주당 인건비 변화 현황(원)

연도	한나라당 인건비 총액	민주당 인건비 총액
2000	10,026,902,183	15,026,902,183
2001	4,526,780,380	12,308,321,755
2002	3,717,286,198	6,107,586,198
2003	15,713,064,958	10,663,757
2004	36,315,134,738	1,634,963,385
2005	5,250,725,295	1,038,601,144
2006	9,667,006,981	2,897,430,264
2007	12,003,504,798	4,045,785,106
2008	15,332,272,974	11,528,298,563
2009	14,845,959,893	8,740,606,076
2010	15,948,044,491	11,550,501,042

*출처: 중앙 선관위, 2001~2011, 정당의 활동 개황과 회계 보고.

2. 원내 정당화(유권자 정당화) 중심 정당 운영의 미정착 사례

◇ 새천년민주당의 분열 사례

2004년 17대 총선을 앞두고 민주당은 당내 친노 세력과 반노 세력 간의 대립과 갈등으로 열린우리당이 분당되어 나갔다.

◇ 열린우리당의 분열 사례

2007년 17대 대선을 앞두고 당과 대통령의 지지율 하락에 봉착한 열린우리당은 친노, 비노, 반노로 갈등하다가 분당되어 나갔고, 이후 대통합민주신당으로 다시 합당되었다. 대통합민주신당은 2007년 8월 5일 열린우리당 탈당파 80명, 민주당 탈당파 4명, 한나라당에서 탈당한 일부 세력과 시민 사회 세력을 주축으로 창당하여 출범했으며, 이후 2007년 8월 20일 신당 출범으로 상대적으로 약해진 열린우리당과의 합당을 통해 의석수 143석으로 원내 제1당이 되었다.

◇ 민주노동당의 분열 사례

2008년 1월 12일 민주노동당은 2007년 대선에서의 선거 패배를 둘러싼 책임 공방의 결과 진보 신당 세력이 분당되어 나갔다.

◇ 대통합민주신당과 민주당의 합당

대통합민주신당은 2008년 2월 11일 새천년민주당과 통합을 선언하였고, 통합민주당으로 합당하였다.

◇ 민주당과 시민통합당의 합당

제19대 국회 의원 총선거와 제18대 대통령 선거를 앞두고, 2011년 12월 민주당과 시민통합당이 민주통합당으로 합당하였다.

◇ 민주노동당과 국민참여당 및 통합진보연대의 합당

제19대 국회 의원 총선거와 제18대 대통령 선거를 앞두고, 2011년 12월 5일 민주노동당과 국민참여당 그리고 진보신당의 탈당파인 새진보통합연대가 통합진보당으로 합당하였다.

　이상으로 적시된 정당들의 분열과 이합집산으로 표현되는 불안정한 정당 운영의 사례는 그동안 추구되었던 원내 정당화(유권자 정당화)에 기반한 정당 운영 체계의 이상적 방향이 현실에서 정상적인 수준으로 안착되어 제도화되는 데 많은 한계가 있었음을 보여 준다.

　그 한계를 현상적으로 살펴볼 때, 민주노동당과 같은 대중 정당 모델을 취하는 정당의 경우에는 강한 이념 정당과 정파 정당을 추구하다 보니 당내에 존재하는 이념적, 정파적 노선 갈등이 하나의 구심점으로 통합하기 어려운 시대적 배경에서 정당 내 특정 정파의 독단적 운영에 따른 갈등에서 기인하는 측면이 크다.

　이에 비해 민주당과 그의 후계 정당들의 경우에는 김대중과 같은 1인 보스(boss)가 사라진 이후 나타나는 과도기적인 정당 내 분열 양상으로 여러 정파들이 과두(寡頭)체제로 존재하는 가운데, 민주적인 정당 운영 질서(특히, 원내 정당 중심의 정당 운영)에서 요구되는 구심력과 원심력 간의 적절한 균형과 통합을 이루지 못해 기인하는 측면이 크다.

IV. 정당 개혁 이후 문제점에 대한 원인 진단

　제II장과 제III장에서 언급한 대로, 열린우리당의 실패, 지구당 폐지, 개방형 국민 참여 경선제에 대한 안착화의 실패, 정당의 분열과 이합집산 등 불안정한 정당 운영이 반복되는 이유는 무엇일까? 이러한 현상을 그동안 추진된 정당 개혁의 방향성과 관련하여 정당 조직과 운영의 문제점 및 한계로 이해할 때, 그것의 원인은 무엇일까?

1. 원내 정당화(유권자 정당화)에 대한 충분한 인식과 일관된 실천 의지 부족

여러 가지 다양한 원인이 있겠지만, 우선 정치권이 정당 개혁의 방향과 관련하여 원내 정당 모델과 원내 정당화(유권자 정당화)에 대한 충분한 인식 공유와 이러한 인식에 기반한 일관된 실천이 부족했다는 것을 보여 준다.

새천년민주당의 분열, 열린우리당의 분열, 민주노동당의 분열의 배경을 사회 구조적인 차원에서 볼 때, 각 당들이 지구화, 후기 산업화, 정보화 등으로 표현되는 시대 전환기적 상황 변화에 따라 유권자의 태도도 변화한다는 것을 경험적으로 이해했다면, 고정된 지지 기반에 반응하는데 적실성이 큰 정당 모델인 대중 정당 모델(이념 정당, 정파 정당, 계급 정당)[9]보다는 유동성이 큰 유권자들에 부응하는데 적실성이 큰 원내 정당 모델과 원내 정당 중심의 정당 체제를 고려했어야 마땅했을 것이다.

아울러 2002년 정당 개혁이 본격화된 이후에 한국 정당 조직의 당원 수가 전체 인구 수 대비 10% 미만인 480만 명에 머무르고 있고, 전체 당비 납부 비율도 2010년 현재 11.5%에 머무르는 등 진성 당원의 수가 증가하기 힘든 상황을 경험적 측면에서 심각하게 고려했더라면, 대중 정당 모델이 보여 주고 있는 이념과 정파적 색깔과 고정된 지지 기반을 대변하는 성격을 약화시켜 당원뿐만 아니라 일반 유권자들도 정당에 참여할 수 있도록 하는 '유권자 정당화'를 고려하는 것이 마땅했을 것이다.

특히, 대중 정당 모델로 출발한 민주노동당의 진성 당원 수와 당비 납부 비율이 하락과 정체로 어느 정도 한계에 봉착했다는 것을 인정했더라면 더더

---

9. 대표적인 대중 정당 모델론자로는 최장집(2005; 2007)이 있다.

욱 '원내 정당화'와 '유권자 정당화'를 선택하는 것이 마땅했을 것이다. 즉, 원내 정당화와 유권자 정당화의 연계된 결과가 자연스럽게 진성 당원으로 연결되도록 하는 것이 마땅했을 것이다.

2. 원내 정당화의 왜곡 현상에 대한 진단의 오해와 처방의 혼선

제II장과 III장에서 언급한, 열린우리당의 실패, 지구당 폐지, 개방형 국민 참여 경선제에 대한 안착화의 실패, 한국 정당의 이합집산 운영에서 드러난 원내 정당화의 왜곡 현상을 원내 정당화 그 자체와 동일시하려는 오해로 인하여 그것들을 바로잡기 위한 일관된 노력에 혼선을 주는 측면도 있다. 이러한 견해는 오해에 기반한 진단으로 시작하여 정당 개혁의 방향으로 대중 정당 모델이라는 처방이 제시된다는 점에서 토론의 여지가 있다.

이러한 오해에서 출발하는 대표적인 논의자로는 박경미(2008)가 있다. 그는 열린우리당(2003-2007)의 이합집산 과정을 '원내 정당화'와 '대중 정당화'의 갈등이 아닌 '카르텔 정당화'의 관점에서 분석하였다. 그는 열린우리당이 원내 정당화를 통한 '중앙당 기능의 카르텔 정당화'를 추진하는 과정에서 소속 의원들에게 부정적인 선거 예측이 소속 정당의 자원을 부정적으로 평가하는 계기로 작동시켜, 탈당, 신당 창당, 그리고 다시 합당으로 이어졌다는 의견을 제시하였다.

그러나 이러한 박경미의 논의는 다음과 같은 한계가 있다. 그는 열린우리당의 예처럼, 한국 정당의 이합집산의 특징과 배경을 서구 정당의 경험과 같이, 선거 전문가 정당 모델화 혹은 카르텔 정당 모델화를 추구한 것이기 때문이라는 견해는 한국적 맥락에서 다소 벗어나 있다는 점에서 좀 더 공론화가 필요한 부분이다. 즉, 한국 정당의 발전이 서구와 다르게 대중 정당 모델이 정착되지도 못한 상황에서 그 이후의 단계인 선거 전문가 정당과 카르텔 정당 수준의 문제를 접목시키기엔 다소 적실성이 떨어진다.

다시 말해서, 한국의 현행 정당이 카르텔 정당화되었다면 어찌하여 만들었다가 다시 부수고, 이합집산을 거듭하는지 설명하기가 어렵다. 더욱이 한국의 현행 정당은 서구의 정당처럼 이념이나 노선을 지지하는 열성 당원을 확보하여 시민 사회에 대중적인 기반을 제대로 구축한 적이 없어 정당 지도자의 정치적 부침에 따라 창당과 해산을 거듭하는 무정형의 정당인 대중이전 정당(pre-mass party)의 성격도 가지고 있기 때문이다(김용호 2008).

특히, 우리나라 정당 조직의 운영 관행은 1973년 박정희 정부 때 만들어진 정당법에 따라 국가의 목표를 위해 시민 사회를 동원하는 정당 정부적 성격으로 출발하였다. 하지만 이러한 관행은 앞에서 언급했던 바대로, 2002년 대선전후 과정에서 본격화된 정당 개혁으로 인하여, 정당 정부적 성격을 약화시키는 원내 정당화 방향으로 변화되고 있다는 것으로 관련 현상을 보는 것이 적절하다.

아울러 정당의 분열과 이합집산과 같은 불안정한 정당 운영 사례는 현상적으로 선거 지상주의의 문제로 등장하지만 이것의 더 근본적인 배경은, 주어진 정당-유권자 지지 관계가 더 이상 안정적으로 유권자의 지지를 받거나 받은 지지를 계속해서 유지하기 힘든 환경이 조성되었다는 점에서, 이것은 지구화, 후기 산업화, 정보화 등의 전환기적 시대 상황으로 인하여 유권자의 삶의 태도와 투표 행태가 복잡하고 불안정하게 변화했을 뿐만 아니라 유동성이 커졌다는 것을 의미한다.

따라서 이런 변화된 시대 상황에 의해 정당의 사회적 기반이 불안정하게 되었다는 것이 돌이킬 수 없는 시대 불가역적인 문제라고 인정한다면, 오히려 정당의 분열과 이합집산으로 표현되는 불안정한 정당 운영상의 문제는 지금까지 적실성이 컸던 대중 정당 모델의 한계를 보여 주는 사례로 해석하는 것이 더 의미가 있을 것이다.

3. 불안정한 정당 운영 체계를 촉진하는 사회 구조적인 요인

그렇다면 이러한 정당의 분열과 이합집산으로 표현되는 불안정한 정당 운영이 발생하는 배경은 무엇일까? 여러 가지 배경이 있겠지만 그 핵심에는 그것들이 대체로 선거를 전후로 해서 선거 패배의 책임 혹은 이후 선거에서 패배가 예상될 때 발생했다는 점에서 볼 때, 그것은 현상적으로 '선거 지상주의'에 따른 갈등과 관련이 깊다.

'선거 지상주의'에 따른 갈등 양상은 정당과 정치 엘리트의 목표가 일반적으로 유권자의 지지를 통한 선거 승리와 재선에 있다는 점에서 볼 때, 그 만큼 안정적으로 유권자의 지지를 받거나 받은 지지를 계속해서 유지하기 힘든 사회적 환경과 시대적 구조가 조성되었다는 점을 의미한다.

따라서 정당의 분열과 이합집산에서 드러나는 불안정한 정당 운영의 사례는 주어진 환경에서 합리적 이익을 추구하는 정치 엘리트들이 위로부터의 탈당과 합당을 통해 진행하는 정당 해체(dealignment)와 정당 재편성(re-alignment)의 배경으로 이해할 수 있다(Carmines and Stimson 1989).

이것은 거시적으로 볼 때, 지구화, 후기 산업화, 정보화 등의 전환기적 시대 상황으로 유권자의 삶의 태도와 투표 행태가 복잡하고 불안정하며, 선거 유동성이 커져서 상대적으로 종전의 정당 조직과 정당 운영 체계가 그것에 유연하게 반응하고 있지 못하다는 것을 의미한다. 이러한 변화된 시대 상황에 따라 정당의 사회적 기반이 불안정하게 되었다는 점은 우리의 정당 운영이 지금까지 국가 건설기와 산업화 시대에 적실성이 컸던 이념 정당, 계급 정당, 정파 정당으로 개념화되었던 대중 정당 모델(책임 정당 모델)에 기반한 정당 운영으로 돌아가기엔 시대적 한계가 더 크다는 것으로 이해될 필요가 있다(Dalton and Wattenberg 2000).

V. 소결

지난 2012년 4·11 총선을 앞두고 여야 정당들은 강도 높은 정치 개혁과 정당 개혁을 약속했었다. 그것들의 핵심에는 공천 개혁이 있었고, 그것을 실질화시키는 방법으로 '완전 국민 참여 경선제'와 '모바일 투표제'가 검토되었다. 하지만 '완전 국민 참여 경선제'와 '모바일 투표제'는 온전하게 제도화되지 못했다.

이러한 것이 의미하는 바는 무엇일까? 아마도 그것은 2011년 10·26 서울 시장 보궐 선거 과정에서 여야 모두가 정치적으로 사망 선고를 받았었고, 그리고 생존하기 위해서는 무엇을 해야 하는지에 대한 절박한 교훈을 잊고 있다는 점일 것이다. 즉, 기존의 여야 정당에 대한 국민의 불신이 안철수 현상과 박원순 시민 후보의 당선으로 이어져 기존 정당 체제를 근본적으로 위협했다는 점에서, 기존 정당들이 살아남기 위해서는 강도 높은 정당 개혁으로 민심을 돌려야 한다는 절박성을 잊어버렸다는 것이다.

기존 정당 체제에 대한 위협의 핵심은 중도 성향의 안철수 지지 현상과 무소속 박원순 시장의 당선 현상을 통해 드러난 무당파와 SNS(소셜 네트워크 서비스) 유권자들의 정치적 등극이다. YTN과 동아시아연구원이 조사한 출구 조사에 의하면, 이 '무당파'들은 이른바 '안철수 현상'을 통해 급속하게 존재감을 드러냈으며, 트위터와 같은 SNS를 통해 결집하여 결정적으로 박원순 후보의 당선에 영향을 미친 것으로 드러났다. 또한 2012년 대선에서 비한나라당 후보에게 투표하겠다는 무당파가 40.7%나 되어서 이들의 영향력은 갈수록 더욱 커져 선거 성패의 중요한 변수가 되고 있다(YTN·중앙일보·동아시아연구원 2011).

즉, 기성 정당 정치에 대해 불신과 염증을 느끼는 중도 성향의 무당파와 SNS를 활용하여 정치 참여의 폭을 넓히는 유권자들의 등극이 2012년 대선에서 한국 정치의 지각 변동을 초래할 수 있는 중요한 계기를 만들어 주고 있다. 이런 점에서, 여야 제도권 정당이 정신을 바짝 차리고 무당파와 SNS 유권자를 사로잡기 위한 정당 개혁의 방향성을 구체적으로 설정하고 강도 높은 정당 개혁을 추진하지 않는다면 미래가 없다는 것을 거듭 확인할 필요가 있다.

정당 개혁을 추진하기 위해서는 우선 무당파와 SNS 유권자들의 정치적 특성에 대한 종합적 이해가 필요하다. 무당파와 SNS 유권자들이 등장하게 되는 배경에는 후기 산업화에 따른 사회 이익의 파편화와 그것에 따른 정당 일체감의 약화, 탈물질주의적 세대 가치관, 미디어와 정보 통신 기술의 혁신을 촉진하는 정보화, 교육 수준의 향상에 따른 인지적 동원 능력의 활성화와 같은 시대 전환기적 요인이 있다.

따라서 무당파와 SNS 유권자들은 단순한 '정치 무관심층'(Apolitical)이 아니라 정치에는 매우 관심이 많으나 식상하고 매력적이지 못한 정당 정치를 거부하고, 세련된 정치 참여를 선호하는 '세련된 무당파'(Apartisans)로 이해할 필요가 있다. 이들의 특성은 기본적으로 '정당'을 통하지 않는 '직접 행동'을 선호하고 있으며, 따라서 그들의 활동 방식은 '탈정당적-이슈 중심적 활동'이다(Dalton 1984; 2006).

그렇다면 무당파와 SNS 유권자 시대에 부합하는 대안적 정당 모델은 어떤 것일까? 정당-유권자의 지지 관계의 변화를 정당 기능의 세 수준 모델로 분류한 키이(Key 1964)의 관점으로 해석해 보면, 이러한 무당파와 SNS 유권자들의 등장은 '조직으로서의 정당' 기능을 약화시키지만 역으로 의원을 중심적 행위자로 하는 '정부 내 정당'과 '인지적 동원능력'을 갖춘 유권자를 중심 행위자로 하는 '유권자 속의 정당' 간의 연계 가능성을 보여줌으로써 대안적 정당 모델의 가능성을 예시해 주고 있다. 따라서 이러한 무당파와 SNS 유권자들의 도전이 정당 정치의 활성화로 이어지도록 유도하기 위해서는 '조직 중심의 정당 구조'를 의원과 유권자들이 쌍방향으로 소통할 수 있도록 '개방된 네트워크 중심의 정당 구조'로 전환하도록 정당 개혁의 방향을 잡을 필요가 있다(임성호 2008; 정진민 2009; 채진원 2009; 2011b; 2011c).

그 핵심은 원내 정당화, 유권자 정당화, 디지털 정당화, 정책 정당화이다. 특히, 정당의 지지 기반을 넓히기 위해서는 즉, 무당파와 중도 성향의 유권자들이 참여할 수 있도록 하기 위해서는 당의 정책이 이념적 편향성에서 벗어나 중도로 수렴되도록 중도적 실용 노선을 견지해야 한다. 이것을 위해서는 보수와 진보라는 이념에서 출발하는 것 대신에 유권자들의 생활상의 문제와 필요로 접근하는 방식(현장 정치와 민생 정치 및 생활 정치)을 활성화시켜야 할 것이다(채진원 2012).

아울러 정당이 무당파와 SNS 유권자 그리고 중도 성향의 유권자와 소통하기 위해서는 온-오프를 결합하는 정당 시스템을 제도화할 필요가 있다. 당내 주요 의사 결정과 공천 및 선거 방식에서도 온-오프를 결합시켜야 한다. 당의 주요 정책 결정 과정에 이슈와 쟁점 그리고 사안과 관련하여 객관적이고 중립적인 전문가와 시민 및 시민 사회 단체의 대표들의 참여가 이루어지도록 정책 포럼, 국민 멘토단, 정책 패널, 정책 서포터즈단 등을 구성하여 운영하고, 당내 경선에서도 인터넷 투표와 모바일(mobile) 투표를 확대할 필요가 있다.

참고문헌

강원택. 2007.「민주화 20년의 정당 정치: 평가와 과제」.『경제와 사회』. 74. 66-83.

김용호. 2008.「한국 정당 연구의 학문적 정체성 확립을 위한 성찰」.『한국 정당학회보』. 7(2). 65-82.

박경미. 2008.「정당 이합집산의 조건: 열린우리당의 변화(2003-2007)」.『한국과 국제정치』. 24(3). 29-55.

백창재. 2002.「미국의 '정당머신'」.『한국경제신문』 시론(7.17).

새천년민주당. 2002.『당발전과 쇄신을 위한 특별대책위원회 백서』.

임성호. 2003.「원내정당화와 정치 개혁」.『의정연구』. 9(1). 133-166.

임성호. 2008.「지구화 시대에 접합한 정당모델의 제도 기반」.『지구시민사회와 세계정치』. 한국세계지역학회, 경희대학교 인류사회재건연구원, 전남대학교 세계한상문화연구단 공동학술대회.

정진민. 2003.「정당개혁의 방향: 정당 구조의 변화를 중심으로」.『한국 정당학회보』. 2(2). 23-39.

정진민. 2005.「지구당 폐지 이후의 새로운 정당 구조와 당원 중심 정당 운영의 범위」.『의정연구』. 11(1). 5-26.

정진민. 2009.「원내정당론을 둘러싼 오해들에 대한 정리」.『한국 정치연구』. 18(1). 29-49.

중앙선관위. 1998-2000.『정당 활동 개황 및 회계 보고』.

채진원. 2009.『민주노동당의 변화와 정당모델의 적실성』. 경희대학교 일반대학원 정치학과 박사학위논문.

채진원. 2010.「원내정당모델의 명료화: 대안적 정당모델들과의 비교논의」.『의정연구』. 16(2). 5-37.

채진원. 2011a.「민주화 이후 정당개혁의 한계와 정당 기능의 정상화 방안」. 발간 예정.

채진원. 2011b.「지구화시대 한국 정당의 거버넌스 모델과 전략」. 임성호, 채진원, 윤종빈, 김용철, 신두철, 장우영, 송경재, 윤성이, 민희, 이현우.『지구화시대의 정당 정치』. 한다D&P.

채진원. 2011c.「무당파, SNS 유권자의 등장 배경과 특성 및 대안 정당모델 탐색」. 발간 예정.

채진원. 2012.「보수독점의 정당 체제 개혁론의 재검토: 정치적 양극화와 중도 수렴 부재의 정당 체제론을 중심으로」. 발간 예정.

제왕적 대통령제와 정당

최장집. 2005. 『민주화 이후의 민주주의』 개정판. 후마니타스.

최장집, 박상훈, 박찬표. 2007. 『어떤 민주주의인가』. 후마니타스.

Carmines, E. G., & Stimson, J. A. 1989. *Issue Evolution*. Princeton University Press.

Dalton, R. J., & Wattenberg, M. P. 2000. *Parties without Partisans: Political Change in Advanced Industrial Democracies*. Oxford Press.

Dalton, R. J. 1984. "Cognitive Mobilization and Partisan Dealignment in Advanced Industrial Democracies". *Journal of Politics*. 46.

Dalton, R. J. 2006. *Citizen Politics*. C.H. Publisher.

Key, V. O. 1964. *Politics, Parties and Pressure Groups*. Crowell.

YTN, 중앙일보, 동아시아연구원. 2011. 공동 여론조사(8.29).

제2장

계파 공천(20·19대)과 19대 국회 입법 갈등 사례

I. 계파 공천으로 탄생한 20대 국회, 19대와 다를까?

2016년 제20대 4.13 총선 때의 일이다. 4.13 총선의 결과로 새누리당 122석, 더민주당 123석, 국민의당 38석, 정의당 8석, 무소속 11석으로 16년 만에 '여소 야대' 그리고 20년 만에 '3당 체제'가 되었다.

국민들은 20대 국회가, 역대 '최악의 대립과 파행 국회'로 평가받는 19대 국회와 다른 '협치 국회'와 '민생 국회'가 되기를 기대하였다. 특히, 국민들은 민생 국회를 위한 실천 과제로 일자리 창출, 비정규직 해소, 청년 실업 해소, 소득 불평등 해소, 노동 시장의 이중화 해소, 경제 민주화 등 경제적 양극화 해소가 다뤄지기를 기대하였다.

하지만 국민들은 20대 국회가 과연 대화와 타협이라는 협치를 통해 민생 입법을 주도할 수 있을 것인가에 대해서는 크게 신뢰하지 않는 분위기였다. 왜냐하면, 제20대 총선 결과로 만들어진 여소 야대의 분점 정부가 무소속 의원들의 여당 복귀로 원내1당의 위치가 바뀔 가능성과 함께, 그동안 고착화된 계파 정치 문화와 제왕적 대통령의 일방적인 국정 운영의 방식을 볼 때, 더 복잡하고 정교한 타협의 기술을 발휘하지 못할 가능성이 컸기 때문이다.

무엇보다도 20대 총선에서 당선된 새누리당 의원들의 다수가 '친박계'이고, 더민주당의 다수가 '범친노계'이며, 국민의당 다수가 '친안철수계'이기 때문에 계파 정치(계파들의 파당적 이해관계에 따른 극한 대립과 이념적 갈등)가 작동될 가능성이 그 어느 국회보다 커서 이에 따른 대립과 갈등이 우려되었기 때문이다(김종훈 2016; 지영호외 2016).

특히, 분점 정부는 대통령당과 반대당 간의 대립으로 잦은 입법 교착과 파행으로 대통령의 통치 불능 상태를 불러오기 때문에, 대통령은 이런 국면을 바꾸기 위해 인위적인 정계 개편 등 비정상적인 방법을 동원할 가능성이 크고, 이것은 당연히 반대당의 극한 반발을 불러오게 되어 있기 때문이다(채진원 2016, 6).

국회 내 정당 간의 정서적·이념적 거리가 커져 합리적인 대화와 타협이 불가능한 상태를 말하는 '정치적 양극화'는, 사실상 국회와 정당을 지배하고 있는 계파 정치와 관련되어 있다. 따라서 정당 내 계파의 존립 형태와 국회내 계파 정치의 강도는, 대화와 타협의 협치국회 그리고 민생 국회의 실현 여부와 반비례한다. 19대 총선에서의 계파 공천 갈등과 그에 따른 계파 정치의 결과물이 최악의 19대 국회를 만든 것처럼, 20대 총선에서 반복된 여야의 계파 공천 갈등은 20대 국회의 협치와 민생 입법이 그리 낙관적이 않음을 보여 준다. 20대 국회에서 여야 간 계파의 존립 형태가 19대 국회와 유사하기 때문에 그것에 따른 국회의 대립과 정치적 양극화도 유사할 것으로 예측되었다.

20대 총선을 앞두고 새누리당과 더민주당은 당초 각각 '완전 국민 참여 경선제'(오픈 프라이머리)의 법제화나 안심 번호에 의한 '국민 공천제' 및 룰에 의한 '시스템 공천'을 약속하였다. 그러나 여야는 그것을 완벽하게 지키지 못한 채, 단수 공천, 전략 공천을 사용하면서 특정 계파의 이익을 지키거나 타 계파와 담합하는 사천 행태 즉, 보복 공천, 학살 공천, 계파 공천을 반복하고 그에 따른 계파 갈등으로 국민의 정치 불신을 초래했다(채진원 2016a). 즉 새누리당 비박계인 유승민 의원계와 이재오 의원계의 공천 배제, 그리고 더민주당 공천파동에서 드러난 정청래 의원과 이해찬 의원의 공천 배제, 김종인 대표의 비례 대표 '셀프 공천' 및 비례 대표 명단의 순위 번복은 대통령과 청와대의 공천 개입과 함께 이른바, 계파 공천의 폐해(특정 계파의 배제와 계파 간 나눠먹기 공천의 심각성)를 드러냈다.

오픈 프라이머리가 법제화되어서 상향식 공천에 따른 후보경쟁이 정상화되지 않는 한 반복적인 비민주적 공천 행태의 등장은 어찌 보면 불가피하였다. 즉 오픈 프라이머리가 법제화되지 않을 경우, 의원들의 독립적 자율성과 책임성이 훼손되어 자신의 지역구나 국민의 목소리에 귀기울이기보다는, 자신을 하향식으로 공천한 계파 보스나 대통령과 청와대에 종속되거나 동원되어 의회 민주주의는 약화되고 의원 자율성에 기반한 국회의 입법 과정 역시 효과적으로 수행되지 못할 가능성이 커진다. 특히, 국민들의 생활상의 문제나 정서와 무관하게 진행되는 이른바 '집단 극단화'에 따른 계파의 과당적 논리와 계파 간 이념적 격화는 국회의 대립과 갈등으로 이어져 정치적 양극화가 커질 가능성이 크다.

일반적으로 정치적 양극화란 국회 내 중간 지대나 중도의 목소리가 무시되거나 배척되면서 여야 간 정서적·이념적·정책적 차이가 양극단으로 더욱 벌어지고, 극한 대립과 갈등으로 대화와 타협이 힘들어지면서 정책 생산성과 입법 효율성이 떨어지는 현상을 말한다(김재훈 2010; 박복영 2012; 김재한 2012; 채진원 2016a). 하지만 정치적 양극화에 대한 정의를 조금 더 좁고 깊게 '계파 정치'와 관련하여 사용하면, 정치적 양극화란 정당과 국회를 사실상 지배하고 있는 계파들 간의 파당적 대립과 이념적 갈등이 극단화되면서 정치전반에 대한 국민 불신이 증대되는 현상으로 볼 수 있다(채진원 2012; 강문구 2014; 채진원 2016).

오픈 프라이머리 법제화가 되지 않아 계파 공천의 수혜를 받은 당선자에 의해 탄생한 20대 국회가 협치 국회와 민생 국회가 되지 않을 가능성이 크다고 해서 아무런 노력도 하지 않는다면, 그것 역시도 바람직한 모습은 아니다. 왜냐하면 오픈 프라이머리의 법제화는 기득권을 포기하지 않으려는 계파들의 반발이 존재하는 사안인 만큼, 결코 단숨에 성취될 수 있는 쉬운 과제가 아니기 때문이다. 오픈 프라이머리 법제화는 2017년 19대 대선에서도 쟁점이 된 사안인 만큼, 점진적으로 꾸준히 추진해야 될 입법 과제라는 것을 인식할 필요가 있다.

20대 국회는 19대 국회가 '국회 선진화법'이란 좋은 제도의 구축에도 불구하고, 근본적으로 정치적 양극화를 반복했던 배경과 원인이 무엇인지에 대해 규명하고 대처하는 것이 필요하였다. 19대 국회는 여야 간 극한 대립과 갈등으로 표현되는 '정치적 양극화'에 따른 '동물 국회'를 방지하기 위해 즉, 다수당의 상습적인 법안 '날치기 처리'와 소수당의 '몸싸움'과 '장외 투쟁' 등을 예방하기 위해 국회 선진화법을 처음으로 입법화하여 적용하였다. 그러나 19대 국회는 동물 국회를 막기 위한 국회 선진화법에도 불구하고, 그것으로 인해 여야가 아무것도 입법할 수 없는 또 다른 수준의 대립과 갈등인 '식물 국회'를 만들어 냈다. 그렇다면 도대체 국회 선진화법을 무력화하면서 '식물 국회'를 만들어 낸 원인은 무엇일까?

이러한 질문에 대한 해답의 실마리는 19대 국회의 대표적인 갈등인 '세월호 특별법의 입법 과정'과 '행정부의 위임 입법을 견제하기 위한 국회법 개정' 등에서 드러난 것처럼, 국회의 대립 구도에는 항상적으로 '친노'와 '비노' 혹은 '친박'과 '비박'과 같은 정당을 지배하고 있는 계파들의 힘이 작동하고 있었다는 것을 볼 때, 계파와 계파 정치에서 찾을 필요가 있다.

특히, 계파의 존립과 계파 구조를 재생산하는 데 결정적 영향을 미치는 변수로서 하향식 공천 방식의 하나인 계파 공천과 정치적 양극화를 연결시키는 매개로서 '집단 극단화'(group polarization)를 이해할 필요가 있다. 계파 공천으로 당선된 의원들의 결사체 즉, 계파들에 의해 정당과 국회가 장악되고 지배될 경우, 계파 형성과 동시에 계파 갈등이 쉽게 발생하고, 이것에 따라 계파의 '집단 극단화'가 작동되어 국회 갈등이 커지고 민생 국회가 되지 못할 가능성이 커진다. 국회가 국민의 민생을 챙기지 못한다는 부정적인 이미지와 오명으로부터 벗어날 수 있는 방법은 무엇일까? 뭔가 실마리가 필요하다. 이것의 원인 규명과 함께 건설적인 대안 모색이 필요하다.

본 글의 목적은 계파 공천과 정치적 양극화와의 상관성을 '집단 극단화'를 통해 이론적으로 논의하는 한편 20대·19대 총선에서의 계파 공천의 현황과 19대 국회에서 발생했던 입법 갈등 사례(세월호 특별법의 입법 과정에서의 계파 갈등, 행정부의 위임 입법을 견제하기 위한 국회법 개정에서의 계파 갈등)를 분석하여 그 시사점을 찾고자 한다.

특히, 본 글에서는 정당과 국회를 사실상 지배하고 있는 계파들의 집단 행동의 논리인 '집단 극단화'(group polarization)를 매개로 계파 공천과 정치적 양극화가 서로 연결된다는 것을 이론적으로 그리고 경험적 사례로 논의한다. 또한 20대 국회가 계파들의 '집단 극단화'에 따른 정치적 양극화에서 벗어나기 위한 대안적 패러다임으로 '협치와 민생을 위한 중도 정치'를 제시하고 이것을 구현할 수 있도록 하는 과제로 오픈 프라이머리 법제화, 견제와

제왕적 대통령제와 정당

균형을 위한 숙의 문화 활성화 등을 제언한다.

II. 이론적 논의: 계파의 집단 극단화를 통한 정치적 양극화

1. 선행 연구와 추가 논의의 필요성

지금까지 정치적 양극화에 대한 이론적·경험적 논의는 대체로 미국 정치에서 다뤄졌다(Fleisher & Bond 2004; Fiorina et al 2004; 가상준 2006; 정진민 2013). 한국에서의 정치적 양극화에 대한 논의는 최근의 일이다. 한국 학계의 정치적 양극화에 대한 논의는 대체로 정치적 양극화 현상의 존재 여부, 정치적 양극화의 특징이 엘리트 수준의 양극화인가 아니면 유권자 수준의 양극화인가에서 주로 다뤄졌다. 아직까지 이론적 논의에 부합하는 데이터에 근거한 세밀한 실증 연구는 부족한 편이다(윤성이 2006; 이내영 2009; 김재한 2012; 이재묵 2013; 가상준 2014; 임성호 2014; 김형준 2015).

한국 정치적 양극화의 원인이 무엇인가에 대한 논의는 의견이 분분하지만 폭넓고 다양하게 다뤄지지 않고 있다. 이번 기회에 기존의 연구에서 다뤄지지 않았던 정치적 양극화의 원인 변수로 '계파 공천 변수'(계파의 존립과 재생산을 위한 계파 공천)를 추가할 필요가 있다. 즉, 한국의 정치적 양극화 현상의 특징이 대체로 정당과 국회를 주도하는 정치 엘리트 수준의 정치적 양극화이고, 그것의 양상이 '계파 간의 파당적 대립과 이념적 갈등의 격화'라는 점에서 계파 공천 변수는 매우 중요하다.

특히, 정치적 양극화가 나오는 경로 의존성을 볼 때, 계파의 재생산을 위한 계파 공천이 없다면 그 이후 이어지는 계파 정치(계파 공천 이후 계파의 집단 극단화에 따른 대립과 갈등)도 존재할 가능성이 없기 때문이다. 따라서 정치적 양극화의 원인 변수로 정당과 국회를 지배하고 있는 계파의 형성을 가능케 하는 계파 공천을 추가하여 설명할 필요가 있다.

다시 말해서, 미국과 한국 모두 정치적 양극화 현상이 나타나고 있지만, 드러나고 있는 양태는 각 나라의 특수성에 따라 다르게 존재하는 만큼, 정치적 양극화의 원인도 다르게 보여 진다. 미국이 한국보다 원내 정당화와 유권자 정당화의 정체성이 강하고, 그에 따라 의원 개인의 자율성이 강하다는 점에서 차이를 보인다. 그렇기 때문에 한국적인 상황을 설명하는 정치적 양극화의 원인 변수로 계파 공천 변수가 강조될 필요가 있다.

일반적으로 '계파 정치'는 "계파의 형성과 유지를 통하여 정당 내에서 공천, 상임위 배정, 예산 배분 등 계파의 집단적인 이익을 도모하고자 함으로써 발생하는 여러 가지 부정적인 현상을 일컫는 말"로 쓰인다(김재훈 2010, 13-18). 또한 "'계파 정치'(partisanship politics)는 학술적으로 엄밀하게 개념 정의가 되어 있지는 않으나 일반적으로 '공화주의 원칙'(republican principle)[1]에서 강조하고 있는 공당(公黨·public party)과 공천(public nomi-nation)의 규범 및 운영 질서 그리고 정당 정치의 이익과 발전보다는 특정 파벌(faction)과 계파(partisanship)의 후원-수혜 관계(patron-client relation)를 우선시하는 태도와 행위로 인해 계파들 간에 극심한 파당적 갈등과 탈당 및 분당을 연출하며, 그 결과 국민의 불신과 지탄을 받는 경향이라고 할 수 있다(채진원 2016, 212)."

---

1. 공화주의 원칙은 다양하게 설명될 수 있지만 그 중의 핵심으로는 공공성을 목표로 어느 누구의 일방적인 지배를 거부하기 위한 조건의 확보를 강조한다. 즉, 비지배(non-domination)적 조건을 확보하기 위해 세력과 정파 간의 힘의 견제와 균형을 통한 권력의 공유(power sharing)와 혼합 정부(mixed government)를 지향한다(비롤리 2006).

2. '집단 극단화'와 계파 정치 및 정치적 양극화

계파 공천 변수는 〈그림 1〉처럼 순서에 따라, 계파 존립의 하향식 계파 공천→계파 정치 재생산→'계파의 집단 극단화'→계파의 당권 장악 및 선명성 경쟁→강경 계파의 국회 협상 주도와 비타협→국회의 대립과 파행→계파 존립의 하향식 계파 공천으로 이어지면서 작동된다. 일견 상관성이 없어 보이는 두 변수인 '계파 공천'과 '정치적 양극화'의 형성은, 하향식 계파 공천에 따른 국회 의원들의 계파 형성 동기 체계(incentive structure of partisanship)와 정당과 국회를 사실상 지배하고 있는 계파들의 집단 행동의 논리인 '계파의 집단 극단화'(group polarization)를 통해 연결된다(김재훈 2010; 채진원 2016).

'집단 극단화'란 일반적으로 성향이 비슷한 동질적인 집단의 사람끼리 모여서 토론을 하거나 의사 결정을 하게 되면, 토론하기 전보다 더욱 모험적이고 극단화된 입장을 선택하게 되는 현상을 말한다. 즉, 집단 극단화란 집단 토론과 상호 작용을 거치면서 집단 구성원들의 사고가 더욱 극단적으로 경도되는 경향을 말한다(Stoner 1968; Myers & Lamm 1976). 집단 극단화에서 말하는 집단은 큰 국회든, 여야 각 정당이든, 정당 내 작은 계파든 크기와 상관없다. 집단 극단화가 나타나는 배경에는 집단 내부가 공유하는 일정한 방

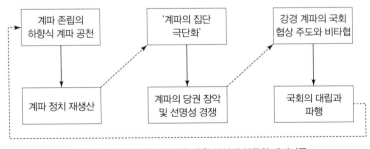

〈그림 1〉 계파의 집단 극단화를 통한 정치적 양극화 메커니즘

향의 정보와 평판을 거부하지 못하는 것에서 오는 동조와 쏠림 현상 때문이다. 동조와 쏠림 현상은 자기 집단과 계파에게 듣기 싫은 정보와 평판은 배제한 채 듣기 좋은 정보와 평판만을 취하려는 '절름발이 인식의 편향성'을 가져옴으로써 다양한 의견과 균형적 시각을 배제하게 된다(선스타인 2009, 34).

결국 동조와 쏠림은, 자신이 속한 집단과 그렇지 않은 집단 간의 극단적 차이를 부각하게 됨으로써 자신이 속한 '집단의 편향적 정체성'을 강화시킨다. 자신이 속한 내집단은 내집단의 규범과 가치 쪽으로 더욱 치우치게 되고, 다른 집단 역시도 다른 집단의 규범과 가치 쪽으로 더욱 치우치게 되어, 두 집단 간의 거리가 멀어지고 공통분모가 사라지는 집단 극단화가 일어나게 된다. 여당과 야당, 경영자와 노조, 정부와 의회 등 두 집단 간의 경쟁이 강화되면 될수록 집단 극단화는 더욱 강화된다(안민호 2014).

동조와 쏠림에 따른 '집단 극단화'는 집단 내 '편향 동화(biased assimilation)'[2]와 '반향실(反響室, echo chamber, 소리가 잘 되울리도록 만든 방)' 효과를 일으켜 '내집단에 대한 애착'(ingroup love)과 '외집단에 대한 혐오'(outgroup hate)라는 적과 동지의 이분법적인 극단화를 발생시킨다(Sunstein 2001; 선스타인 2011).

이러한 집단 극단화는 정치 영역, 그 중에서도 유사성과 응집력이 강한 '계파의 집단 극단화'에서 잘 드러난다. '계파의 집단 극단화'는 정당과 국회내부에서 서로 다른 계파 간의 계파 정치의 극단화(going to extremes)에 따른 정치적 양극화(polarization of politics)로 비화된다. 공직과 당직을 획득하기 위한 선거 경쟁이 치열해질수록 계파들의 집단 극단화가 크게 작동하여 '내

---

2. 편향 동화는 자신의 생각과 다른 사람의 글은 어리석고 터무니없는 주장으로 치부하고, 자신의 생각과 같은 주장만이 현명하고 논리적인 것으로 받아들여, 결국 자신의 기존 입장을 더 강화하는 현상을 말한다.

제왕적 대통령제와 정당

집단에 대한 애착'과 '외집단에 대한 배타성'이 커질 수밖에 없다. 결국 계파의 '집단 극단화'로 인해 강경파 득세와 함께 강경파 주도의 정당과 국회 운영으로 당내외 계파 간의 정서적, 이념적, 정책적 격차는 실제보다 더욱 벌어지면서 대화와 타협보다는 대립과 갈등을 우선하게 되는 정치적 양극화를 구조화한다.

계파의 집단 극단화에 따라 등장한 강경 계파들이 정치적 양극화 노선에 따라 정당과 국회에서 비타협적인 의사 결정과 협상을 주도하기 때문에 정당과 국회의 대립과 파행은 피할 수 없게 된다. 즉, 계파의 집단 극단화는 진보 계파(진보 성향의 정당과 진영)를 더욱 극진보와 극좌파로, 보수 계파(보수 성향의 정당과 진영)를 더욱 극보수와 극우파로 나아가게 함으로써 목소리가 크고 급진적인 주장을 하는 강경 계파들에 의해 정당과 국회가 장악되도록 한다. 상황이 그렇게 되면 될수록, 양진영 간의 정서적 거리와 이념적 거리가 커지면서 정책적인 격차가 커지는 정치적 양극화가 심화된다. 결국 이것은 국회 대립과 파행으로 연결된다.

따라서 국회의 대립 구도인 정치적 양극화를 원천적으로 봉쇄하여 최소화시키기 위해서는 계파의 재생산과정과 계파 정치의 원동력인 계파의 집단 극단화를 막거나 최소화할 수 있는 출발점이 되는 '하향식 계파 공천 방식의 개선'에 주목해야 하는 것은 당연하다. 공천 방식의 종류와 집단 극단화 정도 간의 함수 관계에 대해 살펴보면 다음과 같다. 공천 방식(candidate selection process)은 일반적으로 '하향식 공천제'와 '상향식 공천제'로 구분된다. 하향식 공천제는 당 지도부나 당 계파 보스 혹은 대통령과 같이 당 내부를 실질적으로 장악하고 있는 지배자인 공천 결정권자가 공천 기구 등에 영향력을 행사하여 공직 후보를 결정하는 방식을 말하며, 상향식 공천제는 당원과 지지자 및 지역 구민들이 참여하여 후보를 결정하는 '국민 참여 경선' 혹은 '오픈 프라이머리'와 같이 지역 주민들과 일반 유권자들이 개방적으로 참여하여 공직 후보를 결정하는 방식을 말한다.

먼저 하향식 공천제는 정당 내에 계파 형성과 함께 계파의 집단 극단화에 따른 계파 정치를 조성할 내적 유인이 크다(Sartori 1986, 122).[3] 계파의 보스가 공천권에 영향력을 행사할수록 계파 간의 파당적 경쟁과 이념적 격화에 따른 갈등이 극대화된다(Persico et al. 2011, 28; 임성호 2015, 290). 왜냐하면 당권을 장악한 계파가 공천권을 독점하거나 배타적으로 배분하기 때문에 사활적인 이해 당사자인 공직 후보자들은 공천권의 획득과 배분에서 불이익을 당하지 않기 위해 공동의 집합 행동을 위한 '정당 내 정당'인 계파를 결성하여 공동으로 행동할 유인을 갖는다. 정당 안에 존재하는 계파의 수와 질의 정도는 계파 간의 경쟁과 협력은 물론 정당의 응집력과 분산력의 수준을 가늠한다.

물론 그 경쟁과 협력 과정에서 발생하는 계파 갈등과 계파 담합 등 계파 정치의 문제점도 불가피하게 등장한다. 공천권을 장악한 계파와 그렇지 못한 계파 간에는 상반된 집단 행동의 태도가 나올 수 있고, 그것에 따라 정당이 계파들의 파당적 논리에 근거한 집단주의와 분열주의의 위험에 빠질 수도 있다.

공천권을 장악한 계파 보스의 조직에 소속된 의원들과 공직 후보자들은, 공천권을 획득하기 위해 공천권 행사자인 계파의 보스가 선호하는 정책 활동과 입법 활동에 적극적으로 가담하여 충성하고 복종하면서 계파의 보스가 결정하는 당론의 위계적인 질서를 지킨다. 반대로 자신이 속한 계파 조직이

---

3. 내적 유인과 관련하여 사르토리는 계파의 형성 동기로 '이권과 권력을 추구하는 계파'와 '이념을 추구하는 계파'가 있고, 계파의 태도에서도 '이데올로기적 성향을 가지고 있는 계파'와 '실용주의적 경향을 보이는 계파'가 있으며, 계파의 이데올로기 위치에서도 좌, 중도, 우가 있다고 분류하였다.

당권을 장악하지 못했을 경우에 비당권 계파들은, 당권 계파에 의한 공천권 배제를 막고, '공천권 나눠먹기 협상'(공천권의 계파 담합 협상)에서 유리한 협상 구도를 만들기 위해 당론으로 채택하고 있는 정책과 입법 노선에서 이탈하거나 당 지도부를 공격하며 탈당을 압박 수단으로 활용한다. 이 과정에서 계파 갈등에 따른 분열주의 행태를 보여 주는 '계파 정치'의 문제점이 드러나게 된다.

앞선 계파 공천의 경우와 달리 일반 유권자와 당 지지자를 포함하여 해당 선거구민에 의한 투표 방식으로 공직 후보를 선출하는 상향식 공천제의 경우에는 하향식 공천제와 같은 계파 형성과 계파의 집단 극단화에 따른 계파 정치의 인센티브가 존재하지 않을 가능성이 크다. 계파 형성의 인센티브가 없기 때문에 이것에 따른 공천 배제의 위협도, '공천권 나누기 협상'을 위한 이탈과 탈당, 극한 대립과 협상 등 이른바 '계파 정치'와 그것의 부작용인 '계파 정치의 정치적 양극화'도 존재하지 않는다.

왜냐하면 상향식 공천 제도에서 공천권의 확보는 계파 보스가 아닌 해당 지역 구민들과 전체 국민들의 선택에 의해 그리고 전적으로 개별 의원들의 자율적인 능력과 노력에 따를 것이기 때문에 공천 확보를 목적으로 하는 정당 내 소집단주의, 즉 계파가 형성되거나 계파의 집단 극단화가 작동될 가능성이 거의 없다(김재훈 2010, 18; 채진원 2016).

3. 계파 공천에 따른 제왕적 대통령제 갈등 구조

'계파의 집단 극단화'는 앞서 언급한 예처럼, 계파 정치를 매개로 한 국회와 행정부 간의 관계에서도 등장할 수 있다. 계파 공천은, 공천권을 장악하고 있는 계파의 보스가 대통령에 당선되었을 경우 대통령이 행정부를 장악하는 한편 국회 다수당인 집권당 의원들에 대한 공천권과 당론 통제권을 무기로 국민의 대표 기구인 입법부를 장악하여 국정 운영을 행정부 중심으로 권력을 행사하는 이른바, '제왕적 대통령제의 전횡'(tyranny of imperial presidency)구조와 함께 국회와 야당의 반발에 따른 갈등 구조를 만들어 낸다.

계파 정치를 매개로 한 제왕적 대통령제 구조하에서 입법부와 행정부의 관계는 순수한 대통령제에서 작동되는 삼권 분립의 원칙대로 상호 견제와 균형이 아닌 행정부 권력과 입법부 권력이 내각제처럼 서로 융합되는 관계를 만들어 낸다. 이 융합된 관계는 대통령을 기점으로 행정부 및 입법부의 다수당 계파와 소수당 계파 간의 집단 극단화에 따른 정치적 양극화를 강화시켜 국회와 행정부 간의 대립 관계를 강화시킨다.

계파의 집단 극단화와 계파 정치를 매개로 한 융합적 관계는 순수한 대통령제하에서 입법, 사법, 행정부의 분리에 따라 여당과 야당이 연합하여 대통령과 행정부를 견제하는 견제 시스템과 달리 대통령을 중심으로 하는 행정부와 국회 다수당의 권력이 하나로 융합되고 이것에 야당이 맞서는 여대 야소의 견제 시스템을 발생시킨다.

당연히 이 융합 관계는 입법부가 행정부의 입법을 견제하면서 균형을 잡으려하지 않고, 거꾸로 정당화하고 합법화시켜주는 '통법부'의 역할로 전락하게 되는 문제를 초래한다. 또한 이 융합 관계는 입법부를 행정부의 하수인격인 통법부로 만들려고 하는 제왕적 대통령제에 맞서는 야당의 극단적 반발과 투쟁을 불러오기 때문에 입법 교착과 국회 파행 등 국회 갈등이라는 상시적 조건을 구조화한다.

제왕적 대통령제에 의한 국정 운영 구조는 행정부 중심의 일방적인 의사결정 구조를 가져오게 되어 입법, 사법, 행정부 간의 견제와 균형 관계가 상실되고, 행정부의 입법부-국회 의원 관계를 수평적이고 자율적인 관계가 아닌 지배-종속 관계로 변질시켜 국회가 국민의 대표기관으로서 자율적이고 책임있게 자기 역할을 하지 못하도록 함으로써 국회와 국회 의원의 무능성과 비생산성을 구조화한다.

특히, 제왕적 대통령에 의한 전횡 구조는 행정부와 입법부의 관계와 여당과 야당의 관계를 건설적인 협력과 경쟁자 관계가 아닌 적대적 관계로 만들기 때문에 국회에서의 정치 과정과 입법 과정은 상호 협력적이고 타협적이기보다는 대결적이고 적대적이며 파괴적인 갈등 구조를 제도화한다. 이런 갈등 구조는 당연 여야 간 입법 교착과 파행 등 극한 대립과 갈등을 불러오는 '갈등형 국회 구조'를 생산하여 정책 생산과 입법의 효율성을 저하시킨다(홍득표 2001, 149).

III. 20대 총선에서 공천 방식의 후퇴와 계파 공천

본 장에서는 20대 총선에서 여야가 당초 국민과 약속한 것과 공천 혁신 방안과 달리 계파 공천을 어떻게 답습했는지를 구체적인 현황과 결과를 통해 살펴본다. 즉 20대 총선을 앞두고 계파 정치를 근절하기 위해 공천 혁신 방안으로 제기했던 상향식 공천 방식(오픈 프라이머리, 국민 참여 경선)이 어떻게 당내 계파의 반발과 공격에 부딪혀 계파 공천으로 후퇴하게 되고, 그것의 결과물로 계파에 소속된 의원들이 대거 당선되어 20대 국회의 정치적 양극화를 예고하는지를 살펴본다.

1. 2015년 여야의 공천 혁신안

〈표 1〉은 새누리당이 2015년 4월9일 의원 총회에서 당론으로 결정한 보수

〈표 1〉 새누리당과 더민주당의 공천 혁신안 비교

	새누리당	더민주당
국민 경선	오픈 프라이머리 = 모든 유권자가 정해진 선거일에 투표에 참여해 후보를 투표로 선출	국민 참여 경선 = 안심 번호 도입시 100% = 국민 경선 미도입시 국민 경선 　 70%+30% 당원 투표
전략 공천	전략 공천 없음	20% 범위에서 전략 공천
여성·장애인 배려	10~20% 가산점 부여 여성에 비례 대표 60% 배정	25% 가산점 부여 여성에 비례 대표 60% 배정
정치 신인 등용	선거일 전 1년에 예비 후보 등록	선거일 전 1년에 예비 후보 정치 신인에 10%의 가산점 부여 과반 득표자 없을 경우 결선 투표제 도입
선출직 공직자 출마	선거일 1년 전까지 사퇴하지 않으면 부적격	임기 3/4을 마치지 않고 공천 신청하면 10% 감점

*출처: 연합뉴스(2015/09/07).

혁신 특위의 공천 혁신안과 더민주당 '김상곤 혁신 위원회'가 2015년 9월7일 결정한 공천 혁신안의 비교이다. 여야 혁신안의 핵심은 공천 방식에 있어서 오픈 프라이머리와 국민 참여 경선 도입이다. 더민주당은 당초 문재인 대표에 의해 오픈 프라이머리 법제화가 주장되었으나 비노(노무현)/비문(문재인) 계파들의 반발에 부딪혀 종전의 국민 참여 경선제 안심 번호 제안으로 후퇴하였다. 전략 공천에서 양당의 차이는 새누리당이 오픈 프라이머리를 전제로 그것을 전혀 상정하고 있지 않은 반면 더민주당은 20% 범위에서 상정하고 있는 점이다.

2. 2016년 여야 공천 방식의 최종 당론

〈표 2〉는 새누리당과 더민주당이 2016일 1월 11일 20대 총선의 공천 방식으로 확정한 최종 당론안 비교표이다. 더민주당은 당초안대로 안심 번호

항목	새누리당	더민주당
여론 조사 비율	• 1차 투표의 여론 조사 비율(책임 당원:일반 국민)을 현행 50% 대 50%에서 30% 대 70%로 변경 • 외부 영입 인사는 당원 투표에서 불리한 만큼 100% 국민 여론 조사를 통해 경선을 치를 수 있도록 예외를 둠(단, 그 실시 여부의 최종 결정권은 최고위에 있음)	• 안심 번호 도입에 따라 100% 일반 시민으로 구성하는 국민 공천단(다만 상당한 이유가 인정되는 경우 최고위 의결로 반영비율 바꿀 수 있음) • 더민주의 기존 여론 조사비율은 당원 40% 대 국민 60%였음.
결선 투표	• 1차 경선에서 1·2위의 득표율 차이가 10%포인트 이내일 때 결선 투표 • 단, 1위 후보의 득표율이 과반을 차지하면 시행치 않음	• 1차 경선에서 과반 득표자 없으면 1·2위 대상으로 결선 투표
가점· 감점	• 모든 여성(전현직 의원 포함)과 정치 신인에게 10%의 가점 적용 • 여성 신인·장애인 신인·청년(40세 미만) 신인에게 20%의 가점 적용 • 중도 사퇴한 기초 단체장에 20%, 광역의원에 10%의 감점	• 정치 신인에 10% 가점 • 청년은 연령대(42세 이하)에 따라 15~25% 가점 • 모든 여성과 장애인에 20~25% 가점 • 임기의 4분의 3 마치지 않은 선출직 공직자 10% 감점(대선 경선 제외)
현역 의원 평가	• 본회의, 상임위, 의원 총회 등 의정 활동에 불성실한 현역 의원은 공천 심사 때 불이익	• 선출직 공직자 평가 위원회 평가로 현역 의원 하위 20% 공천 배제
비례 대표 비율	• 후보자 중 60% 이상을 여성으로 추천 • 사무처 당직자 1명과 청년 비례 후보 당선권 안에서 추천	• 후보자 중 60%를 여성으로 추천 • 민생 복지 전문가와 현장 활동가 등을 당선 안정권의 30% 이상 선정

* 출처: 연합뉴스(2016/01/11).

를 통한 경선 방식으로 당론을 확정했다. 새누리당은 당초 혁신안에서 우선 공천/전략 공천을 배제하고 100%로 오픈 프라이머리를 주장했었다. 하지만 새누리당은 더민주당이 당내 계파의 반발로 오픈 프라이머리 법제화 대신에 안심 번호를 통한 국민 여론 조사로 당론을 바꾸자, 오픈 프라이머리의 법제화가 어렵다고 판단하여 더민주당의 방안인 안심 번호에 따른 여론 조사 방식과 동일한 방식인 '국민 공천제'로 당론을 변경했다.

3. 4.13 총선 여야의 후보 공천 결과

그렇다면, 20대 총선 공천을 앞두고 여야가 약속했던 '최종 당론'은 얼마나 지켜졌을까? 2016년 3월 21일 언론에 보도된 대로, 안심 번호제 경선(안심 번호에 따른 여론 조사 방식)을 통해 공직 후보를 확정한 비율이 새누리당은 72%, 더민주는 26%에 그친 것으로 드러났다. 새누리당은 3월 21일 247개 지역구 중 공천 신청자가 1명이었던 53곳을 제외한 194개 지역구 중 140곳에서 경선을 치렀다. 경선 없이 확정된 후보 107명 중 여성, 청년, 장애인 등 우선 추천은 10명, 97명은 단수 추천으로 결정했다. 새누리당의 이런 공천결과는, 친박근혜계 인물이면서 상향식 공천에 '부정적' 입장을 견지해 왔던 이한구 공관 위원장이 공천을 맡으면서 이미 예견돼 있었다.

"상향식 공천에 정치 생명을 걸겠다"라고 했던 새누리당 김무성 대표는 이한구 공천 관리 위원회의 7차 공천 발표 다음날 기자회견을 갖고 "모든 것이 우리 당에서 정한 상향식 공천 원칙, 여러 과정을 거쳐 이번 총선에 적용되기로 했던 국민 공천제에 반한다"라고 반발하였다. 김무성 대표는 "어떤 지역은 모든 여론 조사에서 1등을 하는데 2등한 사람에게 단수 추천이 돌아갔다. 또 어떤 지역은 그 지역에서 2등도 아닌 하위권을 형성하고 있었는데 단수 추천 후보가 됐다"며 "어떤 지역은 현재 현역 남성 의원이 하는데 그 지역은 굳이 여성 우선 추천 지역으로 정하고 현재 여성 지역구 의원 지역은 또 경선 참여 기회를 주지 않았다"라고 이한구 공천 관리 위원장을 비판했다(이현주 2016).

더민주당 역시도 당 대표가 문재인에서 김종인으로 바뀌면서 당초 공언했던 '시스템 공천'의 취지가 퇴색됐다. 특히, 이해찬 의원이 평가 결과 하위 50%에 들어가지 않음에도, 친노의 좌장이라는 정무적인 이유로 낙천되는 등 '시스템'과 거리가 먼 공천이 이뤄졌다. 또한 더민주당의 비례 공천은 김종인 대표가 2번이 되고, 부적절한 인사가 공천되면서 내홍을 겪었다. 더민주당은 3월 21일 언론에 보도된 대로 총 214곳의 공천을 확정했다. 이중 단수는 159곳, 경선을 통한 확정은 55곳으로 상향식 공천률은 26%에 불과했다(이현주 2016).

새누리당은 당초 "국민에게 공천권을 되돌려드리겠다"라고 공언했던 '상향식 공천'을 지켜내지 못했다. 그 이유는 비박계인 김무성 대표가 친박계에 밀려 뜻을 펴지 못했기 때문이지만, 사실상 친박계의 '비박계 학살'을 목표로 한 계파 공천으로 이뤄졌기 때문이다. 새누리당의 공천이 '계파 공천'이라는 것은 〈표 3〉처럼, 중앙일보가 3월 16일 공천이 확정된 지역구 후보자 149명을 분석한 결과 절반을 넘는 87명(58.4%)이 친박계 성향 인사라는 것을 밝혀내면서 드러났다(이가영외, 2016).

이러한 계파 공천의 결과는 새누리당의 계파 구도를 이른바 '친박근혜당'이라는 출범 초기의 모습으로 되돌려 놓았다. 19대 국회 출범 때만 해도 친박계가 다수였다. 그 이유는 박근혜 대통령이 2012년 비상 대책 위원장으로 공천권을 행사했기 때문이다. 그러나 2014년 7월 전당 대회의 당 대표 선거에서 김무성 대표가 친박계 좌장 서청원 최고 위원을 이기고, 또 2015년 2월에 원내 대표 선거에서 비박계 유승민 의원이 친박계 이주영 의원을 이기면

〈표 3〉 새누리당 계파 공천의 현황(지역구)

공천 확정자	149명	
구분	명수	현역
친박	87명	32명
비박	47명	28명
중립	15명	5명

*출처: 이가영외, 2016. 중앙일보(3.16).

서 분위기가 바뀌었다. 당시 원내 대표 경선에는 149명이 참석해 유승민 의원은 84표, 이주영 의원이 65표를 얻어서 비박계의 수적 우세가 드러났다. 그러나 20대 총선을 앞두고 친박계 인물인 이한구 비대위원장이 계파 공천을 주도하면서 사실상 친박계가 다시 당내 다수파로 헤게모니를 장악하게 되었다.

더민주당 역시 20대 총선을 앞두고 친노무현계 현역 의원을 대거 탈락시켰지만 '계파 공천'을 반복하였다. 〈표 4〉처럼, 연합뉴스가 분석한 3월 24일, 공천이 확정된 235개 선거구 중 199곳의 후보 성향을 분석한 결과, 범친노 후보가 102명(52%), 비노(비노무현) 후보가 42명, 중립 성향 후보가 55명인 것으로 집계됐다. 따라서 20대 국회에서도 여전히 범친노 그룹이 당내 최대 계파를 유지할 가능성이 높은 것으로 분석됐다.

범친노 그룹에는 친노, 친문(친문재인), 안희정계, 정세균계와 86(80년대 학번·60년대생) 인사 일부, 시민 사회 출신 인사 일부 등이 포함되며, 문재인 전 대표가 대표를 맡은 시절 범주류로 분류된 이들이다(류지복 외 2016). 특히, 한겨레 김의겸 기자의 심층보도에 따르면, 더민주당 비례 대표 공천에서도 현 비대위원회를 구성하고 있는 김종인 대표와 박영선 비대위원 등이 공천 배분에 개입한 것으로 드러나서 계파 공천이 답습되었다는 것을 보여 주었다(김의겸 2016).

〈표 4〉 더민주당 계파 공천의 현황(현역 지역구)

공천 확정자	199곳
범친노	102명
비노	42명
중립	55명

*출처: 류지복 외. 2016. 연합뉴스(3.24).

4. 여야 20대 총선 결과: 당선자 계파 구도 현황

1) 새누리당 계파 구도 현황

〈표 5〉는 한국일보가 2016년 20대 4·13 총선에서 당선된 새누리당의 지역구(105명)와 비례 대표(17명) 당선자 122명을 계파 별로 집계한 현황이다.[4] 이것에 의하면, 친박계가 절반인 50%(61명), 비박계가 36.9%, 중도가 13.1%이다. 이것은, 새누리당이 20대 총선에서 크게 패배했음에도 불구하고, 당내 계파 구도에서는 여전히 '친박근혜'가 승리했음을 보여 준다. 20대의 친박계의 비중이 50%로 지난 19대 국회 때 40%(63명)보다 증가했다. 이것은 친박계가 당의 탄탄한 지지 기반이자 당선 텃밭인 대구경북(TK)을 중심으로 '친박 신인'들을 전략 공천(우선·단수 추천)했기 때문으로 분석된다.

〈표 5〉 새누리당 당선자 계파 분석 현황(%)

	친박계	비박계	중도
19대	63(40.1)	72(45.9)	22(14.0)
20대	61(50.0)	45(36.9)	16(13.1)

*출처: 김지은 외. 2016. 한국일보(4.16).

2) 더민주당 계파 구도 현황

〈표 6〉는 한국일보가 4·13 총선에서 당선된 더민주당의 당선자를 계파 별로 집계한 현황이다. 이것에 의하면, 당선자의 77.2%가 '친노계'이고, 38%가 '비노계'이다. 이러한 결과는, 더민주당이 김종인 비대위원장의 등장에 따라 이해찬과 정청래 등 친노인사들을 공천에서 대거 배제하는 컷오프를 시행했음에도 불구하고, 당선자의 77.2%가 친노계 성향으로 드러나 친노계가

---

4. 당선자들의 계파 성향은 여권 사정에 정통한 당직자와 보좌진의 의견을 물어 정리했다.

<표 6> 더민주당 당선자 계파 분석 현황(%)

	친노친문	42	총계
친노	PK 친노	6	95(77.2)
	친안희정	3	
	민평련+86그룹	12	
	친정세균	8	
	기타/영입인사	24	
비노	친손학규	15	38(30.8)
	통합 행동	7	
	친김종인	5	
	비노	11	

*출처: 박상준, 2016, 한국일보(4.19).

사실상 더민주당의 지배 계파가 되었다는 것을 보여 준다(박상준 2016). 이러한 친노계의 비중은 19대 당선자 중 친노계의 비중(34.6%, 총 127명중 44명)보다 2배 이상 증가한 것으로 분석된다(김경화 2012).

IV. 19대 국회 계파 공천과 입법 갈등 사례

본 장에서는 19대의 계파 공천과 국회 입법 갈등과의 상관성을 사례로 다룬다. 19대 총선을 앞두고 여야가 보여 준 계파 공천 과정의 현황과 함께 계파 공천의 결과로 탄생한 19대 국회가 '계파의 집단 극단화'와 제왕적 대통령제의 갈등 구조에 따라 입법 갈등(정치적 양극화)을 초래할 수밖에 없었다는 것을 입법 갈등 사례(세월호 특별법, 국회법 개정)를 통해 설명한다.

1. 19대 계파 공천 과정

2012년 19대 4.11 총선에서도 계파 공천에 따른 계파 갈등이 있었다. 당시

100

에도 여당은 친이(親李) 대 친박(親朴), 야당은 친노(親盧) 대 비노(非盧) 진영 간 공천 경쟁이 치열했다. 2012년 3월 12일 박근혜 새누리당 비대위원장은 "정당 쇄신의 핵심은 뭐니뭐니해도 공천이다. 국민이 납득할 만한 공천의 기준과 틀에 따른 시스템 공천을 꼭 이뤄내야 하겠다"라고 발언하였다. 하지만 새누리당의 공천은 친이계를 배제하는 친박계의 계파 공천으로 진행되어, 친이계 공천 학살 논란이 일어났다. 당시 친이계 핵심 좌장인 이재오계는 수장만 남고 진수희(성동갑), 권택기(광진갑), 장광근(동대문갑), 신지호(중랑을), 안경률(해운대 기장을) 등 '수족'이 전멸하였다.

당시 정몽준 의원(서울 동작을)도 기자회견을 열어 "'분열하면 모두 죽는다' 는 식으로 압박을 가하며 당내 비판 세력을 제거하고 입맛에 맞는 인물들로 그 자리를 채우고 있다"며 박근혜 위원장의 '친박계의 계파 공천'을 비판하였 다(이경태 2012). 당시 새누리당의 공천이 '보복 공천' '사천'(私薦)이라는 것이 당시 언론의 지배적인 평가였다.

민주통합당(더불어민주당 전신)도 계파 공천에 따른 계파 갈등을 벗어나지 못했다. 한명숙 대표의 취임으로 당권을 잡은 친노(친노무현)계는 공천 과정 에서 이미 공천을 받은 후보가 뒤바뀌는 등 계파 공천에 따른 계파 갈등을 피할 수 없었다(우경희 외 2016). 언론에 익명을 요구한 당시 한 심사 위원은 "수치화할 수 없는 당선 가능성 등 각종 명분으로 각 계파의 입김이 비집고 들어왔고, 일부 심사 위원은 자신의 계파에 정보를 흘렸다"며 "당내 실력자 들이 후보들을 찍어 내리는 경우도 허다했다"라고 전했다(최미선 외 2016).

민주통합당은 2011년 12월 16일 민주당과 시민통합당, 그리고 여러 시민 단체의 참여로 탄생했기 때문에 당 안에는 계파만 6개가 존재하는 등 '계파 정치'가 난무했다. 이는 총선을 앞둔 공천 파문의 주된 요인이 됐다. 각 계파 의 수장들이 리더십을 나눠가져 계파 공천을 막아낼 강력한 리더십이 부재하였고, 그 결과 계파 간 나눠먹기식 공천이 되어 버렸다.

이 공천 결과를 두고 '노이사(친노무현·이대·486세력)'라는 신조어가 생겨났다. 소외된 계파들의 거센 반발이 이어졌고, 비(非)친노 진영의 박영선 최고 위원은 최고 위원직을 사퇴하기도 했다. 박영선 최고 위원은 "당의 보이지 않는 손이 한 대표를 흔들었다. 한 대표도 굉장히 힘들어 했다"라고 당시의 상황을 말하기도 했다. 당초 개혁 공천을 약속했던 한명숙 대표도 계파 공천 결과에 대한 거센 반발에 부딪혔다(한수현 2016).

그렇다면 당시 여야의 계파 공천에 대한 유권자들의 반응은 어땠을까? 19대 4·11 총선을 앞두고 공식 선거 운동 시작 시점인 3월 30일~4월 1일에 실시한 동아시아연구원(EAI) 패널 조사에서 새누리당의 공천에 대해서는 32.4%가 긍정적이라고 답했고, 32.7%가 부정적이라고 평가했다. 반면 당시 민주통합당의 공천에 대해서는 긍정적인 평가는 27.2%에 그쳤다, 40.7%가 부정적이라고 답했다. 반면 본선에서의 승부를 좌우하는 무당파의 경우 새누리당 경선에 대해 부정적인 평가가 33.9%, 민주당 경선에 대한 부정적인 평가는 37.2%로 오차 범위 내로 비슷한 수준이었다(정한울 2016).

2. 19대 국회-제왕적 대통령제의 갈등 구조

19대 국회는 새누리당 친박계의 보스인 박근혜 의원이 대통령에 당선되면서 제왕적 대통령제에 따른 국회 갈등을 구조적으로 생산하였다. 19대 국회 의원들은 각자의 정치적 자율성보다 계파 보스가 통제하고 있는 당론에 따라 법안을 표결했다. 지역 주민과 국민 전체의 의견보다 계파 보스의 공천권 배제를 더 두려워할 수밖에 없었다. 당 지도부와 대통령이 의원 자신의 공약과 어긋난 법안을 발의할 때, 10명 중 8명은 '당론과 청와대의 뜻'을 따랐다.

제왕적 대통령제와 정당

이것에 대해서는 여야별 입장 차가 큰 것으로 조사됐다.

새누리당에서는 사실상 전 의원이 당론(96.15%)과 청와대(96.15%)의 뜻을 따르지만 더민주당과 국민의당, 정의당 등 야 3당은 해당 비율이 65.95%, 59.58%에 불과, 비교적 자당 계파의 이해관계에 따라 법안 표결에 나선 것으로 나타났다(김기성·최병호 2016). 특히, 새누리당 의원들 중 당 지도부가 총선 공약에 반대되는 법안을 제출할 경우 반대표를 던지겠다는 비율은 13.25%, 정부가 대선 공약에 반대되는 법안을 제출할 때 법안 표결에 반대하겠다는 응답은 15.23 %에 그쳤다. 19대 국회에서 헌법 기관으로서의 의원의 자율성은 매우 낮았다(김기성·최병호 2016b).

3. 19대 국회 입법 갈등 사례

1) 세월호 특별법 입법을 둘러싼 계파 갈등

2014년 4월 16일 세월호 참사가 발생한지 167일만인 9월 30일 세월호 특별법이 여야의 합의로 타결되었다. 세월호 참사라는 국가 재난 속에서 시급하게 처리해야 할 입법 과제로 세월호 특별법이 제기되었음에도, 대통령과 19대 국회는 늑장으로 처리하여 국민의 강한 불만을 샀다. 그 늑장 처리의 핵심에는 여야를 지배하고 있는 이른바, '계파의 집단 극단화'에 따른 파당적 대립과 이념적 격화 갈등이 작동하고 있었다. 정부의 늑장 대처와 국민 통합적인 접근의 부제가 문제로 제기되었다. 특히, 여야는 초당적인 문제 해결보다는 선명성을 부각하여 선거에 활용하려는 계파들의 무리한 경쟁 욕구가 있었다.

김부겸 전 새정치민주연합 의원(현 더민주당 의원)은 세월호 특별법을 둘러싸고 여야가 오랜 시간 갈등을 빚은 원인은 '이념의 과잉'에 있다고 지적하였다. 즉 "세월호 특별법을 두고 여야가 작은 타협도 못하고 자꾸 어긋난 이유는 우리 편에 유리한 이야기를 되풀이하려는 이념의 과잉 때문"이라고 지적했다. 김부겸 의원은 "한쪽은 대통령과 여당을 계속해서 공격하고, 다른 한쪽은 경직된 법 논리만 갖고 따지면서 우리 편, 남의 편으로 갈라 싸운 것이 문제였다"며 "정치인들이 상대방에 대한 무한 증오만 되풀이하다 보니 국민이 질리고 있다"라고 보았다(고은지 2014).

세월호 특별법 협상 과정에서 야당의 협상 창구로 한때 강경파로 속했던 박영선 의원이 당내 은수미, 김기식 등 비례 대표 의원들을 중심으로 하는 친노계 강경파의 반발로 재협상만 거듭하다 결국 원내 대표직에서 물러나는 일이 발생했다. 박영선 의원은 원내 대표직에서 물러나면서 130명 의원들에게 보낸 이메일에서 세월호법 협상과 관련, "되지 않는 일을 되는 것처럼 포장해 시간을 지체시키는 것은 진실의 증거들이 사라지는 것을 뻔히 알면서 그냥 바라보는 것이라고 여겼다"라고 자신의 불만 사항을 토로하였다.

이것은 당내 진보 성향 강경파들이 '집단 극단화'로 여당 반대로 수사권·기소권을 가져올 수 없다는 것을 알면서도 선명성을 유지하기 위해 정치적 선전에 치중하면서 세월호 특별법의 타결을 지연시켰음을 보여 주는 대목으로, 박영선 의원 자신보다 더 극단의 강경파가 입법 과정을 방해했음을 보여 준다(정우상 2014).

비노계 박영선 의원과 친노계의 계파 대립은 19대 공천 과정에서 박영선 최고 위원이 한명숙 대표의 계파 공천에 반발하여 최고위원직을 사퇴한 사실, 친노 성향의 강경파의 비토에 밀려 세월호 특별법의 입법 과정에서 원내 대표직을 사퇴한 사실, 그리고 20대 총선을 앞두고 탈당을 고민하다가 문재인 대표와의 협상으로 김종인 비대위원장이 이끄는 비대위에 위원으로 자리를 맡으면서 계파 공천에 개입하여 친노계의 반발을 산 사실에서 잘 드러난다. 특히, 박영선 의원이 친노계에 맞서기 위해 오픈 프라이머리 법제화 법안을 두 차례나 시도한 것에도 잘 드러난다.

2) 국회법 개정을 둘러싼 계파 갈등

19대 국회에서 여야가 어렵게 합의해서 국회 본회의까지 통과되었던 법안이 대통령이 거부권을 행사하면서 좌초된 경우는 국회법 개정안이 대표적이다. 이 국회법 개정안의 핵심내용은 국회가 행정부에 위임한 시행령과 같은 행정입법을 규제하는 조항이었다. 이 국회법 개정안이 입법부와 행정부의 충돌로 좌초할 수밖에 없었던 배경에는, 입법부의 견제를 받지 않고 제왕적 대통령제로 국정을 운영하고자 하는 박근혜 대통령의 계파적 이해와 함께 대통령에게 도전하는 비박근혜계인 유승민 원내 대표 간에 '계파의 집단 극단화'에 따른 계파 갈등이 작동했기 때문으로 보인다.

유승민 원내 대표는 박근혜 대통령이 거부권을 행사한 국회법 개정안을 합의한 당사자였다. 박근혜 대통령은 2015년 6월 25일 국무회의에서 국회법 개정안에 대한 거부권 행사를 천명하면서 유승민 의원에게 '배신의 정치'라는 낙인을 찍었다. 유승민 원내 대표는 박 대통령을 향해 "진심으로 죄송하다"며 사과를 했으나 청와대와 친박계는 유승민 원내 대표의 사퇴를 종영하였다. 유승민 원내 대표는 청와대와 친박계의 종용 압력을 버티다가 당해 7월 6일 국회 본회의에서 새누리당의 거부 속에 국회법 개정안의 재의가 무산되자 사퇴하였다(김동현 외 2015).

그렇다면 왜 박근혜 대통령은 유승민 원내 대표에게 '배신의 정치'라고 비판했을까? 그리고 20대 총선 공천에서 유승민 의원과 친유승민계를 배제했을까? 그것은, 유승민 의원이 2015년 새누리당의 원내 대표로 당선 된 후 국회 원내 대표 연설에서 박근혜 대통령의 복지 정책을 "증세없는 복지는 허구"라고 비판하면서 대통령과 친박계와 차별화된 정체성을 구축하고 친박계의 보스인 대통령에게 도전했기 때문으로 보인다.

2012년 8월 20일 박근혜 새누리당 대통령 후보는 수락 연설에서 "이념과 계층, 지역과 세대를 넘어, 산업화와 민주화를 넘어 모두 함께 가는 대통합의 길을 가겠다"라고 선언했다. 하지만 이런 선언은 계파 정치로 잘 지켜지지 못했다. 왜냐하면 비박계들의 견제와 반발 그리고 이에 친박계의 보복 등 계파 싸움이 본격화되었기 때문이다(박태훈 2015).

V. 소결

그렇다면, 19대 국회는 과거 국회와 달리, 국회 선진화법이라는 여야 합의를 강제하는 법이 존재했음에도 불구하고, 정치적 양극화에 따른 국회 갈등이 발생한 배경은 무엇일까? 어쩌다가 19대 국회가 최악의 국회라는 오명을 쓰게 되었을까? 특히, 19대 국회에서 의원들 간의 격한 몸싸움으로 대표되었던 '동물 국회'와 같은 정치적 양극화를 방지하기 위해 만들었다가 거꾸로 아무것도 할 수 없도록 '식물 국회'로 만들어서 국회 선진화법을 폐지해야 한다는 주장이 나올 만큼, 국회 선진화법이 작동하지 않은 이유는 무엇일까? 정말 새누리당의 주장대로 국회 선진화법이 식물 국회를 양산하기 때문에 법 자체를 폐지하거나 완화해야 하는 것일까?

이상의 질문에 대한 답변은, '계파의 집단 극단화'를 매개로 한 계파 공천과 정치적 양극화의 상관성에 관한 논의, 20대와 19대 공천 방식 현황과 결과, 19대 국회의 입법 갈등에서 드러난 계파 정치 사례를 볼 때, 국회 선진화법 자체의 문제라기보다는 법이 요구하는 기준에 미치지 못하는 의원들의 낮은 정치 의식과 낮은 정치 문화가 문제의 원인이라 할 수 있다. 이러한 의원들의 낮은 정치 의식과 정치 문화의 핵심에는 '계파의 집단 극단화', '계파 정치'를 양산하는 '계파 공천'과 그것에 따른 '의원들의 낮은 자율성'이 있다. 계파 공천이 폐지되거나 계파의 집단 극단화를 개선하여 집단주의 행태가 약화되지 않는 한, 의원 개인의 자율성에 따른 대화와 타협을 전제로 하는 국회 선진화법은 효과적으로 작동하기 힘들다.

따라서 국회 선진화법 자체를 폐기하거나 개선하기보다는 계파 정치를 약화시키기 위한 노력으로 계파 공천을 폐지하고 오픈 프라이머리와 같은 상향식 공천제를 법제화하여 '의원의 자율성'을 높이는 한편 '강제 당론제'를 폐지하여 여야 간, 의원 간 대화와 토론을 바탕으로 하는 숙의 민주주의 문화를 활성화시키는 것이 바람직하다.

선스타인(2011)은 집단 극단화를 막기 위한 방법으로 제임스 메디슨의 '견제와 균형의 원리'에 따른 숙의 민주주의를 활용할 것을 제안하고 있다. 여기서 견제와 균형이란 표현의 자유를 바탕으로 하여 다양한 사회 세력이 서로 견제를 통해 극단적으로 나아가지 않고 균형을 잡도록 하는 것이다. 물론 극단주의의 처방을 위한 구조적인 제도 개선 차원에서 선스타인(2011)은 미국의 양원제나, 전쟁 선포권의 의회 위임, 연방 제도를 통한 국가 내 다양성의 증진 등을 들고 있다.

본 글은 4·13 총선 이후 출범한 20대 국회가 당면한 협치와 민생 과제를 효과적으로 처리하기 위해서는 우리 정치에 만연한 '계파의 집단 극단화'와 '정치적 양극화'를 피하고, 견제와 균형을 향한 중도 정치[5]를 확대할 필요가 있다고 제기하였다. 중도 정치를 확대하기 위해서는 정치적 양극화의 원인을 규명하고 그것을 극복하기 위한 바람직한 대안을 모색하는 것이 중요하다.

---

5. 중도 정치의 의미와 내용에 대해서는 채진원(2016) 참조.

참고문헌

가상준. 2006. 「의회 양극화를 통해 본 미국 정치의 변화」. 『한국 정치학회보』. 40(3).
　　211-236.

가상준. 2014. 「한국 국회는 양극화되고 있는가」. 『의정논총』. 9(2). 247-272.

강문구. 2014. 「민주화이후 정치양극화 현상과 개선방안」. 국회입법조사처.

강원택. 2006. 「한국 정당 공직 후보 선출의 공정성과 투명성 확보방안」. 투명사회실천협
　　의회. 『한국 정당공직 후보 선출 과정이 공정성, 투명성 확보방안 토론회 자료집』.

고은지. 2014. 「김부겸 前의원 '세월호법 갈등은 이념 과잉 탓」. 『연합뉴스』(10. 6).

김경화. 2012. 「민주당 내 친노, 4배로 몸집 불려… 지난 국회 10명서 이번엔 44명으로」.
　　『조선일보』(4.14).

김기성, 최병호. 2016a. 「민심 아닌 '당론' 따르겠다는 의원들…19대 국회를 말한다」. 『토
　　마토뉴스』(9.7).

김기성, 최병호. 2016b. 「(19대국회 인식조사)여 '당론·청와대 뜻에 충실' 야 '소신과 공약
　　이 중요」. 『토마토뉴스』(9.7).

김동현. 2015. 「유승민 사퇴…국회법 '사망'」. 『연합뉴스』(7.11).

김의겸. 2016. 「김종인 칩거까지 간 비례대표 파동의 전말」. 『한겨레』(3.28).

김재한. 2012. 『대한한국의 국회, 불신과 양극화』. 한림대학교출판부.

김재훈, 허석균. 2013. 「공천제도와 입법생산성 간의 관계에 대한 실증분석: 17대 국회입
　　법 자료를 중심으로」. 『經濟學硏究』. 61(3). 47-74.

김종훈. 2016. 「새누리 122명 계파 분석…높아진 '친박 순도'계파 구분가능한 109명 중 55
　　명이 친박계」. 『매일경제』(4.14).

김지은, 정승임, 곽주현. 2016. 「새누리 총선 대패에도 당내 입지 더 넓힌 친박」. 『한국일
　　보』(4.16).

김형준. 2015. 「사회 갈등 해결을 위한 국회의 역할과 과제: '국회 내 정당 양극화' 해소를
　　중심으로」. 『대한정치학회보』. 23(1). 71-97.

류지복. 2016. 「더민주 공천자의 절반이 '범친노'…'친문', 최대 계파로」. 『연합뉴스』(3.14).

모리치오 비롤리. 김경희, 김동규 옮김. 2006. 『공화주의』. 인간사랑.

박복영. 2012. 『글로벌 금융위기 이후 미국경제의 진로모색과 시사점』. 대외경제정책연구
　　원 보고서.

박상준. 2016. 「親 문재인·親 손학규 그룹 동반 '약진'… 탈당과 빠진 비노는 '쇠퇴'」. 『한
　　국일보』(4.19).

박태훈. 2015. 「유승민 '증세없는 복지는 허구', 양극화 해소 주장 '노무현' 높이 평가」. 『세계일보』(4.8).

신헌철, 김명환, 박의명, 김연주. 2016. 「빅데이터로 본 '낯 부끄러운 國會'」. 『매일경제』(1.31).

안민호. 2014. 『불통에 대한 이해』. 커뮤니케이션북스.

우경희, 김태은, 심재현, 구경민, 진상현. 2016. 「4년 농사 거덜내는 '막장공천'」. 『머니투데이』(3.14).

윤성이. 2006. 「한국사회 이념갈등의 실체와 변화」. 『국가전략』. 12(4). 163-182.

이가영, 김경희, 김경빈, 박종근. 2016. 「새누리 공천 받은 58%가 친박」. 『중앙일보』(3.17).

이경태. 2012. 「시스템 공천? '친이학살'·'폭탄후보'」. 『오마이뉴스』(3.19).

이내영. 2009. 「한국 정치의 이념지형과 이념갈등」. 한국 정치학회 연례학술회의 발표논문.

이재묵. 2013. 「정당 양극화를 통해 바라본 한미정당 비교」. 한국 정당학회 하계학술회의 자료집 『한국 정당 정치의 도전과 대응: 정책갈등의 조정과 통합』.

이현주. 2016. 「말 많던 상향식 공천, 여야 모두 '기준 미달'」. 『뉴시스』(3.21).

임성호. 2006. 「당내 경선에서의 전략투표와 대통령선거의 이념적 비편향성」. 『선거관리』. 52. 114-130.

임성호. 2014. 「정치양극화에 대한 일반론 차원의 문제제기」. 국회입법조사처, 한국지역학회 일치를 위한 정치포럼 자료집 『미국 정치의 한국적 함의』.

정우상. 2014. 「세월호法, 안되는 일을 되는 것처럼 포장할 수 없었다」. 『조선일보』(10.3).

정진민. 2013. 「정당 분극화의 심화와 2012년 미국 대선: 정당 지지 기반과 유권자의 정책적 입장 차이를 중심으로」. 『한국 정당학회보』. 12(1). 5-29.

정진민, 강신구, 최준영, 채진원, 서정건, 이현우, 안병진, 임성호. 2015. 「정당내 정과(faction) 문제와 정치 양극화: 탈산업시대 정당의 위험요소와 극복 방향」. 『정당 정치의 변화, 왜 어디로』. 형설출판사.

정한울. 2016. 「총선 공천경쟁의 득실과 전망: 19대 총선 여론분석 기준」. 『한국일보』(3.20).

지영호, 진상현, 김고금평, 이하늘, 박경담, 최경민, 김태은. 2016. 「20대 국회의원 해부」. 『머니투데이』(3.15).

채진원. 2012. 「'보수독점의 정당 체제 개혁론'의 재검토: 정치적 양극화와 중도 수렴 부재의 정당 체제론을 중심으로」. 『유토피아』. 27(2). 199-237.

채진원. 2016a. 『무엇이 우리 정치를 위협하는가』. 인물과 사상사.

채진원. 2016b. 「줄서기로 배지 단 의원들, 민생 챙길까」. 『중앙선데이』(3.27).

채진원. 2016c. 「제왕적 대통령의 횡포를 막고 의회민주주의를 실현하는 길」. 『허핑턴포스트』(2.29).

채진원. 2016d. 「'양극단에서 중도로 수렴하라'는 유권자 메시지」. 『허핑턴포스트』(4.23).

최문선, 송은미. 2015. 「계파 보스 입김이 좌우… 공천받으려면 줄 설 수밖에」. 『한국일보』(1.6).

최익현. 2016. 「4년 후엔... 옆집 회사원 김씨를 후보로 만나고 싶다」. 『한국일보』(4.12).

카스 R 선스타인. 박지우, 소호창 옮김. 2009. 『왜 사회에는 이견이 필요한가』. 후마니타스.

카스 R 선스타인. 이정인 옮김. 2011. 『우리는 왜 극단에 끌리는가』. 프리뷰.

한국갤럽. 2015. 「데일리 오피니언 제163호(2015년 5월 3주) – 국회 선진화법, 국회 역할 평가」.

한국갤럽. 2016. 「데일리 오피니언 제182호(2015년 10월 1주) – 19대 국회 평가, 20대 국회의원 선거 공천」.

한수현. 2016. 「최근 총선 '野 공천史'…저승사자·노이사 등 면면은」. 『한국일보』(3.16).

홍득표. 2001. 「제왕적 대통령론: 그 특징과 원인을 중심으로」. 『국민윤리연구』. 50. 145-169.

G.사르토리. 어수영 옮김. 1995. 『현대정당론』. 동녘.

Bond, J. R., & Fleisher, R. 2000. *Polarized Politics: Congress and the President in a Partisan Era*. CQ Press.

Duca, J. V., & Saving, J. L. 2014. "Income inequality and political polarization: time series evidence over nine decades". *Federal Reserve Bank of Dallas Research Department Working Paper 1408*.

Fiorina, M. P., Abrams, S. J., & Pope, J. C. 2004. *Culture War?: The Myth of a Polarized America*. Pearson Longman.

Krugman, P. 2009. *The Conscience of a Liberal*. W.W. Norton and Company.

Myers, D. G., & Lamm, H. 1976. "The group polarization phenomenon". *Psychological Bulletin*, 83, 602-627.

Persico, N., Pueblita, J. C. R., & Silverman, D. 2011. "Factions and political competition". *Journal of Political Economy*. 119(2), 242-288.

제왕적 대통령제와 정당

Ranney, A. 1981. "Candidate Selection". in Butler, D., Penniman, H. R. & Ranney, A. eds. *Democracy at the Polls: A Comparative Study of Competitive National Elections.* American Enterprise Institute.

Stoner, J. A. F. 1968. "Risky and cautious shift in group decisions: the influence of widely held values". *Journal of Experimental Social Psychology.* 4. 442-459.

Sunstein, C. 2001. *Republic.com 2.0.* Princeton University Press.

제3장

원내 정당과 대중 정당·포괄 정당·선거 전문가 정당의 차이

I. 민주화 이후 바람직한 정당 모델은?

그동안 한국 정당 정치의 문제점으로 지적된 '정치 머신'[1]을 개혁하기 위한 학계의 다양한 대안적 논의가 있었다. 크게 이상형으로 볼 때, '대중 정당 모델'(mass party model)과 '원내 정당 모델'(parliamentary party model)로 수렴되어 왔다(정진민 1998; 박찬표 2002; 임성호 2003; 최장집 2005; 강원택 2007).[2]

---

1. 정치 머신의 보스들은 후보 공천권과 정치 자금 분배권을 독점하여 의원들의 자율권을 구속하였을 뿐만 아니라 정당을 특정 인물을 대통령으로 만드는 '정치적 도구'로 만들어 사당화(私黨化)하였다. 특히, 보스의 지배하에 있는 '지구당'은 정당이 표방하는 가치와 정책에 관심을 갖고 참여하는 당원들과 지지자들의 공적인 공간이라기보다는 오직 특정 후보자의 선거 승리를 위해 수단과 방법을 가리지 않고 표와 조직을 동원하는 고비용과 부패 정치의 온상으로 작동해 온 것도 사실이다(백창재 2002; 김용호 2004).
2. 일반적으로 대중 정당 모델과 대칭되는 모델은 간부 정당이고, 원내 정당 모델과 대칭되는 모델은 원외 정당 모델이다. 하지만 본 글에서는, 한국적 상황에서 '정치 머신'을 극복하기 위해 경쟁하는 대안적 모델로서 대중 정당 모델과 원내 정당 모델이 논의되어 왔다는 점에서 두 모델의 이상형을 비교한다.

대중 정당론의 대표적인 논의자로는 최장집(2005)과 박찬표(2002)가 있으며, 원내 정당론의 대표적인 논의자로는 임성호(2003)와 정진민(2007)이 있다.

정진민과 임성호 등의 원내 정당론자들은 정당이 소수의 기간 당원(진성 당원)의 뜻에 좌우되는 원외정당적 성격에서 벗어나 의원들의 자율성과 유권자들의 반응성(responsiveness)에 따른 정책 역량 강화를 중시하는 원내 정당으로 가야 한다고 주장한다. 그리고 이들은 정당 개혁의 일환으로 원내 정당화를 위한 핵심적인 개혁 사항으로, '의원의 자율성 확대'와 '의원 총회의 정치적 대표성 확대', '중앙당 축소', '지구당 개혁'[3], '개방형 국민 경선제' 등을 제안한다.

하지만 이것에 대해 최장집(2007)과 박찬표(2002) 등의 대중 정당론자들은 의원 중심의 원내 정당화는 '정당 조직'을 약화시킬 뿐만 아니라 보수 엘리트 지배 구조를 대변하는 수단으로 민중들의 정치 참여를 줄인다고 비판한다. 이들은 한국에서 계층적·계급적·이념적 균열은 아직 정치적인 균열로 동원되지 않고 잠재해 있기 때문에, 이 같은 사회 균열을 이념적으로 조직화하여 대변할 수 있는 '대중 정당'이 절실하다고 주장한다.

따라서 이들은 정당 개혁의 방향으로 '지구당 활성화'와 '진성 당원제의 확대' 및 '이념적·계급적 정체성 강화'를 주장한다. 아울러 이들은 한국적 시대 상황이 신자유주의적 세계화 이후 빈부격차와 사회 양극화가 심화되고 있

---

3. '지구당 폐지'가 아니라 '지구당 개혁'으로 표현한 것은 대표적인 원내 정당 모델의 주창자인 정진민과 임성호의 주장 글과 주요 논문 어디에서도 '지구당 폐지'를 주장한 흔적을 발견할 수 없었기 때문이며, 인터뷰를 통해 그들의 논지가 지구당 폐지가 아니었음을 정확히 확인할 수 있었기 때문이다. 오히려 거꾸로 그들은 주요 논문 속에서 무리한 '지구당 폐지'에 반대하는 의견을 개진하고 있다. 지구당 개혁의 포인트로, '지구당 폐지' 대신에 '지역구 당원 또는 정당 지지자들에 의해 자율적으로 운영되는 연결망 조직'으로 이해하고 있다. 아울러 그것의 변화를 도모한다는 점에서 '제왕적 지구당 위원장 제도 폐지'와 '지구당 운영 방식의 전면적인 개편'을 주장하고 있다(정진민 2003; 2005). 또한 제기된 '지구당 폐지'가 원내 정당화의 조건이 아니라고까지 한다(임성호 2003).

고, 노동소외가 확대됨으로써 대중 정당의 사회적 기반이 오히려 증대되고 있다고 인식한다.

이 같은 두 정당론 간의 이론적 논쟁이 최근까지 지속되고 있는 현실은 크게 두 가지 점에서 시사해 주는 바가 있다. 첫째는, 한국 정당 정치의 문제점이 그동안의 논쟁과 대안 제시에도 불구하고 별반 나아지지 않고 있다는 것을 반증해 주고 있는 측면이다. 특히, 그동안 '정치 머신'의 보스 역할을 해 온 '3김씨'가 퇴진하고, 2002년 16대 대선과 2004년 17대 총선을 기점으로 촉발된 '당정 분리', '원내 대표와 의원들의 자율성 강화', '상향식 공천' 등 여러 정치 개혁과 정당 민주화 조치가 추진되었음에도 불구하고 18대 대선 이후 대통령과 집권당인 한나라당의 관계는 '제왕적 대통령'으로 상징화된 '3김식 정치관행들'로부터 벗어나고 있지 못한 것 같다.[4]

둘째는, '정치 머신'을 대신하는 바람직한 정당 모델에 대한 학계의 이론적 공감대가 지체되고 있다는 것을 반영해 주는 측면이다. 이러한 점을 볼 때 정당 모델에 대한 다양한 의견제시와 함께 이것에 대한 '열린 토의'를 통해 각 정당 모델이 지닌 한계가 지적됨으로써, 이것의 한계를 서로 보완해 줄 수 있는 충분한 공감대를 확보하는 것이 무엇보다 시급할 것이다.

이와 관련하여, 우선적으로 원내 정당 모델에 대한 개념 정리를 가급적 비교의 관점에서 명료화할 필요가 있다. 왜냐하면 그동안 정당 모델에 대한 논쟁과정에서 원내 정당 모델이 꾸준히 소개되었음에도 불구하고, 정당 모델

---

4. 대표적인 예로는 18대 총선을 앞두고 발생했던 이명박 대통령과 박근혜 전 대표 간의 공천 개입과 이에 따른 계파 간의 갈등, 그리고 한나라당 새 지도부를 뽑는 '2008년 7·3 전당 대회'에 출마한 모든 후보자가 '대등한 당-청와대 관계 설정'을 공약화할 수밖에 없는 사정, 아울러 친이명박계의 지원 속에 당권을 장악한 박희태 대표가 당에 대한 대통령의 개입과 권한 강화를 위해 당헌·당규를 개정하겠다고 한 발언, 그리고 이것에 따른 당내 갈등 등이다. 특히, 이와 같은 대통령-집권당 관계의 지속은 대통령당-반대당 간의 심각한 교착과 파행을 가져오기도 했다.

에 대한 비교 수준에서 인식을 달리하는 지적들이 계속해서 발견되고 있기 때문이다.

인식을 달리하는 지적들의 예로는 "원내 정당론의 주창자들은 '포괄 정당적', '국민 정당적' 성격의 정당을 한국 정치가 지향해야 할 방향 내지 목표로 상정하면서 이를 대중 정당과 대립시킨다"라고 대립각을 세운 최장집의 글(2007, 146)에서 잘 드러난다. 그리고 박찬표도 자신의 글(2002)과 이것을 수정·보완한 다른 글(2007, 247)에서 여전히 원내 정당 모델을 '포괄적 선거 전문가 정당'과 같은 의미(즉, '포괄 정당-선거 전문가 정당-원내 정당화')로 가정해 놓고 원내 정당 모델을 비판하고 있다.

하지만 이러한 예들은 원내 정당론자의 입장에서 볼 때, 오해에 기초한 대표적인 논의들이라 할 수 있다. 원내 정당론자들은 대중 정당론자들의 비판이 대체로 '원내 정당 모델'이 '포괄 정당 모델'과 '선거 전문가 정당 모델'과 태동배경과 강조되는 정당 기능의 측면에서 성격이 다른 정당 모델임에도 불구하고(정진민 2009; 주인석 2009), 이것들을 엄밀하게 구별하지 못하거나 구별하기 위한 노력이 부족한 상태에서의 비판이라고 지적한다.

즉, 그들은 이러한 오해들은 대중 정당론자들이 원내 정당 모델의 실체를 충분히 인정한 상태에서 비교의 관점에서 자신들의 논리를 전개하기보다는 그 실체를 부인하고 있거나 아니면 실체를 인정하더라고 원내 정당 모델을 자신들이 생각하고 있는 시각인 포괄적 선거 전문가 정당과 동일한 것으로 가정해 놓고 논리를 전개하는 데서 기인한다고 본다. 결국 이러한 오해에서 출발한 논의의 증폭은 합리적인 공론 형성을 지체시킨다고 볼 수 있다.[5]

따라서 본 글에서는 그동안 대안적 정당 모델의 하나로 제시되어 왔던 원

---

5. 원내 정당 모델에 대한 오해들에 대한 정리와 반론에 대해서는 정진민의 글(2009)을 참조.

내 정당 모델론에 대한 오해를 시정하고 이것에 대한 개념 정리를 보다 명료화하기 위하여, 이 모델과 경쟁하는 대안적 정당 모델들인 대중 정당 모델, 포괄 정당 모델, 선거 전문가 정당 모델과 어떠한 차이성을 갖는 것인지를 비교의 관점에서 논의하는 것을 목적으로 한다.

이 같은 목적을 위해서 제Ⅱ장에서는 원내 정당 모델에 대한 대중 정당론자들의 오해가 어떠한 오해인지를 충분히 드러내기 위하여 관련 사례를 대중 정당론자의 시각에서 살펴본다. 제Ⅲ장에서는 원내 정당 모델이 탄생하게 되는 이론적 배경과 개념 정의 및 특징을 살펴본다. 제Ⅳ장에서는 원내 정당 모델과 대중 정당 모델의 차이를 비교 논의한다. 그리고 제Ⅴ장에서는 원내 정당 모델이 포괄 정당 모델과 선거 전문가 정당 모델과 어떤 차이성을 가지는지에 대해 비교하여 논의한다. 제Ⅵ장은 결론으로서 전체 내용을 요약하고, 원내 정당 모델이 주는 시사점을 논한다.

Ⅱ. 원내 정당 모델에 대한 오해의 측면

원내 정당 모델(임성호 1999; 2002; 2003; 2005; 2007; 2008a; 2008b; 2009c; 정진민 1998; 1999; 2003; 2005; 2007; 2008a; 2008b; 2009)에 대한 개념 정의가 진화하고 하나의 일반적인 이론으로 정립되는 과정에서 오해가 생기는 것은 어찌 보면 당연하고 불가피한 측면이 있다. 원내 정당 모델에 대한 오해와 이것에 대한 반론의 역사를 잠시 살펴보고 나서 본격적인 오해 사례를 소통의 관점에서 드러내도록 하겠다.

통념적인 오해에 대한 대표적인 반론은 임성호(2003)에 의해 시작되었다. 그의 반론은 우선 원내 정당화 또는 원내 정당 모델에 대한 개념 정리의 문제로서, "김용호, 정진민, 박찬표 등 원내 정당 개념을 논하는 학자들이 있지만, 그들은 원내 정당, 포괄 정당, 선거 전문가 정당, 정책 정당 등을 동일 맥락에서 교차적으로 사용하는 바 원내 정당화에 대한 통일된 개념이 정립되어 있지 않다"라고 문제 제기를 하였다. 그리고 그는 이것에 대한 하나의 제안으로 포괄 정당 및 선거 전문가 정당과 다르게 "원내 정당화는 '조직으로서의 정당'(party as organization)을 약화시킴으로써, '정부 내 정당'(party in government)과 '유권자 마음속의 정당'(party in the electorate)의 비중을 높이자는 것"으로 개념 정의를 시도하였다.

아울러 그는 '원내 정당 모델이 곧 미국식 정당 체제'라는 통념에 대해서도 반론하였다. 그에 의하면, "과거 귀족적 원내 정당과 구별되는 민주적 원내 정당의 전형으로 미국 정당들이 꼽히고 있으므로, 혹자는 미국 정당 체제가 곧 원내 정당화의 의미를 그대로 예시해 준다고 생각할지 모른다"라고 지적하면서, 그러나 "미국 정당과 원내 정당이 꼭 같은 것은 아니다. 전자는 현실의 복잡하고 때론 상충되는 요소가 혼재하는 실체이고, 후자는 이념형(ideal type)으로서의 개념"이라고 하여, 원내 정당 모델은 이념형임을 강조하고 있다. 즉 임성호에 의하면, 미국식 원내 정당 체제도 이념형으로서의 원내 정당 모델을 완벽히 구현하고 있는 것은 아니라는 점이다.

하지만 이 같은 임성호(2003)의 문제 제기와 반론에도 불구하고 원내 정당 모델에 대한 통념적인 오해는 학계에서 충분히 불식되지 못한 채, 원내 정당 모델은 『어떤 민주주의인가』(최장집 외 2007)에서 집중적으로 공격과 비판을 받았다. 그 책에서 소개되고 있는 원내 정당 모델에 대한 대표적인 오해들을 나열해 보면 다음과 같다.

즉, '원내 정당 모델은 곧 포괄적 선거 전문가 정당론'이라는 가정과 비판이다. 그리고 '원내 정당 모델은 곧 다원 민주주의를 추구한다'는 오해이다(박찬표 2009, 246). 그 외에도 '원내 정당 모델은 곧 미국식 정당 모델'이고(박찬표 2007, 260), '원내 정당 모델이 곧 친기업적 성향, 상층 계급의 편향성'을 가지며(박찬표 2007, 260), '원내 정당 모델이 곧 소수 전문가 정당론'이라는 것이다(박찬표 2007, 245). 그리고 '원내 정당 모델이 정당-유권자 결속을 해체한다'는 것이며(박찬표 2007, 253), '원내 정당 모델이 곧 엘리트 정당론'이라는 것이다(박찬표 2007, 249). 본 장에서는 글의 목적상, '원내 정당 모델은 곧 포괄적 선거 전문가 정당'이라고 보는 오해를 집중적으로 살펴보고자 한다.

우선 최장집(2007, 146)은 "원내 정당론의 주창자들은 '포괄 정당적', '국민 정당적' 성격의 정당을 한국 정치가 지향해야 할 방향 내지 목표로 상정하면서 이를 대중 정당과 대립시킨다"라고 주장하며, 마치 원내 정당론자들이 포괄 정당과 국민 정당적 성격의 정당을 주장하는 것처럼 포장하고 있다. 이어서 최장집(2007, 148)은 "원내 정당론의 주창자들이 말하는 포괄 정당과 국민 정당은 무엇을 의미하는지, 양자는 다른 종류의 것인지 분명치 않다"라고 문제 제기 하면서, "만약 두 개념이 사회의 부분 이익을 허용하지 않으면서 사회 전체의 이익을 대변하는 것을 지칭한다면, 원래 부분 이익을 대표하는 정치 조직으로서의 정당 개념과도 일치 하지 않을뿐더러 어떤 전체주의적 의미가 있는 것으로 위험하기까지 하다"라고 주장한다.

계속해서 최장집(2007, 149)은 "원내 정당론의 주창자들이 한국 사회를 바라보는 관점과 정당에 대한 그들의 주장은 밀접한 상관관계가 있다"라고 지적하면서, "그들은 현재의 한국을 고도로 산업화된 사회로 이해하며, … 나아가 이런 변화는 사회 경제적 균열과 이익 갈등을 완화해 그에 기초한 대중 정당의 기반을 약화시킴으로써 정당들이 '포괄 정당'적 특성을 띠게 되었다고 말한다"라고 인식한다.

그런 후에 최장집(2007, 148)은 원내 정당론의 주창자들이 주장하고 있는

'포괄 정당적', '국민 정당적' 성격의 정당이 "오토 키르히하이머가 개념화했던…포괄 정당적 현상을 의미한다면, 한국의 정당들은 그런 경우에 해당하지 않는다"라고 비판한다. 즉, 그에 의하면, "키르히하이머의 포괄 정당은 유권자의 지지 시장에서 좌파 정당이 보수적 정당에 접근함으로써 양대 세력 간 경쟁이 중산층의 지지 획득을 위해 중간으로 수렴하고, 이 과정에서 좌파 정당의 조직 구조가 관료화되고, 전문화되는 현상을 설명하는 개념"인데, "한국의 정당 발전은 좌파 정당은 고사하고 사회 경제적 이익의 차이를 통해 조직되고 경쟁한 적이 없기에 처음부터 서구적 특성을 가져본 적도 없으며, 그렇기 때문에 좌와 우가 수렴한다고 말할 수 있는 실체적 근거를 가질 수도 없다"는 것이 그 비판의 이유다.

어쨌든, 이상과 같이 최장집은 원내 정당론자가 주장하는 원내 정당 모델이 실제로 포괄 정당론이나 선거 전문가 정당론과 동일한 것이라는 전제하에서 일관되게 비판하고 있다.

이 같은 최장집의 오해는 박찬표(2007, 244-271)에게서도 계속 나타나고 있다. 박찬표는 자신의 글(2002)과 이것을 수정·보완한 다른 글(2007, 247)에서 〈표 1〉처럼 '대중 정당 정치 모델'(즉, 계급, 계층 정당-대중 조직 정당-책임 정당 정치)의 대립모델로 '전문가 정당 정치 모델'(즉, '포괄 정당-선거 전문가 정당-원내 정당화')로 유형화해 놓은 것에서도 극명하게 드러나듯이, 여전히

〈표 1〉 정당 정치 개혁의 두 가지 모델

모델 / 영역	전문가 정당 정치 모델	대중 정당 정치 모델
유권자 속의 정당	포괄 정당, 실용 정당	계급, 계층 정당
정당 조직	선거 전문가 정당	대중 조직 정당
정부 속의 정당	당정 분리, 원내 정당화	정당 정부, 책임 정당 정치

*출처: 박찬표(2007, 245)

원내 정당 모델을 '포괄적 선거 전문가 정당'과 같은 의미로 오해한 상태에서 원내 정당 모델을 비판하고 있다.

이어서 그는 "정부 속의 정당, 정당이 유권자에게 공약으로 약속한 바를 책임지고 집행하는 책임 정당 정치, 즉 '대중 정당 모델'과 이것과 대비되는 이른바, 당정 분리, 원내 정당화, 의원들의 자율성을 강조하는 '선거 전문가 정당' 중에서 대중 정당 정치 모델을 추구할 필요가 있다(박찬표, 2009)"라고 주장한다.

하지만 이 같은 비판과 주장 역시, 원내 정당 모델이 곧 포괄적 선거 전문가 정당이라는 가정에서 출발한 전형적인 오해에 불과하다.[6]

즉, 최장집과 박찬표는 원내 정당 모델의 실체를 충분하게 인정한 상태에서 대중 정당 모델과의 차이를 비교의 관점에서 설명하지 못하는 오해를 범하고 있다. 물론 이들이 이 같은 오해를 범하는 배경에는 그동안 원내 정당론자들이 자신의 논지를 보다 분명하게 명료화하거나 원내 정당 모델을 경쟁하는 대안적인 정당 모델들과 비교의 관점에서 충분하게 소개하지 못한 자기 책임의 문제도 존재한다.

III. 원내 정당 모델 출현의 이론적 배경과 한국적 기원

1. 선행 연구 논의

정당의 기능에 대한 최근의 연구자로서, 키이(Key 1964)는 정당의 기능

---

6. 주인석(2009, 25)은 파네비안코(1988)에 의해서 제기된 선거 전문가 정당 모델의 조직적 특성으로 볼 때, 한국의 정당 개혁 방향으로 제기된 원내 정당화를 선거 전문가 정당으로 연결시키는 것은 논리적으로 상호 모순되는 측면이 존재한다고 비판한다.

을 첫째는 조직으로서의 정당(Parties as Organization), 둘째는 정부 내 정당 (Parties in Government), 셋째는 유권자 속의 정당(Parties in the Electorate)으로 분류하였다. 첫째 기능은 정당 지도자를 발굴, 교육, 훈련하는 기능과 지지자들의 이익 표출(interest articulation)과 이익 집약(interest aggregation)을 위한 기능이다. 둘째 기능은 의원과 행정부의 입법과 관련된 기능이다. 셋째 기능은 일반 유권자들의 정당 일체감과 충성심 제고 및 선거에서의 지지와 참여 활성화 등과 관련된 기능이다.

정당의 기능을 세 수준으로 분류한 키이(Key 1964)의 관점을 수용한, 달톤과 와텐버그(Dalton 1984; 2006, 177-197; Dalton and Wattenberg 2000)는 선진 민주국가에 있어서, '조직으로서의 정당'의 약화(decline)를 경험적으로 설명하였다. 즉, 약화(decline)된 유권자들의 '정당 일체감'(party identification)과 이것에 따른 '정치 무관심층'(apolitical)의 증가, 그리고 많은 교육과 정보를 습득하여 '인지적 동원'(cognitive mobilization)[7] 능력을 갖춤으로써 정치에는 많은 관심을 갖고 있으나 정당에는 관심이 없는 '인지적 시민층'(apartisan:인지적 정당 무관심층)[8]의 등장과 아울러, 이 같은 '인지적 시민층'의 '정당'을 통하지 않는 대정부(의회, 행정부) '직접 행동'사례를 통해서, '조직으로서의 정당'의 약화(decline)를 설명하였다.

---

7. '인지적 동원'과정은 유권자의 정치적 교양과 인식을 증가시킴으로써, 그동안 시민들이 정치적 결정과 문제 해결의 '지름길'(short-cut)로 작동해 왔던 정당 일체감(party identification)을 개발할 필요를 줄인다. 즉, 인지적 동원에 의한 '자기 인식의 확대 과정'은 정당 일체감(party identification)의 약화를 초래함으로써, '인지적 시민층'(apartisan: 인지적 정당 무관심층)의 형성을 촉진한다(Dalton 2006, 196).
8. 달톤(Dalton 1984, 264-284; 1996, 194-196)은 증가하고 있는 서구의 무당파층의 많은 수는 '정치 무관심층'(Apolitical)이 아니라 '인지적 정당 무관심층'(Apartisan)이라고 보았다. 여기서 '인지적 정당 무관심층'이란 정치에 대한 관심과 지식이 충분히 높으면서도, 기존 정당 정치에 대한 불만족으로 형성된 무당파층을 말한다. 달톤(1984)에 의하면, 이들 '인지적 정당 무관심층'은 주로 젊은 세대의 신중간 계급에 속하며 탈물질적이다.

특히, 앞의 설명대로 '인지적 시민층의 '정당'을 통하지 않는 대정부(의회, 행정부) '직접행동'사례는, 키이(Key 1964)가 제시한 정당 기능의 세 수준의 관점에서 볼 때, '조직으로서의 정당' 기능이 약화되지만 거꾸로 의원을 주요 행위자로 하는 '정부 내 정당'과 '인지적 동원'으로 인식 능력을 갖춘 유권자를 주요 행위자[9]로 하는 '유권자 속의 정당' 간의 연계가능성을 보여 주고 있다는 점에서 시사해 주는 바가 크다.

또한 크로티(Crotty 2006, 500-501)는 키이 및 달톤과 와텐버그와 같이 정당의 기능을 세 수준으로 유형화하여 살펴보는 것은, 정당이 처해있는 주변 환경에 따라 정당의 기능이 반응하기 때문에, 정당의 기능을 이해하게 되면 결국 정당의 변화를 이해할 수 있게 된다고 보았다. 따라서 정당의 변화를 측정해 볼 수 있는 수단으로 정당의 기능을 세 수준에서 비교하는 것이 유용하다고 보았다. 즉, 그에 의하면, 정당의 기능을 세 수준으로 구분하는 것은 "사회환경의 압력에 따라 정당의 모습이 성공적으로 변화할 수 있는 것인가? 즉 무엇이 정당의 변화를 촉진하고 있는가? 어떻게 이와 같은 변화와 그로 인한 결과를 평가할 수 있는가?"와 같은 유용한 질문과 대답을 주기 때문이라고 보았다. 특히, 그는 "사회적 변화(social change)들이 정당의 변화(party transformation)를 이끌었다"라고 보면서, 이를 측정할 수 있는 유용한 방법으로 세 가지를 제시했다.

첫째, 정당에서 일반 지지자와 정당원의 의사 결정이 얼마나 중요하게 여겨지는가, 둘째, 선거에서 정당의 대중 동원 능력이 어느 정도인가, 셋째, 유권자들의 요구에 대한 반응으로써, 대표성과 책임성이 어느 정도 있는가 등

---

9. '인지적 시민층'은 정당과 연결된 활동과 선거라는 좁은 채널을 넘어 직접 행동하기를 좋아한다. 이들은 효과적인 직접 행동을 위해, 시민 행동 그룹, 시민 로비, 데모, 그밖에 틀에 박히지 않는 행동을 좋아한다. 이들 활동의 핵심적 특징은 '탈정당적-이슈 중심적 활동'이며, 이러한 활동 방식이 '인지적 시민층'을 정치에 참여하도록 만드는 현실적인 모델이다(Dalton 2006, 196).

　　　　　　　　　　　　　　　제왕적 대통령제와 정당

에 달려있다고 보았다. 크로티는 앞에서 제기한 질문과 방법론을 가지고 1970년대 미국의 정당 체제를 살펴보면서, 미국의 정당에서 발견되는 변화들로 ①감소하는 당파심(partisanship)과 정당 일체감(party identification), ② 정당편성 해체(dealignment), ③감소하는 당원, ④선거 환경의 변화, ⑤정당 조직에 대한 가입율 감소, ⑥선거 캠페인에서의 더 제한된 조직적 역할, ⑦ 후보자 중심의 투표 행태, ⑧정당 제도의 약화와 인물화(사인화), ⑨더욱 파편화된 정당 지지자, ⑩선거 전문가와 캠페인 컨설턴트 및 미디어 기술자의 역할 강조 등을 지적하면서, 이러한 발견들은 당시 유럽의 선진 산업 사회의 민주적인 정당에서도 발견된다고 강조하였다(Crotty 2006, 507-508).

그러나 달톤과 와텐버그 및 크로티 등에 의한 이 같은 정당 변화에 대한 지적(즉, 대중 정당 모델의 약화)에도 불구하고, 노이만(Neumann)은 뒤베르제에 의해 유형화된 '대중 정당 모델'의 적실성을 강조하였다. 즉, 노이만은 대중 정당 모델의 구조와 기능이 통치 엘리트와 인민 대중들의 관계를 좀 더 가깝고 친밀한 관계로 유지하도록 작동하고 있다며, 이러한 통합적 기능이 없다면 현대 민주주의가 살아남을 수 없다고 강조하였다.

그러한 관점의 연장선상에서 그는 대중 정당의 등장을 민주주의 발전의 긍정적인 단계로 칭송하였다. 그러나 노이만의 '대중 정당 모델'에 대한 찬사에도 불구하고, 당시 키르크하이머, 파네비안코, 엡스테인 등 많은 학자들은 유럽의 선진 산업 사회가 후기 산업 사회로 이행하면서 나타난 정당의 변화와 그 의미를 설명하면서, 1960년대 공동체에 기반을 둔 대표적인 정당 유형인 대중 정당 모델이 '사망'(demise)하였다고 진단하였다(Scarrow 2000, 82).

이 같은 대중 정당에 대한 사망 진단은 '포괄 정당'의 확대(Kirchheimer), '합리적-효율적' 정당 조직의 등장(Wright), '선거 전문가 정당'의 출현(Panebianco), 다당제의 '생산적인 양상'의 종말(Pissorno), '정당 카르텔화'

(Katz and Mair), '대중 정당의 위기'와 심지어 '정당의 실패'(Lawson and Merkl), '우파로부터의 조직적인 감염'(Epstein) 등으로 묘사되었다(Scarrow 2000, 80-82).

특히, '포괄 정당'의 확대를 주장한 키르크하이머는 종래의 대중 정당(mass party)은 선거에서 승리하기 위하여 계급적 이해관계를 초월하여 광범위한 유권자들의 지지를 획득하기 위하여, 이념적 성격과 당원의 역할을 줄이면서, 계급 또는 이익 집단 간의 이익을 조정하는 제한적 기능만을 수행하는 것으로 변화하는 주변 환경에 대응해 왔다고 보았다(Kirchheimer 1966, 178-198).

이 같은 대중 정당 모델에 대한 사망 진단은 학자들 간에 다음과 같은 정당 기능에 대한 성격 변화와 시사점을 공유하도록 하였다. 첫째, 위계적인 대중 정당 모델의 쇠퇴를 표명하였다는 점이다. 특히, 선거에서 유권자들의 정당 일체감과 충성심이 약화되었다는 것을 인식한 점이다. 둘째, 대중 정당의 피할 수 없는 몰락의 원인으로 사회 구조적인 변동과 기술적인 변화를 들었다는 점이다.

즉, 이러한 변화는 잠재적인 당원들의 공급을 줄이는 동시에 정당 가입에 대한 흥미를 떨어뜨리게 한다는 점이다. 이러한 점은 대중 정당 모델이 정부와 유권자를 연결시켜주는 정당의 연계 기능(linkage)과 그 능력에 한계가 왔다는 것을 보여 주었다(Dalton and Wattenberg 2002; Cohen and Kantor 2001, 243-282; Katz and Crotty 2006, 122-133, 499-514).

따라서 달톤과 와텐버그는 산업 사회에서 후기 산업 사회로의 이행에 따라 정당과 시민들 간의 관계가 '근본적'으로 변화하였기 때문에, 민주주의에서의 정당의 기능과 모델은 샤츠슈나이더(E. E. Schattschneider)가 주창해 온 전통적인 '책임 정당 정부 모델'(model of responsible party government) 또는

'대중 정당 모델'로 뒤돌아가는 것이 불가능하게 되었다고 주장하였다(Dalton & Wattenberg 2000, 266).

또한 그들은 사회 구조의 파편화에 따라 정당의 '이익 집성 기능'(interest aggregation function)이 약해짐으로써, 정당은 정부의 정책에 다양한 이익 집단들의 정치적 이해를 집합시키는 능력이 쇠퇴하게 되었고, 이러한 '이익 집성 능력'의 쇠퇴는 결국 정부의 통치 행위를 더 어렵게 하고 있다고 보았다(Dalton & Wattenberg 2000, 283).

그리고 코울과 그레이(Caul and Gray 2000, 236)도 점차적으로 '책임 정당 정부 모델'은 시대착오적인(anachronistic) 것으로 보인다고 지적하였다. 그는 그 모델이 지난 과거 학자들에 의해 '이상적인 정당 이론'의 기원으로 주창되었으나, 정파심(partisans)과 정당 일체감(party identification)이 쇠퇴한 현대 정당 체제에서는 살아남을 수 없다고 보았다.

그렇다면 대중 정당 모델의 사망과 쇠퇴를 진단한 학자들은 그 대안으로 무엇을 제안했을까? 후기 산업 사회로의 이행과 정당의 '이익 집성 기능' (interest aggregation function)이 쇠퇴한 변화된 시대 상황에 부합하는 정당 모델과 관련해서 다음과 같은 대안적 논의가 있었다. 띠스(Thies 2002, 238-257)는 '원내 정당 조직'(legislative party)의 활성화를 제안하였고, 그것이 활성화될 수밖에 없는 이유를 다음과 같이 설명하였다.

첫째, 변화하는 선거 환경과 쇠퇴하는 정당의 이익 집성 능력 속에서도 입법기능을 담당하는 의원들이 '선거 승리'외에 '공직 추구'와 '정치적 영향력 확대' 및 '정책 실현' 등에 대한 직접적인 자기 이해를 갖고 있기 때문이라고 보았다. 둘째, 비슷한 이해관계를 가진 의원들끼리 당을 만듦으로써 발생하는 지속적인 정책 연합의 효과성 그리고 정당이 없을 시 매번 정책 통과를 위해 다수 연합을 만들어야 하기 때문에 발생하는 거래 비용 등 자신들의 '집단 행동의 딜레마'(dilemmas of collective action)를 극복하기 위해서 '원내 정당 조직'(legislative party)이 활성화될 수밖에 없다고 보았다.

또한 띠스는 쇠퇴하는 정당의 환경 속에서는 키이(Key 1964)가 제시한 정당 기능의 세 수준을 동일한 비중으로 똑같이 적용할 수 없다고 주장하면서, '정부내 정당의 우월성'(the primacy of Party in Government)을 역설하였다 (Thies 2002, 256). 마찬가지로 알드리치(Aldrich 1995, 295-296)는 대중 정당이 약화되는 변화하는 환경 속에서 정당이 살아남기 위해서는 '조직으로서의 정당'(Parties as Organization)을 약화시키는 대신 '정부 내 정당'(Parties in the Government)의 강화를 역설하였다.

2. 한국에서의 원내 정당 모델 논의

한국에서 원내 정당 모델은, 앞에서 논의한 것처럼 1970년대 이후 크로티, 달톤과 와텐버그, 코울과 그레이 그리고 띠스와 알드리치(Aldrich) 등에 의해 제기된 대중 정당 모델의 한계와 그 대안으로 '조직으로서의 정당'(parties as organization) 기능을 약화시키는 대신 의원을 주요 행위자로 하는 '정부 내 정당'(Parties in the Government)의 기능을 강화시켜야 한다는 문제의식을 수용하였다.

다만 한국적인 상황에서 임성호(2003)와 정진민(2007)에 의해서 추가되어 정식화된 논의는 다음과 같은 부분이다. 즉, '정부 내 정당'(Parties in the Government)만이 강화될 경우 '카르텔 정당화'와 '엘리트 정당화'의 위협이 존재하기 때문에, 이것을 차단하기 위해서는 '정부 내 정당'과 유권자를 주요 행위자로 하는 '유권자 속의 정당'(Parties in the Electorate) 간의 연계 기능이 강화되어야 한다는 점이다.

제왕적 대통령제와 정당

다시 말해서, 이런 의미에서 임성호(2003)와 정진민(2009)은 유권자와 의원 사이에 보다 직접적인 연계가 이루어진다는 의미에서 원내 정당 모델을 '유권자 중심 정당' 혹은 '유권자 정당'이라고도 표현하였다. 정진민(2007, 125-126)은 키이(Key 1964)가 제시한 정당 기능의 세 수준을 활용하여, 선진 민주국가들의 경우 '유권자 속의 정당'으로부터 권한을 위임받은 '조직으로서의 정당'은 약화되고, '유권자 속의 정당'과 직접 연계된 '정부 내 정당'은 강화되는 추세라고 보았다.

따라서 우리나라의 경우에도 대통령과 국회 의원 후보 선출에 당원뿐만 아니라 일반 유권자들도 참여하는 상향식 후보 선출, 원외 중앙당 조직의 슬림화, 정책과 입법 등 주요 기능을 원내 정당으로 이동시켜 그것의 비중을 높이자고 제안하였다. 이것은 결국 의원을 중심으로 하는 '정부 내 정당'과 '유권자 속 정당' 간의 연계가 강화되면 정당들은 이념투쟁보다는 유권자들의 실생활에서 직면하고 있는 주요 문제들을 해결하기 위한 현실성이 있는 정책 개발과 입법 활동에 더욱 비중을 두게 되어 결국 정책 정당을 지향하게 될 것이라고 제안한다.

정진민(2007, 126-128)은 1960년대 선진 민주국가의 주요 정당들이 이미 '대중 정당'으로부터 특정 집단이나 계급적 기반을 '초월'하여 보다 많은 유권자를 확보하기 위해 '포괄 정당'적 성격으로 변모했다고 보면서 대중 정당 모델의 한계를 지적하였다. 그는 결국 이 같은 정당의 성격 변화는 이들 국가에서 진행 중인 후기 산업화와 정보화에 따라 산업 구조 및 계급 구조의 변화뿐만 아니라 유권자들의 교육 수준과 인식 능력의 향상으로 정당 일체감이 약화되어 유동성(volatility)이 커졌기 때문이라고 보았다. 그리고 이 같은 구조적인 사회 변화를 맞이하고 있는 한국의 경우는 대중 정당 모델이 적실성을 갖기가 힘들다고 보면서 원내 정당 모델의 적실성을 논하였다.

그리고 임성호(2008c, 13)는 "원내 정당 모델은 의원과 유권자 간의 보다 직접적 연계와 평균적 일반대중을 정책으로써 만족시키고자 하는 의원들의 정치적 동기에서 추동력을 찾으므로, 진성 당원 수나 조직을 그리 핵심적으로 보지 않고 대신 실용적·합리적 판단을 하는 유권자의 존재를 필요로 한다"라고 보았다. 특히, 그는 "의원들의 연합체로서 (원내)정당은 정당 조직의 전체적 통일성, 획일성, 유연성, 일관성보다는 정책 사안별로 유권자에게 호소하고 상대 정당들과 협의할 수 있는 실용적 유연성과 신축성을 우선시한다. 이러한 조건들을 지향할 때 '조직으로서의 정당'이 아닌 '네트워크로서의 정당'이 구축될 수 있을 것"이라고 보았다.

또한 임성호(2003)는 원내 정당화의 내용으로 "1)정당 정치의 중심 장으로서 국회의 비중 증가, 2)정책 결정 주체로서 의원들의 역할 증가, 3)의원들의 개인적 자율성 증가, 4)의원 간의 민주적 의사 결정기관으로서 의원 총회의 비중 증가, 5)각 의원을 위해 일하는 소수의 전문가와 자원봉사자로 구성된 개인적 정치 기반의 존재, 6)의원과 유권자 간의 보다 직접적인 연계 구축, 7)평균적 일반 대중에 호소하는 실용적 정책 정당으로의 발전"과 같은 요소들을 내포한다고 정리하였다.

아울러 대중 정당 모델의 방향으로 정당 개혁을 추진하는 것에 대해 임성호(1999, 7; 2003)는 시대 적실성이 떨어진다고 다음과 같이 비판하였다. 즉, 지구화(세계화), 후기 산업화(탈물질주의화), 탈냉전화(탈이념화), 정보화로 표현되는 오늘날의 시대 변동적인 상황은 산업화 시대의 산물인 대중 정당 모델의 적실성에 타격을 준다는 것이다.

다시 말해서, 산업구조 및 사회 이익 구조가 비교적 고정적으로 안정되고 단순했던 산업 사회에서는 대부분의 사람들이 회사, 노조, 이익 단체 등의 대조직에 속하기 때문에 공동체 의식이나 집단 의식이 제법 형성되어 대중

제왕적 대통령제와 정당

정당 모델과 연계되어 비교적 잘 운영된다는 것이다. 그러나 직업 구조가 작은 규모의 단위들로 매우 다양하게 쪼개지는 후기 산업화 사회에서는 인간들의 원자화와 파편화가 촉진되고 유동성이 커짐으로써, '이익 표출과 이익 집성'을 목표로 운영되었던 '대중 정당 모델'은 제대로 작동하기 어려워지고 결국 시대 적실성이 떨어진다는 것이다.

IV. 원내 정당 모델과 대중 정당 모델 비교

본 장에서는 앞 장에서 논의한 이론적 논의에 근거하여 원내 정당 모델과 대중 정당 모델을 비교하고자 한다. 이를 위해 다음과 같은 접근법을 사용하고자 한다. 첫째는 정당이 고정불변의 실체가 아니라 주변의 환경에 반응하면서 상호 작용하는 존재로 부각되기 위해서는 '정당의 기능'이 무엇보다 중요하게 이해될 필요가 있다는 점이다. 따라서 이상형(ideal type)으로서의 원내 정당 모델과 대중 정당 모델을 비교하기 위해서 먼저 키이(Key 1964)가 정리한 일반적인 '정당 기능에 대한 세 수준'의 관점을 수용하여 〈그림 1〉과 같이 구성한다.

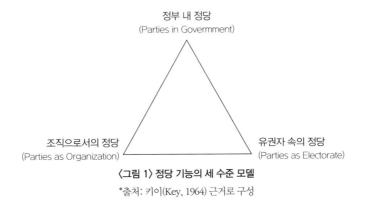

〈그림 1〉 정당 기능의 세 수준 모델

*출처: 키이(Key, 1964) 근거로 구성

그리고 둘째, 키이(Key 1964)가 강조하고 있는 일반적인 '정당 기능에 대한 세 수준'에 대한 '비중'이 차이가 있다는 것을 고려하여, 〈그림 2〉와 〈그림 3〉처럼 재구성할 필요가 있다. 즉, 정당의 '이익 집성 기능'의 약화로 대중 정당 모델이 쇠퇴하는 환경 속에서 정당이 살아남기 위해서는 '원내 정당 조직'(legislative party)이 활성화될 필요가 있다는 논의, 그리고 '조직으로서의 정당'(Parties as Organization)은 약화시키는 대신 '유권자 속의 정당'(Parties in the Electorate)이나 '정부 내 정당'(Parties in Government)의 기능을 강화시켜야 한다는 논의(Aldrich 1995; Thies 2002; 임성호 2003; 정진민 2007)를 반영해야 한다.

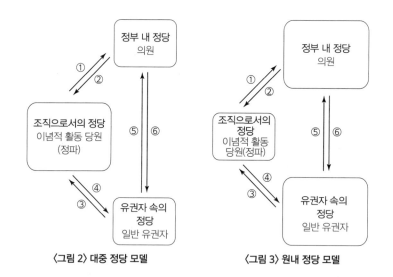

〈그림 2〉 대중 정당 모델   〈그림 3〉 원내 정당 모델

	①	②	③	④	⑤	⑥
대중 정당 모델(B)	정당 기율 강(强)	의원 자율성 약(弱)	정당 일체감 강(强)	유권자 동원력 강(强)	유권자 반응성-연계성 약(弱)	의원 지지-연계성 약(弱)
원내 정당 모델(C)	정당 기율 약(弱)	의원 자율성 강(强)	정당 일체감 약(弱)	유권자 동원력 약(弱)	유권자 반응성-연계성 강(强)	의원 지지-연계성 강(强)

*출처: 채진원(2009a, 31).

먼저 키이(Key 1964)가 제시한 '정당 기능에 대한 세 수준'을 중심으로 어느 것에 더 많은 비중을 두고, 기능 간의 연계를 강조할 것인가에 대한 관점에서 〈그림 2〉와 〈그림 3〉을 살펴보면 다음과 같은 차이가 나타난다. 〈그림 2〉처럼, 대중 정당 모델은 이념적 활동 당원(정파)을 주요 행위자로 하는 '조직으로서의 정당' 기능이 '정부 내 정당' 기능과 '유권자 속의 정당' 기능에 비해 상대적으로 크다. 이에 비해 〈그림 3〉처럼, 원내 정당 모델은 반대로 이념적 활동 당원(정파)을 주요 행위자로 하는 '조직으로서의 정당' 기능에 대한 비중을 낮추는 가운데, 의원을 주요 행위자로 하는 '정부 내 정당' 기능과 유권자를 행위자로 하는 '유권자 속의 정당' 기능간의 연계에 대한 비중을 강조

〈표 2〉 대중 정당 모델과 원내 정당 모델의 주요 특징 비교

		대중 정당 모델	원내 정당 모델
기본 개념	주요 행위자	• 이념적 활동 당원(정파)및 원외 중앙당 조직	• 원내 의원 및 원내 정당 조직
	조직 기반	• 당원 중심 • 고정된 계급 계층이나 지지 기반이 있는 계급 정당+이념 정당+정파 정당 지향	• 당원+정당·후보 지지자 중심 • 유동적인 유권자와 연계하는 '실용적 정책 정당'+'네트워크 정당' 지향
전략 개념	운영 방식	• 이익 집성적 대의 모델(이익 중심적: 고정된 이익을 갖는 이념적 정파원들 간의 협상과 타협)	• 이익 통합적 대의 모델(토의 중심적:유권자의 반응성에 민감한 의원들 간의 대화와 토의)
	시민 사회 연계	• 경쟁 관계: 정당과 시민 사회의 경계가 겹침	• 분업적 협력 관계 -정당: 정책 조정 기능+공직자 충원 기능 -시민 단체: 이익 집약 기능
	당 조직 관계	• 당원 중심의 수직적 연결망	• 의원과 다양한 이슈/쟁점과 관련된 일반 유권자 간의 수평적 네트워크
	반응성	• 특정 집단의 이해관계에 집중적으로 반응(고정적 관계)	• 지구화/후기 산업화의 복잡하고 파편화되고 가변성이 높은 이해관계자들에게 민감하게 반응(유동적 관계)
	민주주의관	• 절차적 민주주의	• 토의 민주주의
	의원상	• 대리인(delegate)	• 토의자(deliberator)

*출처: 채진원(2009a, 33).

한다.

이어서 이러한 특성에 기반하여 모델에 대한 개념 정의를 구체화하면 다음과 같다. 먼저 대중 정당 모델은 '정부 내 정당'과 '유권자 속의 정당' 간의 직접적 연계를 줄이고, 이념적 활동 당원(정파)을 주요 행위자로 하는 '조직으로서의 정당' 기능에 대한 비중을 극대화하는 모델이다. 그 핵심은 조직과 이념 및 이념적 활동 당원(정파)이 부각된다. 그리고 '조직으로서의 정당'이 '정부 내 정당'과 '유권자 속의 정당'을 동원한다.

즉, 특정한 계급과 계층의 집합적 유권자들을 당원으로 조직하거나 이들을 계급적, 조직적, 정파적, 이념적 일체감으로 동원한다. 그리고 '정부 내 정당'의 주요 행위자인 의원들을 책임 있게 통제하기 위하여, 강한 정당 기율과 함께 위계적인 '정당 조직'(중앙당-지부, 원외 지도부-당료-당원)의 통제 역할과 감독 기능을 강조한다. 따라서 대중 정당 모델은 당 운영의 중심점을 원내보다는 원외 정당 조직으로 상정하고, 강한 이념성과 정파성 및 조직성을 기초로 한 강한 정당 기율을 가지면서, 조직적이고 집단적인 당 운영 방식을 강조하는 모델이다.

이어서 원내 정당 모델이란 이념적 활동 당원(정파)을 주요 행위자로 하는 '조직으로서의 정당' 기능을 약화시킴으로써, '정부 내 정당'과 '유권자 속의 정당' 간의 연계 기능에 대한 비중을 극대화시키는 모델이다.

그 핵심으로 원내 의원과 유권자 간의 연계(네트워크)가 부각된다. 따라서 원내 정당 모델은 의원들과 유권자 간의 연계가 실효성을 가지도록 정당의 정책 결정이나 후보 선출 등 중요한 의사 결정 과정에 있어 유권자의 반응성을 중요하게 고려한다는 점에서 개방적이고 네트워크적인 정당 구조를 지향한다. 또한 원내 정당 모델은 당 운영의 중심점을 원외 중앙당 조직보다는 원내 중심 체제(원내 의원 총회와 의회)로 상정하고, 상대적으로 약한 정당 기

제왕적 대통령제와 정당

율을 가지면서, 당 운영 방식에 있어서 의원 개인들의 자율적인 의견과 토의를 강조한다.

이러한 두 모델의 특징을 놓고 그 모델에 대한 쟁점을 비교해 보면, 〈표 2〉와 같이 도식화할 수 있다. 먼저 정당의 조직적 기반을 살펴본다면, 대중 정당 모델은 당원을 중심으로 하여 특수하고 고정된 계급과 계층의 이해를 대변하려고 한다는 점에서, 계급 정당 및 이념 정당과 정파 정당을 지향한다.

반면, 원내 정당 모델은 고정적인 특정 계급과 계층을 초월하여 보다 유동적인 일반 유권자의 이슈와 쟁점별 요구에 소통과 정책능력을 갖춘 의원들이 민감하게 반응하려고 한다는 점에서, '실용적 정책 정당'과 '네트워크 정당'을 지향한다.

다음으로 '당 운영 방식'의 차이를 살펴보면 다음과 같다. 대중 정당 모델은 대체로 사회·경제적인 균열에 따른 정치적 균열을 조직화하여 합리적인 절차를 통해 대표성을 확보하는 것을 대의 민주주의의 이상형으로 추구하고 있다. 따라서 정당의 이익 집성(interest-aggregative) 기능을 다른 어떠한 기능보다도 중요하게 강조한다. 이러한 점에서, 달(Dahl) 등에 의해서 주창되고 있는 '절차적 민주주의 모델'에 입각한 대의적 운영을 선호한다(최장집 2007).

특히, '절차적 민주주의 모델'에 입각한 대중 정당 모델에서는 사회적으로 다양하게 균열된 사회 이익이 고정되어 있다고 가정한다. 이러한 가정 때문에 사회 이익을 정치적으로 반영하고 대변해야 할 주요 행위자로서 고정된 지지 기반을 대리하는 이념적 활동 당원(정파) 또는 이념적 성향이 강한 대리인(의원: 이념적 활동 당원들이 공직자가 된 경우)의 협상 능력이 중요시된다. 따라서 대중 정당 모델에서 강조되는 의원의 역할상은 자신의 지지층이 명령하는 대로 구속받으며 이들의 위임사항을 충실히 대변하는 대리인(delegate)의 모습을 강조한다.

이에 비해 원내 정당 모델은, 후기 산업화와 지구화 등으로 요약되는 전환기적 시대 상황이 고정된 기존의 사회 이익들을 파편화시키고 유동성을 커지게 한다고 본다. 때문에 고정된 사회 이익을 단순히 평균하여 중간점을 찾는 '이익 집성'(interest aggregative)에 기반한 '절차적 민주주의 모델'이 작동하기 어렵다고 인식한다. 따라서 일반 유권자들의 선호와 이익에 민감한 대표자(trustee)들이 충분한 토의를 통해 의견들을 통합해 나가는 것이 무엇보다도 중요한 정당의 기능이라는 것을 강조한다.

이러한 점에서, 하버마스(Habermas) 등이 주창해 온 '이익 통합적'(interest integrative)인 '토의 민주주의 모델'(deliberative democracy model)을 선호한다(임성호 2008c). 그러므로 원내 정당 모델에서 강조되는 의원의 역할상은 자신의 고정된 지지자의 선호 기반에 구속받는 명령에서 벗어나 독자적인 의견을 가지고 대화와 토론이라는 상호 주관적인 세계에서 공익을 발견하는 토의자(deliberator)의 모습이 강조된다.

그리고 '당 조직 관계'의 차이를 살펴보면 다음과 같다. 대중 정당 모델은 주로 다양한 사회적 균열에 따라 고정된 사회 이익을 갖는 계급과 계층 조직의 조직원들이 자신의 정치적 이익을 대변해 주는 정당 조직에 당원으로 가입함으로써, 형성된 집단적인 정체성을 통해서 당 조직과의 관계를 형성한다. 정당이 대체로 위계적인 대의 구조에 따라 운영된다는 점에서 당 조직의 관계는 수직적일 수밖에 없다.

이에 비해 원내 정당 모델은 상대적으로 고정되어 있었던 기존의 사회 이익들이 파편화됨으로써 복잡성과 유동성이 커졌기 때문에, 일반 유권자들을 단일한 이념과 정체성으로 조직화하기가 사실상 불가능하다고 인식한다. 그러나 그것이 사실상 불가능함에도 불구하고, 계속해서 단일한 이념과 정체

제왕적 대통령제와 정당

성을 추구하려고 할 경우, '편향성의 동원 현상'[10]에 따른 '반응성의 위기' 및 '신뢰의 위기' 등이 나타날 수밖에 없다고 인식한다.

이 같은 이유로, 원내 정당 모델은 다양한 이슈와 쟁점 및 사안에 따라 '인지적 동원'(cognitive mobilization)능력을 갖춘 유권자들의 다양한 욕구와 선호에 민감하게 반응하는 의원들을 정치적·정책적 '네트워크의 허브'(hub)로 작동하도록 하며, 이로써 의원들과 일반 유권자 간의 연계가 개방적이고 수평적인 네트워크가 되도록 하는 것을 이상형으로 추구한다(임성호 2008c).

특히, 이 같은 의원들과 일반 유권자들 간의 연계와 수평적인 네트워크가 현실화되기 위해서는 정당이 해당 이슈와 쟁점 및 사안에 연관되어 있는 유권자들의 자발적 참여가 이루어지도록 정책 포럼, 정책 패널, 정책 서포터스단 등을 활용하여 유권자들의 정책 제안, 정책 평가 등 의견 제시가 원활하게 이뤄지게 할 필요가 있다(정진민 2009).

V. 원내 정당 모델과 포괄 정당 모델· 선거 전문가 정당 모델 비교

원내 정당 모델과 포괄 정당 모델 및 선거 전문가 정당 모델을 비교하기 이전에 우선 포괄 정당 모델과 선거 전문가 정당 모델의 개념을 살펴볼 필요

---

10. 원래 '편향성의 동원'은 샤츠슈나이더(Shattschneider 1975)에 의해 '상층 계급의 편향성'(upper class bias)이란 말에서 기원한다. 그러나 본 글에서는 이것의 의미를 원용하여 민주노동당과 민주노총의 경험처럼, 노동자가 정규직과 비정규직, 노동 조합원과 비노동 조합원으로 분화되어 그들 간의 사회적 이익 분화에 따른 갈등 구조가 객관적으로 존재함에도 불구하고, 상대적으로 약자층인 비정규직과 비노동 조합원들의 이익을 반영하기 위한 지도부들의 실제적인 노력이 부재하거나 부족할 경우에도 이것이 발생할 수 있다고 본다. 즉, 상대적으로 상층인 정규직과 노동 조합원 중심에서 이익이 분배된다는 점에서, 정규직과 조합원 중심의 '상층 노동계에 의한 편향성'이 동원될 수 있다(채진원 2010b).

가 있다. 선진 민주주의 국가들에서 대중 정당에서 포괄 정당으로의 변화를 설명한 키르커하이머(Kirchheimer 1966, 177-200)는 서구 정당의 '포괄 정당 (catch-all party)화'에 대한 논의를 통해 듀베르제가 제시한 대중 정당 모델 이 정당 조직의 진화 과정에서 나타나는 하나의 단계(step)에 불과함을 지적 했다.

그가 지적한 포괄 정당의 특징은 (1)탈이념화, (2)이익 집단에의 높은 의존 도, (3)평당원의 정치적 비중 감소, (4)당 지도부의 권한 강화, (5)정당-유권 자 관계의 약화 등이다. 즉, 그에 의하면 현대 정당은 기존 계급적·이념적 대 중 정당과 달리 특정 계급이나 집단을 초월하여 광범위한 유권자들의 지지 를 획득하려 하며, 이에 따라 정당의 이념적 성격이 약화되고 당원의 역할이 감소되며 당 지도부(당 관료)의 권한이 강화되는 포괄 정당적 성격을 띤다는 것이다(Kirchheimer 1966, 200; 정진민 1998, 152-165).

그리고 파네비안코(Panebianco 1986, 262-267)는 이러한 듀베르제와 키르 커하이머의 논쟁을 소화하여 이를 바탕으로 '관료적 대중 정당'(bureaucratic party)과 '선거 전문가 정당'(electoral professional party)이라는 경쟁하는 두 가지 정당 모델을 제시하였다. 파네비안코는 〈표 3〉처럼, 간부 정당의 폐쇄 적인 위원회(caucus)에서 시작된 서구의 정당 조직이 대중 정당으로의 변화

〈표 3〉 관료적 대중 정당과 선거 전문가 정당 비교

관료적 대중 정당	선거 전문가 정당
당료들이 핵심적인 역할(정치적·행정적 업무)	전문가들이 핵심적 역할(전문적인 업무)
진성 당원 중심(강한 수직적 연계)	일반 유권자 중심(약한 수직적 연계)
정당기준 투표 현저	인물 및 후보 중심의 투표 현저
당원 및 외곽 조직으로부터의 재정 모금	이익 집단의 공공 기금으로부터의 재정 모금
이념 강조	이슈와 리더십 강조
신념가 당원(believer)의 역할 위주	출세주의자 및 이익 집단 대표의 역할 위주

*출처: Panebianco(1986), p. 265.

를 통해 대중들에게 개방되었다가 정당 내부의 관료화로 인해 단련된 당 관료(bureaucrats)가 중심이 되는 '관료적 대중 정당'으로 변질되고, 다시 키르커하이머가 지적한 '포괄 정당화' 경향을 통해 직업전문가(professional), 선거 전문가, 정책 전문가 등 당 지도부 등 엘리트들이 주도하는 '선거 전문가 정당'으로 변화하는 경향을 이론화하였다.

그렇다면, 원내 정당 모델은 서구의 선진 민주국가에서 개념화된 '포괄 정당 모델'과 '선거 전문가 성당 모델'과 어떤 차이성이 있을까? 한국적 상황에서 정식화된 원내 정당 모델은 '포괄 정당'과 '선거 전문가 정당'과 함께 서구의 선진 민주국가의 일반적인 경험에서 드러난 대중 정당 모델의 한계(예를 들면, 후기 산업 사회의 도래에 따른 유권자의 정당 일체감 약화, 이념·계급적 정당 성향의 약화, 당원의 역할 약화 등 즉, '조직으로서의 정당'의 약화)를 지적하는 부분에서 어느 정도 인식을 공유하고 있다. 그럼에도 불구하고 다음과 같은 차이가 있다.

첫째, 앞에서 언급된 서구 등 선진 민주국가에서 대중 정당(mass party)이 형성된 후 이것의 이행(transformation)에 대한 경험으로 제시된 포괄 정당 모델과 선거 전문가 정당 모델은, 한국적 상황의 '정치 머신'을 설명해 줄 수 없다. 즉, 앞의 두 정당 모델들은 한국적 '정치 머신'의 폐해에서 극명하게 드러나듯이 한국과 같이 오랫동안 '대중 정당의 이행' 이전에 대중 정당을 '형성하기'(making)조차도 어려운 '역사적인 맥락'을 반영하거나 설명해 줄 수 없다는 점이다(정진민, 2009).

둘째, 20세기 말의 시대 상황을 반영하고 있는 포괄 정당 모델과 선거 전문가 정당 모델이 정당의 기능 변화와 관련하여 21세기 시대적 조류 현상인 지구화(globalization)와 정보화(informationalization) 같은 '시대 전환기적 변동 사항'을 적극적으로 반영해 주는 데 한계가 있다. 왜냐하면, 지구화와 정보화의 문제는 21세기 최근의 현상이기 때문이다.

즉, 포괄 정당 모델과 선거 전문가 정당 모델은 원내 정당 모델과 함께 후기 산업화, 탈물질주의 등과 같은 시대적 상황을 함께 공유함에도 불구하고, 21세기의 지배적인 사회 구조 변동인 '지구화'와 '정보화'의 영향력으로 고정된 사회 이익이 파편화됨으로써 복잡성과 유동성(volatility)이 더욱 커지는 상황을 반영하지 못한다. 그럼으로써 두 정당 모델은 정당이 어떻게 '네트워크로서의 정당'으로 반응할 수 있을 것인가에 대한 고민을 적극적으로 반영할 수 없는 한계를 가지고 있다(임성호 2008c; 채진원 2009b; 2010a).

셋째, 키이(Key 1964)가 정리한 일반적인 '정당 기능'에 대한 세 수준의 관점으로 볼 때, 〈표 4〉처럼 포괄 정당 모델과 선거 전문가 정당 모델은 '주요 목표', '부각되는 정당 기능', '부각되는 행위자'라는 측면에서 원내 정당 모델과 근본적인 차이를 가진다.

즉, 포괄 정당 모델과 선거 전문가 정당 모델은 후기 산업 사회와 탈물질주의 등장에 따른 대중 정당 모델의 한계를 '정당 이념'을 약화시키거나 '이념적 활동 당원들의 역할'을 축소하는 것으로 반응하였다.[11] 그리고 그 대신 선거 승리를 위한 '엘리트 충원 과정'과 '선거 조직'을 중시하는 당 지도부(당 관

〈표 4〉 정당 모델별 부각되는 정당 기능 및 행위자 비교

	대중 정당 모델	포괄 정당 모델	선거 전문가 정당 모델	원내 정당 모델
주요 목표	이익 집성과 이익 표출	이념 약화＋지지층 확대＋선거 승리	이념 약화＋지지층 확대＋선거 승리	이익 조정과 이익 통합
부각되는 정당 기능	'조직으로서의 정당'	유연화된 '조직으로서의 정당'	유연화된 '조직으로서의 정당'	'정부 내 정당'과 '유권자 속의 정당' 간 연계 기능
부각되는 행위자	이념적 활동 당원(정파)＋특정 계급 계층 조직	당 지도부(당 관료)＋중도적인 유권자	선거 전문가＋각 분야 전문가＋중도적인 유권자	의원－일반 유권자 간 네트워크

*출처: 채진원(2009a,35).

제왕적 대통령제와 정당

료) 그리고 각 분야의 전문 지식을 갖춘 전문가 및 선거 전문가들의 역할을 활성화시킴으로써 즉, 이념적 활동 당원으로 집약되는 '조직으로서의 정당 기능'을 약화(유연화)시킴으로써 극복하려고 했다. 하지만, 결국 두 정당 모델들은 정당의 주요 기능인 '사회적 통합 기능'을 수행하지 않고, 선거 승리만을 목표로 함으로써, 대의 민주주의의 정상적인 작동을 어렵게 한다는 비판에 직면하게 되었다(박찬표 2002; 최장집 2007).

이에 비해 원내 정당 모델은 포괄 정당 모델과 선거 전문가 정당 모델에서 문제를 삼고 있는 대중 정당 모델의 시대적 한계와 적실성의 한계에 공감한다. 즉, 이념적 활동 당원(정파)을 주요 행위자로 하는 '조직으로서의 정당' 기능이 후기 산업 사회와 탈물질주의와 같은 시대적인 상황에서 작동하기 어렵기 때문에, '조직으로서의 정당' 기능을 약화(유연화)시켜야 한다는 취지에는 공감한다. 다만 그럼에도 불구하고 원내 정당 모델은 그 약화(유연화)되는 기능에 대한 대안적 처방으로 정당의 어떤 다른 기능을 부각시켜야 할 것인가를 놓고 포괄 정당 모델과 선거 전문가 정당 모델과 근본적인 차이를 보인다.[12]

---

11. "서유럽 정당들의 경험이 보여 주듯이 대중 정당이 포괄 정당이나 선거 전문가 정당으로 변화하는 이유 중의 하나는 자발적인 참여도, 유권자들의 동원화도 어려워진 환경에 적응하려는 선택이었다. 즉, 밑으로부터의 참여가 어려운 환경으로의 변화 때문에 비교적 소수의 전문가들 중심의 경량화된 정당 조직으로 발전해야 할 필요가 생겨났던 것이다. 포괄 정당이나 선거 전문가 정당은 당원 정당도 아니며, 유권자 정당도 아니다. 물론 이러한 정당들도 당원들과 유권자들의 참여를 경시하는 것은 아니다. 다만 선거 승리를 위하여 당원들보다 유권자들의 동원에 더 큰 관심을 갖는다"(주인석 2009, 27).

12. "선거 전문가 정당 모델에서는 유권자, 지지자, 일반 당원들이 그들의 자발적 의지에 따라 당의 의사 결정에 참여하기가 매우 어렵다. 왜냐하면, 이 모델의 특징은 대표성과 개방성에 있는 것이 아니라 지도부의 자율성, 조직적 전문성, 정책적 탄력성, 정책 결정의 소수 엘리트 중심주의에 있기 때문이다. 이 모델이 외적 환경 변화나 유권자 시장에서 탄력적으로 대응·적응할 수 있는 것은 소수 엘리트에 의한 신속한 결정이 가능하기 때문이다. 이러한 정당 내에서 유권자나 당원들이 참여하는 긴 토론과 공동 결정이 이루어지기란 어렵다"(주인석 2009, 27).

즉, 원내 정당 모델은 '조직으로서의 정당' 기능의 핵심 행위자인 이념적 활동 당원(정파)들의 역할을 약화시키는 대신 '의원'을 주요 행위자로 하는 '정부 내 정당'에 대한 강조와 더불어 이것의 효과적인 작동을 위해 '정부 내 정당'과 '유권자 속의 정당' 기능을 연계시켜 즉, 네트워크와 거버넌스를 활성화시킴으로써 '사회 이익의 조정과 통합'을 목표로 한다(채진원 2010a).

하지만, 포괄 정당 모델과 선거 전문가 정당 모델은 '조직으로서의 정당' 기능의 주요 행위자를 '이념적 활동 당원'(정파)에서 선거 승리를 위한 조직적 기반에 필요한 '당 지도부(관료)'와 '선거 전문가' 및 '각 분야의 전문가'로 교체만을 할 뿐이다. 따라서 결국 포괄 정당 모델과 선거 전문가 정당 모델은 대중 정당 모델보다는 '조직으로서의 정당' 기능의 유연성을 확보하기는 했지만, 정당의 주요 기능인 '사회적 통합 기능'을 최소화하고, 선거 승리에 많은 비중을 둠으로써 정당의 기본적인 역할을 수행하지 못한다는 비판에 직면하게 되었다고 볼 수 있다.

요약해 보자면 원내 정당 모델이 포괄 정당 모델 및 선거 전문가 정당 모델과의 근본적인 차이성은 서구의 두 모델들이 첫째, '정치 머신'이라는 한국 정당의 역사적 맥락을 설명할 수 없다는 점 그리고 둘째, 지구화라는 시대 상황이 정당에게 제기한 '네트워크'의 필요성을 반영할 수 없었다는 점이다. 셋째, 키이(Key 1964)가 제시한 일반적인 '정당 기능에 대한 세 수준'을 볼 때, 원내 정당 모델이 부각하는 기능이 '정부 내 정당'과 '유권자 속의 정당' 간 연계 기능이라면, 두 모델들이 부각하는 기능이 대중 정당 모델보다는 약하지만 여전히 '조직으로서의 정당' 기능을 강조한다는 데 있다.

Ⅵ. 소결

이 글은 그동안 원내 정당 모델이 정립되는 과정에서 불가피하게 제기되었던 오해를 시정하고자 하는 실험적인 시도로 접근되었다. 그런 차원에서 원내 정당 모델과 경쟁하고 있는 대중 정당 모델과 포괄 정당 모델 및 선거 전문가 정당 모델의 차이성을 비교를 통해 명료화하고자 하였다.

주요 논지를 요약해 보면 다음과 같다. 키이(Key 1964)가 제시한 '정당 기능에 대한 세 수준'을 볼 때, 원내 정당 모델이 '정부 내 정당'과 '유권자 속의 정당' 간 연계 기능을 부각한다면, 대중 정당 모델은 '조직으로서의 정당' 기능을 부각한다는 점이다.

그리고 원내 정당 모델과 경쟁하는 포괄 정당 모델과 선거 전문가 정당 모델은 대중 정당 모델보다는 약하지만 여전히 '조직으로서의 정당' 기능을 부각한다는 데 그 핵심적 차이가 존재한다. 특히, 원내 정당 모델과 경쟁하는 다른 대안적 정당 모델들은 대체로 발전된 서구민주주의 국가에서 차용한 것으로 대중 정당 모델이 형성조차 되지 못한 한국적 상황의 '정치 머신'과 최근 심화되고 있는 지구화와 정보화라는 시대적 상황에서 요구되는 '정당의 네트워크와 거버넌스적 성격'[13]을 반영해 줄 수 없다.

'정당의 네트워크와 거버넌스적 성격'이란, 한마디로 중앙당이 가지고 있는 권력과 권위를 다양한 수준의 다양한 행위자들에게 분산·위임하면서 협치를 이뤄내는 새로운 통치 양식을 말한다(채진원 2010a). 즉, 중앙당이 일방적으로 하향식으로 의사를 결정하는 방식이 아니라 다양한 행위자(정부 간 기구, 초국가 기구, INGOs, 지방 정부, 기업, 풀뿌리 시민 단체 등)들에게 권력과

---

13. 네트워크와 거버넌스에 대해서는 다음(Pierr & Peters 2000; Jessop 2002; Kooiman 2003; Kjaer 2004)을 참조.

권위를 위임·분산시켜 그들을 파트너로 참여시켜 협치를 이루는 '거버넌스형 정당 모델'을 말한다.

참고문헌

강원택. 2007. 「민주화 20년의 정당 정치: 평가와 과제」. 『경제와 사회』. 74. 66-83.

김용호. 2004. 「머신정당과 대중정당」. 『내일신문』 신문로 칼럼(10.19).

박찬표. 2002. 「한국 정당민주화의 과제: '정당민주화'인가 '탈정당'인가?」. 『정당의 민주화 관한 각국 사례 비교』. 한국의회발전연구회 연구보고서.

박찬표. 2007. 「전문가 정당 정치론대 대중정당 정치론」. 『어떤 민주주의인가』. 후마니타스.

박찬표. 2009. 「한국 정당 정치의 문제점과 개혁 방안에 관한 발표문(1.7)」. 명지대 정치 개혁토론회 자료집.

백창재. 2002. 「미국의 '정당머신'」. 『한국경제신문』 시론(7.17).

임성호. 1999. 「전환기 한국정부 권력 구조: 과정중심의 '이익 통합적' 모델을 위한 시론」. 『호남정치학회보』. 11(7). 3-26.

임성호. 2002. 「의회와 거버넌스: 거버넌스의 저해 및 촉진 기제로서의 의회」. 서창록, 이연호, 곽진영, 김석준, 임성호, 이원근, 임성학, 김준기, 서창록, 임혜란, 이 근, 전재성, 김상배, 이종찬, 김의영. 『거버넌스의 정치학』. 법문사.

임성호. 2003. 「원내정당화와 정치 개혁」. 『의정연구』. 9(1). 133-166.

임성호. 2005. 「국회 원내 정당간의 갈등해소를 위한 제도화 방안: 실마리로서의 원내정당화모델」. 『정책연구』. 144(봄). 1-54.

임성호. 2007. 「국민의식에 비춰본 바람직한 원내정당의 성격」. 아데나워재단 정당 민주주의포럼 발표문(5.31).

임성호. 2008a. 「비교방법: 정치학의 희망과 한계」. 한국 정치학회 편. 『정치학 이해의 길잡이: 정치이론과 방법론』. 법문사.

임성호. 2008b. 「정당의 낡은 경계와 새 경계: 정당 개념의 재인식」. 경희대학교 인류사회재건연구원 엮음. 『우리 사회의 경계, 어떻게 긋고 지울 것인가』. 아카넷.

임성호. 2008c. 「지구화 시대에 접합한 정당모델의 제도 기반」. 한국세계지역학회, 경희대학교 인류사회재건연구원, 전남대학교 세계한상문화연구단 공동학술대회.

정진민. 1998. 『후기산업 사회 정당 정치와 한국의 정당발전』. 한울.

정진민. 1999. 「『후기산업 사회 정당 정치와 한국의 정당발전』에 서평에 대한 답론」. 한국 사회과학연구협의회. 『사회과학논평』. 18. 91-92.

정진민. 2003. 「정당개혁의 방향: 정당 구조의 변화를 중심으로」. 『한국 정당학회보』. 2(2). 23-39.

정진민. 2005. 「지구당 폐지 이후의 새로운 정당 구조와 당원 중심 정당 운영의 범위」. 『의 정연구』. 11(1). 5-26.

정진민. 2007. 「민주화 이후의 정치제도: 원내정당화를 중심으로」. 『국가전략』. 13(2). 125-128.

정진민. 2008a. 『한국의 정당 정치와 대통령제 민주주의』. 인간사랑.

정진민. 2008b. 「생산적 국회운영을 위한 대통령-국회관계와 정당」. 『한국 정당학회보』. 7(1). 77-102.

정진민. 2009. 「원내정당론을 둘러싼 오해들에 대한 정리」. 『한국 정치연구』. 18(1). 29-49.

주인석. 2009. 「한국 정당발전의 유형화에 대한 비판적 검토」. 『한국 정당학회보』. 8(1). 5-36.

채진원. 2009a. 『민주노동당의 변화와 정당모델의 적실성』. 경희대학교 일반대학원 정치 학과 박사학위논문.

채진원. 2009b. 「민주노동당의 '개방형제경선제' 논의과정과 정당 거버넌스」. 『한국과 국 제정치』. 25(4). 181-215.

채진원. 2010a. 「세방화시대에 한국 정당의 거버넌스 전략: 원내정당화와 지구당 부활을 중심으로」. 한국 정당학회 특별학술회의 발표문(1.30).

채진원. 2010b. 「민주노동당의 변화: 원내정당화의 성격과 함의」. 『한국 정당학회보』. 9(2). 87-117.

최장집. 2005. 『민주화 이후의 민주주의』 개정판. 후마니타스.

최장집, 박상훈, 박찬표. 2007. 『어떤 민주주의인가』. 후마니타스.

Aldrich, J. 1995. *Why Parties?: The Origin and Transformation of Political Parties in America.* University of Chicago Press.

Bryce, J. 1921. *Modern Democracies.* The Macmillian Company.

Caul, M., & Gray, M., 2000. "From Platform Declarations to Policy Outcomes: Changing Party Profiles and Partisan Influence over Policy"

Dalton, R. J., & Wattenberg, M. P. eds. *Parties without Partisans: Political Change in Advanced Industrial Democracies.* Oxford Press.

Cohen, J. E., Kantor, P., & Fleisher, R. 2001. "Decline and Resurgence in the American Party System". Cohen, J. E., Kantor, P., & Fleisher, R. eds. *American Political Parties: Decline or Resurgence?.* CQ Press.

Crotty, W. 2006. "Party Transformations: The United States and Western Europe". *Handbook of Party Politics*, SAGE Publications.

Dalton, R. J. 1984. "Cognitive Mobilization and Partisan Dealignment in Advanced Industrial Democracies". *Journal of Politics.* 46. 264-284.

Dalton, R. J. 2006. *Citizen Politics.* C.H. Publisher.

Dalton, R. J., & Wattenberg, M. P. 2000. *Parties without Partisans: Political Change in Advanced Industrial Democracies.* Oxford Press.

Harmel, R., & Janda, K. 1982. *Parties and Their Environments*, Longman Inc., Press.

Jessop, B. 2003. "Governance and Metagovernance: On Reflexivity, Requisiteariety, and Requisite Irony". *Governance as Social and Political Communication.* Manchester University Press. http://www.lancs.ac.uk/fss/soc iology/papers/jessop-governance-and-metagovernance.pdf(2009. 6. 18. 방문).

Krouwel, A., Katz, R. S., & Crotty, W. J. 2006. *Handbook of Party Politics.* SAGE Publications.

Key, V. O. 1964. *Politics, Parties and Pressure Groups.* Crowell.

Kirchheimer, O. 1966. "The Transformation of the Western European Party System". in Lapalombara, J., & Weiner, M. eds. *Political Parties and Political Development.* Princeton Uni. Press.

Kjaer, A. M. 2004. *Governance.* Polity Press.

Kooiman, J. 2003. *Governing as Governance.* Sage Publications.

Laski, H. J. 1948. *Liberty in the Modern State.* Gerge Aller and Unwin.

Panebianco, A. 1988. *Political Parties: Organization and power.* Cambridge University press.

Pierre, J., & Peters, B. G. 2000. *Governance, Politics and the State.* St. Martin's Press.

Scarrow, S. E. 2000, "Parties without Members? Party Organization in a Changing Electoral Environment". in Dalton, R. J., & Wattenberg, M. P. eds. *Parties without Partisans: Political Change in Advanced Industrial Democracies.* Oxford

Press.

Schattschneider, E. E. 1942. *Party Government*. Holt, Rinehart & Winston.

Thies, M. F. 2000. "On the Primacy of Party in Government: Why Legislative Parties Can Survive Party Decline in the Electorate". in Dalton, R. J., & Wattenberg, M. P. eds. *Parties without Partisans: Political Change in Advanced Industrial Democracies*. Oxford Press.

제2부

국민 경선제의 지속성과
네트워크 정당의 친화성

제4장

'정당 약화론'과 국민 경선제(2002~2017)의 지속성

I. 국민 경선제[1]의 지속은 정당을 약화시키는가?

2002년 16대 대선을 앞두고 민주당 후보 선출 방식으로 도입된 '국민 참여 경선 제도'는 2007년 제17대 대선, 2012년 제18대 대선 그리고 2017년 19대 대선에서 약간 변형된 버전(개방형 국민 경선제, 완전 국민 경선제, 오픈 프라이 머리 등)으로 지속되고 있다.

16대 대선에서 국민 참여 경선 제도를 통해 선출된 노무현 후보가 '이회창 대세론'을 극복하고 대통령으로 당선되었다. 노무현 후보가 상향식 공천 제 도를 통해 국민의 지지를 받아 대통령이 되는 일련의 과정은 그동안 한국 정 치를 부정적으로 지배해 온 습속과 관행인 보스 정치와 계파 정치를 타파할

---

1. 완전 국민 경선제는 당원과 일반 유권자 모두 1인 1표 주의를 추구한다는 점에서 대의원·권리 당원의 투표에 가중치를 부여하는 '국민 참여 경선'과 차이가 있다. 본 글에서 '국민 경선제'는 국 민 참여 경선제와 완전 국민 경선제의 공통점인 당원뿐만 아니라 당원 외 일반 유권자들의 참여 를 보장하는 포괄적 개념으로 사용한다.

수 있는 대안적인 공천 방식과 새로운 정당 모델의 상을 마련하는 출발점이 되었다는 점에서 한국 정당 개혁사에서 첫 번째로 획기적인 사건으로 평가된다.

즉, 민주당의 국민 참여 경선 제도는, 대선 흥행과 승리를 위해 개방형 경선을 바라는 당 지도부의 합리적 선택(이동윤 2008)[2], 그리고 당 지도부의 합리적인 선택의 기회를 놓치지 않고, 권위적인 정당에 저항하면서 시민 참여적인 정당을 만들고자 하는 노무현 후보와 노사모의 사회적 정체성 획득 운동이 서로 친화성을 갖고 새로운 공천 규칙으로 성립되었기에 출발할 수 있었다.

민주당의 국민 참여 경선제의 진전은 지난 2016년 20대 총선을 앞두고 여야 정치권에서 국민 참여 경선제의 역선택 문제를 해결하기 위한 방안으로 이른바, '여야 동시 오픈 프라이머리(완전 국민 경선제) 법제화'논의로 이어졌다. 이러한 진전은 비록 법제화에 성공하지는 못했지만, 국민 참여 경선제가 가진 참여 민주주의적 제도의 보편성을 국회 의원 선거 단위와 여야 모두에게 확대하는 계기가 되었다는 점에서 한국 정당 개혁사에서 두 번째 획기적인 사건으로 평가된다.

2002년과 2016년 한국 정당 개혁사에서 벌어진 이 두 번의 획기적인 사건으로 인해, 한국의 국민 경선제는 미국식 예비 선거 제도의 세계적 확산 흐름에 동참하면서도 '시민 참여형 네트워크 정당 모델'에 부합하는 더욱더 세련된 공천 방식으로 진화하고 있다. 즉, 신제도주의 관점(하연섭 2008; Pier-

---

2. 국민 참여 경선제가 후보 인지도 제고와 당선 가능성 높은 후보를 선출하는 선거 전략적 효용성이 높다고 보았다. 이 제도가 당내의 지지 기반이 약하더라도, 국민들의 지지를 얻고 있는 후보의 선출 가능성을 높임으로써 본선에서도 당선 가능성이 높아질 수 있다는 것과 경선 과정에서 후보자들은 당원뿐만 아니라 국민의 지지를 얻기 위해 중도적 성향의 정책을 제시하려고 하기 때문에 결국 정당의 중도 수렴화가 촉진되고 정당 간의 극단적 이념 대립이 약화될 수 있다고 보았다.

제왕적 대통령제와 정당

son 2000)[3]에서 설명해 볼 때, 한국의 국민 경선제는 유권자들의 합리적 선택과 친화성을 갖는 제도 시스템의 유인 구조(합리적 선택 제도주의) 그리고 사회적 공감대의 형성과 확대(사회학적 제도주의) 및 역사적인 경로 의존성(path dependence)에 따라(역사적 제도주의) 지속적인 영향력과 효과를 갖는 제도로 변모하고 있다.

〈표 1〉처럼, 민주당은 16대 대선부터 19대 대선까지 국민 경선제라는 전체 틀을 지속적으로 유지했음을 보여 준다. 19대 대선에서 민주당은 당원만이 아니라 일반 국민도 선거인단에 참여할 수 있는 완전 국민 경선제를 기본

〈표 1〉 역대 민주당 대선 후보 경선 방식비교

대선	16대(2002)	17대(2007)	18대(2012)	19대(2017)
정당명	새천년민주당	대통합민주신당	민주통합당	더불어민주당
구성	대의원 20%+당원 30%+공모 당원 50%	대의원·후원 당원 30%+일반 당원 20%+국민 공모 선거인단 40%+여론 조사 10%	선거인단 투표소+모바일+인터넷	선거인단투 표소+모바일+인터넷
인원	총 7만 명	총 190만 명(선거인단 168만 명+모바일 23만 명)	총108만여 명(투표소16만 명+모바일 91만 명+재외 국민 5000명)	총214만3330명 1차: 163만378명
투표율	58%	25.31%	57%	76.6%
특이점	국민 참여 경선제(대의원, 당원 1인 2표 가중치)	국민 참여 경선제(권리 당원, 일반 당원 1인2표 가중치)	완전 국민 경선제(모두 1인 1표) 결선 투표제	완전 국민 경선제(모두 1인 1표) 결선 투표제
개표 방식	권역별 개표			
최종	노무현 72.2% 1위	정동영 43.80% 1위	문재인 56.52% 1위	문재인 56.97% 1위

*출처: 민주당. 2017. 제19대 대통령 선거 백서. p.130.

---

3. 일반적으로 신제도주의(new institutionalism)는 제도와 행위자 간의 상호 영향력과 거시적 변화와 미시적 행위 간의 연계를 통해 제도의 변화와 지속성 및 안정성을 설명한다. 신제도주의의 종류는 '합리적 선택의 제도주의', '사회학적 제도주의', '역사적 제도주의'가 있다.

으로 하여 결선 투표제와 모바일 투표제를 추가하였다. 당시 민주당 경선의 선거인단에는 214만 3,330여명이 참여했다. 국민 경선제 도입에 따른 선거 인단 참여의 지속적 증가추세는 전반적으로 권리 당원의 입당 가능성을 높였다.

19대 대선을 앞두고, 국민의당은 선거인단의 모집 없이 현장 투표로 진행 되는 완전 국민 경선제 80%와 여론 조사 20%로 후보를 선출하는 국민 경선 제방식을 선택했다. 바른정당은 완전 국민 경선 또는 국민 참여 경선을 원칙 으로 당헌에 정해놓고도 불완전하게 당원 선거인단 30%, 국민 정책 평가단 40%, 여론 조사 30%를 경선 룰로 선택했다. 오래 전부터 국민 경선제가 정 당 약화를 초래한다고 주장해 왔던 정의당은 19대 대선에서 국민 경선제를 거부하고 당원 총 투표로 대선 후보를 선출했다. 하지만 대선 이후 치러진 정의당 당 대표 선거에서 "당 대표, 비례 대표, 대선 후보와 같은 당직 공직은 오픈 프라이머리를 도입하겠다"라고 공약한 박원석 후보가 등장하여 정의 당의 변화가능성을 보여 주고 있다.

분명한 사실은 여러 명칭과 버전에도 불구하고, 국민 경선제가 2002년 16 대 대선부터 2017년 19대 대선까지 15년간 지속되었다는 점이다. 흥미로운 일은 이런 지속성에 부합하여 매 선거 때마다 반복적으로 국민 경선제의 도 입에 반대하는 일부 학계의 목소리와 논쟁이 있었는데, 19대 대선에서는 반 대의 목소리가 거의 없었다는 점이다.

그동안 국민 경선제를 반대하는 측에서는 국민 경선제가 당원이 아닌 일 반 유권자와 시민들을 참여시킴으로써 정당의 정체성을 약화시킨다고 하는 이른바, '국민 경선제 정당 약화론'을 주장했었다(최장집 2005; 2007). 하지만 어찌된 배경인지 19대 대선에서는 '국민 경선제 정당 약화론'이 제기되지 않 았다. 그렇다면 19대 대선에서 반대의 목소리가 크게 제기되지 않은 이유는 무엇일까?

여러 가능성이 있지만 주요한 이유로는 그동안에 반복적으로 시행된 국민 경선제의 지속성과 본선 경쟁력 효과를 볼 때, 이것을 반박하면서까지 '국민 경선제 정당 약화론'을 입증할 만한 결정적인 증거가 나오지 않았기 때문일 가능성이 크다. 특히 주요 정당들에게 국민 경선제는 자연스럽게 본선 경쟁력이 있는 후보를 선출하여 선거 승리에 활용하려는 합리적 도구로 받아들여져 대세적인 규범과 규칙이 되었기 때문일 가능성이 크다.

더욱더 박근혜 후보에 대한 공천 실패가 보여 주듯이, 국민 경선제 실시에 따라 정당의 개방성이 높아질수록 정당 약화가 초래되어서 문제가 된다는 정당 약화론의 주장보다는, 오히려 시대 상황에 부합하지 못하는 공천 행태로 인한 정당 정치의 위기에 대한 합리적 처방으로 제안되었던 국민 경선제가 제대로 운영되거나 실천되지 못했다는 자성의 분위기가 더 크게 작동했을 가능성이 있다. 즉 국민 경선제 실시에 따른 부작용으로서 정당 약화론보다는 반대로 국민 경선제 도입을 제대로 시행해야 한다는 사회적 공감대가 더욱 커져서 정당 약화론을 제기하지 못하는 계기가 됐을 가능성이 있다.

본론에서 다뤄지겠지만, 대체로 지난 15년간의 지속적인 국민 경선제를 통해 공천 받은 후보가 국민 경선제를 통하지 않은 후보에 비해 더 많은 득표율로 승리하여 본선 경쟁력이 있다는 사례가 많았다는 점, 그리고 국민 경선제 실시에 따른 동반 효과로 당원의 증가와 당 재정의 증가 및 당 지지율의 확대가 있었다는 점 등 여러 정황들은 정당 약화론을 반증하는 사례로서 국민 경선제의 긍정적인 효과를 보여 주고 있다.

그러나 만약 '국민 경선제 정당 약화론'을 주장하는 측의 주장대로, 국민 경선제가 정당 약화를 초래한다면 거꾸로 2002년 16대 대선 이후 2017년 19대 대선까지 국민 경선제가 지속될 수 있었겠는가 하는 점에 대해 어떻게 설명할 수 있을지에 대한 논의가 필요할 것이다.

이 글은 국민 경선제가 정말로 정당 약화를 초래하는 것인지 여부에 대해, 이론적인 선행 연구와 논쟁(채진원 2012a)을 기반으로 해서 16대 대선부터 19대 대선까지 15년간 지속되고 있는 경험적인 수준과 연결시켜 잠정적으로 검증해 볼 필요가 있다는 점을 문제로 제기한다. 물론 경험적인 연구로는 대선이 아닌 지방 선거나 총선에서 각 시기별 개별적인 경험 연구(모종린·전용주 2004)나 기초적 논의(박찬표·김영태·지병근 2013)도 있지만, 지난 15년 간의 대선과 총선을 포함하는 전반적인 추세 연구는 여전히 미진한 게 사실이다.

'국민 경선제 정당 약화론'을 직접적으로 검증하는 비교 지표로, 국민 경선제 도입에 따른 당원 수의 증감, 정당 지지율의 증감, 정당 득표율의 증감, 당선인 수의 증감, 정치 자금의 증감 여부를 생각해 볼 수 있다. 하지만 국민 경선제 실시 시기에 따른 정당의 당원 수의 증감과 정당 지지율의 증감 및 정치 자금의 증감 여부를 인과적으로 규명하는 작업은 가장 확실한 방법임에도 불구하고, 사실상 엄밀한 작업의 성격상 불가능하거나 어려운 일이기도 하다.

왜냐하면 국민 경선제 운영시기별 당원 수의 증감, 정치 자금의 증감과 관련한 체계적인 정당 내부 자료가 없거나 비공개로 인해 수집하기가 어렵고, 정당의 정체성 형성에 영향을 미치는 다양한 변수 중에서 국민 경선 제도의 순수한 인과 효과만을 추출하기 위한 변수 통제가 사실상 힘들기 때문이다.

설령 그 자료들을 수집했더라도 문제는 있다. 제II장에서 다루겠지만 '정당 강화'와 '정당 약화'의 의미가 무엇인지에 대해 '대중 정당론자'와 '네트워크 정당론자' 간에 인식의 차이가 매우 커서 다루는 지표(당원, 지지자)의 해석도 어렵다는 점이다. 즉, '조직 수준 정당'을 강조하는 '대중 정당론자'들은 국민

제왕적 대통령제와 정당

경선제가 '조직 수준 정당'을 약화시키기 때문에 '대중 정당 모델'이 약화된 다고 평가한다.

하지만 '조직 수준 정당'보다는 '공직 수준 정당'과 '유권자 수준 정당'의 연계를 강조하는 '네트워크 정당론자'들은 유권자 기반과 친화성이 있는 국민 경선제가 이미 약화된 '조직 수준 정당'을 강조하는 '대중 정당 모델'을 대신하여 '네트워크 정당 모델'과 잘 부합하기에 거꾸로 정당의 공천 과정에 유권자를 참여시킴으로써 정당의 사회적 기반을 더욱 활성화시켜 결국은 '당원 중심'에서 '당원과 일반 유권자(지지자, 투표자)'를 중심으로 하는 '조직 수준 정당'으로 강화할 수 있다는 시각이다.

따라서 네트워크 정당 모델의 관점에서 볼 때, 정당의 약화 여부를 판별하는 기준은 당연히 당원을 중심으로 하는 '조직 수준의 정당'이 아닌 '당원과 일반 유권자(지지자, 투표자)'를 중심으로 하는 '공직 수준 정당'과 '유권자 수준 정당'의 결합점인 네트워크 측면이 될 수밖에 없다. 이에 정당의 내부 당원의 정보를 확인할 수 없는 사정 때문에 이 글에서는 정당의 약화 여부를 판별하는 기준으로 예비 선거와 본 선거 및 여론 조사에서 정당 후보가 일반 유권자(지지자, 투표자)로부터 얻은 득표율과 지지율을 사용한다.

'국민 경선제 정당 약화론'을 검증하는 연구는 비교 지표의 수집과 사용이 어려운 만큼, 이 글에서는 당초 설정했던 직접적 방법을 우회하여 간접 방식으로 다음과 같이 신제도주의 접근의 가정과 물음에서 해법의 실마리를 찾고자 한다. 즉 '국민 경선제 정당 약화론'의 주장이 적절하다면 과연 국민 경선제가 현재까지 15년간 지속될 수 있었을까 하는 점이다.

아마도 합리적인 정당 지도부와 유권자의 선택 구조를 볼 때, 불가능했을 것이다. 그렇다면 반대로 국민 경선제가 정당을 강화시키는 차원은 아니더라도, 적어도 국민 경선을 통과한 후보자가 비국민 경선의 후보자보다 유권자지지 경쟁에서 승리하는 등 유권자들의 합리적 선택과 정당의 국민 경선 제도가 서로 친화성을 갖고, 그 연결이 후보의 본선 경쟁력을 강화하는 유인 구조(incentive structure)로 작동하면서 더 이상 '네트워크 정당 모델'의 기반 을 약화시키지 않기에 현재까지 지속하는 것은 아닐까 하는 점이다.

이에 이 글의 목적은 국민 경선 제도를 통한 후보가 비국민 경선제의 후 보보다 유권자들의 합리적인 선택을 받음으로써 본선 경쟁력이 있는 정당 의 공천 방식이라는 것을 지난 15년간의 대선과 총선의 실증 사례로 확인하 고, 국민 경선제의 지속성을 통해 국민 경선 제도가 정당을 약화시키지 않는 다는 것을 '합리적 선택 제도주의'를 응용하는 간접 방식을 통해 설명하는 데 있다. 이를 위해 이 글은 역대 선거 결과를 분석한 기존의 선행 연구를 활용 하여 국민 경선 제도의 지속적 효과를 살펴보고자 한다.

이런 목적을 위해 첫째, 이론적인 차원에서 '국민 경선제 정당 약화론'에 대한 반론을 논의한다(II장). 둘째, 경험적 사례 분석으로 지난 15년간의 역대 대선(16대, 17대, 18대, 19대)과 역대 총선(17대, 18대, 19대, 20대)에서 드러난 국민 경선제의 지속성을 본선 경쟁력의 결과 차이를 통해 살펴본다(III장, IV 장). 셋째, 결론에서 전체를 요약하고, 본 글의 의의와 한계를 논의한다(V장).

II. 이론적 논의: '국민 경선제 정당 약화론'에 대한 반론과 정당 약화의 기준

공직 후보 선출(candidate selection)은 정당의 핵심 기능 중 하나이다. 샤츠 슈나이더(Schattschneider 1942)는 "후보 선출 절차가 정당의 본질을 결정하 며, 후보 선출권을 가진 사람이 사실상 정당의 주인"이라고까지 주장하였다. 래니(Ranney 1981)도 "모든 정당에서 가장 핵심적이고 치열한 투쟁이 공직 후보 선정을 둘러싸고 일어나는 것은 당연하다. 왜냐하면 정치인들은 후보가 되어야 공직을 차지할 수 있고, 공직을 차지해야 정당을 장악할 수 있다는 것을 알기 때문이다"라고 주장했다. 이러한 래니의 언급은 정당이 어떠한 공천 방식을 선택하는가에 따라 정당 내부의 권력 구조와 의사 결정 방식은 물론 계파 형성의 유무, 계파 정치의 양상 등이 크게 달라질 수 있음을 시사한다(Ranney 2001, 169-170).

래니(Ranney 1981; 2001)의 언급대로, 정당의 후보 선출 과정은 선거에서의 승리 혹은 정당을 내부적으로 지배하고 장악하여 의사 결정 구조를 제도화한다는 점에서 중요한 기능을 한다. 계파 보수가 정당의 후보자를 선정하고 조정할 수 있는 능력은 중요한 권력의 원천이 된다. 따라서 정당 내 계파들이 상대 정당과의 경쟁에서 승리하는 것만큼이나 정당의 후보자 선정을 두고 상대 계파와의 투쟁에서 승리하는 것을 사활적으로 여길 수밖에 없다.

아울러 페닝스와 하잔(Pennings and Hazan 2001)은 정당이 왜 개방적인 공직 후보 선출 방식을 채택하게 되는지에 대해 설득력있는 설명을 제시한다. 그들은 정당과 시민 간의 연계 약화, 당원 가입의 감소, 정당의 재정 악화 등 정당 내외부의 환경 변화가 정당 정치의 위기로 나타날 때, 정당은 유권자의 지지를 회복하기 위해 경쟁적인 당내 경선을 도입하고 일반 유권자에게 투표참여의 기회를 개방하여 재집권을 도모한다는 것이다.

결국, 래니 그리고 페닝스와 하잔의 언급대로, 한국에서도 정당 지지율의 약화, 계파 공천에 따른 정치 불신, 당원의 감소에 따른 정당 기반 약화 등 정당의 위기 상황이 제기되었고, 이에 정당의 지도자들은 정당의 유권자 기반을 확대해서 선거에서 승리하기 위한 동기 유발 구조로 국민 참여 경선 제도를 채택했다는 점에서 그 이론적 적실성이 크다(채진원 2006a; 2016b).

〈그림 1〉은 "키이(Key 1964)의 다층적 수준의 정당 기능의 논의를 근거로

정당 기능모델을 재구성한 것이다. '조직 수준 정당 기능'은 정당 지도자를 발굴하고 당원을 교육, 훈련하는 기능과 지지자들을 동원하기 위해 사용되는 이익 표출(interest articulation)과 이익 집성(interest aggregation)을 위한 기능이다. '공직 수준 정당 기능'은 '원내 정당 조직'의 역할을 구성하는 것으로서, 입법부 의원과 행정부 공직자의 입법, 정책 결정과 관련된 이익 통합(interest integration)을 위한 기능"이다. "'유권자 수준 정당 기능'은 정당투표자, 정당지지자 등 유권자들이 기대하거나 희망하는 '정당의 모습'에 반응하는 기능으로서, 정당 일체감과 정당충성심 제고 및 선거에서의 지지와 동원 및 참여 활성화 등과 관련된 기능"이다(채진원 2006a; 2016b). 정당의 세 가지 기능의 작동은 시대 상황과 정당을 둘러싼 환경변화에 따라 항상 동일한 비중으로 작동하지 않고, 비중에 대한 차이가 발생하게 된다.

결국 정당의 유형모델은 〈그림 2〉와 〈그림 3〉처럼, 산업화와 후기 산업화, 국가건설기와 초국가 시대 상황을 대변하여 '조직 수준 정당' 비중이 큰 〈대중 정당 모델〉과 반대로 대중 정당 모델의 약화에 따른 보완으로써 '공직 수준 정당' 기능과 '유권자 수준 정당' 기능의 연계를 강화시킨 〈네트워크 정당

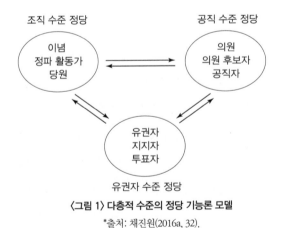

〈그림 1〉 다층적 수준의 정당 기능론 모델

*출처: 채진원(2016a, 32).

모델〉로 아이디어 타입을 분류할 수 있다.

특히, '네트워크 정당 모델'은 '공직 수준 정당화'와 '유권자 수준 정당화'의 연계와 네트워크 기능을 강화하는 모델이다. 이 모델은 〈그림 4〉처럼, 플랫폼을 통해 당원뿐만 아니라 의원과 공직자가 지지자 등 적극적인 시민들과 연계하는 유권자 기반을 갖는, 이른바 정당과 시민 정치(시민 네트워크)를 연결하려는 '시민 참여형 플랫폼 네트워크 정당 모델'(채진원 2014)[4]로 구체화될 수 있다. 이 네트워크 정당 모델은 '공직 수준의 정당'과 '유권자 수준의 정당'을 연계시키는 방법으로 플랫폼과 국민 참여 경선제(오픈 프라이머리) 공천 방식을 사용할 때, 정당의 시민 사회적 토대는 더욱 강화될 수 있다(채진원 2016a; 채진원 2016b).

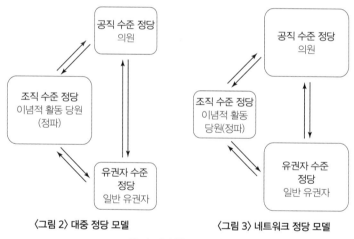

〈그림 2〉 대중 정당 모델   〈그림 3〉 네트워크 정당 모델

*출처: 채진원(2016a, 34).

---

4. 시민 참여형 네트워크 정당 모델은 '강한 정당론'인 대중 정당 모델과 비교하여 '약한 정당론'으로서 정당과 시민 정치와의 양립가능성을 보장한다. 특히, 시민 참여형 네트워크 정당 모델은 3 김씨와 같은 보스(boss)가 조직(조직 수준 정당 기능)을 장악하여 '사인화된 정치'(personalized politic)를 펴는 것과 대비하여 사인화된 개인이 아닌 '시민 네트워크' 즉, 공직 수준 정당 기능과 유권자 수준 정당 기능의 '네트워크'를 강조한다.

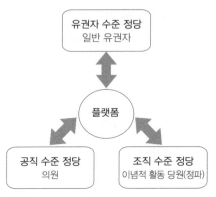

〈그림 4〉 시민 참여형 플랫폼 네트워크 정당 모델

*출처: 채진원(2016a, 35).

'국민 경선제 정당 약화론'에 대한 체계적인 주장은 최장집 교수로부터 시작되었다. 최장집 교수는 2012년 6월 25일에 민주당의 국민 경선제를 비판한 내용들을 정리하여 다음과 같은 칼럼을 발표하였다(채진원 2006a; 2016b):

"…개방형국민 경선, 모바일 투표로 이어지는 후보 선출 방식의 변화 역시 문제가 많다. 무엇보다도 정당의 역할을 필요 없게 만들기 때문이다. 당원이 아니라 정당의 역사와 이념, 노선과 무관한 일반 투표자들이 당의 공식 후보를 결정한다는 발상은, 부정적인 의미로 가히 혁명적이다. …일종의 자해적 정당 개혁이라 하겠는데, 이는 민주주의와 정당의 역할을 잘못 이해한 결과가 아닐 수 없다. 민주주의에서 정당 조직이 약해지면, 정치적으로 도움이 필요한 사회경제적 약자 집단들의 참여와 대표성이 약해진다. …모바일 투표를 포함해 완전 개방형 경선제를 도입하고자 하는 맹목적 주장들에 대해서도 견제가 필요하다. 그것은 지금도 약해서 문제인 정당의 정체성과 리더십을 더욱 해체시킨다."(최장집 2012).

그렇다면 최장집 교수의 주장은 적절한 것일까? 최장집 교수가 주장하는 대로 당원의 이념적 정파성을 강조하여 '조직 수준 정당'의 비중이 큰 대중 정당 모델(계급 정당·이념 정당)을 정당이 추구해야 할 이상적인 표준 모델로 삼는다면, 국민 경선제에 따른 '정당 조직의 약화'가 정말 문제가 될 것이다 (임성호 2006).

하지만 시대착오적인 정당의 이념성과 조직성으로 이미 진성 당원 공급과 동원의 부족, 노조 조직률 약화, 이익의 파편화, 페이퍼 당원화 등 약화된 '조직 수준 정당' 기능을 대신하여 '공직 수준 정당' 기능과 '유권자 수준 정당' 기능의 네트워크를 강조하는 네트워크 정당 모델을 대안적 정당 모델로 제시한다면, 이미 약화된 대중 정당 모델의 약화는 더 이상 문제가 되지 않는다.

그 이유는 이렇다. 국민 경선제는 이미 약화된 조직 수준 정당을 강조하는 대중 정당 모델을 대신하여 네트워크 정당 모델과 잘 부합한다. 즉 국민 경선제는 정당의 공천 과정에 유권자를 참여시켜 정당의 사회적 기반을 더욱 활성화시키기 때문에 결국은 당원과 지지자를 중심으로 하는 '조직 수준 정당'도 강화할 수 있는 것이다. 따라서 '정당 약화'의 의미가 무엇인지에 대해 '대중 정당론자'들과 '네트워크 정당론자'들 사이에 인식 차이가 크고, 논쟁이 될 수밖에 없는 것은 당연하다.

국민 경선제를 통해 공천권을 일반 유권자에게 돌려주게 된다면, 의원들은 계파 보스보다는 자신을 공천하고 당선시켜 주는 지역 유권자들을 의식하여 헌법상 국민의 대표기관으로서의 의원 자율성과 책임성을 회복하게 된다. 의원들은 회복된 자율성을 기반으로 당 지도부와 '계파 보스'의 눈치를 보지 않고, 오직 국민의 뜻에 민감하게 반응함으로써 책임 정치와 의회 민주주의를 활성화할 수 있다(채진원 2012b).

또한 의원의 자율성과 책임성이 회복되면, 현재의 하향식 계파 공천제로 인한 의원 자율성 상실, 그리고 그로 인한 무조건적인 당 지도부에의 복종으로 인해 벌어졌던 많은 문제들(즉, 정당 간 첨예한 갈등, 당청 갈등, 의회와 행정부 간 갈등)의 원인을 제거할 수 있다. 이것은 결국 성숙한 숙의 정치와 생산적인 의회 민주주의를 회복할 수 있는 결정적인 계기가 될 수 있다.

아울러 국민 경선제는 '공직 수준 정당'과 '유권자 정당'을 연계시켜 정당이 특정한 계급과 계층에 기반하거나 당원만을 위한 정책을 시행하기 위해 모인 집단이 아니라 그 정당의 지지자, 넓게는 국민 전체를 위한 정책을 시행하기 위한 포괄적인 국민 정당의 정체성을 갖도록 유도한다. 결국 국민 경선제는 네트워크 정당 모델로 정당의 기반과 정당 정체성을 강화하는 계기로 작동하게 된다.

후보자 공천 과정에 일반 유권자가 참여한다고 하더라도 의원이나 대통령이 될 후보자는 당연히 당원들의 참여 속에서 뽑는 것이므로 정당 정치를 훼손한다고 볼 수 없다. 특히 매년 수백 억 원의 국고 보조금이 정당 운영을 위해 지원되고 있고, 일정 득표율 이상을 얻은 후보자는 선거 비용도 보전 받고 있다는 점에서 일반 유권자들에게도 자신이 지지하는 정당의 공천에 참여할 기회를 주는 것은 참여 민주주의 시대에 부합하는 당연한 조치에 해당된다.

이상의 논의를 볼 때, 이른바 '국민 경선제 정당 약화론'은 대중 정당 모델이 정당이 따라야 할 이상적 모델이라는 잘못된 가정에서 기인한 주장이라고 볼 수 있다. 이런 정당 약화론은 '정당'을 다층적 수준의 정당 기능론(조직 수준 정당, 공직 수준 정당, 유권자 수준 정당)에서 보지 않는 '오해'에서 비롯된 측면이 강하다. 즉 대중 정당 모델을 정당이 지향해야 될 표준화된 정당으로 보기 때문에 발생하는 오해라 할 수 있다. 다시말해 이미 약화된 당원, 계파에 포획된 대중 정당의 한계를 숨기고, SNS와 시민 참여의 활성화 등 변화된 시대에 부합하는 네트워크 정당 모델을 대안으로 찾지 않으려는 태도에서 유래된 측면이 강하다고 볼 수 있다.

III. 대선 사례에서 국민 경선제 지속성 논의

이 장에서는 지난 15년간 역대 대선(16대, 17대, 18대, 19대)에서 사용된 공천 방식이 국민 경선제라는 것과, 그것의 지속성을 확인하기 위해 각 대선 결과에 대한 선행 연구를 활용하여 국민 경선제 실시에 따른 본선 경쟁력의 결과적 효과(득표율과 당선인 차이)를 살펴보고자 한다(김영동 2002; 박정우 2003; 이한휘 2011; 박찬표·김영태·지병근 2013).

결론적으로 논의 결과를 미리 요약해 보면 다음과 같다. 16대 대선, 17대 대선, 18대 대선, 19대 대선에서 주요 정당 여야 후보가 국민 경선제를 통해 선출되고 당선됨으로써 국민 경선제의 지속성을 확인할 수 있다. 지난 15년간의 본선 결과는 각각의 대선에서 어느 당이 집권당이 되든 상관없이 국민 경선제를 통과한 후보들이 더 많은 득표율을 획득하여 모두 승리하는 본선 경쟁력 효과를 경험적으로 보여 주었다.

즉 16대 대선에서는 국민 경선제를 통과한 민주당 노무현 후보가 한나라당 이회창 후보를, 17대 대선에서는 국민 경선제를 통과한 한나라당 이명박 후보가 민주당 정동영 후보를, 18대 대선에서는 국민 경선제를 통과한 새누리당 박근혜 후보가 민주당 문재인 후보를, 19대 대선에서는 국민 경선제를 통과한 민주당 문재인 후보가 당원 + 국민 여론 조사를 통과한 자유한국당 홍준표 후보를 이기고 대통령으로 당선되었다.

1. 제16대 대선

1) 공천 방식

〈표 2〉 16대 대선에서의 국민 경선 제도

구분	민주당	한나라당
특징	제한적 국민 참여 경선	제한적 국민 참여 경선
경선 방식	선거인단 투표	선거인단 투표
선거인단 구성	대의원 2 : 당원 3 : 일반 국민 5	대의원 3 : 당원 2 : 일반 국민 5
선거인단 규모 (실제 선거인단)	인구 1,000명당 1인(70,769명)	5만 명(48,391명)
선거인단 배분	지역/성/연령별 인구 비례 고려	지역/성/연령별 인구 비례 고려
국민 선거인단 공모 모집 방식	공모 신청→추첨	공모 신청→추첨
선거 방식	투표소 투표(선호 투표) 인터넷 투표(선거인단의 2.5%)	투표소 투표
경선 방식	지역 순회 경선	지역 순회 경선
여론 조사	없음	없음

*출처: 박찬표·김영태·지병근(2013). p. 2.

    2002년 16대 대선에서 민주당과 한나라당은 모두 국민 경선 제도를 채택하였다. 자세한 것은 〈표 2〉와 같다. 신거인단 구성에서 민주당과 한나라당 모두는 대의원, 당원, 일반 국민의 비율이 동일하지 않는 제한적 국민 참여 경선 제도를 사용한 점이 특징이다.

2) 당내 경선 결과

(1) 새천년민주당

〈표 3〉 16대 민주당 국민 경선제 최종 결과

	선거인단 수	투표자 수	노무현	정동영	무효 투표*
대의원 당원 일반 국민	14,814 20,950 33,250	32,631 (47.8)	16,145	6,440	10,046
일반 국민 (인터넷 투표**)	1,750	1,750	1,423	327	
계	70,764	34,381	17,568(51.1%)	6,440(18.7%)	

*출처: 박정우(2003), p. 61; 김영동(2002), p. 71.

16대 민주당 국민 경선제의 최종 결과는 〈표 3〉과 같다. 노무현 후보가 총 17,568표(51.1%)를 얻어 민주당 대선 후보로 당선되었다.

(2) 한나라당

〈표 4〉 16대 대선 한나라당 국민 경선제 최종 결과

일시	지역	선거인단 수	투표자 수	투표율	후보별 득표 수 및 득표율			
					이부영	이상희	이회창	최병렬
4.13	인천	2,285	1,406	60.1	201	10	1,111	79
4.18	울산	1,102	764	69.8	73	31	446	206
4.20	제주	676	492	72.8	48	18	361	65
4.23	강원	1,855	1,107	59.7	71	44	891	101
4.24	대구경북	5,659	3,764	66.5	133	54	3,143	427
4.27	전북	1,788	933	52.4	278	31	505	117
4.28	부산경남	7,002	4,155	59.6	197	108	2,895	984
4.30	대전충남	3,518	1,975	56.1	124	45	1,643	153
5.2	광주전남	3,800	2,069	54.4	512	67	1,112	368
5.4	경기	8,689	3,455	39.8	486	81	2,461	424

5.7	충북	1,502	819	54.5	60	15	592	152
5.9	서울	10,515	4,847	46.2	743	109	2,321	1,668
계		37,876	20,939	53.3	2,926 (11.4%)	608 (2.4%)	17,481 (68%)	4,694 (18.3%)

*출처: 박정우(2003), p. 80.

16대 한나라당 국민 경선제의 최종 결과는 〈표 4〉와 같다. 이회창 후보가 총 17,481표(68%)를 얻어 한나라당 대선 후보로 당선되었다.

3) 16대 대선 본선 결과

〈표 5〉 16대 대선 결과와 차이

1위 노무현 민주당 후보	2위 이회창 한나라당 후보	격차
12,014,277표(48.9%)	11,443,297표(46.6%)	570,980표(2.3%p)

*출처: 2002년 중앙 선관위 보도 자료 재구성.

16대 대선 본선 결과는 〈표 5〉와 같다. 노무현 민주당 후보가 12,014,277 표(48.9%)를 획득하여 이회창 한나라당 후보를 이겼다.

2. 제17대 대선

1) 공천 방식

〈표 6〉 17대 대선에서의 국민 경선 제도

구분	민주당	한나라당
특징	완전 개방형 국민 참여 경선	제한적 국민 참여 경선
경선 방식	선거인단 투표(90%)+여론 조사(10%)	선거인단 투표(80%)+여론 조사(20%)
선거인단 구성	당원(대의원포함), 일반 국민	대의원(2/8) : 당원(3/8) : 일반 국민(3/8)

제왕적 대통령제와 정당

선거인단 규모 (실제 선거인단)	무제한(지역 경선 선거인단 1,680,840명) (모바일 선거인단 238,725명)	유권자의 0.5% (184, 709명)
선거인단 배분	지역/성/연령별 인구 비례 고려 없음	지역/성/연령별 인구 비례 고려
국민 선거인단 모집 방식	공모 신청	여론 조사기관에 의한 전화 면접 →참여 의사 확인
투표 방식	투표소 투표, 모바일 투표	투표소 투표
경선 방식	지역 순회 경선	전국 동시 투표
여론 조사	일반 국민 5,000명 대상	일반 국민 6,000명 대상

*출처: 박찬표·김영태·지병근(2013). p. 2.

2007년 17대 대선에서 민주당과 한나라당은 모두 국민 경선 제도를 채택하였고, 자세한 것은 〈표 6〉과 같다. 선거인단 구성 방식에서 민주당은 완전 개방형 국민 참여 경선을 사용했고, 한나라당은 제한적 국민 참여 경선을 사용했다는 점에서 서로 달랐다.

2) 당내 경선 결과

(1) 대통합민주신당

<표 7> 17대 대통합민주신당 국민 경선제 최종 결과

	선거인단	투표자 수(투표율)	손학규	정동영	이해찬
지역 경선	1,680,840	272,169	81,243	132,996	54,628
모바일 투표	238,725	179,088(75.0)	70,031	62,138	45,284
여론 조사		49,591	17,525	21,850	10,216
계			168,799(34.0)	216,984(43.8)	110,128(22.2)

*출처: 이한휘(2011). pp. 97~99

17대 대통합민주신당 국민 경선제의 최종 결과는 〈표 7〉과 같다. 정동영 후보가 총 216,984표(43.8%)를 얻어 대통합민주신당의 대선 후보로 당선되었다.

(2) 한나라당

17대 한나라당 국민 경선제의 최종 결과는 〈표 8〉과 같다. 이명박 후보가 총 81,048표를 얻어 한나라당의 대선 후보로 당선되었다.

〈표 8〉 17대 한나라당 국민 경선제 최종 결과

	정수	투표자 수(투표율)	유효투표수	이명박	박근혜	원희룡	홍준표
선거인단	185,080	131,086(70.3)	130,893	64,216	64,648	1,319	710
여론 조사		32,724		16,863	13,984	1,079	793
계				81,048	78,632	2,398	1,503

*출처: 이한휘(2011). pp. 86-87.

3) 17대 대선 본선 결과

〈표 9〉 제17대 대선 결과와 격차

1위 이명박 한나라당 후보	2위 정동영 민주당 후보	격차
11,492,389표(48.7%)	6,174,681표(26.1%)	5,317,708표(23%p)

*출처: 2007년 중앙 선관위 보도 자료 재구성.

17대 대선 본선 결과는 〈표 9〉와 같다. 이명박 한나라당 후보가 11,492,389표(48.7%)를 획득하여 정동영 민주당 후보를 이겼다.

3. 제18대 대선

1) 공천 방식

〈표 10〉 18대 대선에서의 국민 경선 제도

구분	민주당	새누리당
특징	완전 개방형 국민 참여 경선	제한적 국민 참여 경선
경선 방식	선거인단 투표	선거인단 투표(80%)+여론 조사(20%)
선거인단 구성	대의원, 당원, 일반 국민, 재외 국민	대의원(2/8) : 당원(3/8) : 일반 국민(3/8)

제왕적 대통령제와 정당

선거인단 규모 (실제 선거인단)	무제한 (1,083,589명)	유권자의 0.5% (201, 320명)
선거인단 배분	지역/성/연령별 인구 비례 고려 없음	지역/성/연령별 인구 비례 고려
국민 선거인단 모집 방식	공모 신정	여론 조사 기관에 의한 전화 면접 →참여 의사 확인
투표 방식	투표소 투표, 순회 투표, 모바일 투표, 인터넷 투표(재외 국민)	투표소 투표
경선 방식	지역 순회 경선	전국 동시 투표
여론 조사	없음	일반 국민 6,000명 대상

*출처: 박찬표·김영태·지병근(2013). p.3.

2012년 18대 대선에서 민주당과 한나라당은 모두 국민 경선 제도를 채택하였고, 자세한 것은 〈표 10〉과 같다. 선거인단 구성 방식에서 민주당은 완전 개방형 국민 참여 경선 제도를 사용했고, 새누리당은 제한적 국민 참여 경선 제도를 사용했다는 점에서 차이가 있다.

2) 당내 경선 결과

(1) 민주통합당

18대 민주통합당 국민 경선제의 최종 결과는 〈표 11〉과 같다. 문재인 후보가 총 614,257표(56.7%)를 얻어 민주통합당의 대선 후보로 당선되었다.

〈표 11〉 18대 민주통합당 국민 경선제 최종 결과

	선거인단	투표자 수 (투표율)	문재인 (득표율)	손학규 (득표율)	김두관 (득표율)	정세균 (득표율)
투표소 투표	160,227	20,588 (12.8)	7,790 (37.8)	6,040 (29.3)	4,208 (20.4)	2,550 (12.4)
순회 투표	14,697	7,661 (52.1)	2,676 (34.9)	2,309 (30.1)	1,379 (18.0)	1,297 (16.9)

	정수					
모바일 투표	908,665	586,008 (64.5)	336,717 (57.5)	127,856 (21.8)	82,255 (14.0)	39,180 (6.7)
계	1,083,589	614,257 (56.7)	347,183 (56.5)	136,205 (22.2)	87,842 (14.3)	43,027 (7.0)

*출처: 2012년 민주통합당 보도 자료 재구성.

(2) 새누리당

〈표 12〉 18대 새누리당 국민 경선제 최종 결과

	정수	투표자 수 (투표율)	유효 투표수	박근혜	김문수	김태호	임태희	안상수
선거 인단	200,449	82,589 (41.2)	82,494	71,176	5,622	2,616	2,341	739
여론 조사		20,624		15,413 (74.7%)	3,333 (16.2%)	682 (3.3%)	335 (1.6%)	861 (4.2%)
계				86,589	8,955	3,298	2,676	1,600

*출처: 2012년 새누리당 보도 자료 재구성.

18대 새누리당 국민 경선제의 최종 결과는 〈표 12〉와 같다. 박근혜 후보가 총 86,589를 얻어 새누리당의 대선 후보로 당선되었다.

3) 18대 대선 본선 결과

〈표 13〉 제18대 대선 결과와 격차

1위 박근혜 새누리당 후보	2위 문재인 민주통합당 후보	격차
15,773,128표(51.6%)	14,692,632표(48.0%)	1,080,496표(3.6%p)

*출처: 2012년 중앙 선관위 자료 재구성.

18대 대선 본선 결과는 〈표 13〉과 같다. 박근혜 새누리당 후보가 15,773,128표(51.6%)를 획득하여 문재인 민주통합당 후보를 이겼다.

4. 제19대 대선

1) 공천 방식

2017년 19대 대선에서 민주당과 국민의당은 국민 경선 제도를 채택하였고, 자유한국당은 여론 조사 방식을 선택했다. 자세한 것은 〈표 14〉와 같다. 물론 선거인단 구성 방식에서 민주당은 등록 선거인단이 있는 완전 개방형 국민 참여 경선 제도를 사용했고, 국민의당은 등록 선거인단이 없는 완전 국민 참여 경선 제도를 사용했다는 점에서 차이가 있다.

〈표 14〉 19대 대선에서의 후보 공천 제도

민주당	자유한국당	국민의당
*완전 국민 경선제: 당원이 아니더라도 누구나 투표에 참여 *결선 투표제: 과반 득표자가 없을 경우 1,2위 후보 대상 투표	*여론 조사 -예비 경선 책임 당원 70%+여론 30% -본경선 책임 당원 50%+여론 50%	*완전 국민 경선제: 현장 투표 80%+여론 조사 20%
*세부 일정 ARS 투표 및 순회 투표: 호남(25-27일) 충청(27-29일) 영남(29-31일), 수도권, 강원, 제주(31일-4월 2일)	*특징: 예비 경선 cut-off 3위+본 경선에서 추가 후보 등록 가능 후보 등록(3월 13일) 여론 조사 컷오프(3월 17일) 최종 후보 선출(3월 31일)	*세부 일정 순회 경선 및 현장 투표: 호남제주(25-26일) 부산울산경남(28일) 대구경북강원(30일) 경기(4월 1일) 서울인천(4월 2일) 대전충남충북세종(4월 4일)
대선 후보 결정: 4월 6일		대선 후보 일정: 4월 5일

*출처: 2017년 민주당·자유한국당·국민의당 보도 자료 재구성.

2) 당내 경선 결과

(1) 민주당

〈표 15〉 제19대 더불어민주당 국민 경선제 최종 결과

	선거인수	이재명	최성	문재인	안희정	합계
〈호남권〉 합계		45,846	956	142,343	47,215	236,358
〈충청권〉 합계		19,402	196	60,645	46,556	126,799
〈영남권〉 합계		36,780	403	128,429	32,974	198,586
〈수도권, 강원〉 합계		145,688	2,110	399,934	114,212	661,944
대의원+권리 당원+ 1차 선거인단 합계	1,629,023	247,716	3,663	731,351	240,957	1,223,687
2차 ARS−A업체	254,558	49,312	627	101,192	56,003	207,134
2차 ARS−B업체	257,557	49,708	648	101,875	56,541	208,772
재외 국민 선거인단	3,702	911	5	2,001	130	3,047
2차 선거인단+ 재외 국민 합계	515,817	99,931	1,280	205,068	112,674	418,953
총합계	2,144,840	347,647	4,943	936,419	353,631	1,642,640
총투표율 및 총득표율	76.6%	21.2%	0.3%	57.0%	21.5%	100.0%

*출처: 2017년 더민주당 보도 자료 재구성.

19대 민주당 국민 경선제의 최종 결과는 〈표 15〉와 같다. 문재인 후보가 총 936,419표(57.0%)를 얻어 민주당의 대선 후보로 당선되었다.

(2) 자유한국당

〈표 16〉 제19대 자유한국당 당내 경선 최종 결과

	홍준표	김진태	인인제	김관용
최종 결과	54.15%	19.30%	14.85%	11.70%
당원 여론 조사(50%)+국민 여론 조사(50%)				

*출처: 2017년 자유한국당 보도 자료 재구성.

18대 자유한국당 당내 경선의 최종 결과는 〈표 16〉과 같다. 홍준표 후보가 총 54.15%를 얻어 자유한국당의 대선 후보로 당선되었다.

(3) 국민의당

〈표 17〉 제19대 국민의당 국민 경선제 최종 결과

	안철수	박주선	손학규	합산율
최종 결과	75.01%	6.92%	18.07%	100%
투표(80%)+여론 조사(20%)				

*출처: 2017년 국민의당 보도 자료 재구성.

18대 국민의당 국민 경선제의 최종 결과는 〈표 17〉과 같다. 안철수 후보가 총 75.01%를 얻어 국민의당의 대선 후보로 당선되었다.

3) 19대 대선 본선 결과

〈표 18〉 제19대 대선 결과와 격차

1위 문재인 민주당 후보	2위 홍준표 자유한국당 후보	격차
13,423,800(41.1%)	7,852,849(24.03%)	5,570,951표(17.03%p)

*출처: 2017년 중앙 선관위 보도 자료 재구성.

19대 대선 본선 결과는 〈표 18〉과 같다. 문재인 민주당 후보가 13,423,800(41.1%)를 획득하여 홍준표 자유한국당 후보를 이겼다.

IV. 총선 사례에서 국민 경선제 지속성 논의

이 장에서는 지난 역대 총선(제17대, 제18대, 제19대, 제20대)에서 사용된 공천 방식이 국민 경선제라는 것과 그것의 지속성을 확인하기 위해, 총선 결과에 대한 선행 연구를 활용하여 국민 경선제 실시에 따른 본선 경쟁력의 선거 결과적 효과(득표율과 당선인 차이)를 살펴보고자 한다(김영태 2004; 전용주 2005; 윤종빈 2012; 전용주·공영철 2012; 조원빈 2016).

결론적으로 선거 결과에 대한 논의를 미리 요약해 보면 다음과 같다. 지난 제17대 총선, 제19대 총선, 20대 총선에서 주요 정당은 매우 제한적 범위이기는 하지만 국민 경선제를 실시하여 그 제도의 지속성을 유지했음을 확인할 수 있다. 본선 결과는 여야 모두 전반적으로 국민 경선제 방식을 활용하여 경선을 통과한 후보들이 비경선 후보들보다 더 많은 득표율을 획득하여 모두 승리하는 본선 경쟁력 효과를 경험적으로 보여 주었다. 그러나 제18대 총선은 여야 모두 국민 경선제를 실시하지 않고, 중앙당 중심의 전략 공천을 실시했는데, 전략 공천이 후보의 당선에 부정적인 영향을 미친 것으로 드러나 국민 경선제와 대조를 보여 주고 있다.

1. 제17대 총선

1) 공천 방식

2004년 17대 총선에서 한나라당과 민주당 그리고 열린우리당은 제한적인 범위에서 모두 제한적인 국민 경선 제도를 채택하였고, 자세한 것은 〈표 19〉와 같다. 물론 국민 참여 경선 방식에서 당원과 일반 유권자의 선거인단 구성 비율은 각 정당별로 차이가 있다.

〈표 19〉 17대 총선에서의 지역구 후보 공천 방식

구분	한나라당	민주당	열린우리당
후보 자격	피선거권+당원	피선거권+당원	피선거권+당원

공천 결정권	• 공직 후보자 추천 심사 위원회 • 중앙당 운영위 거부 권	• 공직 후보자 추천 심사 위원회 • 상임 중앙위 거부권 • 경선시 선출 방법은 지구당 상 무위 결정	• 공직 후보자 자격 심사 위 원회 • 재심위 무효화 혹은 중앙 위 거부권
선출 방법	• 심사위 단수 후보 추천 • 국민 참여 경선(당 원 10%+일반 유권 자 90%)	• 심사위 단수 후보 추천 • 여론 조사(당원 혹은 일반 유 권자) • 당원 경선 혹은 국민 참여 경 선(당원 50%+일반 유권자 50%)	• 심사위 단수 후보 추천 • 국민 경선(일반 유권자), 단 후보자 간 합의의 경우 여 론 조사 경선 가능
기타			경선시 여성 우대

*출처: 김영태(2004).

2) 당내 공천 및 경선 현황

〈표 20〉 17대 총선 주요 정당 경선 현황

	한나라당	민주당	열린우리당
전체	241	217	243
단일 후보 공천	213	144	160
경선지역	28	73	83
경선 비율	11.6%	33.6%	34.2%

*출처: 전용주(2005).

〈표 21〉 17대 선거 판세와 공천 방식(%)

정당	공천 방식	판세			합계
		우세	경합	열세	
열린우리당	비경선	77(58.3)	54(67.5)	29(93.5)	160(65.8)
	경선	55(41.7)	26(32.5)	2(6.5)	88(36.2)
	합계	132	80	81	243
한나라당	비경선	64(90.1)	88(90.5)	82(82.8)	184(86.8)
	경선	7(9.9)	4(9.5)	17(17.2)	28(18.2)
	합계	71	42	99	212

*출처: 전용주(2005).

〈표 20〉처럼, 17대 총선에서 국민 경선제 비율은 한나라당(11.6%), 민주당

(33.6%), 열린우리당(34.2%)에 그쳤다. 특히, 선거 판세와 관련한 공천 방식의 비율은 〈표 21〉처럼, 열린우리당(36.2%), 한나라당(18.2%)에 그쳤다. 열린우리당의 경우 경선으로 우세 지역 132곳 가운데 경선지역은 55곳(41.7%)이며, 경합 지역 가운데 경선 지역은 26곳(32.5%), 그리고 열세 지역 가운데 경선지역은 2곳 등으로 우세 지역에서 경선이 많았다. 이와 달리 한나라당의 경우 경선이 실시된 지역은 우세 지역 가운데 7곳(9.9%), 경합 지역 4곳(9.5%), 열세 지역 17곳(17.2%) 등 열세 지역에서 상대적으로 경선이 많이 실시되었다.

〈표 22〉 17대 총선 현직자의 공천 방식(%)

	공천 신청자				공천 확정자			
	계	비경선	경선 비율	경선 비율	계	비경선	경선	경선 비율
열린우리당	41	86	5	12.2	39	36	3	7.7
한나라당	103	93	10	9.7	88	79	9	10.2
민주당	35	22	13	37.1	33	21	12	36.4

*출처: 전용주(2005).

현직자를 상대로 한 국민 경선제 비율을 살펴보면 〈표 22〉와 같다. 열린우리당의 경우 공천 신청자를 기준으로 볼 때, 전체 41개 지역중 5곳(12.2%)에 불과하며, 현직 공천 확정자 39명 가운데 경선을 치룬 후보는 3명(7.7%)에 그쳤다. 한나라당 역시 103명의 현직 공천 신청자 가운데 경선을 치룬 후보는 10명(9.7%), 현직 공천 확정자 가운데 경선을 통해 공천을 받은 후보는 9명(10.2%) 수준이었다. 민주당의 경우 현직 공천 신청자 35명 가운데 13명(37.1%)이고, 공천 확정자 가운데 12명(36.4%)이 경선을 치러 상대적으로 현직자의 경선이 많았다. 그럼에도 전체적으로 현직자의 경우, 경선보다는 중앙당(공천 심사 위원회)에 의해 단독 후보로 공천을 받은 경우가 다수였다.

3) 17대 총선 본선 결과

〈표 23〉 17대 총선 후보 공천 방식별 당선율

	비경선			경선			당선자 총수
	공천자	당선자	당선율(%)	공천자	당선자	당선율(%)	
열린우리당	160	78	48.8	83	51	61.4	129
한나라당	184	91	48.9	28	10	35.7	101

*출처: 전용주(2005).

17대 총선에서 열린우리당은 국민 경선을 통과한 후보자들의 당선율(61.4%)이 비경선 후보자의 당선율(48.8%)보다 높았고, 반대로 한나라당은 경선을 통과한 후보자들의 당선율(35.7%)이 비경선 후보자의 당선율(48.9%)보다 낮았다.

2. 제18대 총선

〈표 24〉 18대 총선 당선자 결정 모델(전략 공천 변수 포함)

설명 변수	B계수	B계수
성별	−0.627	−0.564
연령	−0.0213**	−0.317***
학력	−0.0072	−0.157
재산	0.501***	0.446***
전과	−0.687*	−0.743**
전략 공천	−0.733**	−0.669*
지방 의회 경력	−0.835	−0.871

*출처: 김석우·전용주(2008).

2008년 제18대 총선에서는 여야 모두 국민 경선제를 실시하지 않고, 중앙당 중심의 전략 공천 방식을 선택했다. 때문에 국민 경선제의 결과를 확인하는 게 의미가 없다. 다만 〈표 24〉처럼, 18대 총선 결과를 분석한 선행 연구는

'전략 공천'이 당선에 부정적인 영향(-0.733, -0.669)을 미쳤다는 것을 확인해 주었다. 이러한 결과는 국민 경선의 긍정성을 역설하고 있다(김석우·전용주 2008).

3. 제19대 총선

1) 공천 방식

2012년 19대 총선에서 새누리당과 민주통합은 소규모 차원에서 모두 제한적인 국민 경선 제도를 채택하였다. 자세한 것은 〈표 25〉와 같다. 국민 참여 경선 방식에서 당원과 일반 국민의 선거인단 구성 비율은 각 정당별로 차이가 있다.

〈표 25〉 제19대 총선 공천 방식 비교

항목	새누리당	민주통합당
후보 자격	책임 당원	권리 당원
공천 기준	1) 총선/대선 승리 기여 2) 지역 주민의 신망 및 당선 가능성 3) 사회 각계각층의 목소리를 대변하는 정책 입안 능력 4) 엄격한 도덕성과 참신성 5) 당 헌신도 및 사회 기여도	1) 정체성 2) 기여도 3) 의정 활동 능력 4) 도덕성 5) 당선 가능성
공천 결정권	• 중앙당 공천 위원회 심사 • 국민 공천 배심원단 심의(전략 지역 후보 재의 권고 가능) • 최고 위원회 의결 확정	• 공천 심사 위원회 심사 • 최고 위원회 인준
선출 방법	• 공천 심사위 전략 공천 • 국민 경선: 선거인단(1,500명 규모, 당원 20%+일반 국민 80%)	• 공천 심사위 전략 공천 • 당원 경선 • 국민 경선 －타 정당의 당원이 아닌 자/타 정당의 총선 경선에 참여한 적이 없는 자 －모바일 투표+선거인단 현장 투표+여론 조사 －선거인단: 유권자 총수의 2% 이내(모바일/현장 투표 70%+여론 조사 30%) • 후보 간 합의시: 100% 국민 여론 조사

기타	• 여성 가산점(신인, 전현직 기초 의원 20%, 전현직 비례 대표 의원, 당협위원장, 광역 의회 의원 10%) • 현역 의원(교체 여부 50%+경쟁력 30%, 하위 25% 배제) • 지역구 여성 공천 30% 달성 위해 노력	• 여성 15% 가점(중증 장애인 15%, 청년, 사무직 당직자, 당에 특별한 공로가 있는자 10%, 윤리 위원회 징계 10/5%) • 지역구 공천 후보자 총수 10% 이상 여성 후보

*출처: 윤종빈(2012).

2) 당내 공천 및 경선 현황

〈표 26〉 19대 총선 당선자 결정 모델(전략 공천 변수 포함)

		새누리당	민주당
비경선	단수 후보 신청	21(8.5)	47(19.1)
	전략 공천	47(19.1)	15(6.1)
	기타 공천위 결정	114(46.3)	54(22.0)
경선	경선 단독 후보	3(1.2)	3(1.2)
	국민 참여 경선	6(2.4)	63(25.6)
	여론 조사 경선	30(12.2)	1(0.4)
	국민 경선(+여론 조사)	–	15(6.1)
	기타	8(3.3)	33(13.4)
무공천	단일화 무공천	–	33(13.4)
	무공천	16(6.5)	4(1.6)
기타		1(0.4)	9(3.7)
합계		246(100)	246(100)

*출처: 윤종빈(2012).

〈표 26〉처럼, 19대 총선에서 경선 중 국민 경선제 비율의 현황은 새누리당은 6곳(2.4%), 민주당은 63곳(25.6%)에 그쳤다.

3) 19대 총선 본선 결과

<표 27> 19대 총선 공천 유형과 당락

(전국)	비경선			경선			합계
	당선	탈락	합계	당선	탈락	합계	
새누리당	100(54.3)	84(45.7)	184	27(58.7)	19(41.3)	46	230
민주당	46(46.5)	53(53.5)	99	60(54.5)	50(45.5)	110	209

(수도권)	비경선			경선			합계
	당선	탈락	합계	당선	탈락	합계	
새누리당	34(37.8)	56(62.0)	90	9(45.0)	11(55.0)	20	110
민주당	31(70.5)	13(29.5)	44	34(59.6)	23(40.4)	57	101

*출처: 전용주·공영철(2012).

〈표 27〉처럼, 19대 총선에서 새누리당은 경선을 통과한 후보자들의 당선율(58.7%)이 비경선 후보자의 당선율(54.3%)보다 높았다. 민주당도 경선을 통과한 후보자들의 당선율(59.6%)이 비경선 후보자의 당선율(46.5%)보다 높았다.

4. 제20대 총선

1) 공천 방식

<표 28> 제20대 총선 새누리당과 더민주당 공천 방식 비교

항목	새누리당	더민주당
여론 조사 비율	• 1차 투표의 여론 조사 비율(책임 당원:일반 국민)을 현행 50% 대 50%에서 30% 대 70%로 변경 • 외부 영입 인사는 당원 투표에서 불리한 만큼 100% 국민 여론 조사를 통해 경선을 치룰 수 있도록 예외를 둠(단, 그 실시 여부의 최종 결정권은 최고위에 있음)	• 안심 번호 도입에 따라 100% 일반시민으로 구성하는 국민 공천단(다만 상당한 이유가 인정되는 경우 최고위 의결로 반영 비율 바꿀 수 있음) • 더민주의 기존 여론 조사 비율은 당원 40% 대 국민 60%였음.

결선 투표	• 1차 경선에서 1·2위의 득표율 차이가 10%포인트 이내일 때 결선 투표 • 단, 1위 후보의 득표율이 과반을 차지하 면 시행치 않음	• 1차 경선에서 과반 득표자 없으면 1·2 위 대상으로 결선 투표
가점· 감점	• 모든 여성(전현직 의원 포함)과 정치 신인 에게 10%의 가점 적용 • 여성 신인·장애인 신인·청년(40세미만) 신인에게 20%의 가점 적용 • 중도 사퇴한 기초 단체장에 20%, 광역 의 원에 10%의 감점	• 정치 신인에 10% 가점 • 청년은 연령대(42세이하)에 따라 15~ 25% 가점 • 모든 여성과 장애인에 20~25% 가점 • 임기의 4분의 3 마치지 않은 선출직 공 직자 10% 감점(대선 경선 제외)
현역 의원 평가	• 본회의,상임위,의원 총회 등 의정 활동에 불성실한 현역 의원은 공천 심사 때 불이 익	• 선출직 공직자 평가 위원회 평가로 현역 의원 하위 20% 공천 배제
비례 대표 비율	• 후보자 중 60% 이상을 여성으로 추천 • 사무처 당직자 1명과 청년 비례 후보 당 선권 안에서 추천	• 후보자 중 60%를 여성으로 추천 • 민생 복지 전문가와 현장 활동가 등을 당선 안정권의 30% 이상 선정

*출처: 2016년 새누리당·더민주당 보도 자료 재구성.

2016년 20대 총선에서 새누리당과 민주당은 제한적인 범위에서 모두 안심 번호제를 통한 여론 조사 방식을 사용하는 제한적인 국민 경선 제도를 채택하였다. 자세한 것은 〈표 28〉과 같다. 물론 각 정당의 국민 참여 경선 방식에서 당원과 일반 유권자의 선거인단 구성비율은 모두 달랐다.

2) 당내 공천 및 경선 현황

20대 총선에서 안심 번호제를 통한 여론 조사 방식을 사용하는 국민 경선제 도입 현황은 〈표 29〉와 〈표 30〉과 같다. 새누리당이 지역구 148곳(59.7% 수도권, 영남, 충청), 민주당이 지역구 73곳(31.1% 수도권, 영남), 국민의당이 지역구 58곳(33.5% 수도권, 호남, 충청)에 경선을 도입했다.

〈표 29〉 제20대 총선 주요 정당별 공천 방식: 경선 비율

정당	전체 지역구 공천	경선	단수 추천
새누리당	248	148(59.7%)	100(40.3%)

더불어민주당	235	73(31.1%)	162(68.9%)
국민의당	173	58(33.5%)	115()

*출처: 조원빈(2016).

〈표 30〉 제20대 총선 주요 정당의 지역별 지역구 공천 방식

	새누리당		더불어민주당		국민의당	
	경선	단수 추천	경선	단수 추천	경선	단수 추천
수도권(122)	74	46	38	82	33	69
영남(65)	45	19	13	36	0	17
호남(28)	1	25	10	18	20	8
충청(27)	19	8	6	21	4	17

*출처: 조원빈(2016).

3) 20대 총선 본선 결과

〈표 31〉 제 20대 총선 공천 방식과 후보자 득표율 평균

공천 방식	전체	새누리당	더불어민주당	국민의당
경선	38.5	43.3	38.1	26.6
단수 추천	28.8	33.2	40.2	19.0
전체	32.6	39.2	39.6	21.6

	새누리당		더불어민주당		국민의당	
	수도권	영남	수도권	호남	수도권	호남
경선	38.8	52.8	40.5	39.2	17.3	46.3
단수 추천	38.8	44.3	43.8	36.0	18.8	50.1

*출처: 조원빈(2016).

〈표 31〉처럼, 20대 총선에서 전체적으로 국민 경선을 통과한 후보자의 평균 득표율(38.5%)이 단수 추천후보의 득표율(28.8%)보다 높았다. 경선 대비 단수 추천 비율은 새누리당이 43.3%대 33.2%로, 국민의당이 26.6%대 19%였다. 새누리당은 수도권(38.8%)에서는 이에 대한 차이가 없었으며, 영남권

182   제왕적 대통령제와 정당

(52.8%대 44.3%)에서는 차이가 컸다.

공천 방식	전체	새누리당	더불어민주당	국민의당
경선	111(40.1%)	66(44.6%)	30(41.1%)	15(26.8%)
단수 추천	131(30.7%)	39(39.0%)	80(49.7%)	10(8.7%)
전체		105(42.3%)	110(47.0%)	25(14.6%)

	새누리당			더불어민주당			국민의당	
	수도권	영남	충청	수도권	호남	충청	수도권	호남
경선	18 (24.3%)	37 (82.2%)	7 (36.8%)	23 (60.5%)	2 (20.0%)	2 (33.3%)	0 (0.0%)	15 (75%)
단수 추천	17 (37.0%)	11 (57.9%)	7 (87.5%)	59 (72.0%)	1 (5.6%)	10 (47.6%)	2 (2.9%)	8 (100%)

*출처: 조원빈(2016).

20대 총선에서 국민 경선제를 실시한 지역구 당선 비율 현황은 〈표 32〉와 같다. 전체적으로 국민 경선을 통과한 후보자의 당선율(40.1%)이 단수 추천의 당선율(31%)보다 높았다. 새누리당은 수도권과 충청권에서 이에 대한 차이가 없었으나, 영남권에서는 경선을 통과한 후보자의 당선율이 높았다. 민주당은 수도권과 충청권에서 단수 추천된 후보의 당선율이 높았다. 국민의당은 호남권에서 경선을 통과한 후보자의 당선율이 높았다.

V. 소결

이 글은 국민 경선제가 정당 약화를 초래한다는 '국민 경선제 정당 약화론'에 대한 검증이 필요하다는 문제의식 아래 간접적인 방식으로 반론하기 위한 실험적인 접근에서 시작되었다. 즉 이론적인 차원에서 '대중 정당 모델론자'들이 제기하는 '국민 경선제 정당 약화론'을 '네트워크 정당 모델론자'의 입장에서 반론하는 것에 기초하여 지난 2002년부터 2017년 현재까지 15년 간 지속되었던 국민 경선제의 본선 경쟁력 효과를 '합리적 선택 제도주의'를 응용하여 설명하는 것이었다.

이 글의 잠정적인 결과는 다음과 같이 요약된다. III장과 IV장에서 검토한 것처럼 대선(16대, 17대, 18대, 19대)과 총선(17대, 19대, 20대)에서 드러난 국민 경선제 도입에 따른 결과(득표율과 당선인의 차이)를 볼 때, 15년간 지속된 국민 경선 제도의 본선 경쟁력 효과는 국민 경선제를 도입한 경우가 그 반대의 경우보다 확연하게 결과의 차이가 크다는 것을 확인할 수 있다.

지난 15년간의 이런 지속적인 결과의 차이는 유권자들에게 국민 경선 제도가 비경선 제도보다 본선 경쟁력이 있는 후보를 선출할 수 있는 합리적 선택 방식이고, 이것의 지속성에 따라 정당의 지지 기반(유권자 정당 기반)도 확대되거나 최소한 현상 유지되었을 가능성이 크다. 이런 지속성의 결과를 볼 때, 일각에서 제기돼 온 '국민 경선제 정당 약화론'은 이론적인 차원에서뿐만 아니라 경험적 차원에서 적절하지 않은 주장이라고 추론할 수 있다는 점이다.

'정당 약화론'에 대한 반증 시도 그리고 정당을 보는 시각을 놓고 벌이는 대중 정당 모델과 네트워크 정당 모델의 논쟁은 서론에서 언급한 것처럼 매우 복잡하고 어려운 일이고, 계속된 논쟁을 필요로 한다. 때문에 후속 논쟁을 위해서 이 글에서는 '합리적 선택 제도주의'를 응용하는 간접 방식을 통해 그 실마리를 찾고자 했다. 이 같은 우회적 시도는 직접적인 인과 방식이 아니라는 점에서 많은 한계가 있을 수밖에 없다. 특히, 독창적인 데이터 분석보다는 각급의 선거 결과를 분석한 기존의 선행 연구의 도움을 받았고, 이런 점은 이 글의 근본적인 한계로 후속 논의를 통해 비판되고 극복될 필요가 있다.

그러나 이 같은 한계에도 불구하고, 이번 논의는 이론적인 논의를 근거로 하여 경험적인 수준에서 15년간 사례 연구의 지속성을 통해 간접적인 방식으로 정당 약화론의 반증을 시도했다는 점 그리고 종합적인 수준에서 후속 논의를 이끌 수 있다는 실험적 의의도 있다고 볼 수 있다. 본선 경쟁력이 있는 국민 경선제의 지속적 확대는 참여 민주주의적 이상과 한국 정치의 폐쇄성 간의 간극에 따른 정당 불신으로, 원칙상 그 제도의 정당성과 시대 적실성을 현실적으로 거부할 수 없는 추세이지만 그 부작용이 있는 것도 사실이다. 그런 부작용을 피하기 위해서는 개선 사항에 관한 논의가 필요하다.

사실 국민 경선제 논의에서 '정당 약화론'보다 더 중요한 문제는 이른바 본선 경쟁력이 약한 후보를 선택하게 될 수도 있는 이른바 '역선택의 문제'를 근본적으로 차단하는 일이다. '역선택의 문제'는 지난 19대 대선 시기 민주당 후보 경선 과정에서 지지자들 간의 갈등으로 노출되었다. 이 문제 역시 매우 중요한 논제로 다른 지면에서 깊게 다뤄질 필요가 있다.

참고문헌

김석우, 전용주. 2008. 「18대 총선 당선자 결정요인 분석: 정치적 충원을 중심으로」. 『한국 시민윤리학회보』. 21(2). 153-171.

김영동. 2002. 「국민 참여 경선제의 실증적 고찰: 새천년민주당 제16대 대통령 후보 선출 과정을 중심으로」. 연세대학교 행정대학원 석사학위논문.

김영태. 2004. 「17대 국회의원선거의 공천제도와 공천 과정: 지역구 후보 공천을 중심으로」. 『한국 정당학회보』. 3. 107-124.

모종린, 전용주. 2004. 「후보경선제, 본선 경쟁력, 그리고 정당민주화」. 『한국 정치학회보』. 38(1). 233-253.

민주당. 2017. 『제19대 대통령선거 백서』.

박정우. 2003. 「한국 정당의 국민 참여 경선 연구: 제16대 대선 후보 선출 과정을 중심으로」. 한국외국어대학교 대학원 정치외교학과 석사학위논문.

박찬표, 김영태, 지병근. 2013. 『국민 참여 경선제의 정치적 효과 및 개선방안 연구』. 국회 사무처 연구용역보고서.

윤종빈. 2012. 「19대 총선 후보 공천의 과정과 결과, 그리고 쟁점: 새누리당과 민주통합당 을 중심으로」. 『한국 정당학회보』. 11(2). 5-37.

이동윤. 2008. 「정당의 후보 선출 제도와 정당 정치의 문제점: 제17대 대통령선거를 중심 으로」. 『한국 정당학회보』. 7(1). 5-37.

이한휘. 2011. 『한국 정당의 국민 참여 경선에 관한 연구: 16대 대선과 17대 대선을 중심 으로』. 경남대학교 대학원 정치외교학과 박사학위논문.

임성호. 2006. 「당내 경선에서의 전략투표와 대통령선거의 이념적 비편향성」. 『선거관 리』. 52. 114-129.

전용주. 2005. 「후보 공천 과정의 민주화와 그 정치적 결과에 관한 연구: 제17대 국회의원 선거를 중심으로」. 『한국 정치학회보』. 39. 217-236.

전용주, 공영철. 2012. 「정당 공천유형과 경쟁도 그리고 선거경쟁력: 제19대 총선을 중심 으로」. 『정치정보연구』. 15(2). 133-152.

조원빈. 2016. 「20대 총선 정당 후보 공천과 그 효과」. 국회입법조사처 한국 정당학회 자 료집 『국회와 정당 정치: 19대 국회 회고와 20대 국회 전망』(4.29).

채진원. 2012a. 「'오픈프라이머리 정당약화론'의 재검토: 다층적 수준의 정당 기능론을 중 심으로」. 중앙선관위. 『選擧研究』. 3. 135-161.

채진원. 2012b. 「국민 참여 통해 정당 정치 발전에 도움. [논쟁] 완전 국민 참여 경선제 도 입 추진, 어떻게 봐야 하나」. 『한겨레』(11.15).

채진원. 2014. 「박원순 당선=퇴행? 시대착오적인 대중정당론」. 『오마이뉴스』(6.19).

채진원. 2016a. 「시민정치의 흐름과 네트워크정당 모델의 과제」. 『민주주의와 인권』. 16(1). 5-50.

채진원. 2016b. 『무엇이 우리 정치를 위협하는가』. 인물과 사상사.

최장집. 2005. 『민주화 이후의 민주주의』 개정판. 후마니타스.

최장집, 박상훈, 박찬표. 2007. 『어떤 민주주의인가』. 후마니타스.

하연섭. 2008. 『제도분석』. 다산출판사.

Key, V. O. 1964. *Politics, parties and pressure groups*. Crowell.

Pennings, P. J. M., & Hazan, R. Y. 2001. "Democratizing candidate selection: Causes and consequences". *Party Politics*. 7(3). 267-380.

Pierson, P. 2000. "Increasing returns, path dependence, and the study of politics".

American Political Science Review. 94(2). 251-267.

Ranney, A. 1981. "Candidate selection". in Bulter, D., Penniman, H. R., & Ranney, A. eds. *Democracy at the polls: A comparative study of competitive national elections.* American Enterprise Institute.

Ranney, A. 2001. *Governing An introduction to political science.* Prentice Hall.

Schattschneider, E. E. 1942. *Party government.* Holt, Rinehart & Winston.

제5장

네트워크 정당과 오픈 프라이머리

I. 계파 정치의 실상과 의문들

민주적인 국가와 조직사회에서 파벌과 계파의 존재는 자연스런 현상이다. 파벌과 계파는 사람들이 모이고 결속할 수 있는 순기능을 제공하며, 이들의 갈등이 파당적 갈등이 아닌 비파당적인 갈등으로 제도화할 경우 민주주의 발전과 더불어 국가의 역동성을 증진할 수 있다. 하지만 파벌과 계파의 악 (惡)기능과 폐해의 문제점을 좌시해서는 안 된다.

파벌과 계파들이 국민의 이익과 공동체의 공공선을 무시하고, 자신의 부분적이고 편파적인 이익을 앞세울 경우, 파당적인 갈등으로 흐를 뿐만 아니라 조직과 국가 공동체가 대립과 분열로 흘러가 민주주의와 국가 통치에 심각한 타격을 주게 되어 문제가 된다.

특히, 정당 내에서 당원, 의원, 유권자에 의해 견제를 받지 않는 계파들의 지배 행태 즉, 공천권 획득을 위한 파벌들의 전횡(패권주의, 담합)이 문제가 된다. 이러한 파벌과 계파들의 해악은 비판받아 마땅하다. 그러나 파벌과 계파의 해악이 문제가 된다고 해서 파벌과 계파 그 자체를 해체하거나 금지하는 것은 인간의 본성과 정치 세계의 다원성에 부합하지 않기 때문에, 그들의 행태를 규제하거나 그들의 영향력을 약화시키는 방향이 바람직하다. 왜냐하면 정치의 세계에서 파벌과 계파가 존재한다는 것이 문제라기보다는 견제를 받지 않는 것이 더 큰 문제이기 때문이다(Machiavelli 2009; 매디슨 1995).

한국의 정당 정치는 당 내외의 파벌 갈등과 계파 정치로 심각한 홍역을 치른 바 있다. 새누리당은 박근혜 대통령의 국정 지지율 하락, 원내 대표 경선, 증세 논쟁, 개헌 논쟁, 국회법 개정, 유승민 사태, 오픈 프라이머리 논쟁을 계기로 친박계−비박계가 다퉜으며, 새정치민주연합은 2·8 전당 대회에서의 당 대표 선출 과정, 4·29 보궐 선거 패배 책임 논쟁, 혁신안 논쟁을 계기로 친노계−비노계가 갈등하고 있었다.

통합진보당과의 분당으로 계파 갈등을 겪었던 정의당 역시 통합진보당 해산 이후 노동당, 국민모임 등과의 진보 정당 재편의 주도권을 놓고 새로운 계파 갈등을 예비하고 있었다. 이러한 계파 갈등과 계파 정치는 2016년 20대 총선과 2017년 19대 대선이 다가오면 올수록 더 극심해질 것으로 보였으며, 극단적일 경우 탈·분당도 배제할 수 없다.

계파 정치의 민낯을 가장 노골적으로 보여 준 사건은 2014년 새정치민주연합 박영선 비대위원장의 탈당 스캔들과 문희상 비대위원장이 추진한 비대위원회 구성과 조직 강화 특위의 계파 안배에서 잘 드러난다. 박영선 비대위원장은 당내 강경파들로부터 두 차례나 '세월호 특별법 여야 합의안'을 거부당했고, 안경환·이상돈 비대위원장 영입마저 거부당하고 퇴진 압력을 받자, 탈당 스캔들을 일으켰다.

문희상 위원장은 비대위를 각 계파를 대표하는 문재인, 정세균, 박지원, 인

재근 의원 등으로 꾸렸다. 문 위원장이 비대위를 '계파 수장들의 연합체'로 꾸렸던 이유는 계파 수장들이 전면에 나서서 조율하지 않고서는 다른 방도가 없었기 때문이다. 이 사건들은 한국 민주주의를 선도했던 민주당과 그 후계 정당들의 당내 민주주의가 계파 정치에 의해 포획당해 사실상 실종되었다는 것을 스스로 고백한 상징적인 사건이라는 점에서 큰 충격을 주었으며, 시사하는 바가 컸다.

그렇다면 왜 한국의 정당들은 계속된 당내 민주화와 정당 개혁에도 불구하고, 파벌 갈등과 계파 정치에 시달리고 있는 것일까? 왜 시달릴 수밖에 없는가? 그것은 현상적으로 볼 때, 당권 획득과 공천권 행사와의 관련성 때문이다. 당권 경쟁에서 이긴 계파나 혹은 계파 승리 연합(담합된 계파들)이 총선과 대선 등 주요 선거에서 공천권(공천권과 관련된 게임의 룰 포함)을 유리하게 행사할 수 있으며 반대로 당권 경쟁에서 패한 계파들은 공천권에서 배제당하는 메커니즘이 작동하고 있기 때문이다.

실제로 새누리당의 전신인 한나라당에서는 지난 2008년 18대 총선을 앞두고 친이계에 의한 친박계의 공천 배제가 있었고, 19대 총선을 앞두고 친박계의 당권 장악에 따라 친이계를 배제하는 '보복 공천'으로 극한의 계파 갈등을 겪은 바 있다. 새누리당 김무성 대표도 19대 공천에서 친박계 보복 공천의 대표적인 희생양으로서, 김무성 본인이 당 대표가 되면서 이미 계파 갈등을 내포하고 있는 것은 어찌 보면 자연스럽다.

새정치민주연합의 역사 역시 새누리당과 별반 다르지 않다. 오히려 계파 갈등과 계파 정치는 새누리당보다 더 심각한 수준이다. 새정치민주연합은 지난 10년 동안 계파들 간의 분열과 통합을 반복하는 것을 통해 계파 정치는 더욱 고착화·일상화됐다. 실제 새정치민주연합의 역사는 '특정 계파의 당권 장악→나머지 계파의 비토와 지도부 흔들기 일상화→선거 패배→비대위 구성→다른 계파의 당권 장악' 형식으로 당의 불안정성 증대와 더불어 당권 투쟁이 무한 반복되는 패턴과 양상을 보여 왔다.

'계파 정치'(partisanship politics)는 학술적으로 엄밀하게 개념 정의가 되어 있지는 않으나 일반적으로 '공화주의 원칙'(republican principle)[1]에서 강조하고 있는 공당(公黨 · public party)과 공천(public nomination)의 규범과 질서 그리고 정당 정치의 이익과 발전보다는 특정 파벌(faction)과 계파(partisan-ship)의 후원−수혜 관계(patron−client relation)를 우선시하는 태도와 행위로 인해 계파들 간에 극심한 파당적 갈등과 탈당 및 분당을 연출하며, 그 결과 국민의 불신과 지탄을 받는 경향이라고 할 수 있다.

이러한 계파 정치는 한국 정당 정치에서 공천권 획득을 위한 당권 경쟁을 계기로 일정하게 패턴화되며, 일반화되고 있다. 공천권 획득이 계파들 간의 당권 경쟁과 연관되어 계파 정치가 구조적으로 양산되고 있다는 것은 계파 정치의 출현과 함께 반대로 그것의 극복을 위한 단서를 제공하고 있음을 보여 준다. 이상의 단서들은 우리에게 다음과 같은 질문을 제기한다.

첫째, 민주화와 정당 개혁의 결과 3김(金)을 중심으로 하는 1인 보스 정당이 약화되거나 어느 정도 민주적인 정당이 등장했음에도 불구하고, 공화주의 원칙을 기반으로 하는 공당(公黨)체제와 부합하지 못하는 계파 정치가 왜 발생하여 끊이질 않는 것인가? 핵심적으로 계파 정치의 출현은 정당의 지배 구조 즉 정당 모델과 관련되어 있다는 점에서 계파 정치가 출현할 수밖에 없는 시대 상황과 이것에 부응하는 대안 정당 모델에 대한 규명이 필요하다.

둘째, 첫째에 이어서 계파 정치 출현 및 극복과 관련한 대안적 정당 모델이

---

1. 공화주의 원칙은 다양하게 설명될 수 있지만 그 중의 핵심으로는 공공성을 목표로 어느 누구의 일방적인 지배를 거부하기 위한 조건의 확보를 강조한다. 즉, 비지배(non−domination)적 자유를 확보하기 위해 세력과 정파 간의 힘의 견제와 균형을 통한 권력의 공유(power sharing)와 혼합 정부(mixed government)를 지향한다(비롤리 2006).

규명된다면 계파 정치를 극복하는 정당 모델에 부합하는 바람직한 공천 방식은 무엇일까? 이 같은 질문과 물음은 오래전부터 구두선처럼 이어져 왔음에도 불구하고, 그에 대한 해법은 아직 요원하고 논쟁 중이다.

본 글의 목적은 한국 정치의 고질병으로 지적되고 있는 '계파 정치의 해악'에서 벗어나게 할 수 있는 합리적인 처방을 찾기 위해 '공화주의 원칙'에 입각하여 계파 정치의 출현과 극복 방향에 대한 이론적 논의를 진행하고, 대안으로 공당(公黨)의 현대적 버전으로 '네트워크 정당 모델'과 이것과 부합하는 공천 방식으로 '오픈 프라이머리(완전 국민 경선제)의 법제화를 제시하는 데 있다.

특히, 오픈 프라이머리에 대한 최근의 법제화 추진 흐름과 쟁점 사항을 소개하는 한편 비판점과 과제에 대해서도 논의한다. 이 글에서는 민주화와 정당 개혁의 결과 1인 보스 체제의 약화와 민주적인 정당의 등장에도 불구하고, '계파 정치'를 발생시키는 현상과 정당의 구조에 대해 미헬스(R. Michels)가 일찍이 주창했던 '과두제의 철칙'(iron law of oligarchy) 개념을 차용하여 '과두제 정당 모델'(oligarchy party model) 혹은 '과두제적 담합 정당 모델(oligarchy-cartel party model)로 인식하는 한편 그것의 발생 원인을 거시-미시적 차원에서 '당원이 공급되거나 동원할 수 없는 시대적 상황'에 따른 '당원의 주인 의식(ownership) 부족'으로 설명한다.

II. 이론적 논의: 과두제 정당 모델과 그 등장 원인

앞서 언급한 바와 같이, 한국 정치는 민주화, 정당 개혁, 진보 정당의 출현 등으로 3김을 중심으로 하는 1인 보스 정당 모델(이른바 정치 머신)이 쇠퇴하고 어느 정도 '민주적인 정당'이 되었음에도 불구하고, 정당 내부에서 공천권을 둘러싸고 계파들의 출현과 계파 정치의 재생산 구조가 반복되고 있다.

언뜻 보기에 모순되어 보이는 이러한 현상을 어떤 의미로, 어떻게 설명할 수 있을까? 그것의 배경과 원인은 무엇일까? 이것에 대한 적절한 설명은 1세기 전 독일의 정치사회학자인 로베르트 미헬스(Robert Michels)가 "민주적인 정당은 과두제로 귀결된다"는 '과두제의 철칙'(iron law of oligarchy) 테제를 비판적으로 고찰하여 활용하면 적절한 설명력을 얻을 수 있다.

미헬스는 1911년『정당 사회학: 근대 민주주의의 과두적 경향에 대한 연구』(미헬스 2002)를 통해 '과두제의 철칙' 테제를 주창했다. 그는 핵심적으로 "(민주주의를 방해하는 복잡다단한 경향들은, 첫째는 인간의 본성에서 기인하고, 둘째는 정치 투쟁의 본질에서 기인하며, 셋째는 조직의 본질에서 기인한다) 민주주의는 과두정으로 나아가고, 과두정이 된다"라고 강조하였다(미헬스 2002, 28). 특히, 그는 보수적인 정당과 조직뿐만 아니라 "민주적이고 혁명적인 당 조직이 실제로는 지도자의 지배 체제라는 사실을 명료하게 인식되어야 한다"라고 주장하였다(미헬스 2002, 392).

그가 설명하는 과두제의 철칙 메커니즘을 소개하면 다음과 같다. 우선 정당 조직의 규모가 커지고 복잡성이 증가하게 되면, 정당 활동에 전념할 전문적인 지도자를 필요로 함으로써 결국 관료제가 구축된다. 그러나 이 관료제는 그 정점에 권력의 집중화를 낳고, 반면 구성원들의 영향력이 감소되는 권력의 비대칭을 만들어 낸다.

즉 정당의 지도자들은 구성원을 제어할 수 있는 많은 기능과 자원을 보유하게 되고, 이를 통해서 지도자들은 구성원으로부터 독자성과 자율성을 확보한다. 이들은 내부 언론을 장악하고 자신들의 지위를 공고화하기 위한 정치적 기술(연설, 기고 활동, 흥정 등)을 확보함으로써 당내 전문지도자들을 대체할 수 없는 절대적인 존재로 만든다. 결국 지도자와 구성원의 위치는 권력을 장악한 지도자의 리더십을 영속화하며, 구성원들이 조직의 정치 과정에서 소외되는 체제로 전환되는 이른바, 소수의 전문적인 지도자가 지배하는 과두제가 성립되게 된다.

그는 스승인 막스 베버(Max Weber)로부터 '관료제의 합리성'(조직 합리성)을 배웠다. 하지만 그는 정당의 관료제 모델로 등장한 '정치 머신'(political machine)이 합리적으로 잘 작동할 것이라고 본 막스 베버와 다르게 실제 독일 사회민주당에 대한 연구를 토대로 '정치 머신'이 잘 작동하는 게 아니라 '과두제'가 작동되고 있다고 비판하였다(베버 2011).

특히, 그는 귀족적인 정치 조직과 보수적인 정당이 과두제적 경향을 보이는 것을 차치하고서라도 민주적 가치를 옹호하는 독일 사회민주당에서도 과두제적 경향이 존재한다고 주장하였다. 즉 일찍이 관료제와 과두제의 극복을 추구했던 민주적인 대중 정당과 혁명 정당에서 조차 '과두제의 철칙'이 작동된다고 보면서, 이것을 벗어날 수 없으나 그것을 약화시킬 수 있는 철칙을 주장하였다. 그는 인간이 특정한 목적을 위해 구성한 모든 조직 내부에 과두제적 경향이 존재한다는 것을 강력하게 증언했다(베버 2011, 54).

특히, 그는 민주주의와 정당 내에서 드러나고 있는 과두화 경향이라는 개념을 통해 대중 정당 모델 이후 당원의 역할 축소에 따른 위기의 타개책으로 관료적 지도자의 역할 강조로 진화한 '관료적 대중 정당', '포괄 정당', '선거 전문가 정당', '카르텔 정당'이라는 현대적 개념들을 이미 당시에 어느 정도 포착하고 있었다.

여기서 말하는 과두제란 무엇인가? 과두제는 민주제, 공화제와 어떻게 다른가? 이것의 의미를 풍부하게 이해하기 위해서는, 과두제의 어원을 제시하고 있는 아리스토텔레스, 마키아벨리, 매디슨의 정체 분류법에 따라 타 정체(政體·polity)와의 비교 속에서 풍부하게 이해할 필요가 있다.

아리스토텔레스는 통치자의 수(1인, 소수, 다수)와 통치 방식(합법, 비합법)에 따라 군주정(kingship), 귀족정(aristocracy), 혼합정(polity, 오늘날의 공화정)으로 나눴으며, 각각의 타락한 형태를 참주정(tyranny), 과두정(oligarchy), 민주정(democracy)으로 구분하였다. 그는 최선의 정체로 민주정과 과두정이 중도·중용적으로 혼합된 '혼합정'(polity)을 지지하였다(Aristoteles, 1279a22-1279b4, 1289a38-1289b12).

마키아벨리는 역사와 시대를 초월하여 항상 존재하는 귀족과 평민 간의 대립과 갈등을 해소하기 위한 노력의 산물로 정체와 정체의 변화를 설명하면서, 정체 형태를 군주정, 귀족정, 민주정으로 나누었으며, 각각의 타락한 형태를 참주정, 과두정, 중우정으로 나누었다. 그는 6개의 정체가 등장하여 역사적인 순환을 한다는 '정체 순환론'을 주장하면서, 이러한 정체 순환의 혼란으로부터 탈피하여 안정된 정치 체제를 구축하기 위해서는 최선의 정체로 군주정, 귀족정, 민주정이 '통령', '원로원', '민회'로 혼합되어 있는 '공화정'(republic)을 선택하고 그것을 잘 유지해야 한다고 강조하였다(Machiavelli 2009).

미국 헌법을 설계하고, 파벌을 견제하기 위해 민주공화당을 창당한 매디슨(James Madison)은 자신이 지지하는 최선의 정체를 고대의 직접 민주정을 의미하는 '순수 민주제(정)'(pure democracy)과 구분하여 '공화정(국)'(republic)이라 부르고, 이 둘의 차이가 매우 크다는 것을 강조하였다.

그가 순수한 민주정 정부보다 혼합정인 공화정을 지지한 배경에는 순수 민주정이 작은 영토와 소규모 인구로 인해 '다수결의 전횡'(tyranny of majority)과 '파벌의 해악'(mischiefs of faction)에서 벗어나기 어렵다는 판단 때문이었다. 매디슨은 "훨씬 더 넓은 영토와 훨씬 더 많은 시민"을 갖는 현대적인 공화정 정부를 설계할 때, 다수결의 전횡과 파벌의 해악에서 벗어날 수 있다는 해법을 제시하였다.

그는 현대적인 공화정과 공화주의 원칙의 핵심으로 광역 선거구에서 탁월한 대표자의 선출과 그에 의한 통치 위임, 입법, 사법, 행정에 따른 권력 공유와 분립, 사법부의 최종적인 입법 판단, 양원제, 연방제 등을 제시하였다(매디슨 1995, 61-68). 매디슨에 의해 현대적으로 재구성된 공화정 혹은 공화주의 원칙은 다양하게 해석될 수 있지만 두 가지 핵심적 가치가 있다.

첫째는 더 넓은 선거구에서 더 많은 시민들에 의해 선출된 소수의 대표자에게 정부를 위임함으로써 '다수결의 전횡'과 '파벌의 해악'에서 벗어날 수 있다는 점이다. 둘째는 공화정은 민주정이 강조하는 '다수에 의한 소수의 지배'처럼, 특정한 세력이 권력을 독점하여 다른 세력을 지배하거나 배제하는 것이 아닌 왕, 귀족, 평민이 모두 비지배적 공존(coexistence of non domination)을 지향하는 가운데, 이들 간에 견제와 균형을 통해 권력을 공유하면서도 기능을 분리하여 운영하는 최선의 정부라는 점이다. 그것의 출발점은 당연 민주정과 과두정이 혼합된 '선거 제도'에 있다(Aristoteles 1294a30-1294b15).

과두제(oligarchy)란 비지배적 조건 확보와 권력 공유를 지향하는 공화정과 비교해 볼 때, 다수자에 대한 소수자의 지배 즉, 소수자의 이익(귀족, 부자, 엘리트)을 위한 소수자의 지배를 의미다. 미헬스에 따르면 모든 조직은 내부적으로 민주주의(즉 소수에 대한 다수자의 지배)를 추구하더라도 관료화와 중앙 집중화를 통해 과두제적 경향이 나타나게 된다. 그가 '철칙'이라는 용어를 사용한 것은 관료제화 되어 가는 현대 사회에서 권력이 소수의 상층부로 집중되는 것은 필연적으로 나타날 수밖에 없는 유기적 경향으로 보았기 때문이다(미헬스 2002, 391).

그는 정당이라면 피할 수 없는 그러한 사회학적인 법칙이 있다고 보면서,

그 핵심을 "선출된 자가 선출한 자들을 지배하고, 수임자가 위임자를 지배하며, 대의원이 대의원을 선출한 사람을 지배하도록 하게 만드는 것이 조직 그 자체이다"라고 주장하였다. 또한 그는 거듭 "모든 정당 조직은 민주적 토대 위에선 강력한 과두정이다. 어느 곳이나 선출하는 자와 선출되는 자가 있다. 그리고 어느 곳에서나 선출된 지도자는 선출한 대중을 지배한다. 조직의 과두적 구조는 조직의 민주적 토대에 의하여 숨겨진다. 후자는 당위이고, 전자는 현실이다"라고 주장하였다.

아울러 그는 "모든 계급 투쟁의 결과는 하나의 소수 집단이 다른 소수 집단에게 대중에 대한 지배권을 넘겨주는 교환일 따름일 뿐"이고, "궁극적으로는 경제적 적대 관계 때문에 역사의 무대 위로 올라와서 우리의 눈앞에서 거대한 투쟁을 주고받는 사회 계급들은, 무용곡에 맞추어 교대로 춤을 추는 두 개의 무용단에 비견될 만하다"라고 주장하였다(미헬스 2002, 374).

민주주의 정당 내부에서 과두적 현상의 원인들은 무엇인가? 이에 대해 미헬스는 "지도자들이 담합하는 경우와 보편적인 대중의 정신적 무기력을 논외로 한다면, 과두적 현상의 원인은 지도자들의 지배욕과 그들 존재의 기술적인 불가피성이다"라고 보았다(미헬스 2002, 390). 미헬스는 과두적 현상의 원인들에 대해 대중의 무기력 등 여러 변수를 언급하지만 그 중에서 '지도자' 변수를 가장 결정적 변수로 보고 있다.

즉 노동 조합, 군대, 정당, 정부와 같이 가장 효율적이어야 하는 조직은 통일성과 규율을 통한 효율성을 달성하기 위해 정교한 기술적 전문성을 지닌 '직업적 지도자'를 필요로 하는데, 이 직업적 지도자에게는 자연적 지배 욕구와 문화적 우위가 존재하기 때문에, 민주적 조직이라도 과두제로 이행하게 될 수밖에 없다는 것이다.

그렇다면 미헬스의 이러한 과두제의 철칙과 그 원인에 대한 진단은 타당한 것인가? 물론 과두제의 철칙이 독일 사회민주당의 특수성을 일반화한 오류라고 비판을 할 수도 있다. 또한 엘리트 간 경쟁 과정에서 대중의 참여를 통한 민주주의 실현 가능성을 무시했다는 한계를 지니고 있다는 비판도 있을 수 있다.

아울러 당원들의 참여에 근거한 직접 민주주의를 활성화한다면 이 철칙에서 벗어날 수 있다는 주장도 할 수 있다. 하지만 과두제의 철칙을 비판하는 여러 논리적 주장들은 이미 유럽 정당의 역사적 진화과정(대중 정당 모델→관료적 대중 정당→포괄 정당·선거 전문가 정당→카르텔 정당)에 따라서 어느 정도 반증되었다(Kirchheimer 1966, 178-198; Panebianco 1986, 262-267; Katz and Mair 1995, 5-28). 즉 근본적으로 대중 정당 모델에서 벗어날 수 있는 포스트 대중 정당 모델(post-mass party model)에 대한 아이디어를 논외로 한다면, 과두제의 철칙은 이미 검증되었고, 적실성을 갖는다고 할 것이다.

특히 당원을 중심으로 당내 민주주의로 작동하는 대중 정당 모델이 쇠퇴하고, 당원이 빠진 공백을 당 관료와 지도부 및 외부 선거 전문가 그리고 그 밖에 주체와 자원들(국가의 자원, 당내외 파벌 간 담합)로 채우면서, 과두제의 철칙은 카르텔 정당으로까지 이어졌다. 카르텔 정당의 경우는 정당 내 계파들 간의 패권 또는 담합 그리고 정당 밖 파벌들 간의 담합을 통해 국고 보조금을 독식하고 나눠먹는 한편 신생 정당의 진입을 막으려 했던 특징을 통해 과두제의 철칙이 어느 정도 검증이 되었다.

대중 정당 모델에서 카르텔 정당으로 이어지는 기존의 정당 모델로는 과두제의 철칙을 극복할 수 없다는 것은 당연하다. 왜냐하면 대중 정당 모델이 카르텔 정당 모델로 가는 과정은 〈표 1〉처럼 대체로 '조직 수준 정당'(party as organization) 기능의 약화를 다른 주체와 자원(국가의 보조금과 패권적인 법제도)을 통해 '유연화된 조직 수준 정당' 기능으로 극복하려고 했기 때문이다.

제왕적 대통령제와 정당

	대중 정당 모델	포괄 정당 모델	선거 전문가 정당 모델	카르텔 정당 모델	네트워크 정당 모델
시대 배경	국가 건설기, 산업화 시대	후기 산업화	후기 산업화	후기 산업화	지구화, 정보화 시대
주요 목표	이익 집성과 이익 표출	이념 약화+ 지지층 확대+ 선거 승리	이념 약화+ 지지층 확대+ 선거 승리	국가의 자원 활용을 통한 패권과 담합	이익 조정과 이익 통합
부각되는 정당 기능	'조직 수준 정당'	유연화된 '조직 수준 정당'	유연화된 '조직 수준 정당'	유연화된 '조직 수준 정당'	'공직 수준 정당'과 '유권자 수준 정당' 간 연계 기능
부각되는 행위자	이념적 활동 당원(정파)+ 특정계급 계층조직	당 지도부(당 관료)+중도적인 유권자	선거 전문가 + 각 분야 전문가 + 중도적인 유권자	당 지도부(당 관료)+국가	공직자–일반 유권자 간 네트워크

*출처: 채진원(2012, 153) 부분 재구성.

즉, '조직 수준 정당' 기능의 약화를 정당의 다른 두 기능 즉, '공직 수준 정당'(party in government)기능과 '유권자 수준 정당'(party in the electorate)기능을 연계시킬 수 있다면, 즉 네트워크 정당 모델을 활성화하여 진성 당원을 중심으로 하는 대중 정당 모델 쇠퇴의 최종 종착지인 카르텔 정당 모델을 벗어날 수 있는 방안이 있다면 그 노선을 조금 변경할 수는 있을 것이다.

특히, 진성 당원의 부족과 역할 감소를 극복하거나 획기적으로 보완할 수 있다면 과두제의 영향을 최대한 견제할 수 있는 다른 정당 모델을 창조할 수 있을 것이다. 아울러 진성 당원의 부족에서 오는 과두제를 당 밖의 다른 행위자와의 연대를 통해 견제와 균형을 잡을 수 있다면, 또한 최선의 정체인 공화정과 공화주의 원칙에 부합하는 현대적 공당(公黨) 모델이 이론적으로 실천적으로 설계되고 존재할 수 있다면 과두제의 철칙에서 벗어나거나 그 철칙에서 벗어나지는 못하더라도 그 문제점을 최소화시킬 수 있을 것이다.

여기서 '네트워크 정당 모델'은 〈그림 1〉과 〈그림 2〉의 비교처럼, 임성호

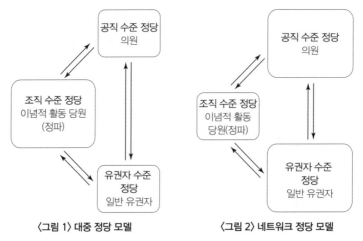

<그림 1> 대중 정당 모델   <그림 2> 네트워크 정당 모델

*출처: 채진원(2012, 152) 부분수정.

가 제시한 '원내 정당 모델'(임성호 2003)과 정진민이 제시한 '유권자 정당 모델'(정진민 2011)을 대체하는 것이 아닌 이를 보완하기 위한 정당 모델 개념이다. 원내 정당 모델과 유권자 정당 모델은 키이(Key 1964)의 다층적 수준의 정당 기능론의 관점에서 볼 때, 공통적으로 '조직 수준 정당'의 쇠퇴를 개선하기 위한 대안으로 '공직 수준 정당'과 '유권자 수준 정당'의 연계를 강조한다.

하지만 약간의 강조점과 비중이 다르다. 임성호는 '공직 수준 정당'에 상대적으로 더 많은 비중과 강조점을 두는 반면에, 정진민은 상대적으로 '유권자 수준 정당'에 더 많은 비중과 강조점을 두고 있다. '네트워크 정당 모델'은 임성호와 정진민의 정당 모델에 대한 '네이밍'이 연구자들과 독자들에게 정당 기능의 특정 측면만을 강조함으로써 다른 측면을 배제한다는 오해[2]를 불식하고, 지구화와 정보화 시대에 부응하는 '네트워크'와 '플랫폼'의 중요성에 초점을 맞춰 '공직 수준 정당'과 '유권자 수준 정당'의 균형적 연결을 더욱 강

---

2. 오해에 대한 부분은 정진민(2009)과 채진원(2010) 참조.

화해야 한다는 당위적 필요성을 더 효과적으로 강조하기 위한 개념이다.

특히, 이 아이디얼 타입으로서의 '네트워크 정당 모델'은 당원뿐만 아니라 의원과 공직 후보자의 지지자 등 적극적인 시민들의 참여를 기반으로 하는, 이른바 정당과 시민 정치(시민 사회 단체)를 연결하려는 '시민 참여형 네트워크 정당 모델', '시민 참여형 플랫폼 정당 모델'[3]로도 구체화될 수 있다. 이것은 '공직자 수준 정당'과 '유권자 수준 정당'의 연계를 on과 off 상으로 강화하기 위해 정보와 콘텐츠를 일방향이 아닌 쌍방향적으로 공유, 생산, 확산할 수 있도록 온라인 상의 플랫폼(정책, 캠페인, 청원, 민원, 미디어, 커뮤니티 등)을 정당에 장착하여 시민 참여를 촉진하는 정당 모델이다. 대표적인 시민 참여형 네트워크 정당의 예로는 독일 해적당의 Liquid Feedback, 영국 노동당의 청원 담당 플랫폼인 Campaign Engine Room, 당원과 지지자의 네트워크인 Members Net, 영국을 위한 정책 플랫폼인 Your Britain 등이 있다. 이 네트워크 정당 모델이 제대로 작동되기 위해서는 '공직 수준 정당'에서 나오는 '리더십'과 '유권자 수준 정당'에서 나오는 '팔로워십'이 균형있게 온-오프의 플랫폼을 통해 결합하여 주인 의식을 발휘할 때이다(채진원 2012: 2014).

III. 이론적 논의: 계파 정치의 원인, 네트워크 정당 모델, 오픈 프라이머리

한국에서 민주적인 정당은 과두제의 철칙에서 벗어날 수 있을까? 이것에 대한 대답은 제II장의 논의를 볼 때, 크게 두 가지 방향으로 나눠질 수 있다.

---

3. 민생을 주제로, 현장 관계자와 의원이 연결되어 참여하는 정당 모델로 새정치민주연합의 '을지로위원회'가 하나의 예가 될 수 있고, 이것을 활성화하기 위해 시민 참여형 온라인 정책 수립 플랫폼을 구축해야 한다. 미국 민주당과 연계된 무브온(http://moveon.org)과 영국 노동당의 멤버스넷(http://members.labour.org.uk/)은 시민 참여형 플랫폼 정당의 사례라 할 수 있다.

벗어날 수 없는 경로와 벗어날 수 있는 경로이다.

첫째, 벗어날 수 없는 경로는 대중 정당 모델의 문제점으로 지적된 진성 당원의 부족과 역할 감소를 유연화된 '조직 수준 정당 기능'을 통해 극복하려고 했던 경우이다. 둘째, 벗어날 수 있는 경로는 대중 정당 모델에서 초래된 '조직 수준 정당' 기능의 약화문제를 유연화된 '조직 수준 정당' 기능으로 해결하려고 하는 것이 아니라 정당의 다른 두 기능 즉 '공직 수준 정당' 기능과 '유권자 수준 정당 기능'을 연계시켜서 극복하려고 한 경우이다.

후자의 경로는 네트워크를 활성화하여 소수 계파들 간의 담합과 패권을 견제하고 균형을 잡을 수 있다. 후자인 경로는 전자의 경로보다 공화정과 공화주의 원칙이 적용되는 공당(公黨)의 작동 원리에 더 부합하게 되며, 따라서 과두제를 약화시키거나 과두제에서 벗어날 수 있는 가능성이 더 크다.

우리 사회는 계층 간, 지역 간, 세대 간, 남북 간, 이념 간, 정파 간 여러 분야와 영역에서 극심한 파벌 대립과 계파 갈등에 시달리고 있다. 이러한 갈등과 대립은 민주화의 결과로써 자연스러울 수도 있으나, 민주화가 되었음에도 불구하고 이러한 현상이 지속되고 개선되지 않고 있다는 것은 '민주주의의 역설'(paradox of democracy) 혹은 '민주주의의 딜레마'(dilemma of democracy)로 보인다.

여기서 민주주의의 딜레마란 개인의 자유와 권리(시민권)가 신장된 것에 비해 상대적으로 타인에 대한 존중과 함께 자신의 책임과 의무(시민성)가 성장하지 않아 갈등과 분쟁이 줄어들지 않고, 오히려 더 크게 발생하는 현상을 말한다. 오늘날 이것의 대표적인 예가 노사 갈등, 학교 폭력, 군대 폭력 같은 것이다. 즉 민주주의의 딜레마란 시민권(citizenship)과 시민성(civility)의 부조응 또는 비대칭으로 갈등과 분쟁이 더욱 커지는 현상을 말한다(채진원 2014a).

이러한 민주주의의 역설 또는 민주주의의 딜레마 문제로 인하여 가장 최선의 정치 체제인 공화정(republic)은 군주정(kingship), 참주정(tyranny), 귀족정(aristocracy), 과두정(oligarchy), 민주정(democracy)과 다르게 시민권과 시민성을 일치시키거나 리더십(leadership)과 팔로워십(followership)을 일치시키는 주인 의식(ownership) 그리고 주인 의식의 법적 표현인 준법 의식(rule of law)을 가진 덕성있는 있는 시민과 시민의 대표가 존재하지 않을 시, 불안정성과 비효율성을 동반하는 통치 불능 상태(ungovernability)에 빠질 수 있다.

공화정(republic)은 비지배적인 조건 확보를 위해 단순히 권력만 분립하는 (government of separated powers) 정부가 아니라 전체 국가의 권력과 기능을 공유하면서도 권한을 상호 견제하여 분리하는 정부(government of separated institutions sharing power)라는 특징이 있다(Neustadt 1990).

따라서 정당과 정치인들이 전체 국가의 권력과 기능에 대해 책임과 의무를 공유하는 주인 의식(ownership)을 갖지 못하고, 부분적인 이익에 집착하여 정당의 자유와 권리만을 주장하면서 권력 분립만 강조했을 경우에는 파벌(faction)과 계파(partisanship)의 등장에 따른 대립과 갈등으로 인해 교착과 파행으로 국정 운영이 통치 불능(ungovernability)에 빠질 수 있다(Machiavelli 2009).

이러한 민주주의의 딜레마와 통치 불능 상태에서 벗어나기 위해서는 공화주의 원칙을 준수하는 덕성있는 시민과 시민의 대표 및 정당과 정치인이 존재해야 한다. 그것의 핵심은 시민 교육과 정치 참여를 통해 공화정(republic)이라는 정체(政體)의 특성인 권력에 대한 공유와 분립 정신을 이해하면서도 주인 의식(ownership)과 준법 의식을 지닌 덕성과 역량을 지닌 시민과 시민의 대표자가 존재해야 한다는 점이다.

특히, 공화정(republic)이라는 정체는 인민 다수파의 지배를 강조하는 민주정(democracy)과 달리 권력 분립을 통한 비지배적 조건 확보와 대의제를 바탕으로 작동되기 때문에, 국민과 정부를 매개하는 정당의 역할이 중요하고, 정당 모델 역시 공화정에 부합하는 공당(公黨·public party)이 출현할 때 제대로 작동할 수 있다는 것을 깊이 인식할 필요가 있다.

만약 위에서 제시된 조건들이 불일치하거나 부조응 또는 부합하지 못할 때는, 공공의 이익보다는 분파적인 이익이 강조되는 파벌(faction)과 계파(partisanship)가 출현하여 공당(公黨)은 물론 공화정이라는 정체를 대립과 분열로 위험에 빠뜨려 정당과 정부에 대한 국민적 불신을 받게 된다는 것을 인식할 필요가 있다(채진원 2014a).

민주화 이후 한국 정치에서 파벌과 계파의 해악에 대한 비판의 목소리가 계속되고 있다. 공천권을 둘러싼 계파들 간의 패권과 담합이 계속되고 있으며, 이로 인해 정당의 정체성이 혼란스럽고, 정당의 구심력과 무게 중심이 잡히지 않고 있다. 민주화 이후 정당 개혁과 진보 정당의 등장에도 불구하고 민주적인 정당에서 계파 정치가 일반화되고 구조화되고 있는 원인은 무엇일까?

그것은 변화된 시대 상황에 부합하는 적절한 정당 모델과 공천 방식의 부재에 있다. 즉 그것은 대중 정당 모델의 종착지로 등장한 계파 문제를 극복할 수 있는 공화주의 원칙에 부합하는 적절한 공당(公黨)모델과 그것에 부합하는 공천 방식의 부재에 있다. 앞서 논의한 바와 같이 진성 당원을 중심으로 하는 대중 정당 모델은 당원의 부족과 당원 의식의 하락에 따라 계파의 과두제를 중심으로 하는 카르텔 정당으로 진화하였고, 그 결과 계파들의 과두제 현상을 더욱 노골화시켰다.

그렇다면 진성 당원의 공급이 부족한 시대적 상황이란 무엇인가? 그것은 노조와 이익 단체를 중심으로 하는 산업 사회와 달리 진성 당원이 더 이상 원활하게 공급되거나 동원되지 않아 당원 가입률이 최저인 상태 즉, 사실상 진성 당원이 없거나(without membership), 당원 수가 떨어지는(declining membership) 지구화, 후기 산업화, 정보화로 표현되는 오늘날의 시대적 상황을 말한다(Katz and Mair 2020; Thies 2000; Dalton and Wattenberg 2000).

이러한 시대 상황에서 당원들이 공천권 장악을 위한 과벌들과 계파들의 패권과 계파들 간의 담합(공천권 나눠먹기)을 실질적으로 견제하기는 어렵다. 그 이유는 계파 수장과 계파 조직에 의해 당원과 의원들의 자율성이 사실상 포획당했거나 정치 신인의 진입이 차단당해 더 이상 당내 민주주의가 작동되지 않기 때문이다.

한국에서 진성 당원제를 실시하여 가장 민주적인 대중 정당 모델로 자리매김을 하였던 민주노동당과 그 후계 정당들 역시 계파를 중심으로 하는 과두제의 철칙에서 벗어나기 어렵다는 것을 보여 주었다. 민주노동당이 분당하고 그 후계 정당들인 통합진보당이 이석기 비례 대표 선거 부정 사건을 계기로 또다시 분열했던 핵심에는 당원과 정치 신인이 더 이상 공급되지 않은 상황에서 다수 당원을 포획했던 것을 무기로 한 경기동부연합계파(NL계)의 공천권 장악과 다른 계파의 반발이 있었기 때문이다.

이러한 현상들은 미헬스가 웅변했던 과두제의 철칙처럼, 진보 정당과 민주 정당을 추구했던 민주노동당과 후계 정당에서도 정당 조직 내부에서 과두화 현상을 제어할 수 없었다는 것을 말하며, 그 과두화 현상의 원인에는 진성 당원의 공급 부족과 당원 의식의 부족에 따른 특정 계파의 당 질서에 대한 포획과 지배가 자리하고 있었음을 웅변한다. 특정 계파의 당 포획과 지배 현상은 민주당 후계 정당에서도 확연하게 드러난다.

2014년 새정치민주연합의 조직강화특별위원회의 구성이 계파별 안배에 따라 운영되고 있었다는 것이다. 이러한 실정은 당 대표와 최고 위원을 선출하는 전당 대회를 앞두고, 주요 선거인단이 되는 지구당 위원장, 대의원, 권리 당원이 당원의 선출에 의해서가 아니라 계파 수장에 의해 거꾸로 결정되어 지배받고 있음을 보여 준다. '당원과 당원 의식이 없는 정당'의 폐해에 대해서는 이미 미헬스가 '과두제의 철칙'을 통해, 민주주의를 토대로 하는 대중 정당이 과두화 경향에 따라 어떻게 관료적 대중 정당, 포괄 정당, 선거 전문가 정당, 카르텔 정당으로 전락해 가는지를 적실성 있게 설명하였다.

그렇다면 이러한 계파 정치로부터 벗어날 수 있는 방법은 무엇일까? 이러한 계파를 중심으로 하는 과두제 경향으로부터 정당을 구할 수 있는 방법은 무엇일까? 가장 확실한 방법은 산업화 시대의 대중 정당 모델처럼 진성 당원을 원활하게 동원하거나 공급하면 될 것이다. 진성 당원의 당원 의식(membership)을 통해 계파들의 패권과 담합행위를 견제하면 될 것이다. 하지만 이러한 견제는 지구화, 후기 산업화, 정보화, 탈물질주의 등으로 표현되는 변화된 시대 상황에 따른 대중 정당 모델의 카르텔 정당화를 볼 때, 더 이상 불가능하다(Katz and Mair 2020; Thies 2000; Dalton and Wattenberg 2000).

왜냐하면 원활하게 진성 당원을 동원하거나 공급할 수 있는 산업화 시대로 돌아간다는 것은 오늘날 전환기적 시대 상황으로 볼 때, 시대 역행적인 일로 현실적으로 불가능하기 때문이다. 즉 '이익 집성'의 기능을 약화시켜 '조직으로서의 정당 기능'을 약화시키는 시대 불가역적인 구조적 환경이 도래하여 이것을 거부하기에는 상당한 제약이 따른다(Dalton·Flanagan·Beck 1984, 15-22; Franklin·Mackie·Valen 1992, 33).

그렇다면 어떤 처방이 바람직한 것인가? 우선 민주화와 정당 개혁을 통해 1인 보스 체제가 쇠퇴했음에도 불구하고, 정당 내외에서 계파 정치가 등장

제왕적 대통령제와 정당

하는 의미에 대해 살펴보고, 그 원인에 대한 명증한 진단이 필요하다.

계파 정치가 등장한다는 것의 의미는 당원과 의원이 이미 특정 계파 조직들에 의해 포획을 당했거나 당 외부에서 당원이 공급되지 않는 상황에서 공천권 장악을 위한 특정 계파의 패권 혹은 계파 연합들의 담합이 공화주의 원칙에 부합하는 공당(public party)의 작동을 어렵게 한다는 것을 의미한다.

이어서 계파 정치의 발생 원인은 진성 당원이 공급되거나 동원되지 않는 전환기적 시대 상황(지구화, 정보화, 후기 산업화, 탈물질주의화 등 구조적인 원인)에서 기인하는 견제받지 않는 계파들의 지배(공천권 장악과 분배 동기)와 배제의 정치 행태(문화)라 할 수 있다. 따라서 그 처방의 방향은 정당의 모델을 공화주의 원칙에 부합하도록 현대화된 공당의 모델로 혁신해야 하며, 공천 방식 역시 그 공당에 부합하는 방향으로 설계할 필요가 있다.

즉 앞의 〈그림 1〉처럼 과두제의 철칙에 따른 카르텔 정당으로 진화하는 대중 정당 모델에서 근본적으로 탈피하여 〈그림 2〉 네트워크 정당 모델로 그 경로를 전환해야 할 것이다. 당원과 의원들이 계파 수장과 조직들에 의해 포획되어 왜곡된 '조직 수준 정당'을 축소하는 한편, '공직 수준 정당'과 '유권자 수준 정당'의 균형적 연계를 활성화해야 할 것이다.

공천 방식 역시도 네트워크 정당 모델에 부합하게 오픈 프라이머리(완전 국민 경선 제도)를 법제화하여 특정 계파의 지배와 독점 및 계파 담합으로부터 당원과 국민에게 완전 개방하여 계파들의 영향력을 실질적으로 약화시킬 필요가 있다. 상실된 당원과 의원들의 주인 의식(자율성)을 회복하고 시민들의 참여를 활성화하기 위해서는 오픈 프라이머리(완전 국민 경선 제도)를 각 당에게 맡기는 운영상의 한계에서 벗어나 국민적 합의를 통한 정치관계법 개정을 통해 오픈 프라이머리를 법제화할 필요가 있다(채진원 2012; 2014).

앞서 막스 베버가 '정당의 합리적 관료제화'로 해석했던 '정치 머신'(미국식

대중 정당 모델의 유형)의 폐해를 타파하기 위해 정치 개혁의 일환으로 1905
년 미국의 위스콘신주가 최초 주법으로 예비 선거(프라이머리)를 법제화한
이후 오픈 프라이머리를 제도화했던 경험과 사례는 대통령제 정부 형태를
지닌 우리에게 이론적으로 경험적으로 많은 시사점을 주고 있다.

미국 정당 정치는 남북 전쟁 이후 잭슨 민주주의 확대로 정당이 원내 정당
에서 대중 정당 모델로 전환되고, 대중 정당 모델의 형태인 정치 머신이 부
패의 온상이 되자 19세기 말부터 개혁 운동이 시작되었다. 공직 후보 선출
제도를 기존 대의원 대회의 정당 보스에서, 예비 선거로 바꿈으로써 정당 보
스들의 영향력을 약화시켜 현대 유권자와 원내 정당이 결합하는 현대식 정
당으로 변화시키는 계기가 되었다(안순철 2005).

〈표 2〉 2012 미국 대선에서 후보 선출 방식 비교

	caucus	closed primary	open primary
민주당	14	16	20
공화당	15	15	20

*출처: 이정진(2012). "이슈와 논점: 오픈 프라이머리 논의와 시사점."(6.20)

미국은 〈표 2〉처럼 2012년 대선에서 민주당은 36개 주, 공화당은 35개 주
에서 예비 선거를 실시하였으며, 이 중에서 민주당 20개주, 공화당 20개주가
오픈 프라이머리를 실시하고 있다(이정진 2012). 이러한 오픈 프라이머리는
멕시코, 칠레, 아르헨티나, 불가리아 등 1인 보스에 의한 가산제(patrimoni-
alism)의 폐해를 경험한 남미 국가에서 정치 개혁의 일환으로 대통령 후보 선
출 과정에 도입되어 확산되고 있다(안순철 2005).

또한 이 오픈 프라이머리는 대중 정당 모델의 전통이 강한 유럽에서도 점
차 확산되고 있다. 2011년 프랑스 사회당이 대선 후보 결선 투표에서 프랑
수아 올랑드(Francois Hollande) 대통령을 오픈 프라이머리로 선출한 바가 있

제왕적 대통령제와 정당

다. 또한 2013년 프랑스 보수 우파 정당인 대중운동연합(UMP)은 2014년 지방 선거에 출마한 파리 시장 후보를 나탈리 코시우스코 모리제 의원(Nathalie Kosciusko-Morizet, NKM)은 인터넷 투표를 활용한 오픈 프라이머리로 선출한 바 있다(김청진 2013). 2013년 7월 영국 노동당이 정치 불신과 취약한 당원 기반을 넘어서기 위해 런던 시장 후보를 선출하는 데 오픈 프라이머리를 도입하겠다고 전격 선언한 바 있다(유정인 2014).

1인 보스에 의한 가산제 문화가 강하고 그것의 폐해가 드러나고 있는 한국 역시도 2002년 16대 대선에서 당선된 노무현 대통령이 국민 참여 경선 제도를 활용하여 새정치민주당 후보로 당선된 바 있다. 2002년 당 차원에서 실시되었던 국민 참여 경선 제도는 역선택의 문제, 동원 문제 등을 보완하면서 여야가 같은 날 동시에 국가의 세금으로 유권자가 참여하는 오픈 프라이머리로 법제화하는 데 국민적 공감대를 넓혀 가고 있다.

IV. 오픈 프라이머리 법제화 추진에 대한 논의와 쟁점

1. 2015년 여·야의 입장과 의견과 쟁점

2015년 1월 여·야 혁신위는 2016년 4월 20대 총선에서 오픈 프라이머리를 도입하기 위한 당내 합의 노력과 함께 정치관계법 개정 등 법제화를 위한 내용과 절차를 논의하였다. 하지만 최종 당론으로 확정하지 못하였다. 새누리당 보수혁신특별위원회(위원장 김문수, 이하 보수혁신위)는 1월 5일 오픈 프라이머리 도입 및 여성·장애인 후보자 10-20% 가산점 부여 등의 혁신안을 의결했다.

보수혁신위는 당원협의회 운영 위원장이 국회 의원 선거에 출마할 경우 예비 선거일 6개월 전에 사퇴해야 한다는 방안도 의결했다. 기득권을 갖고 있는 운영 위원장이 오픈 프라이머리에서 월등히 유리할 수밖에 없다는 지적에 따른 것이다.

보수혁신위는 오픈 프라이머리에 참여할 자격도 강화하는 방안을 내놓았다. 별도 자격 심사 위원회를 통해 심사를 통과한 예비 후보만이 경선에 참여토록 하는 방안이다. 새정치민주연합은 정치혁신실천위원회(위원장 원혜영)를 통해 오픈 프라이머리 준비작업에 나섰고, 새정치민주연합 역시 '컷오프' 제도를 도입해 오픈 프라이머리 경선 후보자를 추리는 방안을 검토했다.

즉 현역 의원 대 다수 후보가 대결하면 인지도 및 조직에서 현직 의원이 압도적으로 유리하다는 지적을 반영하여, 현직 의원이 경선에 참여한 지역구는 오픈 프라이머리에 2명의 예비 후보만이 참여할 수 있는 방안을 논의했다. 하지만 새정치민주연합은 '전략 공천' 제도를 병행키로 하는 방안을 검토했다. 상대적으로 조직 기반이 없는 정치 신인들을 발굴하기 위한 방안이었다. 평가 기준 역시 당규에 명문화해 이해관계에 따라 수정하지 못하도록 할 방침이었다.

오픈 프라이머리가 당내에서 개별적으로 진행하는 방식이 아니라 역선택의 문제를 해결하기 위해 여야가 동시에 같은 날 중앙 선관위의 선거 관리 위탁에 따라 국고로 진행되도록 하기 위해서는 선거법 등 정치관계법이 개정되어야 한다. 하지만 이러한 오픈 프라이머리의 법제화 문제는 선거구 획정, 계파별 이해관계로 인해 본격적인 협상이 진전되지 못하고 있는 실정이다(이하늘 2015).

이상과 같이 여야의 공통점은 전체적으로 오픈 프라이머리를 제도화하겠다는 의견에도 불구하고, 오픈 프라이머리 제도의 원활한 작동을 위한 공정성 확보 방안에는 차이점이 발견된다. 새누리당이 여성·장애인 후보자 10-

20% 가산점 부여, 당협 운영 위원장의 선거일 6개월 사퇴, 예비 후보자 등록 제도 완화 및 상시 선거 운동 허용, 전략 공천 폐지 등을 주장한 반면에 새정 치민주연합은 예비 후보자에 대한 사전 검증 강화, 컷오프(cut-off) 제도, 신 진 정치인에 대한 전략 공천을 제안하고 있는 점이다.

현상적으로 보면 여야가 전략 공천 폐지 여부에 대한 입장 차이가 있는 것 으로 보이지만, 전략 공천 제도가 제안될 수밖에 없는 내외부적 조건을 완화 시킬 수 있다면 이러한 차이는 충분히 조정할 수 있다고 판단된다.

이러한 공통점과 차이점에도 불구하고, 여야는 2015년 1월 22일 정치혁신 합동 토론회를 개최하여 오픈 프라이머리에 대한 입장을 논의하였다. 합동 토론회는 여야가 오픈 프라이머리 법제화를 위한 논의를 시작했다는 데 의 미가 있었다.

새누리당 보수혁신위·새정치연합 정치혁신실천위 주최 합동 토론회에 서 발제자로 나선 나경원 의원과 박영선 의원은 정치권의 고질병인 계파 갈 등을 해소하고 국민에게 공천권을 돌려주는 오픈 프라이머리 도입 필요성 을 제기했다. 다만 두 의원은 오픈 프라이머리 방식에 대해서는 이견을 표현 했다.

나경원 의원은 2011년 142명의 명의로 자신이 대표로 발의했던 선거법 개 정안의 내용처럼 1)선거일 전 60일 이후 첫 번째 토요일에 실시 2)당에 공천 관리 위원회 대신 예비 선거 관리 위원회 구성 3)신인 여성·장애인 후보자 가산점(10~20%) 부여 4)전략 공천 폐지 등의 방안을 제안했다.

박영선 의원은 2012년 자신이 선거법 개정안으로 입법 발의했던 '톱투 (Top two) 프라이머리' 방식의 오픈 프라이머리를 제안했다. '톱투(Top two) 프라이머리'란 정당 소속과 무소속 관계없이 모든 후보자가 하나의 예비 선 거에 참여해서 최고 득표자 2명이 본선에서 겨루는 방식으로 2004년 미국

워싱턴주에서 처음으로 도입됐고, 2010년 캘리포니아주에서도 채택된 바 있다.

박영선 의원은 영호남 지역주의가 강한 풍토에서 '영·호남 공천이 곧 당선'인 현실에서 열심히 유권자를 만나고 민심을 훑은 후보자가 당선돼야 한다는 취지로 톱투(Top two) 프라이머리가 더 현실적이라고 주장한다. 박영선 의원은 자신의 법안 내용처럼 1)모든 정당에 대한 예비 경선 의무화 2)톱투 프라이머리 실시 3)선거일 전 30일 이후 첫 토요일 예비 경선 실시 등을 제안했다(송은미 2015).

박영선 의원이 제안하고 있는 '톱투(Top two) 프라이머리'는 영호남 지역주의(지역주의적 투표 행태)를 개선하는 데 탁월한 효과가 있을 것으로 예상된다. 하지만 우리나라가 연방제 정부가 아닌 단일 정부라는 점에서 그리고 여야 합의의 저항이 큰 만큼 모든 지역에 전면적으로 도입하기에는 한계가 있어 보인다.

따라서 수도권 등 전체적으로 오픈 프라이머리를 도입하되 적어도 여야가 지역주의 청산을 위한 정치 개혁의 차원에서 합의하여 부분적으로 영호남 지역에 한시적으로 도입하는 혼합형 방안의 설계를 적극 검토할 필요가 있다.

이 방식은 지역주의 극복을 위해 논의 중에 있지만 진보 정당의 저항으로 합의하기가 어려운 석패율제 도입, 권역별 비례 대표 확대보다 저항이 적으면서도 효과가 있을 것으로 보인다. 특히, 영호남 지역에서의 '톱투(Top two) 프라이머리'의 적용은 오픈 프라이머리에 대한 진보 정당의 반대를 줄이면서도 진보 정당이 요구하는 결선 투표제에 버금가는 효과가 있다는 점에서 혼합적 제도 디자인을 적극 검토할 필요가 있다.

2. 오픈 프라이머리 법제화 방안에 대한 논의

2011년 4월 8일 중앙 선관위는 정치관계법 개정 의견으로 오픈 프라이머리 법제화에 대한 최초의 의견을 국회와 정당에게 제안하였다. 또한 중앙 선관위는 이 최초의 안을 기초로 2015년 2월 24일 오픈 프라이머리 법제화에 대한 추가 의견을 발표하였다.

이러한 중앙 선관위의 최초 의견(중앙 선관위 2011)은 이후 선거법 개정안과 오픈 프라이머리 법제화 방향에 대한 기본 골격을 제시했다는 점에서 중요하다. 〈표 3〉은 앞서 소개했던 나경원 의원 안과 박영선 의원 안을 제외하

〈표 3〉 오픈 프라이머리 법안 주요 내용 비교

	중앙 선관위 안 (2011. 4.8)	김용태 의원 안 (2012.5.30)	김태원 의원 안 (2014. 1.3)	최재성 의원 안 (2014. 1.19)
선거의 적용 범위	대통령, 국회 의원, 광역 자치 단체장	대통령 선거	모든 공직 선거	대통령 및 특별·광역 단체장 선거
선거의 선택/ 가중치	정당의 의무적 선택과 선거 결과 비중의 자율적 적용	정당의 의무적 선택	정당의 의무적 선택	정당의 의무적 선택
선관위 위탁 여부/ 비용 국고	국고 보조금 받는 정당(대선은 20석 원내 교섭 단체) 국고 비용	위탁 의무 국고 비용	위탁 의무 국고 비용	위탁 가능 국고 비용
선거일 규정	대통령: 선거일 전 120일 이후 첫 번째 토요일 국회 의원 및 광역 자치 단체장: 본선거의 선거일 전 40일 이후 첫 번째 토요일	90일 전	대통령: 90일 전 국회 의원 및 광역 자치 단체장: 60일 전 지방 의회 및 기초 자치 단체장: 40일 전	대통령: 60일전 특별·광역 단체장: 30일전
여야 동시 실시/유권자 역선택 문제 규정	여야 동시 실시(한 유권자가 하나의 정당 경선에만 참여 가능)	여야 동시 실시, 한 유권자가 하나의 정당 경선에만 참여	여야 동시 실시, 한 유권자가 하나의 정당 경선에만 참여 가능(타 정당 투표참여 금지)	복수 정당 경선 실시에 복수 참여 금지(금지 위반시 해당투표 무효)

고, 중앙 선관위의 의견이 제출된 이후 국회에 제출되었던 주요 의원들(김용태 의원, 김태원 의원, 최재성 의원)의 법안 내용에 대한 비교이다(김용태2012; 김태원 2014; 최재성 2014). 이상 의원들의 안과 비교가 되는 기준점으로서 중앙 선관위가 제안한 오픈 프라이머리의 주요 내용을 살펴보면 다음과 같다.

첫째, 전국 동시 '국민 경선' 실시 규정이다. 1)임기 만료에 의한 선거(지방 선거의 경우에는 지방 자치 단체의 장 선거에 한함)에서 국고 보조금 배분 대상 정당이 당내 경선을 선거 관리 위원회에 위탁하는 경우에는 선거권이 있는 국민이면 누구나 참여할 수 있는 방법으로 같은 날 동시에 경선(이하 '국민 경선'이라 함)을 실시한다. 2)국민 경선의 경선일은 대통령 선거는 본선거의 선거일 전 120일 이후 첫 번째 토요일에, 그 외의 선거는 본 선거의 선거일 전 40일 이후 첫 번째 토요일로 한다. 3) 정당은 경선일 전 10일까지 위탁을 신청하도록 하되, 국민 경선이 아닌 방법으로 실시하는 경선은 위탁할 수 없도록 하며, 대통령 선거에 있어서는 국회 교섭 단체를 구성한 정당이 모두 참여한 경우에만 국민 경선을 실시한다(중앙 선관위 2011).

둘째, 경선 선거인에 대한 규정이다. 1)국내에 거주하는 국민으로서 본선거의 선거권이 있고, 경선 선거인 명부 작성 기준일(대통령 선거는 경선일 전 28일, 그 밖의 선거는 경선일 전 19일) 현재 주민 등록 또는 국내 거소 신고가 되어 있는 사람은 모두 경선 선거권을 부여한다. 2)다만, 정당이 국민 경선 위탁을 신청하기 전에 자체적으로 후보자 추천에 반영되는 경선을 실시한 경우에는 해당 경선에 참여한 사람은 국민 경선에는 참여할 수 없도록 한다. 3) 경선 선거인 명부는 구·시·군의 장이 작성하되, 중앙 선거 관리 위원회는 그 경선 선거인 명부를 전자 파일 형태로 전국 단위로 통합하여 작성하도록 한다(중앙 선관위 2011).

셋째, 경선 후보자 등록 규정이다. 경선 후보자 등록 신청 접수는 정당이 자율적으로 하되, 경선일 전 5일까지 경선 후보자 명부와 기호를 관할 선거구 선거 관리 위원회에 제출하도록 한다.

넷째, 경선 운동에 대한 규정이다. 현행 비당원 참여 당내 경선의 경우와 동일한 방법으로 경선 운동을 할 수 있도록 하되, 경선 홍보물은 매 세대에 발송할 수 있도록 한다. 다만, 경선일에는 일체의 경선 운동(예비 후보자로서 하는 선거 운동을 포함함)을 할 수 없도록 한다.

다섯째, 경선 투표에 대한 규정이다. 1)경선 투표소는 읍·면·동마다 읍·면·동사무소 등에 1개소씩 설치하되, 관할 구역 안에서 국민 경선이 실시되지 않는 구·시·군에는 경선 투표소를 설치하지 아니한다. 2)경선 선거인은 주소 또는 거소에 상관없이 자신이 투표하기 편한 투표소에 가서 자신이 참여하고자 하는 하나의 정당을 선택하여 경선 투표 용지를 교부받아 투표한다. 3)투표 시간은 오전 6시부터 오후 6시까지로 하며, 경선 투표 용지는 별도로 인쇄하지 아니하고 투표소에서 프린터 등 기계 장치를 이용하여 발급한다(중앙 선관위 2011).

여섯째, 경선 개표 규정이다. 1)경선 개표는 구·시·군 선거 관리 위원회가 관리하고, 선거구 선거 관리 위원회는 개표 결과를 취합하여 해당 정당에 통지한다. 2)정당의 후보자 추천에 있어 국민 경선 결과의 반영 정도는 정당이 자율적으로 정하도록 한다.

일곱째, 경선 투표·개표 참관 및 경선 관리 경비 부담 규정이다. 1)경선 투표 및 개표 참관 여부, 참관인의 수는 정당이 자율적으로 정하여 경선일 전일까지 구·시·군 선거 관리 위원회에 그 명단을 제출하도록 한다. 2)국민 경선의 경선 선거인 명부 작성, 투표 및 개표 관리에 소요되는 비용은 국가가 부담하도록 한다. 다만, 투표 및 개표 참관인 수당은 정당이 부담하도록 한다.

〈표 3〉의 비교에서 쟁점이 되는 사항은 '선거의 적용 범위', '선거의 선택과

가중치', '선관위 위탁과 선거 비용 국고 여부', '선거일 규정', '여야 동시 실시 및 유권자 역선택 문제 규정'이다. 첫째, 선거의 적용 범위에 있어서는 의견 차이가 많이 난다. 중앙 선관위는 대통령 선거, 국회 의원 선거, 광역 자치 단체선거에 적용하는 것을 제안했지만 의원들은 모든 공직 선거(김태원 의원), 대통령 선거(김용태 의원), 대통령 선거와 광역 단체장 선거(최재성 의원)에 적용하는 안을 담고 있다.

둘째, 오픈 프라이머리를 의무적으로 적용해야 하는 것인지, 아니면 자율적으로 적용해야 하는 것인지와 관련된 선거의 선택과 가중치에 대한 문제이다. 이것에 대해 중앙 선관위는 국고 보조금을 받는 정당(대선의 경우는 원내 교섭 단체)이면 오픈 프라이머리를 의무적으로 적용하지만 그 선거 결과의 비중을 얼마만큼 적용할 것인지에 대해서는 정당이 자율적으로 판단하도록 하는 안을 제시하였다. 반면 의원들의 경우는 오픈 프라이머리를 국고 보조금을 받는 정당은 의무적으로 오픈 프라이머리를 실시해야 하고, 선거 결과에 대한 비중치를 100% 반영하는 안을 담고 있다.

셋째, 선관위 위탁과 국고 비용에 대해서는 중앙 선관위 안과 나머지 의원들의 안 모두 동일하게 이것에 대해 찬성하고 있다. 넷째, 선거일 규정은 중앙 선관위 안과 의원들 안의 차이가 크다. 차이가 큰 이유는 전체적인 오픈 프라이머리에 대한 상이 다르기 때문으로, 전체적인 상이 좁혀지면 이 부분 역시 좁혀질 수 있을 것이다. 다섯째, 여야 동시 실시 및 역선택의 문제 규정이다. 이 부분 역시 중앙 선관위의 안과 의원들 안 모두 큰 차이가 없다.

V. 소결

본 글은 민주화 이후 한국 정당 정치의 문제점으로 공천권 장악을 둘러싸

제왕적 대통령제와 정당

고 일정하게 반복적으로 패턴화되고 있는 계파 정치의 문제점을 극복하기 위한 대안으로 공화주의적 원칙에 부합하는 정당 모델(公黨)의 제시와 이것에 부합하는 공천 방식을 찾기 위한 실험적인 시도로 출발하였다.

핵심적인 문제의식은 민주화, 정당 개혁, 진보 정당의 진출 등으로 1인 보스 정당 체제가 약화되었음에도 불구하고, 여야는 물론 진보 정당에서조차 계파 정치가 등장하고, 이러한 계파 정치가 계속해서 유지되는 원인과 배경에 대해, 그리고 그것을 극복할 있는 처방에 대해서도 이론적·경험적 논의를 통해 살펴보고자 하였다. 특히, 계파 정치의 배경과 의미에 대해 미헬스가 제기한 '과두제의 철칙' 테제를 적용하여 그것이 출현하여 유지되게 하는 정당의 지배 구조의 배경과 의미를 살펴보고자 하였다.

또한 아리스토텔레스, 마키아벨리, 매디슨 등 공화주의자들의 이론적 논의를 수용하여 현 시기 과두제 현상으로 드러난 계파 정치를 극복할 수 있는 최선의 정체와 정당 모델로 공화주의 원칙이 적용될 수 있는 네트워크 정당 모델과 이것에 부합하는 공천 방식으로 오픈 프라이머리의 법제화를 강조하였다.

파벌과 계파 정치로부터 정당과 공화정을 구할 수 있는 가장 확실한 방법은 산업화 시대처럼 진성 당원을 동원하거나 공급하는 일이다. 하지만, 이러한 것은 과거 시대로 다시 돌아가야만 가능하다는 점에서 시대 역행적인 일로 현실적이지 않다. 따라서 바람직한 해법은 공화주의 원칙을 볼 때, 공천권을 특정 계파의 독점 혹은 계파 담합으로부터 당원과 국민에게 완전 개방하여 계파들의 영향력을 약화시키는 것이 최선이다.

계파 정치를 극복하기 위해서는 공화주의 원칙에 부합하는 네트워크 정당 모델의 작동과 함께 오픈 프라이머리가 제도적으로 잘 작동하도록 하는 정치 문화가 활성화되어야 한다. 무엇보다도 공화주의 원칙을 실현하는 대화와 타협의 정치 문화가 정착될 필요가 있다. 그러나 네트워크 정당 모델과 오픈 프라이머리의 제도화에 대한 비판의 목소리가 많고, 제도에 대한 인식 차이도 큰 만큼 이것에 대한 진지한 토론을 통해 합의를 이루는 것도 시급하다.

참고문헌

김용태. 2012. 공직선거법 일부 개정 법률안(5.30).

김청진. 2013. 「나탈리 코시우스코-모리제 의원. UMP 파리 시장 후보로 결정」. 중앙선관위. 주요 정치현안 및 입법동향.

김태원. 2014. 공직선거법 일부 개정 법률안(1.3).

니콜로 마키아벨리. 강정인, 안선재 옮김. 2009. 『로마사 논고』. 한길사.

로베르트 미헬스. 김학이 옮김. 2002. 『정당사회학: 근대 민주주의의 과두적 경향에 대한 연구』. 한길사.

막스 베버. 박상훈 옮김. 최장집 엮음. 2011. 『소명으로서의 정치』. 폴리테이아.

모리치오 비롤리. 김경희, 김동규 옮김. 2006. 『공화주의』. 인간사랑.

송은미. 2015. 「나·박 "오픈프라이머리 도입" 합창. 여야 정치혁신 합동 토론회」. 『한국일보』(1.23).

아리스토텔레스. 천병희 옮김. 2009. 『정치학』. 숲.

알렉산더 해밀턴, 제임스 매디슨, 존 제이. 김동영 옮김. 1995. 『페더럴리스트 페이퍼』. 한울.

안순철. 2005. 『미국의 예비 선거: 비교정치학적 접근』. 단국대학교출판부.

유정인. 2014. 「해외의 오픈프라이머리… 100여 년 전 미국서 첫 도입」. 『경향신문』(11.17).

이정진. 2012. 「이슈와 논점: 오픈프라이머리 논의와 시사점」. 국회입법조사처(6.20).

이하늘. 2015. 「오픈프라이머리, 정치권 '화두'…공천권 내 손에?」. 『머니투데이』(1.8).

임성호. 2003. 「원내정당화와 정치 개혁」. 『의정연구』. 9(1). 133-166.

정진민. 2009. 「원내정당론을 둘러싼 오해들에 대한 정리」. 『한국 정치연구』. 18(1). 29-49.

정진민. 2011. 「정당의 후보 선출과 공정성: 유권자 정당모델을 중심으로」. 『의정연구』. 17(13). 145-170.

중앙선관위. 2011. 정치관계법 개정 의견(4.8).

채진원. 2010. 「원내정당모델의 명료화: 대안적 정당모델들과의 비교논의」. 『의정연구』. 16(2). 5-37.

채진원. 2012. 「'오픈 프라이머리 정당약화론'의 재검토: 다층적 수준의 정당 기능론을 중심으로」. 중앙선관위. 『選擧硏究』. 3. 135-161.

채진원. 2014a. 「노무현의 당정분리론과 비판에 대한 이론적 논의」. 『오토피아』. 29(1). 203-237.

채진원. 2014b. 「시민교육 파트너십」. 『시민사회 파트너십과 공공성』. 인간사랑.

최장집. 2005. 『민주화 이후의 민주주의』 개정판. 후마니타스.

최장집, 박상훈, 박찬표. 2007. 『어떤 민주주의인가』. 후마니타스.

최재성. 2014. 공직선거법 일부 개정 법률안(1.19).

Dalton, R. J., & Wattenberg, M. P. 2000. *Parties without Partisans: Political Change in Advanced Industrial Democracies.* Oxford Press.

Dalton, R. J., Flanagan, S. C., Beck, P. A., & Alt, J. A. 1984. *Electoral Change in Advanced Industrial Democracies.* Princeton University Press.

Franklin, M.N., Mackie, T.T., & Valen, H. 1992. *Electoral Change: Responses to Evolving Social and Attitudinal Structures in Western Countries.* Cambridge University Press.

Katz, R. S., & Mair, P. 1995. "Changing Models of Party Organization and Party Democracy: The Emergence of the Cartel Party". *Party Politics.* 1(1). 5-28.

Key, V. O. 1964. *Politics, Parties and Pressure Groups.* Crowell.

Kirchheimer, O. 1966 "The Transformation of the Western European Party ystem". in Lapalombara, J., & Weiner, M. eds. *Political Parties and Political Development.* Princeton University Press.

Neustadt, R. E. 1990. *Presidential Power and the Modern Presidents.* The Free Press.

Panebianco, A. 1986. *Political Parties: Organization and power.* Cambridge University press.

Thies, M. F. 2000. "On the Primacy of Party in Government: Why Legislative Parties Can Survive Party Decline in the Electorate". in Dalton, R. J., & Wattenberg, M. P. eds. *Parties without Partisans: Political Change in Advanced Industrial Democracies.* Oxford Press.

제6장

시민 정치의 흐름과 네트워크 정당 모델의 과제

I. 시민 정치와 대의 정치의 충돌을 피할 정당 모델은?

지구화, 정보화, 후기 산업화, 탈물질주의화, 탈냉전화 등으로 표현되는 전환기적 시대 상황은 거시적 차원의 구조 및 체제의 변화뿐만 아니라 미시적 차원과 중범위적 차원의 변화를 촉진한다. 전환기적 시대 상황은 시민들의 가치정향과 정치 참여 방식에 영향을 미침과 동시에 민주주의와 정당의 존재 양식에도 위기와 더불어 새로운 변화를 촉진한다.

변화된 시민의 가치 정향은 시민들의 정치 참여 양식에도 영향을 미친다. 즉 대의 민주주의를 정당화시켜주는 선거와 정당에 참여하는 '관습적 참여'[1] 에서 직접 행동, 시위, 데모 등 시민 주도의 정책참여적인 '비관습적 참여'[2]

---

1. 일반적으로 정당을 결성하거나 정당 가입 그리고 선거 때 지지 정당에 대한 투표, 후원, 지지 표명, 정책 선거 캠페인, 정당과 이익 집단에 대해 참여하는 것을 말한다.
2. 일반적으로 시민 단체(NGO) 결성, 시위, 데모, 집회, 파업, 서명 운동, 청원/민원, 정치인 접촉, 공무원 면담에 직접 참여하는 것을 말한다.

로 다변화시킨다. 비관습적 참여의 등장은 정당을 둘러싼 주변 환경에 영향을 미침으로써 정당의 위기와 동시에 새로운 적응을 위한 정당의 진화 즉 정당 모델의 변화를 촉진한다(Dalton 1996; 2008; Dalton, Ferrell and McAllister 2011; Scarrow 2014; 임성호 1999; 채진원 2015).

미국인들의 정치 의식과 참여 형태의 변화를 연구한 달톤(Dalton 2009)은 높아진 교육 수준에 따른 인지적 동원의 확대와 탈물질주의를 경험한 젊은 세대의 등장으로 시민 참여의 규범적 양식이 근본적으로 변화하였고, 이에 동반하여 시민의 정체성을 규정하는 규범과 가치도 변화하였다고 주장하였다. 그는 시민을 변화된 정체성의 차이에 따라 '의무적 시민'(dutiful citizen)과 '참여적 시민'(engaged citizen)으로 구분하고, 젊은 세대를 중심으로 '참여적 시민'이 증가하고 있음을 실증자료를 통해 보여 주었다.

'의무적 시민'은 좋은 시민(good citizen)이 되기 위한 조건으로 법과 규율을 준수하고 기존의 권위와 질서에 대한 의무를 중요시하는 반면, '참여적 시민'은 자기표현적 욕구를 더 중요한 가치로 여기며, 좋은 시민이 되기 위한 조건으로 지역 사회와 공동체에 적극적으로 봉사하고 참여하는 것을 더 중요하게 여긴다고 보았다.

이 같은 '참여적 시민'의 등장과 확산은 시민들의 직접적인 정치 참여와 연동되어 대의 정치와 정당에 대한 불신을 증대시키는 동시에 정치 발전에 부응하는 새로운 정당 모델의 출현을 촉진한다. 라팔롬바라와 웨이너(LaPal-ombara and Weiner 1966, 14)는 "정치 발전은 무엇보다 지배적 정치 엘리트에 속하지 않는 다수 국민의 정치 참여 정도를 의미한다"라고 보면서, 시민 참여로 표현되는 시민 정치의 확대가 기존 통치 엘리트와 정당과의 충돌과 경쟁 속에서 불가피하게 위기와 변화를 수반하게 되고, 결국 시민 정치의 수준은 정치 발전을 측정하는 중요한 척도와 변수가 됨을 강조하였다.

전환기적 시대 상황은 시민들의 향상된 개인주의(individualism)와 인지적 동원(cognitive mobilization) 및 SNS 미디어의 사용을 촉진시키고, 다양한 '네트워크 플랫폼'과 '시민적 행동주의'(civic activism)를 발전시킨다. 1998년 구글의 설립에 이어 2004년 페이스북과 2006년 트위터가 개발되면서 전 세계 모바일 환경은 한 단계 향상되었다. 이것은 '네트워크 플랫폼'(network platform)3에 기반한 '시민적 행동주의'를 더욱 성숙시킨다.

시민적 행동주의의 대표적인 예는 1998년~2008년의 미국의 무브온(http://MoveOn.org)이며, 이것은 시민 정치의 대표적인 사례가 되었다(Dalton 1996). 무브온 외에 시민적 행동주의는 2010년 아랍 지역에서 불어온 '쟈스민 혁명', 그리고 2011년 "우리는 99%다"라는 외침이 터져 나온 미국 뉴욕월가 점령 시위(Occupy wall street)가 있다.

이러한 사례들은 시민 참여에 대한 높은 열망을 보여 준다. 여기서 시민 정치라는 것은 잠정적 정의로 시민들의 참여 방식 중 비관습적 참여가 중심이 되면서 이것이 관습적 참여에도 긍정적인 영향을 미치는 행위를 말한다. 결국 전환기적 시대 상황은 19세기 산업화 시대에서 계급과 계층처럼 집단적·집합적 정체성으로 존재하게 했던 인간관계를 해체하고 파편화시켜 '원자화의 위기'에 빠뜨리는 동시에 '네트워크화된 개인주의'(networked individualism)로 성숙시킴으로써 산업화 시대와 SNS가 없던 시대와 비교되는 새로운 정치 참여 양식을 촉진한다.

무브온이 한국에 알려지기 시작한 건 2008년 오바마 대통령이 당선되면서부터이다. 하지만, 그것의 시작은 그보다 10년 이른 1998년 9월이다. 당시

---

3. 플랫폼이란 용어는 더 이상 IT용어로만 여겨지지 않고, 정치, 사회, 경제 모든 영역에서 새로운 가치를 창출하는 '토대'이자 '공간'의 의미로서 사용되고 있다. 플랫폼은 기본적으로, 참여, 개방, 공유, 공통의 이익, 네트워크와 확장성을 지향한다. 한마디로, 변화와 진화를 동반한 가치 지향물이다.

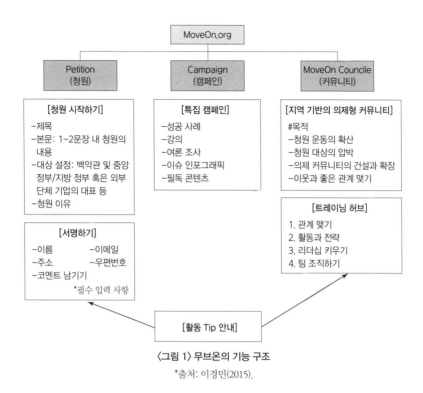

〈그림 1〉 무브온의 기능 구조

*출처: 이경민(2015).

실리콘밸리의 벤처 사업가인 웨스 보이드와 조앤 블레이즈는 '르윈스키 사건'으로 탄핵 위기에 몰린 클린턴 당시 대통령을 지지하려고 온라인 전자우편을 통해 온라인 탄핵 반대 청원 활동과 서명 운동을 벌이면서 시작되었다.

탄핵 반대 이후 무브온은 〈그림 1〉처럼, 선거 시기는 물론 일상 시기에도 의회·정부·언론사 등을 상대로 '청원 운동'을 하는 한편, 인터넷 정치 캠페인, 지역 커뮤니티 활동, 정치 활동을 위한 모금 운동 등을 실천했으며, 2008년 대통령 예비 선거와 본선에서 오바마를 지지하여 그의 당선에 큰 영향을 미쳤다(MoveOn.org Staff 2004). 무브온이 시도했던 시민 행동의 특징은 온라인과 오프라인이 연결되도록 시민 참여를 플랫폼 형식으로 시스템화했다는 데 있다.[4] 오바마 대통령의 2008년 당선에 이어 2012년 재선 승리의 배경에는 빅데이터 기반을 활용한 선거 캠페인과 무브온의 연계 모델이 있었다.

무브온과 결합한 오바마의 선거 승리 요인이 대중 정당 모델의 역사적 전통이 강한 영국 노동당, 프랑스 사회당, 독일 사민당 등에게 알려지면서, 그곳에서도 SNS 플랫폼을 활용하는 시민 참여형 정당으로 개혁을 촉구하는 운동이 일어나게 되었다. 2000년대 초중반 미국과 유럽의 정당들이 무브온과 같은 시민 정치의 등장과 이것에 반응하며 연계하기 위해 이른 바, 시민 참여형 플랫폼 정당으로의 진화가 시도되고 있을 때, 한국의 시민 정치와 정당은 어떤 모습이었을까? 한국에서도 역시 이러한 시민 정치의 흐름은 있었다. 2000년 16대 총선을 앞두고 시민 운동 단체인 총선 연대의 정치 참여가 있었다. 하지만 이것에 반응하고 결합하려는 정당의 시도는 매우 미흡하였다.

총선 연대의 정치 참여양식은 정당이 민의를 무시하고 결정한 부적절한 후보 공천을 심사하여 공천 과정과 선거에서 떨어뜨리는 낙천 낙선 운동이었다. 시민 단체의 낙천 낙선 운동은 대성공을 거두었지만, 정당은 시민 단체의 요구를 정당 정치에 대한 도전으로 이해하고 부정적으로 반응하면서 시민 단체와 갈등하였다. 낙천 낙선 운동 이후 시민 정치는 인터넷 보급에 따라 사이버 공간이 크게 활성화되었고, 활성화된 온라인 공간은 다시 오프라인과 결합되면서 시민들과 시민 운동 단체들의 참여는 더욱 폭발적으로 증가하였다.

온라인과 오프라인이 결합된 시민 정치의 예는 2002년 미군 장갑차에 의한 두 여중생의 사망사건에 대한 진실 규명 촛불시위, 2002년 노사모(노무현

---

4. 시민 행동은 "온라인 웹에서 이루어지는데, ①웹 정보 공유 → ②온라인-오프라인 청원 → ③오프라인 집단 행동 → ④온라인 피드백 → ⑤다시 웹 정보 공유의 과정을 거친다. 운영자나 회원들이 집회나 시위 계획을 이메일이나 무브온 게시판 등에 공지하면, 회원들은 정보를 받고 가까운 곳에서 열리는 집회에 참여하게 된다."(송경재 2011).

제왕적 대통령제와 정당

을 사랑하는 사람들의 모임)의 결성, 2004년 노무현 대통령 탄핵 반대 촛불집회, 2008년 광우병 쇠고기 수입 반대 촛불집회이다. 2008년 쇠고기 촛불집회는 온라인과 오프라인이 결합된 시민 정치의 전형을 보여 주었지만 정당들은 촛불집회가 등장하는 원인을 제공했음에도 불구하고, 그것의 대응에도 무능력하였다(하승우 2008).

2012년 19대 총선을 앞두고 무브온의 영향을 받아 한국형 무브온을 지향하는 시민 정치 단체인 '내가 꿈꾸는 나라'와 '국민의 명령'이 결성되어 정당 개혁과 신당창당(시민통합당)에 의한 정당 합당 운동을 추진하였다. 당시 정당 정치는 이러한 시민 정치의 흐름에 대해 2002년 노사모의 개혁당 창당과 노무현 후보에 대한 국민 참여 경선 참여 유도, 2012년 시민통합당의 민주통합당으로 합당 등으로 반응을 했지만, 대체로 소극적으로 반응하였다.

2012년 18대 대선을 앞두고, 시민 정치의 흐름을 반영하려는 정당의 시도는 정당 개혁 논의로 나타났다. 문재인과 안철수의 정치 개혁 공약 그리고 2014년 6·4 지방 선거를 앞두고 민주당과 새정치연합의 합당으로 탄생된 새정치민주연합의 정당 개혁안이 주가 된다. 이들이 주장한 정당 개혁의 주요 사업은 네트워크 정당(스마트정당, 인터넷 정당, 플랫폼 정당)으로의 전환과 공천 과정에서 일반 유권자의 참여를 보장하기 위한 오픈 프라이머리의 법제화로 구체화된다.

하지만 새누리당은 네트워크 정당을 고민했던 새정치민주연합보다 먼저 2014년 5월 플랫폼 정당으로 정당 개혁의 방향을 잡고, 미국 공화당과 민주당의 SNS 활용을 응용하여 '크레이지파티'(http://www.crazyparty.or.kr)를 온라인에서 오픈하였다.

그동안 시민 정치의 흐름에 반응하기 위한 정당 개혁에 대한 논의가 민주통합당, 새정치민주연합, 새누리당 내에서 수없이 제기되었다. 하지만 이들은 가시적인 성과를 내지 못하고 있다. 그 이유는 크게 볼 때, 개혁 방향에 대한 합의가 부재하다.

네트워크 정당 모델로의 방향 전환을 놓고 계파 간 대립과 갈등이 계속되기 때문이다. 정당 모델과 관련한 방향성에 대한 담론을 풍부하게 제공해줘야 할 지식인들 역시 네트워크 정당 모델에 대한 합의를 못하고 팽팽히 맞서고 있다. 정당 정치를 기반으로 하는 대의 정치와 진성 당원제를 기반으로 하는 대중 정당 모델을 강조하는 학자들은 네트워크 정당 모델(스마트 정당, 인터넷 정당, 플랫폼 정당)로의 전환과 오픈 프라이머리 법제화를 당원의 권리를 축소시키고, 정당의 정체성을 약화시키는 방안이라고 비판하면서 대립각을 세운다.

특히, 최장집 교수는 2008년 쇠고기 촛불집회 이후 일관되게 시민 사회의 직접적인 정치 참여보다는 당원을 중심으로 하는 정당 정치를 활성화해야한다고 주장하면서 정당 정치를 넘어서는 시민 정치의 활성화에 대해 부정적인 입장을 개진하였다. 물론 시민 정치를 주도하는 시민 단체와 지식인들은 시민 정치와 대의 정치는 서로 충돌하지 않는다는 반론을 펴면서 시민 정치가 등장할 수밖에 없는 핵심적 원인으로 대의 정치와 정당 정치의 문제점과 한계를 비판한다.

하지만, 그들 역시도 최장집 교수의 비판에 대한 반정립 차원에서 반론을 펴고는 있지만, 시민 정치와 대의 정치의 충돌을 근본으로 막거나 회피할 수있는 대안적 민주주의 원리와 방법론을 제시하지 못하고 있다. 이러한 둘 간의 충돌을 막거나 피하기 위해서는 시민 정치와 정당 정치의 두 측면에서 모순되지 않으면서 서로 부합할 수 있는 대안적인 민주주의 양식과 정당 모델을 제시할 필요가 있다.

시민 참여와 시민 정치는 대의 민주주의 발전에 기여한다는 의견도 있지만, 거꾸로 대의 민주주의와 정당 정치를 저해한다는 부정적인 시각도 있다. 시민 참여가 발전하면 대의 민주주의도 발전한다는 부합의 관계로 보는 시각도 있지만, 그렇지 않은 대립과 충돌의 관계로 보는 시각도 있다. 이러한 양측의 대립적 시각은 2015년 정당 개혁의 쟁점인 '네트워크 정당 모델'과 '오픈 프라이머리의 법제화'를 놓고 벌어진 논쟁에서도 분명하게 드러나고 있다.

따라서 이론적인 차원에서 시민 정치는 대의 민주주의를 위협하고, 정당의 정체성을 약화시키는지? 시민 정치는 대의 민주주의에 어떤 영향을 미치며, 어떤 의미가 있는지? 시민 정치와 대의 정치 간의 충돌을 피할 수 있는 대안적인 민주주의 원리와 정당 모델이 무엇인지에 대해 진지하게 논의할 필요가 있다.

민주화 이후 한국의 민주주의와 정당 정치는 어디로 가야 하는가? 정당 정치는 시민 정치 흐름에 어떻게 부합할 수 있는가? 시민 정치에 부합할 수 있는 대안적인 민주주의 원리와 정당 모델은 무엇인가? 이러한 질문에 답을 제시하는 것이 한국의 정당 정치가 당면한 문제이다. 2016년 20대 총선과 2017년 19대 대선을 앞두고 선거 캠페인과 결합하려는 시민 단체의 정치 참여와 시민 정치 단체의 등장이라는 점에서 이와 관련한 답변이 진지하게 모색될 필요가 있다.

본 글의 목적은 시민 정치의 흐름과 이것에 반응하고 결합하려는 새로운 정당 정치의 사례를 통해 한국 정당이 가야할 방향으로 시민 참여형 네트워크 정당 모델을 제시하고, 이를 위한 과제를 살펴보는 데 있다.

본 글에서는 시민 참여가 대의 민주주의와 충돌하거나 정당을 약화시키지 않는 대안 모델을 찾기 위해서 이론적으로 시민 참여와 대의 민주주의가 양자 간 충돌할 수 있는지 여부에 대해 충돌론과 부합론을 살펴본다. 또한 부합론의 대안적 예시로 네트워크 정당 모델에 반응성이 큰 매디슨(J. Madison)과 선스타인(C. Sunstain)이 제시하고 있는 '숙의적 공화 민주주의 모델'을 검토한다.

이를 위해 첫째, 국내외 시민 정치 흐름의 개괄과 이에 부합하는 정당의 사례를 살펴보고자 한다(제1장, 제2장). 또한 대안으로 모색되고 있는 네트워크 정당 모델의 이론적 논의와 쟁점 사항을 살펴본다(제3장, 제4장). 아울러 결론으로 전체 요약과 더불어 네트워크 정당 모델을 한국적 상황에서 현실화하기 위한 과제를 찾아보고자 한다(제5장).

II. 시민 정치에 반응하는 정당 변화의 사례

본 장에서는 서론에서 살펴본 시민 정치의 흐름에 이어서 '정치 발전'을 의미하는 시민 정치와 이것에 결합하는 정당의 변화 양식에 초점을 맞춰, 시민 정치의 도전적 흐름을 수동적으로 회피하지 않고, 적극적으로 반응하여 결합하려는 정당 변화의 사례들을 살펴본다. 사례를 소개하는 기준으로 'SNS 기반의 플랫폼 정당 기능의 수용', '오픈 프라이머리 수용', '직접 민주주의와 시민 참여의 요소 수용'에 초점을 맞춘다.

1. 해외 사례

1) 미국 민주당

민주당은 2008년 대선에서 무브온의 시민 참여 운동에 오바마 캠프의 이슈 캠페인과 데이터 기반 선거 캠페인을 결합시켰다(이경민 2015). 이것의 결과로 오바마 대통령은 초선과 2012년 재선에서 승리하였다. 오바마 대통령은 초선에서 SNS를 적극적으로 활용한 선거 전략을 활용해 대선에서 승리했으며, 2012년에는 과거 전략에 더해 '마이크로 타겟팅'과 '캠프 오바마' (Camp Obama)라는 자원봉사자들의 모임을 통해 자발적 풀뿌리 선거 운동을 조직화하였다. 오바마 캠프가 진행한 무브온과 연계된 플랫폼 선거 전략을 소개하면 다음과 같다.

a) PC, 태블릿, 스마트폰에서 모두 사용할 수 있는 웹 '대쉬보드' (www.barackobama.com/#get-involved)에 가입, "지역 활동을 하실래요?"라는 질문에 동의하면 회원 거주지 커뮤니티로 자동 이동한다. 그 커뮤니티에서는 인근에서 벌어지는 관계 행사가 안내되고 그 중에 선택하면 오프 모임에 초대된다. 그 모임은 민주당원이 지휘한다.

b) 오바마 캠프에서 유권자들에게 보내는 이메일에는 재미있는 특징이 있다. 성별, 나이, 거주지, 직업, 관심사, 소비 패턴 등 유권자 개개인의 특성에 따라 이메일의 내용이 달라진다. 또한 유권자가 이메일을 받고 보이는 반응에 따라 추후에 받을 이메일의 내용이 다시 수정된다. 그야말로 '맞춤형 홍보 방식', 즉 '마이크로 타겟팅(Micro Targeting)'이다.

c) 유권자는 오바마 대통령의 공식 사이트(바로가기)에 가입하면서 성별, 나이, 거주지 등 기본적인 정보를 제공한다. 취합된 정보는 시카고에 있는 본부로 보내지고, 캠프에서는 가입자의 재정 상황, 취미 등을 파악하기 위해 SNS를 뒤진다. 또한 캠프에서는 오바마 대통령의 페이스북 계정과 친구 관계를 맺은 사람의 인맥을 파악하고 주변인들의 자료를 입수해 새로운 데이터베이스를 구축한다.

d) 홈페이지의 '트루스 팀'(Truth Team)에 등록하면 지지자 개인이 직접 오바마 대통령을 향한 네거티브 공격에 적극적으로 방어하고 반격하는 역

할을 한다.

위 내용을 요약하면, 2012년 대선에서 오바마 캠프는 온라인을 통해 잠재
적 지지자들의 구미에 맞는 맞춤형 정책을 홍보하는 것은 물론, 무브온과 연
계된 지역 자원봉사자들을 풀뿌리 선거 조직을 구성해 자발적 선거 운동을
맡기는 위탁 전략을 사용하였다(윤다정 2012).

2) 영국 노동당

〈표 1〉은 2013년 현재 영국 주요 정당인 보수당, 노동당, 자유민주당의 공
식 당원 수와 정당과 연계된 페이스북 지지자 수 및 정당 지도자와 연계된
페이스북 지지자의 수를 보여 준다. 영국에서도 정당과 연계된 SNS가 활성
화되었음을 보여 준다. 영국 노동당의 당원 수는 193,000명이고, 중앙당과
연계된 페이스북 지지자의 수는 143, 244명이며, 당 지도자와 연계된 페이
스북 지지자의 수는 132, 840명이다.

〈표 1〉에서 드러나는 특징은 보수당과 자유민주당에 비해 영국 노동당의
당원 수 대비 페이스북과 연계된 지지자의 수가 크게 작다는 점이다. 이것은
다른 당에 비해 노동당의 페이스북 기반이 취약하다는 것을 시사한다.

노동당은 이러한 SNS 기반의 취약점을 개선하는 것을 포함하여 더 포괄적

〈표 1〉 영국의 주요 정당의 당원 수와 페이스북 관련 지지자의 수

	공식 당원 수	중앙당 페이스북 '좋아요' 접촉자 수	중앙당 지도자의 페이스북 접촉자 수
보수당	130,000-170,000	159,044	217,900
노동당	193,000	143,244	132,840
자유당	49,000	92,078	129,340

*출처: Jamie Bartlett, Sid Bennett, Rutger Birnie and Simon Wibberley(2013).

인 정당 개혁을 위해 2012년 9월 30일부터 10월 4일까지 맨체스터에서 The UK Labour Conference(전당 대회)를 열고, 노동당의 혁신과 미래 그리고 2015년 총선에서 승리하기 위한 준비와 전략에 대해 함께 논의하였다.

당시 영국 노동당 당 대표인 에드 밀리반드는 시민 참여형 4대 플랫폼인 '당원+자원봉사자+등록 지지자의 네트워크'인 멤버스넷(www.members.labour.org.uk), '시민 참여 정책 생산 플랫폼'(www.yourbritain.org.uk), '미디어 플랫폼'(www.labourlist.org) 그리고 '캠페인(민원) 플랫폼'(www.campaignengineroom.org.uk)을 개설하여 시민 참여 기반을 확대한다고 선언하였다. 또한 그는 이것에 기반하여 2013년 7월 "런던 시장 후보를 오픈 프라이머리로 선출하며", 이러한 4대 플랫폼을 활용하여 시민 참여형 네트워크 정당으로 혁신함으로써 2015년 5월 총선에서 집권하겠다는 의지를 선언하였다(Miliband 2013).

또한 영국 노동당은 2014년 3월 1일 특별 전당 대회에서 21세기에 맞는 당의 모델과 당원 구조의 대안으로 OMOV(One Member One Vote, 1인 1표 원칙) 시행안을 통과시켰다. 그것의 핵심은 영국 노동당에 관심을 가지고 직접 사이트에 참여하여 가입한 '등록된 지지자'(registered supports)의 권한을 당원과 똑같이 상향 조정한 것이다.

노동당 홈페이지에 회원으로 가입하고, 플랫폼에서 적극 활동하거나 자원봉사를 하는 일반 시민들의 열정을 당원과 제휴된 노동 조합 회원보다 떨어진다고 볼 수 없기 때문에 당비를 내는 당원(full membership), 준당원(associate membership)뿐만 아니라 제휴 당원(Affiliated membership)과 온라인 플랫폼에 참여하는 '등록된 지지자'(registered supports)에게 동등하게 의사 결정과 후보 선출 방식에 동등한 1표를 부여한다는 원칙이다(U.K labour party 2014).

3) 독일 사회민주당

사회민주당은 2011년 기점으로 당의 개방화, 지지자 참여 확대, 온라인 확대 등 개방형의 정당 개혁을 확대하고 있다. 2011년 12월 베를린 연방 전당 대회에서 당 개혁안 중 '지지자(Unterstuetzer)' 제도를 도입하였다.

이 제도는 당원이 아니더라도 당을 지지하는 사람은 '지지자'가 될 수 있으며, '지지자'는 특정 주제를 논의하기 위한 각급 당 조직의 그룹 연구(Arebitsgemeinschaft)와 주제 그룹(Themenforum)에서 당원과 동등한 권한을 가질 수 있도록 한 조치이다. 또한 동 연방 전당 대회에서는 연방 수상 후보 선출을 위한 선거에 비당원이 참여할 수 있는 예비 선거제를 도입하도록 결정하였다. 아울러 동 연방 당대회에서는 시민 사회 조직의 참여를 위해 각급 당 대회, 특히 전당 대회 발언권과 발안권을 부여하였다(한상익 2015).

4) 프랑스 사회당과 대중운동연합(UMP)

사회당과 대중운동연합은 최근 당의 개방화를 확대하기 위해 오픈 프라이머리를 도입하였다. 2011년 사회당은 대선 후보 결선 투표에서 프랑수아 올랑드(Francois Hollande) 대통령을 오픈 프라이머리로 선출하였다. 또한 2013년 프랑스 보수 우파 정당인 대중운동연합(UMP)은 2014년 지방 선거에 출마할 파리 시장 후보를 나탈리 코시우스코 모리제 의원(Nathalie Kosciusko-Morizet, NKM)을 인터넷 투표를 활용한 오픈 프라이머리로 선출하였다(김청진 2013).

5) 스페인 포데모스당(podemos)

포데모스당(우리가 할 수 있다)은 2011~2012년 정치적 비효율성과 높은 실업률 그리고 정치 경제적 불안 상황에 반대하여 항의했던 선도 그룹 소위

제왕적 대통령제와 정당

Indignados 혹은 15-M 운동의 유산으로 시작하여 국민당과 사회노동당에 맞서는 제3당 세력으로 탄생하였다. 2014년 3월 창당된 포데모스당은 5월 유럽 의회 선거에서 창당 100일 만에 총 1,200,000표 득표(득표율 8%)로 총 54석 중 다섯 석을 석권하면서 스페인의 정치 지형을 뒤흔들었다.

페이스북에서 좋아요 704,585개, 트위터 팔로워 321,000명으로 지지자의 수가 크다는 것을 알 수 있듯이, 포데모스당은 스페인 내 다른 어떤 정당보다 SNS에서 우세를 점하고 있다. 또한 포데모스당은 온라인 의사 결정 플랫폼을 통해 수정안을 올리거나 제안을 건의하는 DemocracyOS 사용, Agora Voting 플랫폼 사용, Reddit의 "무엇이든 내게 물어보세요" 플랫폼을 사용하였으며, 오픈 프라이머리 사용을 일상화하고 있다(윤경준 2014).

6) 이탈리아 중도좌파 정당연합 등

중도좌파 정당연합은 베를루스코니 총리의 부패와 스캔들에 맞서는 오성운동(5 Stars Movement by Beppe Grillo)으로 시작하여 시민 참여형 플랫폼 정당으로 성장하였다. 오성운동(이탈리아어:MoVimento 5 Stelle)은 코미디언 출신의 정치인 베페 그릴로가 2009년 10월 4일 만든 이탈리아의 시민 정치 운동이다. 오성운동은 인터넷과 SNS에 기반한 시민 참여에 기반한 정치를 하겠다는 운동으로, 다섯 가지 이슈(공공 수도, 지속 가능한 교통 수단, 지속 가능한 개발, 인터넷 접속 확대, 생태주의)이다(정병기 2013).

오성운동은 미트업(meetup)이라는 지역과 주제별로 오프라인 미팅을 가질 수 있도록 돕는 플랫폼을 통해 창당 4년만에 2013년 총선에서 상원 54석, 하원 109석을 얻어 제2당으로 돌풍을 일으켰다(이진순 외 2015). 또한 2004년 좌파 민주당, 투스카니주 의회 선거, 2005년 좌파 연합 지방 선거에서 오픈 프라이머리를 사용하였다. 또한 2005년 중도 좌파 정당들이 연합해 총리 후보를 오픈 프라이머리로 선출하기로 하면서 2006년 로마노 프로디가 총리에 당선되었다(진상현 2015).

7) 스웨덴, 독일 해적당(Piratenpartei)

유럽의 스웨덴, 독일의 해적당(Piratenpartei) 등은 '리퀴드피드백 데모크라시'(liquid feedback democracy)이라는 플랫폼을 사용하여 시민들의 직접적인 정치 참여를 확대하고 있다(호이즐러 2012).

이상의 사례들은, 서구의 주요 정당들이 공천 방식에서 오픈 프라이머리를 대폭 수용하고 있으며, 또한 이미 SNS 플랫폼을 활용하여 시민 참여형 네트워크 정당으로 변신을 확대하고 있음을 보여 준다.

2. 국내 사례

1) 노사모와 개혁당에 대한 민주당의 대응

2002년 16대 대선을 앞두고 2000년 4월 정치 팬클럽인 노사모(노무현을 사랑하는 사람들의 모임)의 창립과 노사모가 중심이 된 개혁당이 등장하였다. 노사모와 개혁당이 부패 청산, 지역주의 청산 등 정치 개혁을 요구하고 노무현 대통령 후보 지지 운동이 벌어지자 민주당은 국민 참여 경선을 제시하여 그들의 참여를 수용하였다.

2) '혁신과 통합' 등에 대한 민주당의 대응

2012년 18대 대선을 앞두고, 2010년 5월 한국형 무브온을 지향하는 시민 정치 단체인 '내가 꿈꾸는 나라'가 결성되었고, '국민의 명령'은 2010년 8월 "기존의 오프 정당 구조에 인터넷과 SNS를 활용하는 '온-오프 플랫폼'을 탑

재한 혁신된 네트워크 정당 안에서 대통합을 이루어 정권교체를 이루자"는 운동을 시작했다.

이들 두 단체는 2011년 10월 '통합과 혁신'이라는 조직으로 통합한 후 시민통합당을 창당하여 '국민 네트워크 정당 구축'과 '야권 단일 정당 운동'을 요구하였다. 이에 2011년 12월 당시 통합민주당은 시민통합당과 합당하여 그들의 요구를 수용하고자 하였다.

3) '플랫폼 네트워크 정당'에 대한 새누리당과 새정치민주연합의 대응

민주통합당이 2012년 18대 대선에서 패하고 또한 2014년 3월 16일 안철수 의원이 이끄는 새정치연합과 새정치민주연합(이하 새정련)으로 합당한 뒤 2015년 4·29 재보궐 선거에서 패하면서 "온+오프결합 네트워크 정당 건설"에 대한 추진이 지지부진해졌다. 이에 '국민의 명령'은 새정련의 출범을 전후해서 다음의 세 가지 요구 사항[5]을 제안하면서 약속 이행을 촉구하였다(문성근 2014).

'국민의 명령'의 요구 사항은 2015년 2월 문재인 당 대표 체계가 가동되면서 일정정도 추진이 가시화되었다. 새정련은 동년 2월 27일 최고 위원회에서 당내에 지역분권 정당 추진단을 비롯해 공천 개혁 추진 단장, 네트워크 정당 추진단 등 3개 기구를 구성키로 의결하였다(추인영·전혜정 2015).

새정련이 2012년 내걸었던 '온오프결합 네트워크 정당'에 대한 공약의 이행이 늦어지는 사이, 새누리당은 2014년 5월 12일 일반 국민이 핸드폰을 통한 접속으로 직접 당에 의견을 낼 수 있도록 모바일 정당 '크레이지파티'

---

5. 1) 통합 수임 기구는 '온오프결합 네트워크 정당' 건설을 천명하고, 당헌 당규에 이를 상세히 반영하시기 바랍니다. 2) '온 플랫폼' 건설을 위한 시민과의 공동 기구를 출범시키기 바랍니다. 3) 새누리당이 제안한 '오픈 프라이머리 법제화' 제안을 받아들이기 바랍니다.

(http://www.crazyparty.or.kr)를 개설하기로 결정하고 오픈을 했다.

새누리당 조동원 홍보본부장은 "지금은 모바일 시대다. 스마트폰으로 인터넷에 접속하는 인구가 PC를 통해 접속하는 인구를 넘어선 지 오래다. 적극적으로 모바일 유저와 소통하고 모바일 여론을 반영하는 정당만이 살아남는다"며 "국내 최초의 모바일 정당 〈크파〉를 통해 대한민국과 새누리당 혁신의 신호탄을 올릴 것"이라고 설립취지를 밝혔다(김연정 2014).

새누리당의 '크레이지파티' 개설에 자극을 받은 새정련은 '국민의 명령'의 요구 사항을 일정정도 수용하여 2015년 3월 13일 사무총장을 단장으로 하는 '네트워크 정당 추진단'을 발족하였다. 동년 7월 15일 네트워크 정당 추진단은 지금까지 8차례의 공식회의를 통해 나온 내용을 정리하여 당 최고위원회의에 보고했다.

보고된 주요 내용은 '네트워크 정당'을 위한 플랫폼(platform) 구축 작업은 '정책·미디어·커뮤니티' 3개 플랫폼으로 세분화하고, 동년 7월 말까지 공모절차·업체선정을 마치고 플랫폼 개발을 나서겠다는 내용이다. 네트워크 정당 추진단이 검토했던 플랫폼의 상은 국민들이 생활 속에서 필요로 하는 정책을 플랫폼에 등록하고, 이에 대한 참여와 의견을 기반으로 입법화와 캠페인(campaign)을 하는 일련의 과정을 당과 함께하는 시스템을 만든다는 구상이다(김종일 2015).

이러한 구상은 동년 9월 7일 네트워크 플랫폼 제작 발표회에서 구체화되었다. 네트워크 플랫폼은 미디어 센터, 커뮤니티 플랫폼, 정책 마켓 등 3가지 축으로 이뤄지며, 이 중 정책 마켓이 핵심 역할을 하게 된다. 최재성 네트워크 추진 단장은 이날 오전 최고위원회의를 마친 뒤 열린 제작발표회에서 "새정치민주연합이 하고자 하는 네트워크 정당은 직접 민주주의 시대를 구현하기 위한 정당 현대화 사업"이라며 "미디어센터, 커뮤니티 플랫폼, 정책 플랫

제왕적 대통령제와 정당

폼의 3개 기둥으로 구성해 네트워크 정당을 완성하게 된다"라고 설명했다.

홍종학 디지털 소통 본부장은 "국민이 다양한 정책을 제안하면 투표 등을 통해 (우수 정책을) 선정하고, 당의 의원이나 지방 자치 단체장이 (이를) 채택해 현실화한다"며 "이를 다시 국민에게 보고하는 과정이 정책 마켓"이라고 설명했다. 또한 그는 "네트워크 정당의 3개 축 가운데 정책 마켓은 국민이 제안하는 정책을 당과 의원이 구매해 정책으로 만들어나가는 플랫폼"이라며 "10월 파일럿 플랫폼을 오픈하고 12월에 정식 오픈할 예정"이라고 밝혔다 (조성흠·서혜림 2015).

상술한 바와 같이, 시민 정치에 대한 한국 정당들의 반응은 무브온과 SNS에 기반한 플랫폼 네트워크 정당으로 변해가려고 지난 2012년 이후부터 2015년 9월까지 여러 가지 시도를 하고 있으나 구체적인 성과를 내지 못하고 있었다. 그 이유는 그것의 추진동력이 새정련의 경우 계속된 선거패배의 후유증과 플랫폼 네트워크 정당에 대한 노선 전환을 놓고 계파 간 갈등이 심했기 때문이다.

III. 시민 정치와 민주주의(정당) 모델 간의 부합성 논의

본 장에서는 시민 정치와 민주주의(정당) 모델 간의 부합성을 살펴본다. 이를 위해서 차례로 다음과 같은 논제를 검토한다. 첫째, 시민 정치란 무엇인가? 둘째, 시민 참여란 무엇인가? 셋째, 시민 참여와 대의 민주주의의 부합성 여부에 대해 찬반론은 무엇인가? 셋째, 양자 간에 충돌할 수 있다면, 논의의 목적을 위해 충돌하지 않는 대안 모델은 무엇인가?

1. 시민 정치란 무엇인가?

그렇다면 시민 정치란 무엇인가? 시민 정치는 정당 정치와 비교하여 어떤 공통점과 차이가 있는 것인가? 아직까지 시민 정치에 대한 개념 정의가 엄밀하게 수행되거나 이에 대해 합의된 것은 아니다. 시민 정치를 대의 정치인 정당 정치와 비교하여 살펴보면 다음과 같다.

시민 정치는 국민에 의해 선출된 대표자나 정당 소속 대표자들에게 국가의 의사 결정을 위임하거나 위임을 정당화해 주는 대의 정치와 정당 정치를 넘어서 일상적으로 시민들의 직접적인 정치 참여와 자치(self-governing)를 강조하며, 시민의 덕성(virtue)인 정치 참여를 통해 치자(정치인/대표자)와 피치자(유권자/시민)의 경계를 넘어 양자를 일치시키려고 하는 자기 통치의 정치를 말한다.

즉 '정치인'과 '대표자'를 선출하고 위임하는 '유권자'와 '시민'이라는 이분법적 구분처럼, 통치자와 피치자의 위계 관계를 강조하는 '대의 정치'와 '정당 정치'와 다르게 이러한 양자의 관계들을 중간적으로 상대화시켜 '시민적인 정치인', '정치적인 시민'으로 중첩·혼합시키는 것을 지향하는 '시민 참여적인 정치 양식'이라고 할 수 있다.

따라서 시민 정치를 시민 참여 방식의 관점에서 즉, '관습적 참여'와 '비관습적 참여'의 관점에서 설명해 볼 수도 있다. 시민 정치를 좁게 보자면, 직접 민주주의적인 이상을 추구하는 시민 주도의 정책지향적인 '비관습적 참여'를 말하고, 넓게 보자면, 시민 주도의 '비관습적 참여'가 중심이 되지만 종전의 대의 정치와 정당 정치가 해 왔던 '관습적 참여'와 충돌하지 않고, '관습적 참여'를 더욱 성숙된 방식으로 활성화시키면서 양자가 서로 부합성을 가지고 융·복합되는 정치 양식이라고 볼 수 있다.

제왕적 대통령제와 정당

따라서 시민 정치는 시민 참여가 '투표'와 '당원' 등 선거와 정당에 참여하는 '관습적 참여'에 그치지 않고, 이것을 넘어 직접 행동, NGO 활동 등 '비관습적 참여'까지 확대되면서 시민 사회 운동과 대의적 정당 정치를 넘나드는 혼합적이고 융합적인 정치 영역과 정치 행동이라 할 수 있다.

그것의 핵심은 이슈 대응, 정책 결정, 후보 공천, 선거 캠페인 등에서 시민 단체와 정당의 상호 연계이며, 결국 시민 단체의 정치 참여 운동과 정당의 연계는 정당이 어떤 정당 모델을 선택하느냐에 따라, 시민 사회 운동(시민 정치)과 충돌하지 않고 상호 부합하여 작동할 수 있는가로 귀결된다. 특히, 정당은 시민 참여 방식의 변화와 정당 환경의 변화에 따라 '개방화'와 '네트워크화'를 피할 수 없게 되었다.

전환기적 시대 상황에서 정당은 '활동가 당원 중심의 대중 정당'에서 '지지자 중심의 이익 통합 정당'으로, '위계적 조직 정당'에서 '수평적 네트워크 정당'으로 그 변화를 피할 수 없게 되었다. 19세기의 폐쇄적이고 수직적인 대중 정당 모델로는 더 이상 생존할 수 없음을 보여 주고 있다. 21세기 현대 정당들은 변화된 시대 상황에 조응하기 위해 '당원'과 '비당원'의 구분을 넘어서 정당과 정치인을 '지지'하는 시민들과의 소통과 네트워킹을 강화할 수밖에 없다(Dalton, Ferrell and McAllister 2011; Scarrow 2014).

2. 시민 정치는 대의 민주주의와 충돌하는가?

시민 참여 즉 시민들의 정치 참여란 무엇일까? '시민 참여'는 시민들이 공적 책임감을 지니고 자신들이 속한 공동체나 국가 차원의 활동에 스스로 참여하는 활동을 말한다(Kidd 2011). 벤자민 바버(Barber 1984)는 "단지 자신의 대표자를 선출하거나 위임을 정당화해 주는 절차적 참여를 넘어서 자신의 삶에 직접적인 영향을 미치는 정책 결정 과정에 참여하는 활동으로, 그 참여는 타인과 함께 하는 시민적 덕성(civic virtu)이자 협력적인 행동"을 말한다.

버바와 나이(Verba and Nie 1972)는 "시민들이 원하는 방향으로 정부가 행동하도록 영향력을 행사하는 가장 중요한 도구적 행위"라고 정의되기도 한다. 넬슨(Nelson 1987, 104)은 "어떠한 유형의 정치 체제에서든지 일반인들이 지도자의 행동에 영향을 미치거나 지도자를 교체하기 위한 행동"으로, 헌팅턴과 넬슨(Huntington and Nelson 1976, 3-10)은 "정부의 결정에 영향을 미치기 위한 시민의 행동"으로 정의되기도 한다.

네젤(Nagel 1987)은 "사회 구성원인 보통 시민이 정책 결정에 영향을 미치고자하는 행동"이라고 정의하였고, 샤체터(Schacheter 1997)는 "시민들이 공공 부분의 정책 결정에 영향을 미치는 신중한 행동"으로 정의한다. 그리고 로젠스톤과 한센(Rosenstone and Hansen 1993)은 "사회적 재화나 사회적 가치의 분배에 영향을 미치기 위한 일반 유권자의 행동"으로 정의한다.

관습적 참여와 비관습적 참여를 구분하고 있는 달톤(Dalton 1996, 73)은 "시민 주도의 정책 지향적 형태의 활동"이라고 정의한다. 아벨과 스테판(Abel and Stephan 2000)은 단순히 정부 정책에 영향력을 미치는 활동을 넘어서 의견이 통합되는 활동 즉, "시민들이 자신들에게 영향을 미치는 정책 결정 과정에 자신들의 견해를 통합하는 활동"이라고 정의한다.

대체로 시민 참여가 민주주의의 핵심이고, 민주주의가 시민의 동의에 의해 작동되는 시스템이라는 데 이견이 없지만, 시민의 참여 방식에 대해서는 다양한 의견이 있고, 시민 참여의 폭과 깊이와 관련해서는 서로 다른 민주주의 모델이 있다. 특히, 시민 주도의 비관습적인 참여인 시민 정치와 관련해서는 이견이 크다.

슘페터(J. Schumpeter)와 같은 전통적인 엘리트 민주의자들은 시민들의

제왕적 대통령제와 정당

투표 참여를 엘리트들의 통치행위를 정당화해 주는 '최소한의 요식 행위'로 보면서, 시민 참여를 최소화하는 '최소 민주주의'(minimalist democracy)를 주장한다(Schumpeter 1975). 또한 다알(R. Dahl)과 같은 최소 민주주의자들은 시민 주도의 비관습적인 참여보다 이익 집단과 정당 가입을 통한 이익 표출과 결집이라는 '제도적 절차에의 참여'를 강조하는 다원주의적 민주주의(pluralist democracy)를 지지한다(Dahl 1956).

이에 비해 고대 그리스 민주정을 이상향으로 삼는 '고전적 시민 공화주의'를 지지하는 벤자민 바버(B. Barber)는 슘페터와 다알 등 자유주의를 기반으로 하는 '엘리트 민주주의'와 '다원 민주주의'를 비판하면서 참여 민주주의를 제시한다.

그는 슘페터와 다알이 제시하는 민주주의는 엘리트와 이익 집단의 경쟁을 강조하는 자유시장주의적 관점으로, 엘리트와 이익 집단의 이익을 과대 대표하고 시민의 이익을 대변하지 못한다고 비판하면서, 대의 민주주의를 부정하지는 않지만 이를 견제하기 위한 강력한 시민 참여가 허용되는 '참여 민주주의'(participatory democracy)를 주장하였다.

또한 로마 공화정을 이상향으로 삼는 선스타인(C. Sunstein)과 같은 자유주의적 공화주의자들은 벤자민 바버가 엘리트 민주주의와 다원주의적 민주주의의 한계를 비판하는 것에 동의함에도 불구하고, 참여 민주주의가 지나치게 공동체의 이익을 강조하면서 개인의 자유와 다양성을 억압할 수 있다고 비판하며, 대안으로 개인의 자유와 공동체의 공공선을 조화롭게 통일시킬 수 있는 '시민적 덕성'으로 공적 토론(public deliberation)을 강조하는 '숙의적 공화 민주주의'(deliberative republican-democracy)를 주장한다(김석영 2000).

선스타인에 의하면 자유주의적 공화주의를 구성하는 최대의 이념 요소는 공적 토론(public deliberation)이다. 공적 토론은 집단이기주의에 입각한 다원주의적 경쟁 원리를 구조화하는 것이 아니라 토론과 숙고의 과정이 개방되어 있는 상태에서 새로운 정보와 관점이 형성되는 상태를 지향한다. 그래서 개인들의 선호라는 것은 고정되어 있는 것이 아니라 대화와 토의의 과정으로 주어진 선호를 끊임없이 변경하는 과정을 의미하며, 이러한 과정을 통해 이익을 재구성하고 통합한다(Sunstein 1993a, 1993b).

시민 정치는 대의 정치를 위협하고 정당을 약화시키는가? 이런 질문에 대한 답으로 위에서 살펴본 민주주의 모델을 전제로 할 때, 대의 정치와 정당 정치를 약화시킨다는 주장에 대해 찬성론과 반대론이 있을 수 있다.

결국 이러한 질문에 대한 해답은 정치 발전의 성숙도를 보여 주는 기준은 시민 참여의 방식(관습적 참여/비관습적 참여)과 대표자의 숙의적 통합성 수준(小/中/高) 간의 상관관계를 합리적으로 상정해 볼 때(LaPalombara and Weiner 1966; Manin 1997; 이동수 2005), 민주주의의 성숙 단계를 보여 주는 지표로써 〈표 2〉와 같은 민주주의 모델(최소 민주주의 모델, 다원 민주주의 모델, 참여 민주주의 모델, 숙의적 공화 민주주의 모델)을 상정할 수 있다.

각각의 민주주의 모델이 가지는 시민 참여 방식과의 부합성 관계를 종합해 보면, 시민 정치는 관습적 참여와 비관습적 참여가 구분된다고 볼 때, 시민 정치가 반드시 대의 정치와 정당을 약화시킨다고 일반화할 수 없다. 어떤

〈표 2〉 민주주의 모델의 성숙 단계

		대표자의 숙의적 통합성 수준		
		작다(小)	중간(中)	크다(大)
시민 참여	관습적 참여	I 유형 최소 민주주의 모델	II 유형 다원 민주주의 모델	–
	비관습적 참여	–	III 유형 참여 민주주의 모델	IV 유형 숙의적 공화 민주주의 모델

*출처: 채진원(2016, 26).

대의 민주주의 모델인가, 어떤 정당 모델인가에 따라 대의적 정당 정치와 충돌할 수도 있고, 거꾸로 부합할 수도 있다.

즉, 비관습적인 시민 참여를 중심으로 하는 시민 정치는 최소 민주주의 모델과 다원 민주주의 모델 및 참여 민주주의 모델과 부합성이 떨어지거나 절충적으로 타협할 수 있다. 하지만 숙의적 공화 민주주의 모델과 충돌할 가능성이 적고 오히려 서로가 부합할 가능성이 크다. 본 글에서는 시민 주도의 비관습적 참여를 기반으로 하는 시민 정치와 충돌할 수밖에 없는 대표적인 모델로 다원 민주주의에 기반한 대중 정당 모델을 상정하고 있으며, 반대로 숙의적 공화 민주주의 모델에 기반한 네트워크 정당 모델은 시민 정치와 충돌하지 않고 부합할 수 있는 모델로 상정된다.

3. 시민 정치와 대중 정당 모델 간의 충돌 원인

샤츠슈나이더(Schattschneider 1942, 1)의 언급처럼 "정당은 대의제 민주주의에서 필수불가결하며, 정당이 없는 민주주의는 상상할 수 없다." 정당은 대의제를 작동시키는 기본적 정치 결사체이다. 하지만 앞서 언급한 것처럼, 전환기적 시대 상황에 따른 시민 참여의 변화는 불가피하게 대의 민주주의 모델과 정당 모델에 위기와 동시에 변화를 압박한다.

지구화, 정보화, 후기 산업화, 탈물질주의화 등으로 표현되는 전환기적 시대 상황은 산업화 시대 계급 계층에 기반한 당원 중심의 대중 정당 모델과 이익 집단 간의 경쟁을 강조하는 다원 민주주의 모델을 타격하고 그것의 기반을 약화시켜 두 모델의 위기를 촉진한다. 올리네츠(S. B. Wolinetz)는 당원의 감소와 정당에 대한 충성심의 약화, 전자 매체의 증가로 인해 정당에 의한 의제 설정의 감소, 구성원에 대한 선택적 유인 제공의 어려움, 이해 집단 및 단일이슈 운동에 의한 직접적인 영향력 행사 등과 같은 압력에 대해 정당들은 각기 다른 방식으로 대응한다고 주장한다(Wolinetz 2002, 159).

특히, 달톤과 와텐버그는 산업 사회에서 후기 산업 사회로의 이행에 따라 정당과 시민들의 지지 관계가 근본적으로 변화하였기 때문에, 민주주의에서의 정당의 기능과 모델은 샤츠슈나이더(E. E. Schattschneider)가 주창해 온 전통적인 '대중 정당 모델'에 기반한 '책임 정당 정부 모델'(model of responsible party government)이 작동되기 어렵다고 주장하였다(Dalton and Wattenberg 2000, 266).

또한 달톤과 와텐버그는 후기 산업화 사회로의 진전에 따라 정당의 '이익 집성 기능'(interest aggregation function)이 약해짐으로써 정부의 통합적인 통치 행위와 국정 운영이 더욱 어렵게 되었다고 평가하였다(Dalton and Wattenberg 2000, 283). 코울과 그레이(Caul and Gray 2000, 236) 역시도 대중 정당 모델에 기반한 '책임 정당 정부 모델'은 시대착오적인(anachronistic) 것이라고 평가하면서, 이 모델은 지난 과거에는 '이상적인 정당 이론'이었으나 정파심(partisans)과 정당 일체감(party identification)이 쇠퇴한 현대 정당 체제에서는 살아남을 수 없다고 평가하였다(채진원 2011).

또한 마넹(Manin 1997)은 근대 대의 정부와 대중 정당 모델은 근본적으로 부합할 수 없다고 평가한다. 그는 근대 대의제가 파벌과 정파를 경계하면서 대중 정당 없이 대표자를 중심으로 출발하였을 때, 비교적 작동을 잘 하였으나, 정치 전문가 집단으로 무장한 대중 정당이 출현하면서 그 대표성의 작동이 약화되었다고 평가하였다.

그에 의하면, 근대 대의제는 고대 민주정과 공화정을 섞은 '혼합 정부' (mixed government)형태로서, 고대의 추첨제가 지니고 있는 치자와 피치자 간의 '가능성의 평등'과 '유사성의 원칙'과는 다르게 '탁월성의 원칙'을 실현

제왕적 대통령제와 정당

하기 위한 제도로서 탁월한 대표자를 선출하는 것을 목적으로 고안되었다. 그러나 탁월한 대표자의 자율성 대신에 조직화된 산업 사회의 대중들을 상대로 선거에서의 승리를 목적으로 하는 정치 전문 집단인 대중 정당이 등장하면서, 그 대의 정부의 당초 목적이 상실되었다고 보고 있다.

또한 그는 근대 '정당 민주주의'의 발전은 대표자와 피대표자와의 '유사성의 원칙'을 강화시키는 긍정적인 측면이 있음에도 불구하고, 정당을 장악한 소수의 전문 정치꾼들(소수의 정파 활동가, 당 관료, 정부 관료)에게 대의 정부를 내줌으로써(즉 과두제의 철칙에 포섭됨으로써) 대의제를 채택한 근본적 이유인 탁월한 대표자들에 의해 공공선을 지향하면서 통치할 수 있는 가능성을 차단하고 말았다고 본다(이동수 2005).

인민 주권이란 국가의 최종 권력의 출처가 군주와 귀족 및 평민이 아닌 국가 전체의 인민에게 있다는 주권 재민(主權在民)의 사상으로, 이를 실현하기 위한 근대적 방법은 탁월성의 원칙에 따라 다수 유권자의 투표에 의해 선출된 소수의 대표자에게 위임하는 대의제적 공화제 정부의 설립이고, 이것은 고대 직접 민주주의와는 분명 다르다.

대의제적 공화제 정부는 입법, 사법, 행정, 중앙, 지방 등 단순히 권력만 분립하는(government of separated powers) 정부가 아니라 전체 국가의 권력과 기능을 공유하면서도 권한을 상호 견제하여 분리하는 정부(government of separated institutions sharing power)라는 특징이 있다(Neustadt 1990; 매디슨 1995).

당초 대부분의 대의 정부 설립자들은 파벌이나 파당 및 정당에 의해 공공선이 파당적 이익으로 분할되는 것을 해악으로 여겼다. 19세기 산업 사회의 등장과 함께 대중 정당의 불가피성을 인정하게 되었고, 정당 민주주의에 의한 대의 정치를 불가피하게 수용할 수밖에 없었다. 이러한 정당 민주주의의 등장은 정부와 시민을 매개하는 위임 명령 제도(mandate system) 및 책임 정당 정부 모델(model of responsible party government)과 대중 정당 모델(mass party model)로 발전할 수밖에 없었다.

하지만 대중 정당 모델은 후기 산업화의 도래와 미디어 발전 등 정당을 둘러싼 주변 환경의 변화에 따라 타격을 받고, 새롭게 적응하기 위해 다양한 모델로 진화할 수밖에 없었다. 〈표 3〉처럼, 유럽정당의 역사적 진화 과정(대중 정당 모델→관료적 대중 정당→포괄 정당·선거 전문가 정당→카르텔 정당)은 대중 정당 모델이 어떻게 카르텔 정당으로 귀결되는지를 상세하게 보여줌으로써 대중 정당 모델의 한계를 입증하였다(Kirchheimer 1966; Panebianco 1986; Katz and Mair 1995; 미헬스 2002).

〈표 3〉은 활동가와 당원 중심의 대중 정당 모델이 쇠퇴하고, 당원이 빠진 공백을 당 관료, 당 지도부, 이익 단체 대표자, 외부 선거 전문가 그리고 그 밖에 국가와 다양한 자원들(국가의 자원, 당내외 파벌 간 담합)로 채워지면서

〈표 3〉 정당 모델별 부각되는 정당 기능과 행위자 비교

	대중 정당 모델	포괄 정당 모델	선거 전문가 정당 모델	카르텔 정당 모델	네트워크 정당 모델
시대 배경	국가 건설기, 산업화 시대	후기 산업화	후기 산업화	후기 산업화	지구화, 정보화 시대
주요 목표	이익 집성과 이익 표출	이념 약화+지지층 확대+선거 승리	이념 약화+지지층 확대+선거 승리	국가의 자원 활용을 통한 패권과 담합	이익 조정과 이익 통합
부각되는 정당 기능	'조직 수준 정당'	유연화된 '조직 수준 정당'	유연화된 '조직 수준 정당'	유연화된 '조직 수준 정당'	'공직 수준 정당'과 '유권자 수준 정당' 간 연계 기능
부각되는 행위자	이념적 활동 당원(정파) + 특정 계급 계층 조직	당 지도부(당 관료)+중도적인 유권자	선거 전문가 + 각 분야 전문가 + 중도적인 유권자	당 지도부(당 관료)+국가	공직자―일반 유권자 간 네트워크

*출처: 채진원(2015a, 156).

카르텔 정당으로까지 진화하는 것을 보여 준다. 카르텔 정당은 정당 내 계파들 간의 패권과 담합은 물론 정당 밖 파벌들 간의 담합을 통해 국고 보조금을 독식하거나 신생 정당의 진입을 막음으로써 시민 참여를 봉쇄하면서 자신에게 닥친 참여와 통합성의 위기를 방어하려고 하였다.

그러나 대중 정당 모델의 과두화에 따른 카르텔 정당의 등장은 대중 정당 모델에서 탈출하기 위한 근본적인 대안모색을 요구받는다. 특히, 전환기적 시대 상황에 따른 시민 정치의 등장은 대중 정당 모델의 이익 집성 능력을 근본적으로 타격함으로써 새로운 정당 모델로의 전환을 촉구하고 있다.

최근 한국 정당 민주주의는 소수 계파에 의해 당원과 의원들의 자율성이 포획당함으로써 정당의 민생 정체성이 약화되는 등 公堂의 공화주의 원리가 근본적으로 위협받는 처지가 되었다. 따라서 전환기적 시대 상황은 당초 공화주의적 대의제를 설립했던 설립자들의 문제의식을 복원하여 변화된 시대에 부응할 수 있는 새로운 정당 모델을 찾아 적용하기를 요구하고 있다(미헬스 2002; 채진원 2015b).

IV. 전환기에 부합하는 네트워크 정당 모델

1. 대중 정당 모델의 과두화 경향에서 탈출할 경로는?

키이(Key 1964)의 정당 기능 모델에 따라 〈표 3〉과 〈그림 2〉처럼, 대중 정당 모델에서 카르텔 정당으로 이어지는 기존의 정당 모델로는 과두화 경향을 벗어나기 힘들다. 왜냐하면 대중 정당 모델과 후속 정당 모델들은 대체로 '조직 수준 정당'(party as organization)기능의 약화 모순을 '조직 수준 정당'의 유연화를 통해 극복하려고 했기 때문에, 과두화 경향에서 근본적으로 벗어

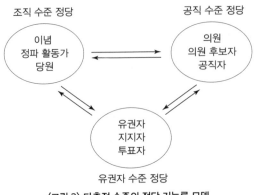

<그림 2> 다층적 수준의 정당 기능론 모델

*출처: 채진원(2015, 151).

날 수 없었다.

따라서 '조직 수준 정당' 기능의 약화를 대신하여 정당의 다른 두 기능인 '공직 수준의 정당'(party in government)기능과 '유권자 수준 정당'(party in the electorate) 기능을 연계시켜 활성화할 수 있다면, 과두화 경향을 초래하는 대중 정당 모델의 한계에서 벗어날 수 있는 가능성이 열린다.

그것은 결국 〈표 3〉처럼, 포스트 대중 정당 모델로 '네트워크 정당 모델'을 아이디어 타입으로 제시할 수 있다. 이 네트워크 정당 모델은 진성 당원의 부족에서 오는 과두화 경향을 당 밖의 시민 참여와 시민 정치와의 연대를 통해 견제하고 균형을 잡을 수 있다. 이 모델은 시민 참여와 대표자의 숙의적 통합성을 연계시켜 과두화 경향을 막으면서 공화주의 원칙에 부합하는 현대적 공당(公黨)모델로 자리매김할 수 있다(채진원 2015b).

2. 새로운 환경과 새로운 정당 모델의 필요성

마샬 맥루언(Marshall McLuhan)은 『미디어의 이해』란 책에서 "미디어는 메

제왕적 대통령제와 정당

시지"라는 명제를 통해 미디어를 단순한 소통의 수단이 아닌 그 이상, 소통의 방향과 내용이라고 평가하였다. 그는 미디어를 인간 몸에 붙어있는 감각의 확장으로 보고, 몸 감각의 확장과정이 미디어의 진화과정으로 인식하였다. 그의 명제는 미디어가 단순한 커뮤니케이션의 수단이 아니라 더 나아가 새로운 권력의 기반이 되는 소통의 주체, 방향, 방법을 상징한다고 보았다(맥루언 2002).

미디어와 과학 기술은 정당에 어떤 영향을 미치는가? 미디어를 사용하는 정당을 어떻게 볼 것인가? 이것에 대한 태도로는 크게 두 가지 가설이 경쟁하고 있다. 과학 기술과 미디어가 정당을 쇠퇴하게 만들고 드디어 정당을 대체하게 된다는 '변화 가설'(change hypothesis)과 거꾸로 정당을 더욱 정상화하거나 강화시킨다는 '정상화 가설'(normalization hypothesis)이 있다. 미디어와 과학 기술은 기술 결정론과 달리 중립적인 성향으로 그것을 사용하는 사람의 성향과 의도 그리고 어떻게 사용하느냐에 따라 영향을 미친다고 보고 있는 '정상화 가설'이 더 적실성이 큰 것으로 보인다(조희정·박설아 2012).

그렇지만 새로운 정보 통신 기술(ICTs)과 뉴미디어의 등장은 종전에 지배적으로 정치를 담당해 왔던 '조직 수준의 정당 기능'에 타격을 가하는 한편 네트워크로 연계된 자발적 행동주의(civic activism)를 활성화시킨다는 점을 바로 인식할 필요가 있다. 그것은 결국 그동안 시민과 국가의 매개 조직(intermediary organizations)으로서 이익 집성과 이익 표출을 담담해 왔던 정당의 기능을 약화시킨다(Benjamin 1982, 1-12).

따라서 인지적 동원능력을 가지고 시민적 행동주의를 실천하는 시민들은 더 이상 자신의 의사 결정권을 정치적 대표자에게 위임하지 않고, 직접 행동에 나서는 비관습적 참여인 시민 정치를 고양시킨다. 또한 SNS와 같은 새로운 미디어의 등장은 유권자와 시민들뿐만 아니라 정치적 대표자들이 정당

조직의 도움 없이도, 효과적으로 시민들과 접촉할 수 있는 네트워킹의 가능
성을 열어준다(Norris 2001; 강원택 2009; 민희·윤성이 2009).

결국 SNS를 활용하게 되는 시민들과 정치적 대표자들의 결합은 전통적인
정당의 기능인 '조직 수준 정당' 기능에서 벗어나 '공직 수준의 정당' 기능과
'유권자 수준 정당' 기능이 연계될 수 있도록 네트워크 정당의 출현을 촉진한
다. 이러한 네트워크 정당의 출현은 마넹(Manin 1997)이 언급한 것처럼, 정
당을 장악한 소수의 활동가와 당 관료가 아닌 대표자와 유권자들이 직접 결
합하게 만들어서 대중 정당에 의해 왜곡된 대의제를 다시 부활시킬 가능성
을 제공하게 된다.

3. 네트워크 정당 모델의 기본 개념과 특성 및 효과

1) 기본 개념과 특성

키이(Key 1964)의 정당 기능론의 관점에서, 대중 정당 모델과 이것에 대
한 대안 정당 모델의 상을 재구성해 보면 〈그림 3〉 대중 정당 모델과 〈그림
4〉처럼 '네트워크 정당 모델'을 아이디어 타입으로 제시할 수 있다(채진원
2015a). 이 '네트워크 정당 모델'은 임성호(2003)의 '원내 정당 모델'과 정진민
(2011)의 '유권자 정당 모델'을 대체하는 것이 아닌 보완하기 위한 개념이다.

'네트워크 정당 모델'은 지구화, 후기 산업화, 탈물질주의, 정보화 시대에
부응하여 다양한 플랫폼을 통해 '공직 수준 정당'과 '유권자 수준 정당'의 연
결을 더욱 강화해야 한다는 당위적 필요성을 더 효과적으로 강조하기 위한
것이다. 특히, '네트워크 정당 모델'은 당원뿐만 아니라 의원과 공직 후보자
의 지지자 등 적극적인 시민들의 참여를 기반으로 하여, 이른바 정당과 시민
정치(시민 사회 단체)를 연결하려는 '시민 참여형 네트워크 정당 모델'[6]과 〈그

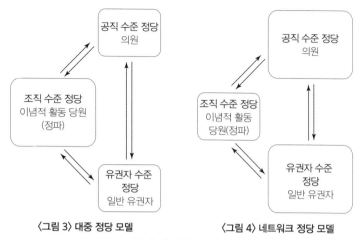

〈그림 3〉 대중 정당 모델   〈그림 4〉 네트워크 정당 모델

*출처: 채진원(2015, 155).

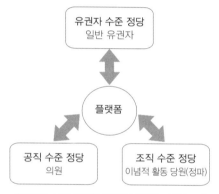

〈그림 5〉 시민 참여형 플랫폼 네트워크 정당 모델

*출처: 채진원(2016a, 35).

림 5〉처럼 '시민 참여형 플랫폼 네트워크 정당'으로도 구체화될 수 있다.

---

6. 채진원, 2014, "박원순 당선=퇴행? 시대착오적인 대중 정당론." 오마이 뉴스(06.19) 참조. 시민 참여형 네트워크 정당 모델은 '강한 정당론'인 대중 정당 모델과 비교하여 '약한 정당론'으로서 정당과 시민 정치와의 양립 가능성을 보장한다. 특히, 시민 참여형 네트워크 정당 모델은 3김씨와 같은 보스(boss)가 조직(조직 수준 정당 기능)을 장악하여 '사인화된 정치'(personalized politic)를 펴는 것과 대비하여 사인화된 개인이 아닌 '시민 네트워크' 즉, 공직 수준 정당 기능과 유권자

이 '시민 참여형 플랫폼 네트워크 정당 모델'은 플랫폼을 통해 '공직자 수준 정당'과 '유권자 수준 정당'의 연계를 온라인과 오프라인에서 더욱 직접적으로 강화하기 위한 모델이다. 즉, 정치적 대표자와 유권자와 시민들이 쌍방향으로 정보와 콘텐츠를 생산·유통·확산할 수 있도록 정당이 온라인상의 플랫폼(정책, 캠페인, 청원, 민원, 미디어, 커뮤니티 등)을 장착하여 시민 참여를 극대화하는 정당 모델이다. 이것의 맹아적인 예로는 독일 해적당의 Liquid Feedback, 영국 노동당의 청원 담당 플랫폼인 Campaign Engine Room, 당원과 지지자의 네트워크인 Members Net, 영국을 위한 정책 플랫폼인 Your Britain 등이 있다(채진원 2015a).

2) 특성 비교

〈표 4〉에서 드러난 것처럼, 두 정당 모델의 결정적인 차이를 비교해 보면 다음과 같다. '당 운영 방식'에 있어서, 대중 정당 모델은 대체로 사회·경제적인 균열에 따른 정치적 균열을 조직화한다는 점에서 정당의 이익 집성(interest-aggregative) 기능을 다른 기능보다도 강조한다. 이러한 점에서, 대중 정당 모델은 달(Dahl) 등에 의해서 주창된 '다원 민주주의 모델'에 입각한 대의적 운영을 선호한다(최장집 2007).

이에 비해 네트워크 정당 모델은, 후기 산업화, 지구화, 정보화 등으로 표현되는 전환기적 시대 상황이 고정된 기존의 사회 이익들을 파편화시키고 유동화하기 때문에 '이익 집성'(interest aggregative)에 기반한 '다원 민주주의 모델'이 작동하기 어렵고, 작동하더라도 편향성의 동원(mobilization of bias)과 갈등의 사유화(privatization of privatization of conflict)로 상층 자본과 상

수준 정당 기능의 '네트워크'를 강조한다.

〈표 4〉 대중 정당 모델과 네트워크 정당 모델의 주요 특징 비교

		대중 정당 모델	네트워크 정당 모델
기본개념	주요 행위자	• 이념적 활동 당원(정파)및 원외 중앙당 조직	• 공직자(의회 및 정부)와 시민 네트워크의 연계
	조직 기반	• 당원 중심 • 고정된 계급 계층이나 지지 기반이 있는 계급 정당+이념 정당 +정파정당 지향	• 당원+정당·후보 지지자+시민 네트워크 중심 • 유권자와 연계하는 '실용적 정책 정당'+ 개방적 '네트워크 정당' 지향
전략개념	운영 방식	• 이익 집성적 대의 모델 (이익중심적: 고정된 이익을 갖는 이념적 정파원들 간의 협상 과 타협)	• 이익 통합적 공화 민주주의 모델 (숙의 중심적: 유권자의 반응성에 민감한 공직자들 간-공직자 및 시민 간의 대화 와 토의)
	시민 단체 관계	• 경쟁 관계: 정당과 시민 단체의 경계가 겹침	• 분업적 협력관계 −정당: 정책 조정 기능+공직자 충원 기능 −시민 단체: 이익 집약과 표출 기능
	당 조직 관계	• 당원 중심의 수직적 연결망	• 공직자와 다양한 이슈/쟁점과 관련된 일 반 유권자−시민 간의 수평적 네트워크
	반응성	• 특정 집단의 이해관계에 집중적 으로 반응(고정적 관계)	• 지구화/후기 산업화의 복잡하고 파편화 되고 가변성이 높은 이해관계자들에게 민감하게 반응(유동적 관계)
	민주주의 관	• 이익 집약적 다원 민주주의	• 이익 통합적인 '숙의적 공화 민주주의. 거버넌스
	공직자상	• 대리인(delegate)	• 토의자(deliberator)

*출처: 채진원·조기숙(2012, 151) 일부 수정.

층 노동의 이익을 과대 대표함으로써 평균적인 국민들의 이익 통합이 어렵다고 인식한다. 따라서 일반 유권자들의 선호와 이익을 숙의적 공화 민주주의 모델을 통해 통합해 나가는 것이 더 중요하다고 가정된다.

그래서 네트워크 정당 모델에서 강조되는 공직자의 역할상은 자신의 고정된 지지자의 선호 기반에 구속당하는 명령을 받는 대리인(delegate)의 역할에서 벗어나 독자적인 의견을 가지고 대화와 토론 속에서 국가 이익을 재발견하고 재구성하는 토의자(deliberator)의 모습으로 상정된다.

전략 개념 중 서론에서 최장집 교수의 주장에 따라 논쟁이 되었던 정당과

시민 단체와의 관계에 대해서도 대중 정당 모델과 네트워크 정당 모델 간의 차이가 크다. 대중 정당 모델에서는 정당과 시민 정치의 양립적 관계가 불가능하다고 보고 있다. 당연히 대중 정당 모델은 '조직 수준 정당' 기능을 강조하기 때문에 상대적으로 시민 정치의 참여와 충돌되어 이것을 배척할 수밖에 없다. 이러한 배척은 결국 시민 정치를 반정당, 반정치, 비정치라고 매도하게 된다(채진원 2014).

하지만 네트워크 정당 모델은 공직자와 연계되는 시민 참여와 네트워크를 적극적으로 수렴하고 연계하고자 하는 개방적 모델로 둘 간의 양립적 관계가 충돌없이 부응할 수 있다. 당연히 반정당, 반정치, 비정치가 아니라 새로운 시대의 '시민 참여형 정당 정치'라고 인식한다.

3) 네트워크 정당 모델의 정당 정체성 강화 효과

시민 정치에 적극 부응하는 네트워크 정당 모델은 반정당, 반정치, 비정치가 아니라 새로운 시대 상황에 부합하는 새로운 거버넌스(협치) 정치 모델로서, 정당과 시민 사회를 연계하는 새로운 시민 참여형 네트워크 정당 모델에 가깝다고 인식한다.

네트워크 정당 모델은 대중 정당 모델보다 거버넌스와 네트워크화된 시대 상황에 부합하는 '시민 참여형 정치 모델'에 더 부합한다(채진원 2014). 최장집 교수의 주장처럼, 대중 정당론자와 같이 당원의 이념적 정파성을 강조하여 '조직 수준 정당'의 비중이 강한 대중 정당 모델(계급 정당·이념 정당)을 정당이 추구해야 할 이상적인 표준으로 삼는다면, 시민 참여, 특히, 오픈 프라이머리와 같은 시민 참여에 따른 '정당 조직의 약화'가 정말 문제가 될 것이다.

하지만 진성 당원의 약화 등 이미 약화된 정당의 이념성과 조직성을 대신하여 '공직 수준 정당' 기능과 '유권자 수준 정당' 기능의 연계를 강조하는 '네트워크 정당 모델'에서는 폐쇄된 조직과 시대착오적인 이념성을 줄이는 대신 확대된 시민 참여 특히, 오픈 프라이머리와 같은 시민 참여와 잘 부합한다. 공천권을 국민들에게 돌려주는 조치로 후보자의 선출 과정을 개방하여 후보들과 유권자들을 연계시켜 더 많은 유권자들의 참여를 보장한다. 그렇게 되면 그만큼 쇠퇴하고 있는 '조직 수준 정당' 기능을 활성화시켜 정당의 사회적 기반을 더욱 다층적으로 확대할 수 있기 때문에 더 이상 '정당의 약화'는 문제가 되지 않는다.

오픈 프라이머리와 연계된 네트워크 정당은 회복된 의원들의 자율성과 역동적인 시민 참여의 결합으로 계파 싸움과 계파 줄서기 눈치에서 벗어나 국민의 대표자로서 의원 본연의 역할인 정책 정당화를 촉진하여 지역 유권자와 소통하고 그들의 이해관계를 대변하는 민생 정당으로서 정체성을 확립하여 '유권자 정당의 정체성'을 강화하는 역할을 하게 된다. 이러한 '유권자 정당화'는 특정 인물이나 정파가 당을 사당화(私黨化)하는 폐쇄적인 정당 구조에서 벗어나게 하고, 정당의 개방적 기반을 확대함으로써 정당 발전에 기여하게 된다.

진성 당원이 더 이상 활성화되지 않는 변화된 시대 상황에서 대중 정당 모델은 작동하기 힘든 모델이다. 그럼에도 불구하고 대중 정당 모델을 무리하게 고집한다면 어떤 일이 벌어질 것인가? 그것은 이른바 '관료주의적 대중 정당'처럼, 관료주의적이고 폐쇄적인 이념 정당의 이미지로 인하여 더 많은 불신과 위기 상황에 노출되어 유권자들의 비판여론에 따라 스스로 분열하거나 해산당하는 운명에 처할 수밖에 없다.

따라서 대안으로는 지금까지 표준적인 정당 모델로 통념화되었던 시대착오적인 대중 정당 모델이 아니라 '오픈 프라이머리를 통한 시민 참여의 제도화'와 '시민 참여형 플랫폼의 활용'을 통해 당원뿐만 아니라 일반 시민들도 참여하여 정당의 민생 정체성을 강화할 수 있는 네트워크 정당 모델이 더 적실성이 크다.

V. 소결

본 글은 1998-2008년의 미국의 무브온 운동, 2008년 한국의 광우병 촛불 시위, 2010년 아랍 지역에서 불어온 '쟈스민 혁명', 2011년 미국 월가 점령 시위(Occupy wall street) 등에서 드러난 것처럼, 점차 증가되고 있는 시민 정치의 흐름에 주목하여 이것과 충돌하지 않고, 이것에 부합하는 대의 민주주의와 정당 모델을 찾기 위한 문제의식에서 출발하였다.

또한 이 문제의식의 실마리를 보여 주는 사례와 대안으로, 시민 정치라는 사례와 개념, 그리고 네트워크 정당이란 사례와 개념을 다루고 있다. 이 개념들은 기존의 연구와 담론에서 깊이 다뤄지지 않은 아직 논쟁의 영역이다. 따라서 본 글은 다소 실험적인 문제에서 출발한 만큼 사례와 개념상에 많은 이견과 논쟁의 한계가 있을 수밖에 없다.

이 글은 미국 민주당, 영국 노동당, 독일 사회민주당, 유럽의 해적당 등 시민 정치에 적극적으로 부합하고자 SNS에 기반한 시민 참여형 플랫폼을 개발하여 점차 네트워크 정당으로 진화하고 있는 정당의 흐름을 경험적으로 추적하고 있다.

특히, 한국에서의 시민 정치 흐름과 이것에 부합하고자 변신을 시도하고 있는 정당들의 흐름과 한계를 관찰하고 있다. 또한 이러한 변화된 흐름을 근거로 이론적인 차원에서, 시민 정치의 흐름과 부합하는 대의 민주주의 모델과 정당 모델로 '숙의적 공화 민주주의 모델'과 '네트워크 정당 모델'(시민 참

제왕적 대통령제와 정당

여형 플랫폼 네트워크 정당)을 검토하고 있다.

참고문헌

강원택. 2009. 「디지털 컨버전스 환경에서의 대의제 변화와 정당의 역할」. 디지털 컨버전스기반 미래연구. 정보통신정책연구원.

김석영. 2000. 「선스타인의 토의민주주의 이론에 대한 이해와 평가」. 『외법논집』. 9. 447-480.

김연정. 2014. 「與 '모바일정당' 표방…'국민이 비례의원 2명 추천'」. 『연합뉴스』 (5.12).

김종일. 2015. 「새정치, 네트워크 정당 '플랫폼' 구축 윤곽 나왔다」. 『조선일보』 (7.15).

김청진. 2013. 「나탈리 코시우스코-모리제 의원, UMP 파리 시장 후보로 결정」. 중앙선관위. 주요 정치현안 및 입법동향.

로베르트 미헬스. 김학이 옮김. 2002. 『정당사회학: 근대 민주주의의 과두적 경향에 대한 연구』. 한길사.

마르틴 호이즐러. 장혜경 옮김. 2012. 『해적당 (정치의 새로운 혁명)』. 로도스.

마샬 맥루언. 김성기 옮김. 2002. 『미디어의 이해』. 민음사.

막스 베버. 박상훈 옮김. 최장집 엮음. 2011. 『소명으로서의 정치』. 폴리테이아.

문성근. 2014. 「통합신당, 온-오프결합 시민참여형정당으로 승부하자」. 최민희의원실, 정청래의원실 긴급토론회 발제문(3.13).

민희, 윤성이. 2009. 「정보화 시대에 있어서 대의제의 적실성 탐색」. 『21세기 정치학회보』. 19(2). 147-171.

송경재. 2011. 「자발적 시민 정치 조직의 웹 캠페인 동학: 미국 무브온 사례분석과 한국적 함의를 중심으로」. 『시민사회와 NGO』. 9(1). 169-200.

알렉산더 해밀턴, 제임스 매디슨, 존 제이. 김동영 옮김. 1995. 『페더랄리스트 페이퍼』. 한울.

윤경준. 2014. 「포데모스는 어떻게 100일 만에 스페인에서 가장 인기 있는 정당이 되었는가?」(10.6). http://humanlogistics.blogspot.kr/2014/10/3040-1-100.html (2015. 10. 17. 방문).

윤다정. 2012. 「키보드 워리어는 어떻게 선거 운동원이 되었는가」. 『미디어뉴스』(11.1).

이경민. 2015. 「민주진보 지향 온오프결합 초정파 시민정치네트워크 플랫폼의 형태와 구성 제안(1stDraft)」. 국민의 명령 미공개 자료.

이동수. 2005. 「대의민주주의를 넘어서」. 『오토피아』. 20. 283-301.

이정진. 2012. 「이슈와 논점: 오픈프라이머리 논의와 시사점」(6.20).

이진순 외. 2015. 「정치인 급구, 경력자 사절 '썩은 것들은 가라'」. 『뉴스펀딩』(10.19). http://m.newsfund.media.daum.net/episode/1736#(2015. 10. 24. 방문).

임성호. 1999. 「전환기 한국정부 권력 구조: 과정중심의 '이익 통합적' 모델을 위한 시론」. 『호남정치학회보』. 11. 1-26.

정병기. 2013. 「희화화된 정당 정치, 2013년 이탈리아 총선의 의미」. 『매일노동뉴스』 (3.4).

조성흠, 서혜림. 2015. 「野 '국민 정책제안 삽니다'..네트워크정당 구상 발표」. 『연합뉴스』 (9.7).

조희정, 박설아. 2012. 「정당의 소셜미디어 활용 현황과 과제: 의제·자원·확산 전략을 중심으로」. 『한국 정치학회보』. 46(1). 113-139.

진상현. 2015. 「개혁이냐 퇴보냐…여야, 오픈프라이머리 '전운'」. 『the300』(4.24). http://the300.mt.co.kr/newsView.html?no=2015042408477622933(2015. 10. 17. 방문).

채진원. 2011. 「지구화시대 한국 정당의 거버넌스 모델과 전략」. 임성호, 채진원, 윤종빈, 김용철, 신두철, 장우영, 송경재, 윤성이, 민희, 이현우. 『지구화시대의 정당 정치』. 한다D&P.

채진원. 2012. 「'오픈 프라이머리 정당약화론'의 재검토: 다층적 수준의 정당 기능론을 중심으로」. 중앙선관위. 『選擧硏究』. 3. 135-161.

채진원. 2014. 「박원순 당선=퇴행? 시대착오적인 대중정당론」. 『오마이뉴스』(06.19).

채진원. 2015a. 「'오픈프라이머리 정당약화론'과 네트워크정당모델」. 정진민, 강신구, 최준영, 서정건, 이현우, 안병진, 임성호. 『정당 정치의 변화, 왜 어디로』. 형설출판사.

채진원. 2015b. 「계파 정치 극복을 위한 네트워크 정당모델과 오픈 프라이머리 논의」. 『정책연구』 가을호(9월). 143-179.

채진원, 조기숙. 2012. 「민주화 이후 한국의 정당발전: 정당개혁의 한계와 대안」. 조기숙, 정태호, 김종철, 김하열, 박용수, 박호성, 서보학, 소순창, 안병진. 『한국 민주주의 어디까지 왔나』. 인간사랑.

추인영, 전혜정. 2015. 「새정치연합 지역분권정당추진단장 김부겸 내정」. 『중앙일보』(3.4).

하승우. 2008.「촛불집회와 진보정당의 과제」. 진보신당 경향신문 공동주최 제2차 긴급시
국대토론회 발표집(6.16).

한상익. 2015.「정당 혁신의 방향」. 이슈브리핑(2015-2). 민주정책연구원.

Abel, T. D., & Stephan, M. 2000. "The Limits of Civic Environmentalism". *The
American Behavioral Scientist*. 44(4). 614-28.

Barber, B. R. 1984. *Strong Democracy: Participatory Politics for a New Age*. University
Of California Press. 박재주 옮김. 1992.『강한 민주주의: 새시대를 위한
정치참여』. 인간사랑.

Benjamin, G. 1987. "Innovations in Telecommunications and Politics". *The Commu-
nications Revolution in Politics*. Academy of Political Science. 34(4). 1-12.

Bobbio, N. 1987. *The Future of Democracy: A Defence of Rules of the Game*. University
of Minnesota Press. 윤홍근 옮김. 1989.『민주주의의 미래』. 인간사랑.

Caul, M. L., & Gray. M. M. 2000, "From Platform Declarations to Policy
Outcomes: Changing Party Profiles and Partisan Influence over Policy". in
Dalton, R. J., & Wattenberg, M. M. *Parties without Partisans: Political Change
in Advanced Industrial Democracies*. Oxford Press.

Dahl, R. A. 1956. *A Preface to Democratic Theory*. University of Chicago Press.

Dalton, R. J. 1996. *Citizen Politics: Public Opinion and Political Parties in Advanced
Western*. Chatham House.

Dalton, R. J. 2008. *The Good Citizen*. University of California, Irvine.

Dalton, R. J., & Wattenberg, M. M. 2000. *Parties without Partisans: Political Change
in Advanced Industrial Democracies*. Oxford Press.

Dalton, R. J., Ferrell, D. M., & McAllister, I. 2011. *Political Parties and Democratic
Linkage: How Parties Organize Democracy*. Oxford University Press.

Dalton, R. J., Flanagan, S. C., Beck, P. A., & Alt, J. A. 1984. *Electoral Change in
Advanced Industrial Democracies*. Princeton University Press.

Franklin, M. N., Mackie, T. T., & Valen, H. 1992. *Electoral Change: Responses to
Evolving Social and Attitudinal Structures in Western Countries*. Cambridge
University Press.

Huntington, S. P., & Nelson, J. M. 1976. *No Easy Choice: Political Participation in
Developing Countries*. Havard University Press.

Bartlett, J., Bennett, S., Birnie, R., & Wibberley, S. 2013. Virtually Members: The Facebook and Twitter Followers of UK Political Parties. ACASM BRIEFING PAPER.

Katz, R.S., & Mair, P. 1995. "Changing Models of Party Organization and Party Democracy: The Emergence of the Cartel Party." *Party Politics*. 1(1). 5-28.

Key, V. O. 1964. *Politics, Parties and Pressure Groups*. Crowell.

Kidd, Q. 2011. *Civic Participation in America*. Plagrave Macmillan.

Kirchheimer, O. 1966. "The Transformation of the Western European Party System". in Lapalombara, J., & Weiner, M. eds. *Political Parties and Political Development*. Princeton Uni. Press. 178-198.

Krichheimer, O. 1999. 「서구에있어서 정당체계들의 변형」. LaPalombara, J., & Weiner, M. *Political Party and Political Development*. Princeton University Press. 윤용희 옮김. 1989. 『정당과 정치발전』. 법문사.

Manin, B. 1997. *The Principles of Representative Government*. Cambridge University Press. 버나드 마넹. 곽준혁 옮김. 2004. 『선거는 민주적인가: 현대 대의민주주의의 원칙에 대한 비판적 고찰』. 후마니타스.

Miliband, E. 2013. "One Nation politics". http://archive.labour.org.uk/one-nation-politics-speech(2015. 5.1. 방문).

MoveOn.org Staff. 2004. *MoveOn's 50 Ways to Love Your Country: How to Find YourPolitical Voice and Become a Catalyst for Change*. Inner Ocean Publishing, Inc. 송경재, 김재희, 이현주, 민희 옮김. 2010. 『나라를 사랑하는 50가지 방법』. 리북.

Nagel. J. 1987. *Participation*. Prentice-Hall.

Nelson, J. M. 1987. "Political Participation". in Weiner, M., & Huntington, S. P. eds. *Understanding Political Development*. Little Brown.

Neustadt, R. E. 1990. *Presidential Power and the Modern Presidents*. The Free Press.

Norris, P. 2001. *Digital Divide: Civic Engagement, Information Poverty and the Internet Worldwide*. Cambridge University Press.

Panebianco, A. 1986. *Political Parties: Organization and power*. Cambridge University press. 262-267.

Rosenstone, S. J., & Hansen, J. M. 1993. *Mobilization, Participation, and Democracy in America*. MacMillan Publishing Co.

Scarrow, S. 2014. *Beyond Party Members: Changing Approaches to Partisan Mobilization.* oxford university press.

Schacheter, J. A. 1997. *Participation in America.* University of Chicago Press.

Schattschneider, E. E. 1942. *Party Government.* Holt, Rinehart & Winston.

Schumpeter, J. 1975. *Capitalism, Socialism and Democracy.* 3rd edition. Harper & Row.

Sunstein, C. 1993a. *Democracy and the Problem of Free Speech.* Free Press,

Sunstein, C. 1993b. *The Partial Constitution.* Harvard University Press.

Thies, M. F. 2000. "on the Primacy of Party in Government: Why Legislative Parties Can Survive Party Decline in the Electorate". in Dalton, R. J., & Wattenberg, M. P. eds. *Parties without Partisans: Political Change in Advanced Industrial Democracies.* Oxford Press.

U.K labour party. 2014. BUILDING A ONE NATION LABOUR PARTY: THE COLLINS REVIEW INTOLABOUR PARTY REFORM.

Verba, S., & Nie, N. H. 1972. *Participation in America Political Democracy and Social Equality.* Harper & Row.

제3부

병립형 비례제와 비용 중심의
선거법 규제로의 전환

제7장

대통령제에 부합하는 선거 제도와 정당 개혁

I. 촛불 시민 혁명의 교훈과 불신 공화국의 등장 배경은?

　우리 대한민국 헌법은 국민 주권주의와 대의 민주주의를 목표로 하고 있으며, 이것을 실현하기 위한 수단으로 제8조, 제24조, 제25조 등에서 "정당제도와 선거 제도"를 중요하게 규정하고 있다. 국민들은 자신의 정치적 의사 형성을 위해 자유롭게 정당을 만들고 가입하고 탈퇴할 수 있도록 하고 있으며, 주기적인 선거에 참여하여 공직자가 되거나 공직자를 선출할 수 있도록 하고 있다.

　그러나 언젠가부터 정당과 선거는 국민에게 관심과 참여보다는 정치 불신의 대상이 되고 있다. 그 주요한 이유는 정당이 '국민의 정치적 의사 형성을 위한 자발적 결사체'가 아니라 대통령을 하고 싶은 소수 명망가들의 계파 정당으로 '사당화'가 되었고, '파당화' 및 '이익 정당화'가 되었기 때문이다.

또한 국민의 대표자를 선출하는 공직 선거 역시도 후보자와 유권자, 정당과 국민이 선거 캠페인 과정에서 정책과 공약 및 국정 운영에 대해 함께 토론하고 합의하고 약속을 해나가는 '공론장과 숙의 민주주의의 장'이 아니라 돈과 힘 있는 사람들을 위한 '출세와 권력 장악의 장', 일방적으로 표를 얻기 위한 '선전 선동의 장'으로 전락했기 때문이다.

정당과 선거가 제 기능을 하지 못하고 대의 민주주의 기능을 상실하게 된다면, 나쁜 대표자들이 등장하여 국민의 세금을 낭비하는 한편 헌법의 가치와 민주주의 규범을 파괴하거나 약화시켜 불법과 악행을 저지르게 되어 결국 국민의 저항을 받을 수밖에 없다.

정당이 헌법에 나와 있는 대로, "국민의 정치적 의사 형성을 위한 자발적 결사체"로서 기능을 하고, "국민의 참정권을 실현하는 공간"이 되기 위해서는 불신을 받고 있는 현 정당 제도와 선거 제도를 개혁할 필요가 있다. 정당과 선거 제도 개혁의 방향 모색과 관련해서는 두 가지 일이 필요하다. 첫째는 변화하는 국민의 적극적인 목소리를 반영하는 것이다. 둘째는 지구화, 정보화, 후기 산업화, 탈냉전화, 탈물질주의화 등으로 표현되는 21세기 전환기적 시대 상황이라는 거시적 변화에 적극적으로 반응할 수 있는 공공 철학의 정신을 정립하여 거기에 부합하는 방식으로 '제도적 반응성'을 높이는 일이다.

대의 민주주의의 작동을 어렵게 하거나 방해하는 여러 요인이 있다. 그 중 핵심인 것은 '구조적인 원인'이다. 그것은, 대의 제도의 핵심 도구인 정당과 선거가 변화하는 21세기 전환기적 시대 상황(지구화, 정보화, 후기 산업화, 탈냉전화, 탈물질주의화 등)과 유권자의 복합적이고도 파편화된 요구에 기민하게 반응하지 못하는 "반응성(responsibility) 약화에 따른 책임성(accountability) 약화"로 이어지는 메커니즘의 문제이다(임성호 2015).

제왕적 대통령제와 정당

이에 본 글에서는 지구화, 정보화, 후기 산업화, 탈물질주의화, 탈냉전화 등으로 표현되는 21세기 전환기적 시대 상황 속에서 자유주의와 자유 지상주의 및 다원주의가 사회 이익을 더욱 파편화시킴으로써 국민 통합과 국가 통합에 더 많은 한계를 노정시키는 만큼, 대의 민주주의를 정상화시키기 위한 대안적인 공공 철학의 노선으로 공화주의(republicanism)(비롤리 2006)를 대안적 패러다임으로 검토하면서 "공화주의적인 대통령제"에 부합하는 선거 제도와 정당 개혁의 방향성에 대해 논의하고자 한다.

1. 촛불 시민 혁명의 교훈

국민의 적극적인 목소리를 수용하는 일과 관련해서는 지난 2016~2017년 박근혜-최순실 국정 농단 사태와 광화문 촛불 시민 혁명의 교훈을 반영할 필요가 있다. 박근혜-최순실 국정 농단 사태는 민주화 이후 대의 민주주의의 위기와 실패를 보여 주는 대표적인 사건이다.

박근혜-최순실 국정 농단 사건은 '정당 실패', '정부 실패', '대의 민주주의 실패'를 보여 준다. 이 같은 실패의 배경에는 정당 공천의 실패, 정치인과 관료들의 사익 추구, 재벌 등 이익 집단들의 지대 추구와 정경 유착, 정계-관계-이익 단체 간의 로그롤링(log-rolling)과 포크배럴(pork barrel)과 같은 협잡과 담합[1]이 있었다.

특히, 정당 공천의 실패는 정당과 언론 및 시민 단체들이 공천 과정에서 후보 검증을 제대로 하지 않아 정당이 불량 후보자를 공급하는 것을 사전에 차

---

1. 일반적으로 포크배럴(pork-barrel)은 국회 의원이 출신 지역의 환심을 사기 위해 계획한 지방 개발 정부 보조금 법안'을 말하는 것이라면, 로그롤링(log-rolling)이란 이권이 결부된 법안을 관련의원들이 서로 협력 또는 담합하여 통과시키는 행태(협력하여 통나무를 굴리는 기술)를 가리킨다.

단하지 못했다. 더욱더 후보 검증을 부실하게 받은 후보가 대통령이 된 이후 부당한 방식의 공천 개입을 통해 정당을 사당화하고 파당화하는 것을 막지 못했다. 이미 2016년 19대 총선을 앞두고 새누리당 공천에 개입해 친박 의원을 도운 혐의로 기소된 박근혜 전 대통령이 항소심에서도 징역 2년을 선고받은 바 있다.

박근혜–최순실 국정 농단 사건은 우리 정치와 정당의 공공적 토대가 매우 허약하다는 것을 보여 주었다. 정계–관계–이익 단체 간의 불법적인 유착 등에서 드러나듯이, 파벌, 관벌, 재벌, 학벌, 군벌 등 각종 가부장적 가족주의 유산에서 나오는 파벌적 관계가 여전하다는 점이다. 이런 파벌적 관계를 공(公)과 사(私)가 구분되는 근대적인 국가–시민 사회의 관계로 재편하지 않는 한, 이 같은 낡은 관행의 답습이 반복될 가능성이 크다.

그렇다면 촛불 시민 혁명이 대의 민주주의의 출발점인 정당의 공천 개혁에 주는 교훈은 무엇일까? 여러 가지가 있지만 몇 가지를 요약해 보면 다음과 같다. 첫째, 좋은 대표자를 뽑기 위해서는 대의제의 출발점인 정당의 공천 과정에 시민이 직접 개입해야 한다는 것을 매우 중요한 문제로 각성시켰다는 점이다.

즉, 정당 후보의 공천을 정당에게만 맡기지 않고, 국민 참여 경선제를 통해 했더라면, 박근혜 후보가 공천을 통과하여 대통령이 되어서 직권을 남용하여 탄핵되는 일도, 탄핵을 위해 시민들이 주말을 광화문에서 보내는 수고도 없었을 것이다. 민의를 배신할 수 있는 대의제의 한계를 근본적으로 차단하는 일은 대의제의 시작인 정당의 후보 공천 과정에 시민이 직접 참여하는 일이다.

둘째, 정당이 공천을 잘못하여 나온 후보자를 국민들이 대표자로 뽑아놓고, 추후 탄핵하거나 국민 소환하는 일을 만들지 않기 위해서는, 사전 예방 차원에서 시민 공천을 제도화하는 '여야 동시 국민 참여 경선제의 법제화'가 필요하다는 점이다.

여와 야, 진보와 보수 그리고 큰 정당이냐 작은 정당이냐를 떠나 여야 동시 국민 참여 경선제가 법제화되면, 국회 의원과 대표자의 사고와 언행은 국민이 원하는 현장과 민생 중심으로 수렴될 가능성이 커지기 때문에 당파심이 큰 파당적인 후보나 국민 분열을 선동하는 후보보다는 국민 통합력을 본선 경쟁력으로 하는 국민 통합적인 후보가 당선될 가능성도 커진다.

국민 통합적인 후보가 나와서 경쟁력을 갖게 되면, 다수파의 목소리와 소수파의 목소리를 어느 정도 중간 지대에서 절충하고 통합할 수 있기에, 다양성과 소수파들의 목소리 대변을 위해 다당제에 따른 정당의 파편화와 정당의 이익 정당화에 영향을 미치는 '독일식 연동형 비례 대표제'가 필요하다는 급진적인 주장도 어느 정도 줄어들게 되어 있다.

그동안 우리 국민들은 많은 고생을 해 왔다. 정당의 잘못된 공천, 언론과 시민 단체들의 무능한 공천 검증과 공약 검증으로 하자가 많은 불량 대통령을 뽑거나 갑질하는 국회 의원을 뽑아 놓고, 물러나라고 비판하면서 퇴진시키는 데 너무나 많은 에너지를 소비했다.

대의 민주주의에서 대표자를 잘못 뽑아놓고 그들을 소환·파면하는 것은 무척 어려운 일임에 틀림이 없다. 따라서 국민 참여 경선제를 통한 공천을 제도화해서 국민 소환을 받지 않는 대표자를 뽑는 게 최선일 것이다. 우선 독일식 연동형 비례 대표 도입과 국회 의원 정수를 늘리라는 주장 이전에 현재의 국회 의원이라도 제대로 국민과 현장에 관점에서 일할 수 있도록 견제하고 균형을 찾는 제도적 장치인 '여야 동시 국민 참여 경선제 법제화'가 급선무이다.

2. 전환기 시대 상황, 파편화되는 사회 이익

정당과 선거 제도 개혁 방향에 대해서는 국민의 적극적인 목소리 반영에 이어서 지구화, 정보화, 후기 산업화, 탈냉전화, 탈물질주의화 등으로 표현되는 거시적 변화에 적극적으로 반응할 수 있는 공공 철학의 정신을 정립하여 그것에 조응하는 제도를 설계하는 것이 필요하다. 그렇다면, 지구화 등 거시적 변화에 적극적으로 반응할 수 있는 대안적인 공공 철학의 노선은 무엇일까?

이른바, 지구화, 정보화, 후기 산업화, 탈냉전화, 탈물질주의화 등은 더 이상 거스를 수 없는 21세기 전환기적 시대 상황이다. 이 21세기적 전환기적 시대 상황은 자본 대 노동으로, 정규직대 비정규직으로, 노조원 대 비노조원으로, 권위주의 대 탈권위주의로, 집단주의 대 개인주의로, 남성 대 여성으로, 청년 대 장년으로 끊임없이 사회 이익을 파편화시키고 개인들을 원자화로 내몬다(임성호 2011).

파편화되는 사회 이익에 맞서 정당, 언론, 정치, 시민 단체, 정부가 '새로운 공공 철학'의 노선을 정립하여 사회 연대와 국가 통합을 추구해야 하는데, 거꾸로 극단적인 좌우 진영 논리나 포퓰리즘에 편승하거나 이를 부추기면서 노골적으로 권력 잡기에만 급급하다(채진원 2016).

정치권이 정치적 양극화와 경제적 양극화에 맞서 빈곤층으로 전락한 중산층을 회복하고 중도 수렴의 공화 정치를 부활시켜야 하는데, '권력 잡기용 정쟁 추구'와 '자기 지지층 결집'에만 전념하고 있는 게 한국 정치의 주된 문제점이다. 즉, 정치권이 민주공화국이 추구하는 헌법적 가치와 민주주의 규범을 파괴하거나 약화시키면서까지 자신의 파당적인 이익과 좌우 진영 논리를 극대화하고 자신의 지지층 결집을 위한 '집단 극단화'와 '정당의 이익 집단

제왕적 대통령제와 정당

화'에 매진하는 것이 비극적인 한국 정치의 문제점이다.

단적으로, 선거 제도와 정당 제도 개혁과 관련한 논의에서도 한국 정치의 문제점인 '사당화'와 '파당화' 및 '정당의 이익 집단화'가 고스란히 드러난다. 정치권이 입법부, 행정부, 사법부가 삼권 분립을 하면서도 서로 견제와 균형을 통해 국가의 공공선을 추구하는 민주공화국의 정신이 '혼합정'이라는 점을 이해하거나 이것을 지켜가면서, 공화주의적 대통령제와 부합하거나 정합성이 있는 선거 제도와 정당 제도의 방향성을 논의하지 않고, 당리당략적인 유불리 차원에서 공당으로서의 정당이 아닌 이익 집단처럼 접근하고 있다.

더욱이 정치적 양극화에 따른 파당적인 모습은 다양성 추구라는 미명하에 내각제에 부합하여 작동해 온 독일식 연동형 비례 대표제를 이식하여 다당제를 만들고 여소 야대를 만들어 대통령의 국정 안정을 방해하면서 국회를 정쟁과 분열의 공간으로 만들어 국가 통합을 방해하고 국민 분열을 야기하는 것이 대표적인 예라 할 수 있다. 이들은 당연히 분단 속 대통령제에 부합하는 현행 '한국식 병립형 비례 대표제'를 중심으로 놓고 보완하는 차원에서 비례 대표를 확대하는 방안에 대해서는 소홀히 다루고 있다.

3. 전환기적 시대 상황의 특성과 불신 공화국 등장 배경

그렇다면 왜, 정치권은 정치적 양극화를 초래하는 극단주의 전략을 관행적으로 사용하고 있는 것일까? 그 배경에는 앞서 언급한 대로 지구화, 정보화, 후기 산업화, 탈냉전화와 같은 21세기 시대 전환기적 구조요인이 있기 때문이다. 이러한 구조적 요인들은 사회 이익을 더욱 복잡하고 다양하게 파편화(fragmentation) 시킨다(Franklin·Mackie·Valen 1992; 임성호 2015; 채진원 2016).

지구화와 정보화는 국가의 경계와 정보의 경계를 낮춰 이질적인 문화의 유입과 함께 정보화의 격차를 확대하여 분열시킴으로써 대의 민주주의의 반응성을 떨어뜨리면서 사회 통합을 어렵게 한다. 후기 산업화는 화이트칼라와 블루칼라로 비교적 단순하게 구분되었던 노동자들을 정규직과 비정규직, 노조원과 비노조원 등으로 더욱 다양하게 분열시킨다.

탈물질주의화는 탈물질적인 자기 표현 가치와 탈권위주의적인 개인주의 (individualism)를 강조하면서 물질주의가 강조했던 생존 가치 그리고 권위주의 및 집단주의를 더 이상 수용하지 않으면서 사회를 분열시킨다. 자기 표현 가치의 등장은 경제적인 이해관계의 계산으로 어느 정도 타협이 가능했던 물질주의 시대와 달리 환경, 생태, 인권 등의 이슈로 경제적인 타협을 어렵게 하여 사회를 분열시킨다. 탈냉전화는 장기간 억제되었던 좌우 이념 갈등을 증폭시켜 사회 통합을 어렵게 한다(Franklin · Mackie · Valen 1992).

이러한 21세기 전환기적 시대 상황에서 대의 민주주의는, 사회 이익의 파편화로 인해 전환기 이전과 같이 효과적으로 작동되지 않은 채, 통치 불능 사태(거버넌스의 위기 사태)에 빠지게 된다. 이 때문에 정당과 정치권은 손쉬운 방법으로 정치적 양극화에 따른 '편향성의 동원 전략'이라는 전략적 극단주의를 사용하려는 유혹에 노출될 수밖에 없다.

『절반의 인민주권(The semi-sovereign people)』의 저자인 샤트슈나이더 (Shattschneider) 교수에 의하면, '편향성의 동원'(mobilization of bias)이란 사회의 중심 갈등을 억압 또는 대체하기 위해 특정 갈등을 부각하고 그에 따라 정치 참여를 동원하는 것을 말한다. 그리고 지배 엘리트가 자신의 권력과 기득권을 유지하기 위해 자기에게 유리한 갈등을 편향성을 동원하여 부각하는 접근을 '갈등의 사유화'(privatization of conflict)라 한다(Schattschneider 1975).

사회 이익의 파편화(fragmentation)와 정치권의 정치적 양극화(polarization)는 일견 모순되는 것 같지만 충분히 공존할 수 있다. 이 둘의 공존은 정당, 언론, 온라인 공간으로 확대되면서 집단 극단화(group polarization)를 강화시킨다(벨 1980). 이 집단 극단화는 정당, 언론, 온라인 공간에서 이해관계자들의 분열을 극단화시킨다. 결국 강경 세력의 목소리가 커지고 중간 지대와 중도 세력이 약화되면서 보수는 더욱 극보수쪽으로, 진보는 더욱 극진보쪽으로 이동하면서 국민 여론을 양극단으로 분열하게 만든다(선스타인 2011).

정당과 언론이 만들어 내는 집단 극단화는 온라인 공간의 네티즌을 극단적으로 분열시킨다. 결국 사회 이익의 파편화는 사회 단체들의 파당화를 낳고, 이 파당화는 집단 극단화 정치적 양극화를 낳게 된다. 그렇다면, 정치적 양극화에 따른 집단 극단화는 민주주의 규범의 파괴와 약화에 어떤 폐해와 문제점을 주는가?

전환기적 시대 상황이라는 구조적 요인에 따른 사회 파편화는 각종 사회적 단체와 이익 집단의 등의 사회적 요구(input)의 분출을 증대시키고, 이익 집단의 이기적 투쟁을 극대화하는 반면 정치적 양극화는 합리적인 대화와 토론에 따른 효율적인 정책 산출(output)을 저해한다. 결국 이 두 영역의 불합치로 인해 정부와 정치권으로 대표되는 대의 민주주의는 대화와 타협 그리고 숙의와 합의라는 민주주의 규범을 파괴하거나 약화시키게 되고, 결국 '반응성'과 '책임성'에 있어서 정치의 무능력과 불신을 극대화하면서 통치 불능 상태에 빠지게 된다.

즉 사회적 요구(input)와 정책 산출(output) 간 불균형과 모순으로 정부 위기와 정당 불신 그리고 국가의 불신이 상시화되는 불신(不信) 사회와 불신 공화국을 만들게 된다. 이 불신 공화국은 분열과 갈등이 있는 국회의 견제를 피하기 위한 행정부의 일방주의, 국회 파행과 국정 교착, 정쟁의 가속화와 정치 불신의 극대화로 국민 통합과 국가 통합을 어렵게 함으로써 결국, 국가의 쇠퇴와 대의 민주주의의 위기를 만성화시킨다(채진원 2016).

II. 공화주의적 대통령제와 친화적인 선거와 정당 제도

1. 왜 공화주의인가?

그렇다면 이런 불신 공화국의 등장에 따른 국가의 쇠퇴와 민주주의 위기를 보고만 있을 것인가? 그에 대한 해법이 고민되어야 할 것이다. 그 해법은 당연 이러한 21세기 전환기적 시대 상황에 부응하기 위한 새로운 공공 철학의 노선으로 실용적인 제도 접근론이 필요하다. 본 글에서는 21세기 전환기적 시대 상황 속에서 자유주의와 자유 지상주의 및 다원주의가 사회 이익을 더욱 파편화시킴으로써 국민 통합과 국가 통합에 더 많은 한계를 노정시키는 만큼, 이를 넘어서는 대안으로 '공화주의'(republicanism)가 적절하다고 판단된다.

일찍이 다니엘 벨(Daniel Bell) 교수는, 『자본주의의 문화적 모순(*The Cultural Contradictions of Capitalism*, 1976, 176p)』이란 저서에서 '사회적 파편화'와 '정치적 양극화'가 동시에 일어나는 시대 상황에서는 사회와 정치적 제도가 서로 작동하기 힘들고 정치적 반응성이 떨어진다고 진단하였다. 그는 대안적 해법으로 변화된 시대 상황에 반응하는 새로운 공공 철학의 노선과 새로운 정치 문화로 '자유주의'(liberalism)의 한계를 넘어서는 새로운 대안 패러다임이 필요하다고 역설하였다(벨 1980).

한국에서 자유주의는 독재를 물리치고 자유화와 민주화를 이끌어 내면서 사회적 이익 집단들의 이익 투쟁과 다원주의(pluralism)를 활성화시키는 데 크게 기여했다. 하지만 자유주의의 이러한 기여에도 불구하고, 자유주의가 말하는 '자유의 성격'이 국가의 공공선을 향한 '비지배적 자유'보다는 개인의 자유를 강조하는 '소극적인 자유'의 속성으로 인해, IMF 이후 자유 지상주의(libertarianism)와 신자유주의 및 다원주의로 극단화되면서 민주화 이후 사회적 이익 집단들의 파편화와 정치권의 극단적인 파당주의 그리고 정치적 양극화를 심화시켜 사회 통합과 국가 통합을 어렵게 하는 한계를 보여 주었다.

특히, 다원주의에서 이익 집단은 공공적 이익보다는 자기가 속한 집단 이익을 보호하고자 이익 집단 정치를 극대화시킴으로써 국가의 공공선과 충돌하는 모순에 빠지기도 한다. 이것은 정치권이 그동안 '상층 자본'인 재벌과 '상층 노동'인 민주노총의 기득권을 너무 많이 보호하여 소득 불평등 해소에 실패하고 있다는 비판과 자성의 목소리에서 극명하게 드러난다.

그리고 진보 정당들이 평소 가난한 민중을 대변하는 진보를 자처했지만 실제로는 민주화 운동을 주도했던 민주노총, 전교조, 공무원노조, 대기업 정규직을 주로 대변함으로써, 비정규직으로 표현되는 하위 소득의 하층 노동보다는 상위 소득 10%의 상층 노동 계급을 과대 대표하면서 그들의 기득권을 과도하게 보호해 왔다는 비판이다(이범연 2017).

자유주의와 자유 지상주의 및 다원주의의 한계로 인한 폐해는 SNS와 온라인 공간에서 극명하게 드러난다. 팟캐스트와 1인 tv 등의 극단화가 상호 존중, 대화와 타협, 견제와 균형 등을 상식으로 하는 민주주의 규범과 한국 정치의 소통적 기반을 파괴하거나 약화시킨다. 같은 지지자와 같은 계파들끼리만 더 친해지고 더 연결될수록, 정당과 국회 그리고 사회와 국가는 더 분열하고 더 극단화되면서 불통하는 통치 불능 상태(ungovernability, 거버넌스의 위기)²가 발생한다(Offe 1984).

보수가 극보수로, 진보가 극진보로 극단화되면, 당초 진보와 보수가 함께 절충했던 중간 지대가 사라지면서 민주주의 위기가 찾아온다. 생각이 조금 다르지만 중간 지대에서 공유하고 있었던 사람들이 극단화와 함께 적대적 진영으로 바뀌면서 상호 존중, 대화와 토론, 견제와 균형 같은 민주주의 규범을 깨뜨리고 약화시키게 된다. 결국 이러한 민주주의 규범이 파괴되고 약화되면, 그 틈을 뚫고 히틀러, 차베스 같은 포퓰리스트와 선동가 및 민중 독재자가 등장하여 민주공화정을 전복하고 전제정으로 나아갈 가능성이 커지게 된다(스티븐 외 2018).

같은 지지자, 같은 계파, 같은 파벌들 간의 '동종애'(loving in group)적인 내부 소통과 연결은 더욱 강해지면서, '이종애'(loving out group)적인 외부 소통과 연결은 약해지거나 배제(exclusion)가 커지게 되며, 결국 소통과 연결 및 통합의 확장은 더 이상 불가능하게 된다. 페북, 1인 TV, 팟캐스트 등 SNS를 잘 사용하면 숙의 민주주의가 일어날 수 있다. 하지만 잘못 사용하면 숙의를 망치는 '집단 사고'(group thinking)와 '집단 극단화'(group polarization)가 일어난다.

'집단 사고'는 의사 결정에서 최고 의사 결정자의 뜻을 거스르는 반대 의견을 말하기가 어려워지는 현상을 말한다. 즉, '집단 사고'란 의사 결정 과정에서 만장 일치라는 동조의 압력으로 인해 충분한 논의가 이루어지지 못한 상태에서 합의에 도달하는 비합리적인 의사 결정 양식이다. '집단 극단화'란 다른 말로 '집단 편향성 동화'로도 번역되며, 성향이 비슷한 동질적인 사람끼리

---

2. 통치 불능이란 어떤 사회를 규율하는 전체 체제(social system) 속에서 그 구성원들이 따르는 규칙들이 그 밑바탕에 작용하는 법칙(underlying functional laws)을 위반하거나 그 구성원들이 그 법칙의 작동 방식대로 행동하지 않을 경우라고 정의한다.

제왕적 대통령제와 정당

모여서 토론을 하거나 의사 결정을 하게 되면, 토론 후에는 더욱 극단적으로 보수적이거나 극단적으로 위험한 방향으로 쏠리는 현상을 말한다(선스타인 2011).

집단 극단화는 유유상종(類類相從)으로, 생각과 성향이 비슷한 사람들이 모여 좋아요를 누르고 댓글을 달면서 흥분하여 더욱 극단화되는 것을 말한다. 이것들은 일명 루저라고 알려졌던 온라인 일베가 어떻게 여성 혐오의 아이콘 집단으로 변화했는지를 잘 보여 준다. 그리고 메갈에서 분가한 워마드가 어떻게 남성 혐오의 아이콘 집단이 되었는지를 잘 보여 준다.

'동종애'가 강할수록 새로운 정보와 아이디어를 접할 가능성은 사라지고 부패와 무능을 감추게 되어 있다. 보다 큰 소통과 통합 및 연결을 위해서는 보다 밀도가 약한 소통과 연결이 필요하다. 여기서 밀도가 약한 소통과 연결은 '집단'이 아닌, 개인적, 개별적 관계를 말한다.

'동종애'적인 소통과 '이종애'적인 소통이 서로 균형을 맞추지 않으면, 군중 속 고독, 자율적 개인이 없는 전체주의와 같은 문제점을 맞볼 수밖에 없다.

미국 다원주의이론의 대부인 달(Robert A. Dahl)은 자신의 초기 저작과 달리 최후 저작인 『경제 민주주의에 관하여(A Preface to Economic Democracy)』를 통해서 기업의 소유권을 공유하거나 이에 참여하려는 경제 민주주의 없이는 다원 민주주의가 작동할 수 없음을 인정하고 대안으로 스웨덴 노조의 기업 참여와 스페인 몬드라곤 협동 기업처럼, 기업에서 일하는 사람들이 기업의 소유와 경영에 참여하여 민주적으로 통치하는 '자치 기업'(self-governing enterprise)을 제시하였다(달 1995). 이 '자치 기업'은 시민의 자율적 삶이라는 시민적 미덕과 관련되어 있다.

하지만 한국에서 다원 민주주의를 '진보적 자유주의'로 수용했던 최장집 교수를 필두로 한 노동 운동과 진보 정치 세력은 노년이 되면서 자기 한계를 수정해가는 로버트 달의 후기 저작을 제대로 수용하지 않으면서, 정규직과 비정규직의 분열을 해결하는 데 한계를 보여 주었다. 결국 이러한 다원 민주주의의 한계는 상층 노동자와 상층엘리트의 이익을 과대 대표하는 '이익 집단 정치'(정당의 이익 집단화)로 흘러 정당과 국가의 공공선과 사회 정의를 위협하게 되었다(채진원 2016).

정규직과 비정규직, 정규직 장년노동과 비정규직 청년 노동의 복잡한 이해관계를 조정하고 통합할 수 있는 '기업 민주주의'와 '자치 기업'을 제시하지 않는 한, 다원 민주주의적 이익 대표 체계(정당 체계와 정당 모델)는 민주노총을 중심으로 하는 상층 노동자의 이익을 과대 대표하는 '강자의 기득권 이데올로기'로 전락하게 된다.

대안적인 공공 철학 노선의 하나인 공화주의는 민주공화국의 철학적 기반이 될 수 있다. 공화주의는 일반적으로 시민적 덕성을 통해 비지배적 자유와 공공성을 추구하는 노선을 말한다. 그것의 핵심은 자유, 법치, 균형이다. 여기서 공공성은 "개인(私)의 자유를 살려서 공(公)을 여는 활사개공(活私開公)의 공공성을 말한다. 공화주의는 철저히 '개인'에만 방점을 둔 각자도생(各自圖生)도, 정반대로 '전체'만 중시하고 개인이 없는 멸사봉공(滅私奉公)과도 다르다. 공화주의는 극단의 좌우 진영을 넘어 중산층과 중도층을 강화하는 통합의 논리라고 할 수 있다(비롤리 2006).

2. 미국 공화주의 헌법의 설계자, 매디슨의 아이디어

우리가 민주공화국의 정치 철학적 노선인 공화주의를 제대로 이해하고, 분단 상황 속 한국에 적용하기 위해서는 우선 공화주의를 현대적으로 부활시켜 세계 최초로 민주공화국과 공화주의적 대통령제 정부를 탄생시킨 미국

건국의 경험과 논의에서 배울 필요가 있다. 특히, 미국 건국의 아버지들 중에서, 공화주의 대통령제 정부 형태를 직접 설계한 정치가인 제임스 매디슨(James Madison)의 아이디어와 기본 노선의 원칙들에 관심을 기울일 필요가 있다.

제임스 매디슨이 미국 대통령제 정부 형태와 헌법의 설계를 통해서 가장 극복하고 싶었던 문제는 '파벌의 해악'(mischiefs of faction)이었다. 매디슨은 파벌과 파당 및 정당은 결국 국민의 의사를 반영하기보다는 자신들의 이해관계를 관철하기 위해 노력할 것이라고, '불신의 눈'으로 봤다.

매디슨은 '파벌의 해악'을 극복하기 위한 상식적이고 합리적인 대안의 관점에서 즉, '불신의 제도화' 방향에서 선거 제도와 정당 제도를 고민하였다(매디슨 1995). 특히, '파벌의 해악'에 대한 매디슨의 불신과 경계는 다른 헌법 제정자들에게도 공유되어 미국의 헌법 조항에 '정당'에 관한 내용을 명시하지 않는 것으로도 연결되었고, 파벌과 파당에 휘둘리지 않는 방법을 찾는 데 매진하도록 만들었다(조지형 2009).

매디슨은 민주공화국 정부가 '파벌의 해악'으로부터 진정으로 벗어나기를 희망하였고, 대안으로 '공화주의적 대의제 정부'(republic)를 제시하였다. 그는 다수 파벌이든 소수 파벌이든, 파벌이란 "국가의 공공선에 역행하는 공통된 열정과 이해관계로 단결·행동하는 사람들"이라고 보았다. 그는 파벌의 형성은 본성적으로 사익을 추구하려는 인간의 자유에 있기 때문에 파벌의 원인을 근본적으로 제거하는 것은 실효성이 없다고 판단하고, 파벌의 영향력을 통제하는 쪽에 해법의 무게를 두었다(매디슨 1995, 61-84).

그가 제안한 해법은 파벌의 이해관계를 또 다른 파벌의 이해관계로 막는 즉, 서로 경쟁하고 견제하며 감시하도록 함으로써 경쟁하는 파벌들이 서로 견제와 균형을 통해 '공공선'과 '균형 정부론'을 포기하지 않도록 하는 방법이었다.

그것의 핵심적인 장치는 어느 파벌도 공화국 정부의 권력을 하나로 독점하지 못하도록 가로축으로 '삼권 분립과 상하원의 입법부 분리'와 세로축으로 지방 정부와 연방 정부를 나누는 '연방제'의 채택 그리고 '광역 선거구를 통한 공정하고 사심 없는 대표자의 선출'이었다. 그가 '광역 선거구에서의 대표 선출'을 선택한 이유는 작은 선거구에서는 파벌의 영향력이 상대적으로 강하게 작동되어 파벌의 영향력을 줄일 수 없다고 보았기 때문이다(매디슨 1995, 85-98).

매디슨은 '가로축과 세로축의 권력 분립', '파벌 간의 견제와 균형', '광역 선거구제에서의 대표선출' 등을 통해 파벌의 영향력이 최소화되는 조건하에서 선출된 대표자가 자유로운 토론과 심의를 통해 소수자의 권리를 배려하면서 '다수 파벌의 전횡'(tyranny of majority faction)을 방지함으로써 스스로 공정하고 정의로운 다수지배의 원리를 리더십의 덕목으로 활용할 것을 강조하였다.

즉, 그는 인간본성의 이중적 모순을 이해하는 가운데, 파벌 형성의 자유와 파벌의 해악을 무조건 부정하거나 긍정하지도 않고, 파벌을 제도 안으로 끌어와서 파벌 간의 경쟁을 유도하고 견제와 균형을 촉진함으로써 공공선 추구를 통해 다수 파벌에 의한 전횡을 예방하고자 했다(채진원 2013).

매디슨의 이러한 문제의식과 아이디어는 '공화주의적 대의 정부'(republic)가 '순수한 민주정'(pure democracy)과 어떻게 다른지를 명확히 구분하는 가운데, 초창기 '파벌의 해악'을 혐오했던 태도인 '반정당주의론'에서 벗어나 파벌 형성의 자유를 정당 간 경쟁으로 제도화하고 견제와 균형을 잡는 '약한 정당론'의 제도화 쪽으로 방향을 바꿔서 민주공화당의 창당으로까지 이어지게 하였다.

제왕적 대통령제와 정당

일반적으로 정당을 보는 시각은 크게 세 가지(반정당주의론, 정당 불가피론, 정당 필수론)이다. '반(反)정당주의론'(anti-party)은 "정당은 선한 정부를 파괴하는 '사라져야 할 해악'이다"라고 보는 시각으로, 미국 초대 대통령 워싱턴, 영국 토리당의 볼링브로크 등이 주장했다. '정당 불가피론'(unavoidable party)은 "정당은 자유 정부에서 '필요악'이다"라고 보는 시각으로, 영국의 데이비드 흄, 프랑스의 토크빌, 매디슨이 주장했다. 이것은 공화주의적 대통령제 정부와 친화성이 있는 '약한 정당론'이다. '정당 필수론'(essential party)은 "정당 없이 민주 정부 없다"라고 보는 시각으로, 영국의 에드문트 버크, 필립 프리세 등이 주장했다. 이것은 내각제 정부와 친화성이 있는 '강한 정당론'이다(매디슨 1995: 유재일. 2004, 113-140).

매디슨의 '약한 정당론'은 '파당(정당) 필수론'도 아니고 '파당(정당) 반대론'도 아닌 양자 사이에 있는 '정당 불가피론'으로, 대통령제 정부가 아닌 내각제 정부와 친화적으로 작동되고 있는 강한 이념적 정체성과 당 규율화로 파벌을 양성화해서 필수화하고 있는 '강한 정당론'과 비교된다.

제임스 매디슨은 자신이 지지하는 최선의 정체인 '공화주의적 대의 정부'를 고대의 직접 민주정을 의미하는 '순수 민주정(국)'(pure democracy)과 구분하여 '공화정(국)'(republic)이라 부르고, 이 둘의 차이를 비교하였다. 또한 그는 자신의 공화정(국)이 순수 민주정(국)보다 더 효과적이고 우월한 정체라고 강조했다(매디슨 1995).

그가 순수한 민주정(국)보다 혼합정인 공화정(국)을 더 우월한 정부 형태로 지지한 배경에는 순수 민주정이 작은 영토와 소규모 인구로 인해 '다수결의 전횡'(tyranny of majority)과 '파벌의 해악'(mischiefs of faction)에서 벗어나기가 어렵다고 판단했기 때문이다. 매디슨은 "훨씬 더 넓은 영토와 훨씬 더 많은 시민"을 갖는 현대적인 공화정 정부(균형적인 대의 정부)를 수립할 때, '다수결의 전횡'과 '파벌의 해악'에서 벗어날 수 있다고 보았다.

매디슨은 현대적인 공화주의 노선의 핵심 원칙으로 파벌의 영향력이 최소화되는 광역 선거구에서 탁월한 대표자들의 선출 그리고 파벌의 영향을 덜 받는 대표자들에 의한 통치 위임, 입법, 사법, 행정에 따른 권력 분립과 견제 및 균형, 사법부의 최종적인 입법 판단, 양원제, 연방제 등을 제시하였다. 이러한 원칙들은 매디슨의 '광역 연방주의 공화국론'으로 정립되었다(매디슨 1995, 61-68).

매디슨에 의해 현대적으로 재구성된 '광역 연방주의 공화국론'에서 강조하는 핵심적 가치는 두 가지이다. 첫째는 파벌의 영향력이 최소화되도록 더 넓은 대선거구에서 더 많은 유권자 시민들이 선출한 탁월하고 심의력이 있는 소수의 대표자에게 정부를 위임할 때, 더 효과적으로 '다수결의 전횡'과 '파벌의 해악'에서 벗어날 수 있다는 점이다.

둘째는 공화정은, 민주정이 강조하는 '다수파에 의한 소수파의 지배'처럼, 특정한 세력이 권력을 독점하여 다른 세력을 지배하거나 배제하는 것이 아닌 왕, 귀족, 평민이 견제와 균형 그리고 법치주의 아래 '비지배적 자유의 공존'(coexistence of free as non domination)을 지향하는 가운데, 이들 간에 권력의 기능을 분리하면서 권력을 공유하는 최선의 정부라는 점이다. 그것의 출발점은 당연 민주정과 과두정이 혼합된 '선거 제도'(즉, 보통 선거에 따라 대표자를 선출하는 방안)이다(『정치학』, 1294a30-1294b15).

매디슨은, 더 넓은 광역 선거구에서 더 많은 시민들에 의해 선출된 소수의 대표자에게 정부를 위임하는 혼합적 연방 공화국(federal republic) 즉, 비지배적인 자유(free as non-domination)를 확보하기 위해 단순히 권력만 분립하는(government of separated powers) 정부가 아니라 견제와 균형을 잡기 위해 전체 국가의 권력과 기능을 혼합하여 공유하는 정부(government of separated institutions sharing power)를 제안하였다(Neustadt 1990).

그의 이러한 문제의식은 세계 최초로 공화주의적 대통령제 정부의 탄생과 함께 대통령을 선출하는 선거 제도를 탄생시켰다. 즉 파벌의 형성과 파벌의 분파적 이해를 상징하는 비례 대표제가 없는 '소선거구 다수 대표제의 선거 제도'와 함께 파벌의 영향력을 인정하면서도 그것을 최소화하기 위해 유권 자들이 대통령을 바로 선출하는 것이 아닌 '대통령 대의원 선거인단'을 선출 하여 그들로 하여금 대통령이 선출되도록 하는 '대통령 선거인단 투표제'를 만들어 냈다.

또한 민주공화당의 창시자인 매디슨은 "모든 정치 사회에서 정당(parties) 의 형성은 불가피하다(unavoidable)"라고 보는 입장 아래 "공화주의 정당은 공화주의 정부에 대한 적과 친구 사이의 구분을 제외한 모든 차별을 추방하 고, 공화주의 정부의 친구들 사이의 일반적인 조화를 조장하는 것이 이득 이 된다"라고 보면서 "반공화주의 정당과 경쟁해야 한다"라고 주장하였다 (Madison 1792a; 1792b).

특히, 매디슨은 공화주의 정당의 과제로 "1. 모든 사람들의 정치적 평등을 실현하고, 2. 경제적 불평등을 증가시키는 과도하고 부당한 부를 가진 소수 에게 필요 이상의 기회들을 주지 않고, 3. 재산권을 침해하는 일 없이 보통 국가를 위해 지나친 부를 줄이고, 국가의 안락을 위해 극심한 곤궁함을 해결 하는 법의 운용을 실현하고, 4. 상이한 이해관계에 따라 다르게 운용되는 조 치들을 삼가고, 특히 다른 한 사람의 이해관계를 대가로 다른 사람이 이해관 계를 추구하는 것을 막고, 5. 정당들의 존재가 막을 수 없는 일인 한, 서로를 견제하는 정당을 만드는 것"을 제시하였다(Madison 1792a).

III. 한국식 병립형 비례 대표제의 확대와 공천 민주화

1. 공화주의적 대통령제와 친화적인 선거 제도

제임스 매디슨 등 세계 최초로 공화주의적 대통령제 정부를 설계하여 탄생시킨 미국 헌법의 제정자들(founding fathers)은 파벌과 파당 그리고 정당이 국민의 의사를 형성하고 반영하는 존재가 아니라 국민의 의사를 왜곡하고 파편화하면서 무시하는 권력 기구로 변질될 것이라는 '파벌의 해악'을 누구보다도 강력하게 불신하고 경계하였다.

그들은 정당 혹은 파벌과 파당의 존재는 불가항력적이지만 그 위험성과 해악성을 최대한 줄이는 쪽으로 선거 제도를 설계하였다. 그 대표적인 제도의 예는 '하원 의원의 2년 임기 제도'와 '상원 의원의 6년 임기 제도'이다. 미국 하원은 2년마다 선출하도록 되어 있고, 상원은 2년마다 3분의 1씩 교체되도록 하고 있다.

미국 헌법 제정자들은 선거를 자주 실시함으로써 국민의 의사를 충실하게 반영하는 대표 의회 체제를 설계했다. 그들은 국민 의사를 반영하는 일을 소홀히 할 경우, 지체없이 곧바로 다른 사람들로 대표자를 바꿀 수 있도록 하는 신속한 대의 체제를 설계하였다.

우리의 경우는 국회 의원 4년 임기 제도를 선택하고 있어 미국과는 대조적이다. 우리 역시도 미국의 헌법 제정자들이 고민했던 파벌의 해악성을 줄이고, 국민의 의사를 더욱 많이 그리고 자주 반영하도록 하기 위해서는 미국과 같은 상·하원 양원 제도의 설치와 더불어 하원의 경우 국회 의원 임기를 2년으로 줄이는 방안을 점진적으로 검토해야 할 것이다. 2년으로 줄이는 일이 너무 급진적이라면 국회 의원의 4년 임기를 인정하되, 국회 의원의 2분의

1을 2년 주기로 번갈아 선출하여 민심을 신속하게 반영하는 방안을 검토할 필요가 있다(조지형 2009).

공화주의적 대통령제와 친화적인 선거 제도와 정당 체제의 효과에 대한 이론 중 하나는 '듀베르제 법칙'(Duverger's Law)이다. '듀베르제의 법칙'은 "소선거구 단순 다수제는 양당제를 낳고, 2차 투표가 허용되는 다수제와 비례제는 다당제를 낳는 경향이 있다"는 명제이다 (Duverger 1954). 이것은 정치학에서 하나의 경향적 법칙으로 자리매김한 대표적인 가설로 평가되고 있다(Riker 1982).

이 듀베르제 법칙은, 공화주의적 대통령제 정부는 안정성을 강조하는 승자 독식의 소선거구제와 집권당과 반대당으로 나뉘는 양당 체제가 친화적일 수밖에 없고, 반대로 의원 내각제 정부는 다원성을 강조하는 비례 대표제와 다당제와 친화적일 수밖에 없다는 것을 매우 도식적으로 설명해 주는 데 유효하다.

또한 듀베르제 법칙은, 유권자들의 입장에서 단순 다수제에서 자신의 선호에 부합하지 않더라도 사표보다는 당선 가능성을 고려하여 차선이나 차악을 선택하는 '전략적 투표'(strategic voting) 행태가 나타나지만, 비례 대표제에서는 유권자 개인의 선호에 가까운 정당에 투표하는 '진심 투표'(sincere voting) 행태가 나타난다는 것을 설명해 주는 데 유효하다.

공화주의적 대통령제는 권력 분립(separation of powers)을 전제로 해서 입법부인 의회와 행정부인 대통령이 각기 선출되어 서로 견제와 균형(check and balance)을 이루는 균형 체제라는 것이 특징이다. 후안 린쯔(Juan Linz)는 이러한 균형 체제가 작동하지 않을 가능성의 관점에서 민주화 연구의 일환으로 대통령제의 취약점을 지적한 바 있다.

후안 린쯔(Juan Linz)는 대통령제의 가장 큰 문제는 이중적 정통성(dual

legitimacy)으로 인해 대통령과 의회가 모두 국민의 직접 선출을 통해서 수립되므로, 양 기관 모두 선출을 통한 정통성을 주장할 수 있어 갈등의 모순을 내재하고 있다고 설명하였다. 특히, 이 모순은 대통령이 소속된 집권당이 의회 내 소수당이 되는 여소 야대가 되는 즉 분점 정부(divided government) 상황에서 심각한 내홍을 겪게 된다고 언급하였다(Linz 1990).

듀베르제와 후안 린쯔의 논의를 따르고 있는 메인워링(Mainwaring)은 남미의 경험 연구를 통해 "다당제는 효과적인 대통령제의 아킬레스의 건"이라는 주장을 했다. 그는 남미의 경험 연구를 통해서 대통령제와 분절화된 정당체제(fragmented party systems)에서 '대통령제의 위험(Perils of Presidentialism)', '다당제와 대통령제의 어려운 결합'(difficult Combination)이라는 테제를 만들어 냈다(Mainwaring 1993).

듀베르제, 후안 린쯔, 메인워링 등의 논의들은 예외적인 사례도 있지만, 대체로 다당제와 결합된 대통령제는 신생 민주주의 국가에 매력적인 대안이 되지 못하는 것으로 평가하고 있다(Lijphart 1999). 앞선 여러 논의자들의 의견을 종합해 볼 때, 대통령제 정부와 내각제 정부의 국정 운영 원리는 다를 수밖에 없다는 점을 깊이 인식하면서 효과적인 국정 운영의 방안에 대해서도 검토할 필요가 있다.

즉, '파벌의 위험성'을 축소하기 위해 '약한 정당론'에 기반하여 입법, 행정, 사법이 각각 분리되면서도 견제와 균형을 통해 공공선을 추구하는 미국식 대통령제 정부는 다수파의 대표자가 안정적인 권력을 갖도록 하는 '다수 대표제 선거구'와 '승자 독식의 행정부'를 갖는 대신 입법부와 사법부의 견제를 받으면서 균형을 찾는 경향이 있다.

반대로 파벌과 파당 및 정당의 분파성을 양성화하는 '강한 정당론'과 친화적인 내각제 정부는 소수파의 대표자도 비례적으로 권력에 참여하도록 하는

'소수 대표제 선거구'와 '정당 연립 정부' 그리고 '의회 다수파가 입법과 행정 권력'을 독점하는 융합정부를 강조하는 경향이 있다.

그러나 다수 대표제와 견제와 균형을 강조하는 대통령제든, 소수 대표제와 파벌 간의 협치와 융합을 강조하는 내각제든 정당이 사당화되어 있거나 계파 정치로 파당화가 작동돼 대표자와 의원의 자율성이 없다면, 양쪽 모두 독재에 빠질 수 있다는 점이다. '파벌의 해악'에 따른 독재 정부의 강도는 삼권 분립이 된 대통령제보다 삼권 분립이 되지 않은 내각제에서 더 강할 수 있다는 점이다.

즉, 정당의 공천 방식이 계파 공천에서 벗어나 상향식 공천이 제도화되어 있지 않다면, 국민의 대표자인 의원 개인의 자율성이 실종되어 견제와 균형은 사라지게 되어 있고, 의원 자율성이 없는 '강한 정당론'과 친화적인 내각제는 의회와 행정부가 융합되기에 더욱더 견제 받지 않는 독재 권력이 될 수 있다는 점이다. 한국의 대통령제는 권력 분립이 된 대통령제이면서도 영수 회담과 여·야·정 국정회의, 당·정·청 전원회의 등 내각제 요소도 첨가시켜 운영해 온 관행 탓('대통령제의 내각제적 운영 모순')에 바람직한 선거 제도와 정당 개혁의 인식과 방향을 어렵게 하고 있다.

2. 독일식 연동형 비례 대표제에 대한 반론

독일식 연동형 비례 대표제를 일방적으로 주장하기보다는 이를 반대하는 상대가 있는 만큼, 다음의 쟁점을 놓고 관점의 차이를 토론할 필요가 있다. 첫째는 선거 제도 개혁에서 국민이 요구하는 게 국회 의원의 '책임성'인지 '비례성'인지 확인해 볼 필요가 있다. 둘째는 분단 속 대통령제 정부와 친화성이 있는 선거 제도가 독일식 연동형 비례 대표제인지 아니면 한국식 병립

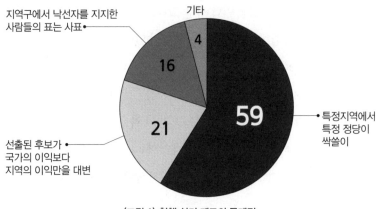

〈그림 1〉 현행 선거 제도의 문제점

*출처: 정한울(2018. 11.17).

〈표 1〉 선호하는 선거 제도

Base = 전체	사례수	소 선거구제	중대 선거구제	연동형 정당 명부 비례 대표제	모름/ 무응답	계
본조사	1,030	42.5	21.7	26.8	9.0	100.0
12.21~22 조사	(1,000)	41.0	22.6	29.4	7.1	100.0
9.27~28 조사	(1,000)	43.0	22.2	30.6	4.2	100.0
7.12~13 조사	(1,000)	39.9	26.8	29.4	3.9	100.0
GAP(18.2 월-17.12월)		1.5	−0.9	−2.6	1.9	0.0

*출처: 갤럽 여론 조사(2018.2~2017. 12).

형 비례 대표제인지 확인해 볼 필요가 있다.

독일식 연동형 비례 대표제의 도입을 주장하는 시각에서 보면, 정당 득표율과 의석수 비율이 불일치하는 한국식 병립형 비례 대표제가 불합리한 것으로 보일 수도 있다. 더더욱 비례 대표가 없는 미국식 소선거구 다수 대표제는 비정상 국가의 극치로 이상하게 보일 수도 있을 것이다. 그러나 정작 바보취급 당할지도 모르지만, 민주공화국의 모국인 미국인들은 소선거구 선거 제도를 바꾸지 않고 있다.

　미국인들이 선거 제도를 비례 대표제로 바꾸지 않는 이유는 앞서 논의한 대로, '파벌의 해악'에 대한 경계심 때문이다. 그들은 미국 헌법 제정자들의 문제의식대로, 비례 대표가 광역의 소선거구 대표와 달리 소수 대표제를 반영함으로써 '파벌의 해악'으로부터 영향을 받을 가능성이 크고, 파벌과 파당의 제도화된 형태인 정당이 '강한 정당론'으로 무장된 상태에서 비례 대표 공천이 진행될 경우, 국민의 이익이 대변하지 못할 가능성이 커진다는 것을 누구보다도 잘 알고 있기 때문이다.

　〈그림 1〉은 현행 선거 제도의 문제점에 대해 국민 다수의견이 무엇이지 잘 보여 준다. 현행 선거 제도의 문제점은 '특정 지역에서 특정 정당이 싹쓸이'(59%), 선출된 후보가 국가의 이익보다 지역의 이익만을 대변(21%), 지역구에서 낙선자를 지지한 사람들의 표가 사표(16%), 기타(4%)의 순서로 드러난다. 이런 결과는 한국 선거 제도의 문제점이 독일식 연동형 비례 대표제 도입의 근거가 되는 '사표의 문제'(16%)보다는 전체적으로 국가 이익을 대변하지 않는 지역 파벌 정당(59%)과 그 파벌 정당에 포획된 대표자(21%)의 문제임을 잘 보여 준다.

　따라서 국민들은 이에 대한 대안으로도 현행 소선거구 제도를 선호하고 있는 것으로 드러난다. 〈표 1〉의 결과처럼, 국민들은 중대선거구제(21.7%)나 독일식 연동형 비례 대표제(26.8%)보다 현행 소선거구제(42.5%)를 더욱 선호하고 있다.

　〈그림 1〉, 〈표 1〉 등의 여론 조사를 참고해 볼 때, 국민 대다수의 관심 사항은 대략 뽑아준 국회 의원들이 제발 싸우지 말고 민생을 불안하게 하지 말고 민생 의제를 대화와 타협으로 책임성 있게 잘 처리하라는 요구가 더 큰 것으로 보인다. 즉 국민들은 국회의 다양성보다는 국회 의원의 책임성과 안정성

을 더 요구하고 있다.

이런 국민들의 요구 사항을 볼 때, 선거 제도 개혁의 방향은 '독일식 연동형 비례 대표제의 도입'을 통해 다양성을 보장하는 것이라기보다는 현행 소선거구제를 유지하더라도 대화하지 않고, 타협하지 않는 '싸움판 국회'를 개선하는 것이 바람직해 보인다. 즉 극단적인 좌우 진영 논리로 무장하여 싸움만 하는 무능하고 생산성없는 국회 그리고 청와대와 당 지도부에 동원되는 자율성이 없는 국회 의원들의 무책임성을 극복하고, 국민과 국가의 이익을 제대로 반영하는 국회를 만드는 것이라고 볼 수 있다.

싸움판 국회는 결국 의원의 자율성을 파괴하는 '계파 공천'과 '강한 당론'과 관련이 있다는 점에서, 정치 개혁의 방향은 파벌 정당(파당주의)의 영향력으로부터 국회 의원의 자율성과 대표의 책임성을 제고하는 것으로 설정될 필요가 있다. 우선 '국민 참여 경선 제도의 법제화'를 통해 국회 의원의 자율성과 대표성 및 책임성을 제고해야 한다.

3. 대안

미국이 대통령제 정부의 국정 안정성을 위해 비례 대표제가 없고, 다수 대표제로 운영하는 이유가 있듯이, 공화주의적 대통령제하에서 선거 제도의 선택은 좌우를 넘어 누가 집권을 하든지, 대통령제에 부합하거나 친화적인 형태를 고려하는 게 중요하다. 한국의 선거 제도는 분단 속 대통령제에 부합하도록 안정성을 강조하는 다수 대표제를 중심으로 하되 다양성을 강조하는 비례 대표로 약간 보완하는 한국식 병립형 비례 대표제를 채택하고 있다.

선거 제도를 개혁할 경우, 기존 제도의 경로 의존과 지속성을 고려해서, 비례 대표를 늘리더라도 대통령제의 국정 안정성이 보장되도록 고려해서 지역

제왕적 대통령제와 정당

구 대 비례 대표를 대략 최소 200대 100 혹은 최대 150대 150 정도로 '독일식 연동형 비례 대표제' 대신 '한국식 병립형 비례 대표제'로 개선할 필요가 있다. 즉, 한국에서 다수파를 존중하되, 소수파와 약자를 보호하는 정치적 다양성 확보를 위해서는 선거제 논의에서 '독일식 연동형 비례 대표제'보다 '한국식 병립형 비례 대표제'확대가 필요하다.

그렇다면 왜 독일식 연동형 비례 대표제가 아닌 한국식 병립형 비례 대표제여야만 하는가? 그 이유는 제도개혁시 요구되는 제도 간의 부합성 효과 때문이다. 독일식 연동형 비례 대표제가, 대통령제의 국정 불안정과 관련이 있는 여소 야대의 다당제를 만들어 내고, 이 다당제는 내각제와 부합성이 더 크다는 점 때문이다. 다당제는 분단 상황에 처한 우리 실정, 즉 다양성만큼이나 각종 개혁을 위한 국정 안정이 중요한 대통령제 정부 형태에 부합하지 않으면서 국정 불안정과 정치 불안을 초래할 수 있기 때문이다.

우리의 실정에는 '국정 안정성'(governability)이 보다 고려 돼야 한다는 점에서, 극단적 다당제나 극단적 양당제보다 '중도 수렴의 온건한 양당제'를 유도하는 한국식 병립형 비례 대표제 확대가 더 적실할 것으로 보인다.

무엇보다 우리의 분단 사정과 한국적인 정치 문화를 무시하는 '외국제도 이식론'을 경계할 필요가 있다. '외국제도 이식론'의 문제점은 '제도 개선론'과 비교해 볼 때 차이가 크다.

'제도 개선론'의 핵심은 다른 나라의 제도를 가져올 때는 줄기만이 아니라 뿌리째 들여와야 한다는 점이다. 뿌리째 들여와야 한다는 것은 쉬운 일이 아니고, 성공율이 높은 것도 아니다. 결국 그 제도의 뿌리가 우리 토양에 착근할 수 있도록 적절한 환경과 풍토를 조성하는 데 전력해야 한다는 점이다.

예를 들면 미국의 시장 경제와 민주주의 제도라는 제도의 뿌리에는 '청교도의 생산적 금욕주의와 청교도적 직업윤리'라는 '생활 습속'(습관과 풍속)이 작동하고 있다(토크빌 1997). 그러나 아쉽게도 우리는 제도의 뿌리없이 줄기만을 꺾어다가 주로 이식하는 데 익숙하다. 그래서 미국의 대통령제를 들여와도 '제왕적 대통령'이 나오게 된다. 청교도의 생산적 금욕주의의 특성인 '자율적 개인주의'와 '자율적인 계약 문화' 및 '견제와 균형을 통한 공공선 추구'가 없는 유교적 조직 문화(위계 서열의 집단주의적 조직 문화)에 미국의 제도를 붙였기 때문에 결국, 삼권 분립의 공화제적 대통령제가 아니라 '제왕적 대통령'이 나오게 되는 것이다.

귤이 회수를 건너면 탱자가 된다는 귤화위지(橘化爲枳)라는 말이 있다. 이처럼, 독일식 연동형 비례 대표제도 정치 문화가 다른 남미의 땅에 가면 독일과 같이 작동하지 않을 가능성이 크다. 연동형 비례제가 독일을 넘어 알바니아(Albania), 레소토(Lesotho), 볼리비아(Bolivia), 베네수엘라(Venezuela) 등 남미 국가의 풍토로 가면, 비례성 효과보다는 정당 간의 계파 담합과 하향식 공천 문화 등으로 인해 지역주의, 파벌주의, 여야 교착으로 불비례가 더욱 고착화된다는 연구가 있다(강우진 2018). 이런 연구 결과를 고려한다면, 정치 문화적 풍토와 제도 결합에 대해 심사숙고해야 한다.

따라서 진정한 제도 개선론이 되기 위해서는 기존 제도가 작동했던 문화, 관습, 습관이 쉽게 사라지지 않는다는 것을 알고, 기존의 전통 속에서도 새로운 제도가 자라날 수 있는 뿌리와 사례를 찾아서 새로운 제도의 뿌리와 접합하려는 '내생적인 뿌리찾기 접근'이 필요하다. 특히, 우리 정치 문화가 미국과 달리 위계서열의 집단주의적 조직 문화가 강하다는 점에서 법제도의 도입 이전에 '유교적인 내부 관행과 관습의 혁신'이 선행될 필요가 있다.

또한 도입해야 하는 제도의 특성을 충분히 이해하는 것도 중요하다. 독일식 연동형 비례 대표제 도입을 주장하는 측에서는 이 제도가 민심을 있는 그대로 대변한다고 홍보하고 있다. 그들의 주장대로, 이 제도가 정말 민심을

　　　　　　　　　　　제왕적 대통령제와 정당

그대로 반영하는 제도일까? 결론적으로 말해서 그렇지는 않다는 점이다.

독일식 연동형 비례 대표제가 작동하고 있는 독일의 경우에도 민심을 그대로 작동하지 않고 있다는 점이다. 독일의 국회 의원 정수는 299명(지역)+299명(비례)=598명인데, 실제 선출된 의원수는 2013년 총선 때는 631명으로 33석(초과 4, 보정 29)이 증가했고, 2017년 총선 때는 709명으로 111석(초과 46, 보정 65)이 늘어났다는 것을 기억할 필요가 있다. 의원 정수가 598명인데 709명이 선출되는 되는 결과는 민심 그대로가 아니라는 것을 보여 준다. 민심 그대로가 아니라 민심을 무시하는 정당의 과대 대표라고 볼 수 있다.

독일식 연동형 비례 대표제를 한국에 적용하면 어떻게 될까? 정말 민심이 그대로 반영되는 것일까? 대략 지난 국회 의원 선거의 득표경험을 볼 때, 자유한국당이 영남 지역에서 지역구의 당선율이 최소 60%이고, 민주당이 호남 지역에서 지역구의 당선율이 최소 70%라고 가정하고, 민주당과 자유한국당의 정당 득표율을 각각 최고로 잡아 40%라고 한다면, 자유한국당은 영남 지역에서 최소 20%의 초과 의석이 그리고 민주당은 호남 지역에서 최소 30%의 초과 의석이 발생한다는 점이다. 이런 것을 치밀하게 따져보지 않고 민심 그대로라고 주장하는 것은 설득력이 떨어진다.

독일식 연동형 비례 대표제를 전문적으로 연구해 온 김종갑 국회 입법 조사처 조사관은 "국내에서는 독일식 비례제의 높은 비례성만 부각되어 초과 의석의 문제점이 간과되는 측면이 있다"며 "초과 의석이 초래하는 표의 등가성 침해나 의석 배분의 불공정성 등의 문제를 과소 평가하면 독일식 비례제에 대한 적실성 있는 평가를 내리기 어렵다"라고 지적한 바 있다(김민우 2018).

4. 내각제에 친화적인 선거 제도를 배제하는 이유

앞선 논의에도 불구하고, 그렇다면 대통령제 대신에 내각제에 친화적인 선거 제도를 대안으로 선택하면 안 되는 것일까? 이런 질문은 근본적인 논쟁사항이 될 수밖에 없다. 본 글은 이론적으로나 경험적으로나 내각제보다 대통령제가 권력 구조상 더 우월한 정부 형태이고, 공화주의 정신에 친화적이라는 잠정적인 가정 탓에 내각제에 친화적인 선거 제도를 대안으로 고려하지 않고 있다.

그렇다면, 이론적인 차원에서 그리고 경험적인 차원에서 왜 그런 결론이 나올 수밖에 없는지를 검토하는 것이 상식적이다. 잠정적인 결론을 미리 요약해 보면 다음과 같다. 다수 시민들의 시민권과 참정권의 효과적인 보장과 분단 체제에 대한 효과적인 대응이라는 점에서 공화주의적 대통령제가 내각제보다 더 우월한 체제이고, 공화주의 정신에 친화적인 정부 형태라고 말할 수 있다는 점이다.

그 판단의 근거는 우선 대통령제와 내각제가 출현하는 역사적 연원에서 찾을 수 있다. 공화주의 정부 형태가 영국의 입헌 군주정에 맞선 미국의 독립 전쟁과 건국 과정에서 탄생한 역사적 경험처럼, 대통령제는 왕과 시민과의 투쟁의 산물에서 기원한다. 그리고 내각제는 고대 로마의 원로원에 그 역사적 뿌리를 두면서, 영국 입헌 군주정의 등장 및 변형의 경험처럼, 왕과 귀족과의 투쟁의 산물에서 기원한다(조지형 2007, 258).

이 같은 역사적 연원 속에서 대통령제는 권력의 삼권 분립과 함께 일반 시민들의 시민권과 참정권이 효과적으로 보장되어서 왕, 귀족, 민중 등 특정한 계급의 권력 독점과 부패를 막으면서 상호 견제와 균형을 통해 국가의 공공선에 효과적으로 도달할 수 있도록 설계되었다. 이런 점에서, 대통령제가 귀족과 시민들의 '제한적 시민 참여'를 기원으로 하는 내각제보다 더 우월한 체제이며 공화주의 정신에 더 친화적이라고 볼 수 있다.

특히, '의회 중심의 내각제'는 정당과 내각의 집단 책임을 물을 수 있다는 장점에도 불구하고, 삼권 분립의 대통령제보다 민주적 대표성이 떨어진다는 단점이 있다. 즉 대통령은 일반적으로 국민이 직접 선출하지만, 수상은 의회의 정당 대표자들이 선출하기 때문에 정치적 기득권이 커질 수 있다는 단점이 있다.

또한 내각제는 상대적으로 강한 입법부와 약한 행정부의 구조를 갖게 되어 권력 분립이 지켜지기 어려운 단점이 있어서 사법부나 행정부가 입법부의 강력한 권력 행사를 제대로 견제할 수 없는 문제가 있다. 특히, 대통령은 임기가 끝나면 다른 사람으로 바뀌지만 의회 의원들은 오랫동안 그 자리에서 권력의 기득권을 유지할 수 있어 견제하기가 힘들다는 단점이 있다는 점이다(조지형 2005, 258-261).

우리나라가 그간 의회 중심의 내각제에서 대통령제로 변경했던 이유는 무엇일까? 그 주된 이유는 남북의 대치 상황에 따른 안보 위기라는 정치 현실에 파당 정치와 국론 분열로 상징되는 한국의 내각제가 '북한의 오판'을 불러오는 원인으로 작동할 수 있다는 이른바, '이데올로기적 공포'가 크게 작동했기 때문이다(조지형 2005, 260-261).

또한 내각제는 '정당에 의한 정당의 정치'를 의미하기에 관용과 타협할 수 있는 성숙한 정당 문화가 없으면, 효과적인 의사 결정을 내리지 못하는 국가의 불안정성이 초래되기 때문에 안보 위기의 대응에 1인의 대통령보다 정당들이 효과적이지 않다고 보았기 때문이다(송석윤 2010).

상술한 것처럼, 내각제가 대통령제로 변경된 배경에는 '분단 체제의 대응 문제'가 있었다. 이 분단 체제가 현재까지 긴장감을 가지고 지속되고 있다는 것은 현행 대통령제를 내각제로 바꿀 특별한 유인 구조가 없다는 점에서 내각제보다 대통령제가 여전히 효과적인 정부 형태라고 판단할 수 있을 것이다.

IV. 공화주의 정당 모델과 국민 참여 경선제 법제화

1. 중도 수렴의 온건한 양당 체계의 수립

지구에는 중력의 법칙이 있듯이, 선거 제도와 정당 체계에도 무시해서는 안 되는 하나의 경향적 법칙들이 있다. 그것은 듀베르제의 '듀베르제의 법칙'(Duverger's Law)과 앤서니 다운스(A. Downs)의 '중위투표 정리'(Median Voter Theorem)이다(Downs 1957).

공화주의적 대통령제에 부합하는 소선거구제 다수 대표제는 집권당과 반대당으로 양당제를 구축한다는 것이 '듀베르제의 법칙'이다. 그리고 공화주의적 대통령제와 친화적인 양당제는 선거 승리를 위해 더 많은 중앙의 중도 유권자에 다가서서 어필하는 '중도 수렴화 전략'이 합리적이라고 주장하는 것이 '다운스의 중위투표 정리'이다.

이 두 개의 경향적 법칙들을 무시하거나 거스르는 판단과 행위는 결국 실패를 맞보게 된다. 이 두 가지 경향적 법칙을 고려한다면, 대통령제하에서 작동하고 있는 한국 정당의 문제는 '양당제 그 자체의 문제'라기보다는 '극단적 양당제'의 문제로써 그 대안은 '다당제'가 아니라 '중도 수렴의 온건한 양당제'가 적절하다고 볼 수 있다.

이러한 논의에서 볼 때, 현재 제기되고 있는 정치적 다양성의 구현은 내각제와 친화적인 다당제로 해결할 수도 있지만, 앞서 언급한 것처럼, 분단 속

공화주의적 대통령제가 탄생한 배경이 미소 냉전과 분단 구조에서 파생한 역사적 산물로써 경로 의존상 쉽게 바꿀 수 있는 게 아니라고 한다면, 정치적 다양성의 추구는 내각제가 아닌 공화주의적 대통령제에 부합하는 다른 방식으로 해결하는 것이 합리적이다.

일반적으로 공화주의적 대통령제에서는 유효 정당은 집권당과 반대당으로 수렴되어 2개 이상 나오기가 매우 힘들다는 점, 그리고 당의 수가 많다고 해서 다당제가 되지 않는 점 등을 고려할 필요가 있다. 그래서 정치적 다양성은 다당제가 아닌 '중도 수렴의 온건 양당제'를 기본축으로 놓고 중도 수렴을 추구하는 온건한 정당 내의 여러 정파들이 생산적으로 동거할 수 있는 '포괄적인 정당 모델'이나 파당주의를 최소화하고 공공선을 추구하면서 동거할 수 있는 '공화주의 정당 모델'의 지향으로 해결하는 것이 바람직하다.

즉, 공화제적 대통령제 정부는 '삼권 분립' 그리고 '견제와 균형'의 원리상 '극단적인 양당제'가 아니라 '중도 수렴의 온건 양당제' 체제와 친화적이다. 만약 공화주의적 대통령제를 유지하면서 다당제 체제가 나오는 독일식 연동형 비례 대표제를 실시하게 된다면 어떤 일이 벌어질까? 총선에서 집권당은 대략 40% 의석을 얻기가 힘들게 되고, 결국 만성적인 여소 야대 국면과 분점 정부로 인해 집권당 정부는 상시적 국정 불안 상태에 빠지게 되며, 대통령은 레임덕에 빠질 수밖에 없다. 이렇게 되면, 여야 교착과 국회 파행, 파당주의 증가에 따른 정치의 생산성 약화로 국민의 정치 불신이 극대화될 수밖에 없다.

중도 수렴을 지향하는 온건한 정당 내에 다양한 정파가 생산적으로 공존할 수 있는 '포괄 정당'(catch-all party)이나 파당주의를 최소화하면서 여러 정파들이 공공선을 추구하는 방향으로 동거할 수 있는 '공화주의 정당 모델'인 '네트워크 정당 모델'이 더 적실성이 있다. 즉, 정치적 다양성은 다당제 체제를 만들어 내는 독일식 연동형 비례 대표제가 아닌 한국식 병립형 비례 대표제의 확대와 더불어 중도 수렴의 온건한 양당제 체제를 지켜가면서도 정당 내 다양한 정파들이 포괄적으로 공존할 수 있는 '네트워크 정당 모델(엄브렐러 파티)'로도 구현하는 것이 바람직하다.

'네트워크 정당 모델'은 지구화, 후기 산업화, 탈물질주의, 정보화 시대에 부응하여 다양한 플랫폼을 통해 '공직 수준 정당'과 '유권자 수준 정당'의 연결을 더욱 강화해야 한다는 당위적 필요성을 더 효과적으로 강조하기 위한 것이다. 특히, '네트워크 정당 모델'은 당원뿐만 아니라 의원과 공직 후보자의 지지자 등 적극적인 시민들의 참여를 기반으로 하여, 이른바 정당과 시민 정치(시민 사회 단체) 지지자를 연결하려는 정당 모델이다(채진원 2016).

포괄 정당의 예는, 과거 '혁신과 통합'이라는 시민 정치 단체가 '시민통합당'을 만들어 민주당과 통합하여 민주통합당을 만들어 국회 의원을 공천한 적이 있다. 미국 좌파 성향의 버니 샌더스 후보가 민주당 경선 후보로 나와 힐러리 클린턴 후보와 경선한 경우도 여기에 해당된다고 볼 수 있다. 이런 방식이라면, 정의당과 민주당이 통합하여 국회 의원을 공천할 수도 있을 것이다.

2. 제왕적 대통령제의 발생 원인과 정당 공천의 문제

앞서 언급한 것처럼, 분단 속 공화주의적 대통령제가 탄생한 배경이 미소 냉전과 분단 구조에서 파생한 역사적 산물로써 경로 의존상 쉽게 바꿀 수 있는 게 아니라는 견해는 지금까지 대통령제를 부정하는 개헌이 성공하지 못했다는 점에서 여러모로 설득력이 있다. 그런 가정하에서 이른바, 한국의 '제왕적 대통령제'는 어떻게 극복할 수 있을까?

제왕적 대통령제와 정당

정당의 상향식 공천 개혁과 중앙 정부의 관료 개혁 등으로도 충분히 가능하다고 판단된다. 왜냐하면, 한국의 제왕적 대통령제는 우리 헌법이 "제왕적 대통령제를 하라"라고 법조문화되어 있어서 생긴 문제가 아니고, 또한 '대통령 제도 그 자체' 때문에 발생한 게 아니기 때문이다.

제왕적 대통령은 김영삼, 김대중, 김종필 3김이나 이명박 대통령이나 박근혜 대통령처럼, 국회 의원의 공천권을 장악한 정당의 보스들이 대통령이 되어 삼권 분립이 아닌 국회 다수당을 매개로 입법부 권력 그리고 검찰, 경찰, 국정원, 국세청, 공정위 등 행정부 권력, 사법부 권력을 전일적으로 융합하여 총동원할 수 있을 때 탄생한다는 점이다.

제왕적 대통령제 탄생 여부에 영향을 미치는 중요한 변수는, 정당 보스의 국회 의원 공천권 장악여부이다. 만약 대통령이 된 정당의 보스가 입법부와 다수당을 장악하는 핵심 수단인 국회 의원 공천권을 가질 수 없고, 국회 의원들과 국회의 독자적 자율성이 크다면, 대통령과 행정부 및 권력 기관들이 독립적 자율성이 큰 국회와 국회 의원들에 의한 견제를 받기 때문에 제왕적 대통령이 나올 가능성이 없을 것이다.

따라서 그 해법은 정당의 보스로서 활동하고 있는 대통령이 국회 의원의 공천권을, 그리고 국회 의원이 지방 의원의 공천권을 행사하지 못하도록 상향식 공천 제도인 '국민 참여 경선 제도'를 '미국의 예비 선거제'처럼 실시하도록 법제화하는 것에서 시작할 필요가 있다.

한국에서 제왕적 대통령제가 탄생하는 핵심적 원인은, 정당과 의원들을 지배하고 있는 정당의 보스들이 대통령에 당선되어 행정부를 장악한 상태에서 국회 의원 공천권을 무기로 집권당 다수 의원들을 통제하여 입법부와 행정부의 권력이 융합되는 '내각제' 방식으로 삼권 분립의 대통령제를 운영해 온 관행 때문이다.

즉, 공화주의적 대통령제를 내각제 방식으로 운영해 온 '관행의 모순'이라고 할 수 있다. 사실상 정당 내 의원들을 포획하여 지배하고 있으면서 계파 정치를 주도하는 정당의 보스가 현직 대통령이 될 때, 그리고 그 대통령은 다수당 지배(공천권 지배, 의회 예산권 지배)를 기반으로 입법부와 행정부를 융합시켜 내각제처럼 운영하여 견제를 받지 않을 때, 제왕적 대통령이 탄생한다는 점이다.

따라서 제왕적 대통령제를 개혁하기 위해서는 삼권 분립의 공화제적 대통령제를 내각제처럼 운영해 온 관행의 모순과 고리를 끊고, 각 권력 기관들이 독립성과 자율성을 가지고 서로의 기관을 상호 견제하고 균형을 잡도록 하는 관료 개혁이 반드시 필요하다. 이를 위해서는 우선 입법부와 행정부의 융합을 연결시키는 연결고리인 '정당의 하향식 계파 공천 방식'부터 개혁할 필요가 있다. 정당의 보스와 대통령에 의한 '하향식 계파 공천'이 되지 못하도록 미국식 예비 선거제와 같은 상향식 공천 제도인 '국민 참여 경선제의 법제화'가 필요하다.

3. 대안: 국민 참여 경선제 법제화 방안

새로운 정치를 하고자 하는 사람들은 정당 개혁과 정당 창당을 고민할 수밖에 없다. 오늘날 정당은 그람시 말대로, "현대화된 군주"이다(김종법 2015). 정당의 헤게모니를 잡거나 공천을 받지 못하면 당권은 물론 정치 권력을 획득할 수 없다.

오늘날 정당의 과제는 미헬스가 언급한 것처럼, 민주 정당으로 출발한 독일 사회민주당도 피할 수 없었다는 '과두제의 철칙'에서 벗어나는 일이다(미헬스 2002). 역사적인 정당 진화의 경험을 볼 때, 이 '과두제의 철칙'에서 벗어날 수 있는 거의 유일한 방법은 공천권을 국민들에게 분산하여 나눠주면서 국민의 참여를 촉진하는 '국민 참여 경선제'가 가장 적절하다는 점이다.3

국민 참여 경선제의 법제화를 통해 유력 정당들이 '네트워크 정당'으로 변화할 수 있을 때, 정당은 비로소, 정당의 과두정 성격을 벗어나 공화주의적 정당 모델을 만들 수 있을 것이다. 정당의 공천 민주화 없이 비례 대표만 확대된다면, 민생 정치가 소외되고 정치권의 기득권만 커지는 문제가 발생할 수 있다.

국민 참여 경선제의 법제화 추진과 함께 비례 대표의 공천 방식도 '국민 참여 경선제' 방식을 포함하여 '정책 배심원 선거인단제'를 활용하는 방식으로 개선될 필요가 있다. 또한 비례 대표제의 직능 대표성을 강화하는 방안으로 '비례 대표제의 직능별 인구 비례 공천 방식'을 도입할 필요도 있다.

〈표 2〉 중앙 선관위의 국민 참여 경선제 제도 방안

	중앙 선관위 안(2011. 4.8)	중앙 선관위 안(2015. 2. 24)
선거의 적용 범위	대통령, 국회 의원, 광역 자치 단체장	대통령, 국회 의원, 광역 자치 단체장
선거의 선택/ 가중치	정당의 의무적 선택과 선거 결과 비중의 자율적 적용	• 대통령 선거: 국회 교섭 단체 구성 정당 모두가 참여하는 경우에 한하여 실시 • 그 밖의 선거: 국회 교섭 단체 구성 정당 중 어느 하나의 정당이라도 참여하면 해당 정당에 대하여 실시
선관위 위탁 여부/비용 국고	국고 보조금 받는 정당(대선은 20석 원내 교섭 단체)국고 비용	
선거일 규정	대통령: 선거일 전 120일 이후 첫 번째 토요일 국회 의원 및 광역 자치 단체장: 본 선거일 전 40일 이후 첫 번째 토요일	대통령: 본 선거일 전 90일 이후 첫 번째 토요일 국회 의원 및 광역 자치 단체장: 본선거일 전 40일 이후 첫 번째 토요일
여야 동시 실시/유권자 역선택 문제 규정	여야 동시 실시(한 유권자가 하나의 정당 경선에만 참여 가능)	

3. 채진원. 2016. 『무엇이 우리 정치를 위협하는가』. 인물과 사상사.

<표 3> 중앙 선관위 안의 차이 비교

	중앙 선관위 안(2011. 4.8)	중앙 선관위 안(2015. 2. 24)
차이점	• '국고 보조금을 받는 모든 정당'이 합의하여 여야가 동시 선택시 가능 • 모든 선거 단위에 의무적으로 선택	• 국회 교섭 단체 구성 정당 • 대통령 선거 단위: 국회 교섭 단체 정당 모두 참여 할 시 가능 • 그 밖의 선거 단위: 국회 교섭 단체 정당 한 정당이라도 의무적으로 선택 가능

 '국민 참여 경선제의 법제화'가 되지 않은 상태에서, 정당 자체적으로 운영되는 현행 국민 참여 경선제는 참여 과정에서의 동원 문제, 모바일에서의 기계조작의 문제 등과 함께 지지자들 간의 극단적인 이념논쟁과 정파간 주도권 다툼이 당의 개방성과 '유권자 정당화'의 토대를 약화시킬 수 있는 문제점이 있다. 이 같은 문제점을 해결하기 위해서는 '국민 참여 경선제의 법제화'를 통해서 후보 간의 이념적 편향성과 지지자 간의 정파적 편향성을 줄이는 대신, 보다 많은 유권자들이 본선 경쟁력을 중시하면서 '전략투표'가 활성화될 수 있도록 설계할 필요가 있다(임성호 2006).

 '국민 참여 경선제의 법제화 방안'은 〈표 2〉처럼, 중앙 선관위가 2011년과 2015년 두 차례에 걸쳐 제안한 바 있다. 〈표 3〉처럼, 2015년 중앙 선관위 안은 2011년 안에 비해 진전되었다. 2015년 중앙 선관위 안은 국민 참여 경선제의 법제화에 대한 정당 간 이견으로 법제화가 늦어지는 것을 막기 위해 '국고 보조금 받는 모든 정당의 합의'를 '국회 교섭 단체 정당의 합의'로 범위를 축소했다. 또한 2011년 안에서는 모든 선거 단위(대통령, 국회 의원, 광역 단체장)에 의무적으로 적용했던 것을 2015년 안에서는 다소 축소하여, 대통령 선거로 한정하고, 나머지 국회 의원, 광역 단체장 선거는 국회 교섭 단체 정당의 합의 없이 한 정당이라도 선택할 시 가능하도록 입법기술적 유연성과 현실성을 높였다는 점이다.

V. 소결

본 글의 취지는 세계화, 정보화, 후기 산업화, 탈물질주의화, 탈냉전화 등 21세기 전환기적 시대 상황 속에서 대의 민주주의를 정상화시키기 위한 대안적인 공공 철학의 노선으로 공화주의를 검토하는 가운데, 공화주의적인 대통령제에 친화적인 선거 제도와 정당 제도 개혁의 방향성에 대해 논의하는 것이다.

공화주의를 대안으로 제시하는 이유는 그동안 대안으로 상정되었던 자유주의와 자유 지상주의 및 다원주의가 전환기적 시대 상황 속에서 사회 이익을 더욱 파편화시킴으로써 국민 통합과 국가 통합에 더 많은 한계를 노정시키고 있다는 여러 경험적 정황과 이론적 판단 때문이다.

본 글은 공화주의에 부합하는 제도 개선에 대한 논의를 실험으로 시도했다는 점에서 많은 한계를 노정하고 있다. 비판과 후속 논의를 통해 보완될 필요가 있다. 여러 한계에도 불구하고, 본 글은 두 가지 의의를 가지고 있다. 첫째는 공화주의 내용을 단순히 소개하는 것을 넘어서 왜 지금의 시대에 공화주의가 적실성을 갖는 노선인지에 대해 논의하였다는 점이다. 둘째는 현대 공화주의를 부활시킨 매디슨의 노선을 부각하고 수용하여 공화주의적 대통령제와 친화적인 선거 제도와 정당 제도 개혁방향에 대해 논의한 점이다. 이런 시각에서 독일식 연동형 비례제를 비판하는 대신 한국식 병립형 비례제 확대를 대안으로 제시하고 있다는 점이다.

참고문헌

강우진. 2018. 「선거제도 개혁의 방향―정부형태와의 정합성을 중심으로」. 선거제도 개혁 공청회 자료집(11.14).

김민우. 2018. 「[독일 선거제도 톺아보기-선거법 개정②] 초과 의석과 보정의석 배분이 핵심」. 시사위크(11.4).

김윤희. 2018. 「法治속 자유·공공성 강조…'갈등' 한국사회 치유할 가치들」. 문화일보 (11.1).

김종법. 2015. 『그람시의 군주론』. 바다출판사.

다니엘 벨. 오세철 옮김. 1980. 『자본주의의 문화적 모순』. 문학과 세계사.

로널드 잉글하트, 크리스찬 웰젤. 지은주 옮김. 2011. 『민주주의는 어떻게 오는가』. 김영사.

로버트 달. 안승국 옮김. 1995. 『경제민주주의』. 인간사랑.

로베르트 미헬스. 김학이 옮김. 2002. 『정당사회학: 근대 민주주의의 과두적 경향에 대한 연구』. 한길사.

마키아벨리. 강정인, 안선재 옮김. 2009. 『로마사 논고』. 한길사.

모리치오 비롤리. 김경희, 김동규 옮김. 2006. 『공화주의』. 인간사랑.

민병기. 2018. 「인기 등에 업고 '의회패싱'… 民主主義 보완 '대안이념' 부상」. 문화일보(11.1).

버나드 마넹. 곽준혁 옮김. 2004. 『선거는 민주적인가』. 후마니타스.

송석윤. 2010. 「정당해산심판의 실체적 요건: 정당해산심판제도의 좌표와 관련하여」. 『서울대학교법학』. 51(1). 27-65.

스티븐 레비츠기, 대이얼 지블랫. 박세연 옮김. 2018. 『어떻게 민주주의는 무너지는가』. 어크로스.

아리스토텔레스. 천병희 옮김. 2009. 『정치학』. 숲.

알렉산더 해밀턴, 제임스 매디슨, 존 제이. 김동영 옮김. 1995. 『페더랄리스트 페이퍼』. 한울

알렉시스 드 토크빌. 임효선, 박지동 옮김. 1997. 『미국의 민주주의』Ⅰ·Ⅱ. 한길사.

유재일. 2004. 「정당의 기능」. 심지연 편저. 『현대 정당 정치의 이해』. 백산서당.

이범연. 2017. 『위장 취업자에서 늙은 노동자로 어언 30년』. 레디앙.

임성호. 2015. 「정당내 정파(faction) 문제와 정치 양극화: 탈산업시대 정당의 위험요소와 극복 방향」. 정진민, 강신구, 최준영, 채진원, 서정건, 이현우, 안병진, 임성호. 『정당 정치의 변화, 왜 어디로』. 형설출판사.

조지형. 2009. 『헌법에 비친 역사』. 푸른역사.

채진원. 2016. 「시민정치의 흐름과 네트워크정당모델의 과제」. 『민주주의와 인권』. 16(1). 6-50.

채진원. 2013. 「파벌의 해악과 국회 선진화 과제」. 한겨레 칼럼(9.25).

채진원. 2016. 『무엇이 우리 정치를 위협하는가』. 인물과 사상사.

캐스 R. 선스타인. 이정인 옮김. 2011. 『우리는 왜 극단에 끌리는가』. 프리뷰.

Dalton, R. J. 2006. *Citizen Politics*. C.H. Publisher.

Downs, A. 1957. *An Economic Theory of Democracy*. Harper and Row.

Duverger, M. 1954. *Political Parties*. Methuen Press.

Franklin, M. N., Mackie, T. T., & Valen, H. 1992. *Electoral Change: Responses to Evolving Social and Attitudinal Structures in Western Countries*. Cambridge University Press.

Lijphart, A. 1999. *Patterns of Democracy: Government Forms and Performance in Thirty-Six Countries*. Yale University Press.

Linz, J. 1990. "The Perils of Presidentialism". Journal of Democracy. 1(1). 51-69.

Madison, J. 1792a. "Parties". National Gazette, 23 January 1792. in *The Papers of James Madison*, ed. Robert A. Rutland et al (University Press of Virginia, 1983). vol. 14. 197-198.

Madison, J. 1792b. "A Candid State of Parties". National Gazette, 22 September 1792. in *The Papers of James Madison*, ed. Robert A. Rutland etal (University Press of Virginia, 1983). vol. 14. 371.

Mainwaring Scott. 1993. "Presidentialism, Multipartism, and Democracy :The Difficult Combination" *Comparative Political Studies*, vol 26. no.2. 198-228.

Neustadt, R. E. 1990. *Presidential Power and the Modern Presidents*. The Free Press.

Offe, C. 1984. "Contractions of the Welfare State". in J. Keane (ed.). *Contractions of the Welfare State*. Hutchinson Co. Ltd.

Riker, W. H. 1982. "The Two-Party System and Duverger's Law: An Essay on the History of Political Science". *The American Political Science Review*. Vol. 76, No. 4. 753-766.

Schattschneider, E. E. 1975. *The Semisovereign People: A Realist View of Democracy in America*. The Dryden Press.

Viroli, M. 2003. *For Love of Country: An Essay on Nationalism and Patriotism*. Oxford University Press.

제8장

선거법 규제의 혁신:
선거 운동 규제에서 비용 규제로

I. 숙의 민주주의에 부합하는 선거법 체계는?

오늘날 선거가 민주주의의 꽃으로 인식되고 있으며, 유권자들은 선거라는 민주주의의 장에 참여하기를 원하고 있다. 하지만 현실은 여러 가지 문제로 인해 작동되지 않고 있다. 한국의 선거는 '정치 무관심', '낮은 투표율', '위헌 관결' 등으로 유권자들의 비판을 받고 있다.

'민주주의의 꽃'을 피우기 위해서는 선거법과 정치의 룰을 새롭게 혁신할 필요가 있다. 혁신의 핵심은 현행 선거 운동에 대한 '네거티브 룰'을 '포지티브 룰'로 바꾸는 것이다. 포지티브 룰은 선거 운동의 금지 항목을 정하고, 여타의 운동 방식은 모두 허용하는 방식인 반면에 네거티브 룰은 허용하는 선거 운동 방식을 구체적으로 나열하고, 나열된 방식의 형태로만 선거 운동을 하되 나머지 형태의 선거 운동은 어떠한 것도 모두 금지하는 방식이다.

현행 선거법이 도전을 받은 대표적인 예는 2000년 총선시민연대의 낙천 낙선 운동과 같은 유권자 운동의 등장과 헌법재판소의 위헌 판결이다. 특히, 헌법재판소는 2011년 12월 후보자 간의 경쟁과 유권자가 의사를 후보자에게 전달하는 것도 선거 운동의 개념에 해당된다고 선거법 93조1항에 대해 한정 위헌을 결정하였으며, 2012년 8월 정보통신망법상 인터넷 실명제(제한적 본인 확인제)에 대해서도 위헌결정을 내렸다.

현행 선거법이 선거 운동의 기간, 주체, 방법으로 정치권과 후보자 및 유권자와 시민 단체들의 정치적 자유와 선거 운동의 참여를 원천 봉쇄하는 등 지나치게 규제한다는 비판과 더불어 그것을 근본적으로 개혁해야 한다는 목소리가 나온 지 십 수 년이 되었다. 이 같은 목소리는 현행 선거법이 과연 "선거는 민주주의 꽃입니다"라는 선관위의 구호처럼 '민주주의의 꽃'을 피우도록 하는 데 있어 적합한 체제인지에 대해 근본적인 의문이 든다.

빗발치는 개혁 요구에 따라 중앙 선관위도 2013년 5월 정치관계법 개정안 의견에서 "이번 개정 의견안은 정당·후보자 중심에서 유권자가 주도하는 선거로 전환하기 위해 유권자 표현의 자유를 대폭 확대해 자신의 정치적 의사를 전파할 수 있는 기회를 제공하고, 후보자 정보에 대한 알 권리 보장, 투표참여 편의 제공을 확대하는 방향으로 준비했다"라고 밝히고 있다.

중앙 선관위의 이 같은 개정안은 여전히 '선거 운동 방식'에 대한 규제를 서구의 경우처럼 '비용 규제'로 전면적으로 전환하지 않아 유권자의 정치적 자유와 선거의 자유를 전면적으로 보장하는 데에는 한계가 있음에도 불구하고, 과거에 비해 선거 운동에 대한 규제를 줄이고 유권자의 표현의 자유를 확대하는 한편 비용 규제의 필요성을 제기하였다는 데에 진전이 있다.

중앙 선관위의 정치관계법 개정안에서 드러난 문제의식을 기초로 현행 선거법이 서구의 선거법 체제처럼, 선거 운동 방식 규제에서 비용 규제로 전환하기 위해서는 정치 활동과 선거 운동과의 관계, 자유와 공정성의 조화, 시대 전환기적 시대적 상황에 따른 바람직한 규제의 방향 등 당위적 명분과 함께 전환시 예상되는 부작용(기존의 경로 의존적인 관행의 문제)에 대한 견제 방안 등에 대한 폭넓은 토론과 합의가 필요하다.

왜냐하면 유권자의 성숙한 시민 의식과 정치 문화적 풍토, 제도적 방안없이 선거 운동에 대한 규제를 풀고 선거 운동에 대한 비용 규제로 전환했을 경우, 영국과 미국처럼 아래로부터 시민 혁명과 보통법적 전통을 통해 '자율적 개인'과 '공적 시민성'이 부족한 우리나라는 부정 선거, 금권 선거, 타락 선거 등으로 공정성의 문제가 재발할 수 있기 때문이다.

특히, 선거 운동 비용에 대하여 지출 제한, 기부 제한, 수지 공개 등 비교적 엄격한 규제 제도를 두고 있음에도 불구하고, 이 선거 비용을 둘러싼 법 규범과 정치 현실과의 현격한 괴리, 실효성 없는 선거 비용의 제한이 민주 정치 발전의 결정적인 저해 요인이 되고 있기 때문이다. 이와 같이 규범의 변화에도 불구하고, 권력과 자본에 대한 견제 능력이 어느 정도 평준화되지 않을 경우, 실질적인 경쟁이 될 수 없어 공정성의 문제가 심각하게 제기될 수밖에 없다.

올해는 1987년 민주화 운동을 기점으로 한국 민주화가 시작된 지 35년이 되는 해로, 한국 민주주의의 성과와 한계를 성찰해 보고 이후 방향을 모색해 볼 시점이다. 한국은 아시아에서 산업화와 민주화를 동시에 이룩한 유일한 나라로 평가받고 있다. 한국은 이미 두 차례에 걸쳐 보수 진영과 진보 진영 간에 선거에 의한 정권 교체가 이루어진 나라로서, 한국의 절차적 민주주의는 어느 정도 달성된 것으로 평가받고 있다.

따라서 한국은 절차적이고 형식적인 민주주의가 달성된 만큼, 이제는 '실질적인 민주주의' 혹은 '숙의 민주주의' 단계로 이행해야 하는 나라로 평가되고 있다. 특히, 중앙 선관위는 세계 100여 개 나라 선거기관이 참여하는 세계

제왕적 대통령제와 정당

선거기관협의회(A-WEB)의 설립을 주도하여, 선거 제도와 선거 관리 노하우와 민주주의를 수출하는 역할까지 하고 있다.

하지만 한국 민주주의의 실상은, 외양적 성과에도 불구하고 현행 선거 운동의 방식을 규제하는 선거법의 한계로 인해 매 선거 때마다 선거법 개정 요구가 끊이지 않고 있으며, 중앙 선관위와 갈등하는 시민 단체가 있다는 점에서 많은 문제점과 의문점이 제기되고 있다. 현행 선거법 체제와 갈등하는 시민 단체의 모습은 우리 민주주의 수준이 숙의 민주주의에 도달하는 데 근본적인 한계가 있음을 보여 준다.

특히, 민주주의에 대한 개념을 '엘리트 간의 경쟁 절차' 혹은 '유권자들의 지지를 받기 위한 엘리트 간의 공정한 경쟁'이라는 '최소주의'로 정의한 슘페터(Schumpeter 1976)와 달(Dahl 1971)의 관점에서 볼 때, 우리 선거법 체계는 숙의 민주주의로의 이행은커녕 '최소주의'로 정의한 '선거 민주주의'(electoral democracy)의 요건에도 여전히 미달하는 것으로 평가된다.

그렇다면 우리의 민주주의가 숙의 민주주의 단계에 도달하고 있지 못한 배경은 무엇일까? 여러 가지 이유가 있지만 그 핵심은 선거 운동 방식 전반을 규제하는 선거법 체계의 한계에 있다고 볼 수 있다. 즉, 한국의 민주주의는 여전히 일제 식민지 잔재인 일본의 선거법을 모방하여 도입된 '58년 규제 중심의 네거티브 선거법 체제'로부터 벗어나지 못한 채, '규제 중심의 선거 운동'으로 시민 참여와 토론 및 숙의가 배제당하고 있다. '58년 규제 중심의 네거티브 선거법 체제'는 슘페터와 달에 의해 '선거 민주주의'의 핵심 조건으로 제시되고 있는 '엘리트 간의 선거 경쟁'과 '자유롭고 공정한 선거 운동' 그리고 '정치적 경쟁'과 '유권자 참여'의 요건에 미달된다.

따라서 민주화 35년을 넘어서는 현시점에서 한국 민주주의의 성숙을 위해 '58년 네거티브 선거법 체제'의 모순을 직시하고 이를 개선하는 한편, 소셜네트워크(SNS) 시대라는 변화된 조건을 반영하여 선거 과정에 보다 많은 유권자의 선거 운동 참여가 보장되며, 후보와 유권자 간에 대화와 토론 및 '숙의 투표'(deliberative voting)를 통해 '숙의 민주주의' 단계로 이동할 수 있는 개선 방향을 모색할 필요가 있다.

이를 위해서는 종전까지의 선거 운동에 대한 과도한 규제(선거 운동의 개념, 선거 운동의 기간, 주체, 방식에 대한 과도한 제한)를 풀고, 상시적인 선거 운동의 자유를 보장하기 위해 영국, 미국 등 선진국에서 시행하고 있는 '비용 중심의 포지티브 선거법 규제'로 선거법 체계를 개선할 필요가 있다.

본 글의 목적은 우리 선거법 체계가 숙의 민주주의로의 이행은커녕 '최소주의'로 정의한 '선거 민주주의'(electoral democracy)의 요건에도 여전히 미달된다는 것을 문제 제기하고, 그 대안으로 비용 중심의 선거 규제를 제시하는 데 있다. 영국, 미국 선진국의 경험처럼, 우리도 민주화의 경험과 시대 상황의 변화에 따라 선거 운동 방식 규제에서 비용 규제로 전환하는 게 필요하다는 점을 이론적으로 논의한다. 그리고 그 규범적 필요성을 실현하는 데 제기되는 여러 가지 쟁점 사항(현행 선거법 체제의 문제점, 정치 활동과 공정성의 조화, 바람직한 규제의 방향, 전환시 예상되는 문제점 등)을 살펴보고 그 해법의 실마리를 찾고자 한다.

II. 이론적 논의: 민주주의 성숙 단계와 선거법의 조응 관계

1. 선행 연구 평가와 추가 논의의 필요성

최근 선행 연구들은 현행 선거법이 과도한 규제의 문제점을 가지고 있기

제왕적 대통령제와 정당

때문에 이것을 개선해야 한다고 공통적으로 문제를 제기하고 있다(김종서 2012; 김영태 2014; 손병권 2014; 김형철 2014). 하지만 이 연구들은 그 의의에도 불구하고, '규제 그 자체'가 문제인지 아니면 '지금의 규제 방식'이 문제인지를 구별하지 못해 대안 제시가 조금은 불명확한 한계를 지니고 있다. 기존 연구의 의의와 한계를 살펴보면 다음과 같다.

첫째는 선거 운동 규제 중심의 선거법 기능의 문제점을 한국의 민주주의 발전 단계의 성숙도와 연관시켜 선거 운동의 성격을 기준으로 삼아 설명하지 못하는 한계가 있었다. 이러한 설명 부족은 구체적인 대안 제시로 나아가지 못하게 했다. 둘째는 한국에서 문제가 되고 있는 선거 운동 규제 중심의 선거법 체제가 어떻게 도입되게 되었는지에 대한 기원과 그 왜곡 과정을 민주주의 발전 단계의 성숙도와 연관시켜 설명하지 못하는 한계가 있었다. 이것 역시 구체적인 원인 진단에 대한 규명이 빠져있기 때문에 구체적인 대안 제시로 연결될 가능성이 부족했다. 셋째는 문제점으로 등장한 선거 운동 규제 중심의 선거법에 대한 개선 방향을 구체적으로 쟁점 사항을 통해 제시하지 못하는 한계가 있었다. 특히, '선거 운동 규제 중심의 선거법 체계'를 선진국처럼 비용의 한계 범위 내에서 자유로운 선거 운동을 허용하는 '비용 규제 중심의 선거법 체제'로 개선하자는 요구를 수용할 시 발생하는 문제점과 우려를 상쇄시키는 정치 풍토 개선과 관련한 대안 즉, 쟁점 사항에 따라 구체적인 대안을 제시하는 연구는 부족했다.

이에 본 글에서는 기존 연구의 의의를 수용하면서도 보완적 논의를 위해 첫째, 현행 선거법이 한국 민주주의 발전 단계의 성숙도를 이론적인 차원에서 아이디얼 타입으로 논의한다. 즉 'Minimalist Democracy'(최소 민주주의, 이하 MD)와 민주주의의 최고 발전 단계로 제시되고 있는 'Deliberative Democracy'(숙의 민주주의, 이하 DD)를 기준으로 삼아 거기에 부합하는 방향으로 바람직한 선거법 기능 체제의 성격을 추론해 보고 그러한 기준에서 볼 때, 현행 선거법 체제의 문제점을 살펴보고자 한다. 둘째, 한국에서 선거 운동 규제 중심의 선거법 체제가 어떻게 도입되는지 그 전후 과정을 논의한 다. 셋째, 선거 운동 규제 중심의 선거법 체제를 개선하기 위한 대안으로 비 용 중심의 선거법 체제의 상(ideal type)을 추론해 보고, 그것을 실현하기 위 한 쟁점 과제를 논의한다.

<표 1> 민주주의 모델의 성숙 단계

		대표자의 숙의적 통합성 수준		
		작다(小)	중간(中)	크다(大)
시민 참여	관습적 참여	I 유형 최소 민주주의 모델	II 유형 다원 민주주의 모델	–
	비관습적 참여	–	III 유형 참여 민주주의 모델	IV 유형 숙의적 공화 민주주의 모델

*출처: 채진원(2016), p.26

정치 발전의 성숙도를 보여 주는 기준으로 시민 참여의 방식(관습적 참여/ 비관습적 참여)과 대표자의 숙의적 통합성 수준(小/中/高) 간의 교차 관계를 합리적으로 상정해 볼 때(LaPalombara and Weiner 1966; Manin 1997; 이동수 2005), <표 1>처럼 민주주의의 성숙 단계를 아이디얼 타입으로 최소 민주주 의 모델, 다원 민주주의 모델, 참여 민주주의 모델, 숙의적 공화 민주주의 모 델로 상정해 볼 수 있다(채진원 2016a).

아이디얼 타입으로서 대의 민주주의의 성숙도는 <표 1>을 참고해 볼 때, < 그림 1>처럼, '최소 민주주의'(절차적 선거 민주주의)→ '참여 민주주의'→ '공 화 민주주의'→ '숙의 민주주의'로 가정할 수 있다(임성호·채진원 2012; 임성호 2014; 김욱 2017). 이에 따라 선거 운동의 성격도 <표 2>처럼, 민주주의 성격 에 따른 선거 운동의 성격도 단계적으로 달라져, 낮은 단계에서 높은 단계로

〈그림 1〉 민주주의 발전 단계 피라미드

*M=Minimalist democracy(최소 민주주의, MD) P=participatory democracy(참여 민주주의, PD)
R=Republic democracy(공화 민주주의, RD) D=Deliberative democracy(숙의 민주주의, DD

〈표 2〉 발전 단계별 민주주의 성격과 선거 운동의 성격

민주주의 모델	민주주의 성격	선거 운동의 성격
Minimalist Democracy (이하 MD)	제한적 엘리트주의	정당·후보 간의 매니페스토 선거 운동 보장
Participatory Democracy (이하 PD)	경쟁적 다원주의	지지자와 시민 단체의 유권자 선거 운동 참여 보장
Republic Democracy (이하 RD)	공화적 민주주의	정당·후보자–유권자 간, 유권자 간의 포용적 정책 공론장 형성
Deliberative Democracy (이하 DD)	통합적 숙의주의	정당·후보자–유권자 간, 유권자 간의 숙의적 통합 형성

올라갈수록 성숙할 수 있다고 가정할 수 있다.

MD(최소 민주주의)는 슘페터와 달에 의해 정식화된 개념이다. 이것은 '형식적·절차적 민주주의(formal procedural democracy)'의 단계로 민주주의적 정치 과정과 제도에서 최소한의 요건이 갖추어진 상태를 말한다. 일반적으로 '선거 민주주의(electoral democracy)'와 동일한 개념으로 간주된다. 최소 민주주의는 '국가의 주요 정책 결정자들이 모든 국민이 참여하는 주기적이고 경쟁적인 자유선거에 의해 충원되는 경쟁적 엘리트지배의 정치 체제'라고 개념화할 수 있다.

슘페터(Schumpeter 1942, 269)는 '인민의 지배'라는 민주주의의 어원적 정의를 '경쟁적인 선거에 의해 지배자가 선택되는 체제'라는 최소정의(最小定義, minimum definition)적 민주주의 개념으로 전환하여, 그 최소 민주주의 요체를 국민의 선택을 위한 한 경쟁적 투쟁, 즉 선거와 투표를 통해 정치인들이 정책 결정의 권한을 확보하는 제도적 장치에 있다고 보았다. 달(Dahl 1998, 37-38)도 "선거는 정부 지도자들이 비지도자들에게 상대적으로 호응적이라는 것을 보장하는 결정적인 테크닉이다"라고 하면서 다두제(polyar-chy)를 강조한다(Dahl 1956, 125). 달은 최소 민주주의 요건으로 다음의 다섯 가지 기준의 충족을 제시하였다. 첫째, 시민들의 효과적인 참여, 둘째, 계몽된 이해, 셋째, 결정적 단계에서 투표의 평등, 넷째, 의안에 대한 최종적인 통제, 다섯째, 참여의 포괄성이다.

PD(참여 민주주의)는 최소 민주주의와 달리 시민의 적극적인 역할과 다원주의적 참여를 강조한다. 즉, 대의 민주주의를 직접 민주주의로 대체하려고 하는 것이 아니라 엘리트와 관료중심의 대의 민주주의 한계를 불참과 무관심이 아닌 시민의 적극적인 참여와 감시를 통해 보완하고자 한다. 참여 민주주의는 "대의 정부하에서 시민들이 직접 공적인 집무를 담당하지는 않더라도 정치 과정에 적극적인 관심을 갖고 참여함으로써 민주주의를 활성화시키는 것을 목표로 하는 체제"이다(이동수 2005, 24).

로젠덜은 참여 민주주의를 시민들이 자신들이 선출한 대표들에게 상당한 접근과 영향력을 갖는 체제라고 정의하는데, 그 체제는 대표들이 시민들의 요구에 호응하는 개방적인 과정으로, 시민 단체의 주창 활동(advocacy ac-tion)과 여론 조사가 영향력을 행사하는 체제이다(Rosenthal 1998).

현재의 '대의제 민주주의(representative democracy)'의 한계와 취약점을 엔트만(Entman 1989)은 "시민없는 민주주의"라고 꼬집은 바 있다. 시민들은 정

제왕적 대통령제와 정당

보화 시대의 등장과 SNS 기반을 통해서 기존 대중 매체가 제공해 온 협소한 틀을 깨고 자유로이 활발한 선거 운동과 정치 토론을 벌임으로써 '전자적 공론장'을 형성한다. 특히, 시민들은 '사안적 네트워크(issue network)'로 활동한다. 이것은 "특정한 쟁점 영역에 대한 공통된 신념과 전문 지식을 매개로 연결된 정부 내외의 정치적 활동가들의 망"(Bonchek 1997, 44-49)으로 정의될 수 있다.

RD(공화 민주주의)는 여러 견해가 있지만 일반적으로 덕성(virtu)과 주인의식(ownership)을 지닌 시민의 적극적인 참여를 영향력으로 삼아, 시민의 이익을 대표하는 대표자들이 파벌적 갈등이나 파당적 갈등에서 벗어나 견제와 균형을 통해 국가의 공공선에 도달하고자 하는 절충과 타협의 포용적 민주주의 단계를 말한다.

공화민주주의의 성패는 덕성과 주인의식을 지닌 자율적인 시민의 존재여부이다. 즉, 시민적 미덕(civic virtue)을 구비한 유덕한 시민들이 적극적으로 정치 과정에 참여하고, 이것의 영향을 받은 대표자들이 공공복리와 공동선을 실현하는 최상의 정체인 공화정(republic)의 가치를 지켜나가는 탈(脫)파벌 민주주의를 말한다(채진원 2015).

특히, 공화 민주주의는 참여 민주주의가 가지는 다원주의적 가치와 주창 활동이 극단화될 경우, 파벌과 계파 간의 적대적 갈등으로 선거 과정과 정치 과정 전반에 대한 불신과 효능감이 떨어질 때, 이러한 것을 막는 데 효과적이다. 공화 민주주의의 동력은 시민 참여에서 오는 제반 갈등을 '파당적 갈등'이 아닌 '생산적 갈등'으로 전환시키는 시민과 대표자의 덕성, 즉 대화와 토론의 포용적 공존력에 있다.

공화 민주주의는 여론을 형성해낼 수 있는 정치적으로 유식하며(informed) 관심을 갖고(engaged) 참여하는(participating) 시민들의 존재 위에서 가능하다. 이를 위해 무엇보다도 중요한 것은 정치 정보를 시민들에게 전달하고 이를 바탕으로 정치 토론을 통해 여론을 형성해내는 효율적 정치 커뮤니케이션 체계이다(McChesney 1997, 6-7).

대의 민주주의 최고 성숙 단계인 DD(숙의 민주주의)는 일반적으로 치자와 피치자의 구별을 넘어 자유롭고 평등한 시민들 사이에서 대화와 토론을 강조함으로써, 정치의 형식을 '다수결에 의한 투표 중심'(vote-centric)에서 '심의적 대화 중심'(talk-centric)으로 전환시키려고 하는 민주주의의 방법론으로 통한다(바버 1992, 294-301; Dryzek 2000, 2-7).

숙의 민주주의는 일반적으로 어떤 선호(이익)가 '다수결'에 의해서 결정되는 것이 아니라 대화와 공적인 토의 속에서 가장 공공선에 부합하는 '합당한 이유'에 의해 지지되는가에 따라 의사 결정에 도달하는 것을 의미한다. 따라서 숙의 민주주의에서 숙의는 단순한 정보의 교환이 아니라 집합적인 의사 결정을 도출하기 위한 과정을 말한다(Miller 2000, 9).

또한 마넹(Manin 1987, 338-368)에 의하면 숙의 민주주의에서 상정하고 있는 의사 결정 과정은, 이미 존재하고 있는 시민의 의사(an already formed will)를 찾아서 집성하는 과정이 아니라 시민의 의사를 새롭게 형성해 가는 과정이다. 따라서 숙의 과정은 토의자들에게 새로운 정보와 시각 및 선호를 제공함으로써, 당초의 목표를 수정하게 할 수 있다고 설명한다.

다시 말해서, 마넹은 의사 결정의 정당성을 미리 결정된 개인들의 선호와 의사에서 찾지 않고, 심층적인 토의 자체에서 찾는다. 결국 정당성 있는 의사 결정이란 모든 사람들의 의사 표현이 아니라 모든 사람들이 토의한 결과를 의미한다. 따라서 그는 토의 민주주의의 성패는 단지 발견의 과정만이 아니라 상호간의 설득을 위한 노력이라고 말한다.

진정한 의미의 숙의는 이익이나 생각의 단순한 집성이 아니라 충분한 설득 과정을 거쳐 이익과 생각이 통합되거나 적어도 그것을 목표로 하는 의사소통이다. 즉, 숙의 민주주의가 가정하는 것은 인간의 이익과 선호 및 정체성이 태생적으로 혹은 외생적으로 주어진 것이 아니라 타인과 사회 및 공동체 속에서 상호 작용하면서 형성되고 변화 가능한 것으로 보고 있다. 특히 사람들 간의 대화 및 토론 속에서 정체성은 변화 가능한 것으로 가정한다.

따라서 숙의 민주주의에서 강조하는 목표는 사람들이 타고난 이익, 선호, 정체성을 단순히 '이익 집성'하는 것이 아니라 공공선과 공동선을 전제로 더 좋은 이익, 선호, 정체성을 찾기 위한 '이익 통합'을 추구하는 과정 그 자체인 것이다. 이 같은 목표를 위해 대화와 설득, 토론, 대면 관계가 중시되며 그 과정에서 형성되는 신뢰와 새로운 정체성의 창조가 강조된다.

또한 그 과정에서 어떤 합의에 이르지 못하더라도 관계를 공동으로 성찰한다는 점이 중요시된다. 다시 말해 최종적으로 합의에 도달하든지 혹은 도달하지 못하든지 간에 설득하고 설득당하는 관계 속에서 결정이나 결정주체의 정통성에 대한 신뢰를 만들어가는 대화 과정인 것이다(Mansbridge 1980; March and Olsen 1986; Sunstein 1994; Elster 1998; 채진원 2010).

〈표 2〉는 민주주의 수준별 성격과 선거 운동의 성격과의 관계를 보여 주고 있다. MD는 앞서 언급한 것처럼, '제한적 엘리트주의'성격을 갖는 만큼, 선거 운동의 성격은 유권자와 지지자 및 유권자의 참여를 최소한으로 봉쇄하며, 후보와 정당 중심의 제한적인 경쟁을 인정하는 선거 운동으로 유권자에게 최소한도의 호응성과 참여만을 보장한다. 대표적인 예로 정당·후보 간의 매니페스토 선거 운동을 보장하는 선에서 멈춘다. PD는 MD를 극복한 단계로 '경쟁적 다원주의'성격을 갖는다. 이것은 정당 간, 후보자 간, 유권자 간, 자유로운 선거 운동의 경쟁을 인정하고 촉진하는 단계이다.

RD는 PD를 극복한 단계로 '공화 민주주의'의 성격을 갖는다. 이것은 선거가 단순한 유권자의 선호와 이익을 집합하는 수준에서 벗어나 덕성있는 시민들이 정당·후보자—유권자 간, 유권자들 간의 정책에 대한 대화와 토론을 통해 공론장을 형성할 수 있는 수준까지 도달한다. 정당과 후보, 유권자가 참여하는 논쟁과 토론 등 정책 토론회 위주의 선거 운동이 주가 된다.

DD는 RD를 극복한 최고의 단계로, '통합적 숙의주의'성격을 갖는다. 이것은 단순한 대화와 토론 및 공론장 형성을 넘어서 선호·이익·정체성의 변화가 일어나서 대표자와 시민 간 숙의에 이르는 '숙의 투표'(deliberative voting)가 가능한 단계를 말한다. 따라서 이것의 선거 운동의 성격은 정당·후보자 간, 정당·후보—유권자 간 그리고 유권자들 간의 정책과 공약에 대해 참여와 토론을 통해 숙의 과정의 신뢰성을 높이는 것이 주가 된다.

이상과 같이 민주주의 발전 모델(민주주의 성격)에 따른 선거 운동의 성격은 다르다. 만약 선거법 체제가 각각의 단계가 설정하는 민주주의 성격과 선거 운동의 성격에 부합하지 않고 이것을 과도한 규제로 방해한다면, 이러한 규제는 대의 민주주의 이상과 성숙을 달성하는 데 결코 부합할 수 없는 조치로 많은 문제점이 제기될 수밖에 없을 것이다.

한국이 산업화와 민주화를 성공했다는 성과에 근거해서, 더욱 성숙된 민주주의로 가기 위해서는 MD 단계, PD 단계, RD 단계, DD 단계에 부응하는 선거 운동의 성격을 이해하고 여기에 부응하는 방향으로 선거법 체제를 개선해야 할 것이다.

특히, 이상향으로 볼 때, 대의 민주주의 최고의 단계인 DD에 부응하는 선거는 대의제 민주주의하에서 유권자인 시민이 정부, 정당, 정책에 대한 정치적 의사를 형성하고 이러한 시민들의 의사를 대변할 수 있는 대표자를 선거 과정을 통하여 선출하며, 그 대표자는 여러 집단과 사회 각계각층의 갈등과 대립을 의회 속으로 끌어 들여서 해결하는 기능과 역할을 담당한다. 따라서

제왕적 대통령제와 정당

선거 과정에서 가장 중요한 것은 시민(유권자)과 후보자 간 혹은 시민과 정당 간의 의사 소통이며, 후보자의 정치적 의지가 유권자 자신의 정치적 의사와 같은 지를 유권자가 직접 참여하고 소통하여 파악할 수 있도록 제도화되는 것이 필요하다.

III. 민주주의 성숙과 '58년 네거티브 선거법 체제' 부조화

1. 현행 선거법 체제의 문제점

현행 선거법의 문제점으로 여러 가지가 있다. 법의 전 과정을 관통하는 핵심적인 문제점은 첫째, '정치 활동'과 '선거 운동'을 억지로 분리하려는 경향이다(서복경 2013). 둘째, 선거의 공정성이란 명분하에 민주화 이후 변화된 시대 상황을 무시하고 지나치게 정치 활동과 선거 운동의 자유를 억제한다는 점이다. 셋째, 현 선거법 체제는 선거 운동의 개념, 선거 운동의 기간, 주체, 방식을 과도하게 제한하고 있어, 정당, 후보자, 유권자 등 이해관계자의 참여와 행위자 간 토론을 통한 상호 커뮤니케이션 과정을 과도하게 규제하여 성숙한 대의 민주주의 이상 실현을 어렵게 하는 문제점이 있다.

앞서 논의한 것처럼, 민주주의의 성숙도는 아이디얼 타입으로 볼 때, '최소 민주주의'(절차적 선거 민주주의)→'참여 민주주의'→'공화 민주주의'→'숙의 민주주의'로 가정할 수 있다(임성호·채진원 2012; 임성호 2014; 김욱 2017). 따라서 민주주의 최고 단계인 숙의 민주주의에 부합하는 선거라는 공간에서 정당–후보자 간의 공정한 경쟁 그리고 후보자–유권자 간 및 유권자들 간의 참여와 토론을 통한 상호 커뮤니케이션 과정을 방해하는 과도한 규제가 있다면, 이러한 규제는 대의 민주주의의 성숙을 달성하는 데 결코 부합할 수 없는 민주적인 행태에서 벗어나는 규제 조치일 것이다.

대의 민주주의에서 정치 활동이란 개념은 일반적으로 선거 전후 전과정을 포함하여 치자(정당, 치인, 후보자)와 피치자(유권자, 시민 단체, 이익 단체 등 다양한 행위자들)간의 정치적 커뮤니케이션으로서의 상호 작용 과정으로 볼 수 있다. 하지만 현행 선거법에서 규정하고 있는 선거 운동 개념은 '당선되거나 되게 하거나 되지 못하게 하기 위한 행위'이다.

따라서 정치 활동과 억지로 구분되는 현행 선거법으로는 아주 짧게 정한 기간에만 선거 운동이 가능하며, 이외 기간에 선거 운동에 해당되는 선거 운동을 하거나 반대로 선거 기간 동안 통상적인 정치 활동을 제외한 다른 정치 활동을 하면 제한받거나 처벌받는다.

정치 활동과 선거 운동의 애매한 경계를 이분법적으로 구분하지 않는다면, '당선되거나 되게 하거나 되지 못하게 하기 위한 행위'가 아니라 '최소한도로 선거 운동'이란 정당과 후보자들의 선거 운동과 유권자의 선거 운동이라는 서로 다른 방향의 선거 운동을 총칭하거나 세분화하여 다시 개념화할 필요가 있다.

권위주의 시대에는 정부의 하향식 관료주의적 통제 방식과 더불어 불법 선거, 관권 선거, 금권 선거, 타락 선거에 따른 반작용으로, 공정성의 실현이라는 명분하에, 정치 활동과 선거 운동의 자유가 과도하게 제한받았고, 이것이 어느 정도 합리화된 측면이 있다. 하지만 민주화 이후 시민권의 증진과 다원주의적 이해관계의 표출은 더 이상 공정성이라는 명분으로 시민의 기본권을 제한하거나 억압하는 방식으로 공정성을 담보할 수 없는 상황이 되었다.

민주화가 시작된 지 35년이 된 오늘날 선거는 '민주주의의 꽃'으로 인식되고 유권자들은 선거라는 민주주의의 장에 참여하기를 원한다. 그러나 변화

제왕적 대통령제와 정당

된 상황에도 불구하고 새로운 현실을 반영하지 못하는 선거 관리와 선거 운동 방식에 대한 규제는 후보자와 유권자 간의 자유로운 정치적 커뮤니케이션을 어렵게 할 뿐만 아니라, 오히려 탈법, 불법 선거 운동으로 이어져 정치적 불신을 확대 재생산하는 악순환을 낳고 있다.

정치적 불신의 원인을 선거법에서만 찾을 수는 없겠지만, 불필요할 정도로 엄격한 선거법이 후보자와 시민들 간의 자유로운 접촉을 막고 탈법, 불법을 양산시킴으로써 유권자의 정당한 욕구는 좌절당하고, 결과적으로 국민들의 다양한 의사가 여러 방법으로 분출되는 것이 보다 더 장려되어야 할 선거 기간에 국민들의 정치적 표현의 자유는 평상시 보다 더 위축되는 역진 현상이 일어나고 있다. 이는 민주주의 성숙에 대한 심각한 위협이 되고 있다.

민주화와 함께 지구화, 정보화, 후기 산업화, 탈냉전화 등 변화된 시대 상황에서 공정성을 지나치게 강조할 경우, 정치 활동의 자유와 선거의 자유를 과도하게 제한하여 시민의 기본권 침해를 초래할 수 있으므로 변화된 시대에 부응하는 새로운 공정성을 찾을 필요가 있다.

즉, 민주화 이전의 공정성이 국가의 억압적이고 네거티브적 선거 운동의 규제하에서 최소한의 선거 운동만 허용되는 수준에서 합리화되었다면, 민주화 이후에는 시민 의식의 성숙과 다양한 행위자의 등장으로 권력과 자본을 일방적으로 동원하는 것을 견제할 수 있는 만큼, 정치 활동과 선거 운동의 자유를 포함하여 경쟁자들이 경쟁할 수 있는 선거 운동의 기회균등 보장과 지원이라는 두 가지 헌법 이념의 조화를 통해 선거의 공정성을 기할 필요가 있다.

왜냐하면, 선거의 공정은 선거의 자유를 실현하기 위한 수단적 목적에 불과하기 때문이다. 선거의 공정성을 확보하기 위한 핵심은 선거 운동의 기회균등을 보장하는 것이고, 이 기회균등을 보장하기 위해서는 후보자의 선거 비용에 대한 철저한 법적 규제가 요구되는 것이지 선거 운동의 자유를 제한한다고 해서 선거의 공정성이 확보되는 것도 아니기 때문이다.

따라서 선거의 공정을 위해 선거 운동의 자유를 제한하는 것을 선거법의 최고의 가치로 정해 놓고, 공정과 선거의 자유 간에 조화를 도모하는 해석은, 결과적으로는 후보자나 유권자의 선거 운동의 자유, 정치적 표현의 자유와 알 권리를 과도하게 침해하게 될 뿐만 아니라 대의제 민주주의 국가에서 선거가 지니는 중요성과 의의를 훼손하게 된다.

따라서 선거의 공정과 선거의 자유를 대등한 가치로 대립시켜 놓고 조화를 도모해야 한다는 논리, 그러면서도 결과적으로는 선거의 공정을 보다 우위에 놓는 기존의 선거법 체계와 해석 방식은, 변화된 시대 상황에 맞게 변경될 필요가 있다.

그동안 헌법재판소나 대법원은 선거의 공정성과 선거의 자유라는 양대 가치를 대립 개념으로 이해하면서 전자를 후자에 대한 광범위한 제한을 합리화하는 논거로 사용해 온 경향이 있다. 그렇지만 선거를 통한 대의기관 구성에서 국민의 의사가 정확하게 반영되어야 그 본래의 과제를 이행할 수 있으며 그럴 때에만 선거의 공정성도 실현되는 것이다. 국민의 의사가 정확하게 반영되려면 무엇보다도 국민이 그 의사를 자유롭게 표현할 수 있어야 하고, 후보자, 정당, 정책에 관한 정보가 자유롭게 유통될 수 있어야 한다.

그러므로 선거의 공정성은 선거 운동에 대한 법적 규율이 선거 운동의 자유를 최대한 보장하는 가운데 확보될 수 있다. 그렇게 본다면 선거의 자유와 공정은 상호 대립·모순되는 것이 아니다. 오히려 선거의 공정성은 선거의 자유를 보장하기 위해 수반되는 개념이라 할 수 있다. 미국·영국 등 대부분의 선진 외국에서는 선거의 공정과 기회균등을 위해 선거 운동에 대한 직접적인 제한보다는 선거 비용에 의한 간접 통제 방식을 택하고 있음을 주시할 필요가 있다.

2. 현행 선거법 체제의 기원과 변용

우리나라 선거법에서 1958년 이전 선거법은 선거와 관련하여 '할 수 없는 행위'를 규정한 반면, 1958년 이후 선거법은 선거와 관련하여 '할 수 있는 행위'를 규정하고 있다. 1948년 제정되어 1958년까지 지속된 우리나라 최초의 '국회 의원 선거법'에는 '선거 운동에 관한 정의'와 '선거 운동을 할 수 있는 기간'이 정해져 있지 않았다.

그 이유는 1958년 이전의 선거법이 1948. 3. 17. 미군정법령 제175호 국회 의원 선거법을 제정한 미국의 절대적인 영향으로 '보통법적인 전통'에 따른 자유주의 이념을 바탕으로 선거 운동의 자유가 거의 제한받지 않았기에 지금과 비교하면 획기적인 포지티브 법제였기 때문이다(송석윤 2005).

1948. 3. 17. 미군정법령 제175호 국회 의원 선거법은 선거 운동과 관련하여 세 가지를 규정하였다. (1) 후보자의 자유로운 선거 운동 보장 (2) 각급 선거 위원회 위원 및 선거 사무에 관계있는 공무원 기타 일반 공무원의 선거 운동 금지 (3) 투표 및 기권과 관련한 매수 금지이다. 이것은 위와 같이 누구든지 선거 운동을 할 수 있도록 하되 공무원만 선거 운동을 할 수 없는 자로 규정하였고, 매수죄를 두어 금권의 개입을 차단하고자하였다. 한마디로 매수죄, 공무원의 관권 개입 등을 규제하되 나머지는 뭐든지 자유롭게 할 수 있도록 만든 '포지티브' 규제 방식이었다.

하지만 이러한 1958년 이전 '포지티브 선거법 체제'가 1958년 이후 현재까지 지속되고 있는 '네거티브 룰 선거법' 체제로 전환되게 된 배경에는 다음과 같은 사정이 있다. 1958년 1월 25일 '민의원의원선거법 및 참의원의원선거법'을 신설한 이승만 정권이 당시 야당과 국민을 규제하기 위하여 기존의 자유주의적 선거 운동을 보장한 법과 정반대로 '대륙법적인 전통'에 따른 제국주의의 정신이 그대로 담겨있던 일본의 선거법을 철저히 모방함으로써 규제 위주로 바뀠다. 이후 이러한 법 체계는 부정 선거, 관권 선거, 금권 선거를 계기로 더욱 규제와 통제 위주로 강화되었다.

'포지티브 룰 선거법' 체제에서 역으로 '네거티브 룰 선거법' 체제로 전환한 선거법이 현행 선거법으로 진화해오면서 다음의 사항을 포괄적이고도 구체적으로 규제하였다. 선거 운동의 정의 규정, 선거 운동 기간 제한제, 유사 기관금지, 선거 운동원제, 소형 인쇄물, 선전 문서, 규정 외 문서 도화의 작성 배부 등의 금지, 탈법 방법에 의한 문서 도화의 금지, 개인 연설회, 확성기와 자동차 등의 사용 제한, 허위 방송의 금지, 경력 방송의 공평, 방송 이용의 금지, 신문 잡지등의 불법 이용의 제한, 허위 보도의 금지, 신문 광고, 정치 단체의 신문광고, 서명 날인 운동 금지, 인기 투표의 금지, 음식물 제공 금지, 소란 행위 금지, 야간 연설 금지, 교통시설 편의 공여의 금지, 허위 사실 유포 금지, 기부 행위의 제한, 기부받는 행위의 금지, 사전 운동의 제한 규정 및 선거 비용 규정이다(오봉진 2013).

이러한 우리의 규제 선거법은 종래 일본 선거법제의 영향을 크게 받아 온 것으로서, 서구의 민주적 선거 제도를 유지하고 있는 선진 국가들과는 달리 선거 운동이 지나치게 제약을 받고 있다. 영국의 선거 운동 규제는 주로 선거 운동 자금(finance of election campaign)의 규제를 의미하며, 언론 표현 활동에 의한 선거 운동은 거의 제약 없이 보장되고 있다. 그에 비해 우리의 선거 운동 규제는 선거의 부패 방지를 위한 선거 비용 규제에는 충분하지 못하였으며, 오히려 자유로워야 할 선거 운동은 지나치게 규제되고 단속되어 왔다고 할 수 있다.

제왕적 대통령제와 정당

3. 전환기적 시대 상황과 '58년 선거법'의 부조응

민주화와 더불어 오늘날의 시대 상황은 지구화, 정보화, 후기 산업화, 탈물질주의, 탈냉전화로 요약된다(임성호·채진원 2012; 임성호 2014). 시대 상황의 변화는 사람의 가치와 규범에 영향을 미치게 된다. 기존의 것과 새로운 것이 충돌하게 되는 것이다. 당연히 새로운 가치와 규범의 등장은 기존의 법 체계와 충돌하게 되고, 기존 체제에 대한 충돌과 불만이 심화되면서 새로운 법 체계를 요구하게 되는 것은 당연하다.

민주화 진전에 따라 선거와 관련한 국민의 정치적 표현의 요구가 커지고 있으며 특히 정보화에 따라 활발한 의사 소통을 가능하게 하는 미디어와 매체가 급격히 진화하면서 선거 운동의 자유를 제한하는 우리나라의 법제도가 오늘날의 변화된 시대 상황에 적합한 것인지에 대한 문제 제기가 활발히 이루어지고 있다. 이러한 문제 제기는 당연한 것이다.

정치 활동과 선거 운동을 억지로 분리하는 경향을 가진 현행 네거티브 선거법 체제는 "누구든지 자유롭게 선거 운동을 할 수 있다"는 선거 운동의 자유를 천명하고 있지만 공직선거법을 비롯한 정치관계법의 개별 조항들은 선거 운동의 주체, 시기, 방법 등과 관련하여 후보자와 유권자의 선거 운동의 자유를 제한하는 수많은 조항과 처벌 조항을 두고 있다.

따라서 치자와 피치자 그리고 후보자와 유권자 간의 정치 커뮤니케이션을 통해 정치 활동의 축제가 되어야 할 선거가 '정치적 공론장'이 되어야 한다는 구호만 있을 뿐 정치 과정을 이끄는 다양한 행위자들은 소외와 무관심 속에서 그렇게 작동하지 못하고 있다. 선거가 정치 활동의 한 과정으로서 실질적인 정치 공론장이 되기 위해서는 '58년 네거티브 선거법 체제'를 벗어나 시대 상황에 부합하는 방향에 따라 중앙 선관위의 선거 관리 방식과 선거 운동 방식의 규제를 변화시키는 것이 필요하다.

IV. 전환기, 선거 관리·선거 운동 규제 방식의 방향성

1. 새로운 규제 거버넌스의 필요성

오늘날의 시대 상황은 지구화, 정보화, 후기 산업화, 탈냉전화 등으로 요약
된다. 지구화는 국가의 경계가 약화되면서 초국가적인 지구촌이 형성되는
과정을 말한다. 따라서 국가 이외의 다양한 행위 주체들의 등장과 새로운 규
범(협력, 신뢰) 및 역할(네트워크 등)이 등장하게 된다. 즉, 국민국가 외에도 다
양한 행위자들, 예컨대 다국적 기업(MNC), 비영리 단체(NPO), 비정부 단체
(NGO), 국제 정부 간 기구(IGO), 국제 비정부 기구(INGO), 시민 단체, 개인
등 다양한 행위 주체들이 초국가적(supranational/transnational) 네트워크를
구축하고 세계적 차원에서 발생하는 다양한 문제들의 해결을 위해 협력해
나가는 과정을 지구화라고 정의할 수 있다.

지구화는 초국가적인 지구촌을 형성하는 과정에서 시민과 시민 단체 등
다양한 행위자들을 참여시키면서 협력하게 되는 거버넌스(협치), 네트워크,
파트너십과 같은 새로운 규범과 역할을 발전시킨다. 이러한 변화는 기존의
국가 중심의 하향적 통치 방식을 타격함으로써, 기존의 통치 방식에 불신과
비효율을 가중시키고 상대적으로 거버넌스(협치), 네트워크, 파트너십를 통
한 새로운 통치 방식과 규제 방식으로 이행하도록 촉진한다(채진원 2012).

지구화와 더불어 인터넷, SNS 등 정보 통신 기술의 발전과 매체 발달에 따
른 정보화는 개방적인 커뮤니케이션의 확대를 통해 다양한 행위자들을 결집
시키는 한편 지식을 직접 생산·공유·유통시킴으로써 집단 지성 그룹과 커

뮤니티를 촉진한다. 집단 지성 그룹과 커뮤니티의 촉진은 기존의 정당과 정치인 중심의 정치 활동과 선거 운동 방식에서 시민 단체와 유권자 중심의 정치 활동과 선거 운동으로 전환될 수 있는 물적 기반과 지적 능력을 제공한다.

위에서 언급한 지구화, 정보화의 진전은 시민 단체를 매개로 한 정치 과정과 국가의 정책 결정 과정에 시민 참여와 정치 참여를 확대한다. 거버넌스란 일반적으로 기존의 국가가 가지고 있는 권력과 권위를 NGO, 시민 단체, 지방 자치 단체, 초국가적 단위 행위자, 다양한 행위자들에게 분산하고 위임하여 참여와 협력을 이끌어 내는 새로운 통치 방식이다.

변화된 시대 상황에 맞게 국가의 통치 방식과 행정을 변화시켜 나가지 않을 경우, 갈등과 불신, 대립과 불만이 증가하게 되어 통치의 비효율성이 증가하게 되어 결국 통치 불능(ungovernability)의 상태에 빠질 수 있게 된다(채진원 2016).

선거 관리와 선거 운동의 규제 역시도 변화된 시대 상황에 맞게 변환하지 않으면 불신과 비효율에 따른 통치 불능 상태에 빠질 수밖에 없다. 따라서 정책 규제와 다른 선거 관리 규제에 있어서도 매우 제한적이지만 새로운 접근이 요구된다. 그것은 선거 운동 방식에 있어서 이해 당사자들의 참여와 협력을 통해 종전의 강압적인 '외부 규제'에서 온건한 '자율 규제'로 그리고 규제 관리의 주체에 있어서 국가 통제에서 점진적으로 정부와 중앙 선관위가 중심을 갖되 공익적·비당파적 시민 단체의 참여를 일정 허용하는 '제한적인 거버넌스 규제'로 규제의 방식을 전환하는 것을 조심스럽게 검토해 볼 필요가 있다.

2. 공익 시민 단체, 자율 시민과의 협력 필요성

통상적으로 규제는 정부의 고유 권한으로 인식되어 왔으며, 바람직한 경제 질서 또는 사회 질서의 수립을 위해 정부의 규제는 필수 기능으로 간주되어 왔다. 특히, 시장 기능이 실패하는 영역, 다원주의적 집단 행동이 실패하는 분야에 대한 정부 개입의 수단으로 정당화된 것이 사실이다.

그러나 전환기적 시대 상황에 따라 등장한 거버넌스라는 새로운 양식은, 거버넌스라는 협력적 통치 양식을 통해서도 새로운 규제가 가능하다는 것을 보여 주고 있다. 즉 정부 주도적 통제에서 벗어나 정부가 중심을 갖되 민간이 참여하면서도 협력할 수 있는 규제도 가능하다는 것을 보여 주고 있다. 특히, 공익적 시민 단체와 자율적 시민을 중심으로 하는 시민 사회는 저항적인 정부 비판 영역에서 벗어나 건전한 시민 모니터링, 사회 복지, 사회적 기업, 마을 만들기 등 정부와 시장이 못하는 공익적 영역을 대신하거나 협력하는 등 공공 영역을 강화하고 있다.

시민 사회의 변화에 따라 정부와의 관계도 변화하고 있으며, 규제와 관련해서도 그 둘의 역할이 달라지고 있다. 과거 권위주의 시대의 정부 주도하의 규제로 국가 조합주의(state corporatism) 혹은 국가 통제가 주를 이루어 왔으나, 민주화 이후에는 상황이 달라졌다. 즉 정부는 시민 단체와의 관계 개선을 통해 서로가 협력하거나 역할 분담을 하여 의약 분업 등 소수의 이익 단체들의 독점적인 이윤 추구와 지대 행위를 견제하거나 경쟁하도록 다원주의(pluralism)를 촉진하거나 또는 노사 민정 위원회와 같은 사회적 조합주의의 문제를 견제하기 위해 시민들의 공익을 대변하는 시민 단체 대표를 참여시키는 것처럼(일종의 결사체 민주주의(association democracy)이다), 거버넌스 규제 방식을 적극 활용하고 있다.

정부 주도의 일방적인 규제에서 정부가 중심을 갖되 일정 공익적·중립적 시민 단체가 참여하는 거버넌스적 규제 방식으로의 변화는 선거 관리 행정과 선거 운동 방식 규제에 있어서 새로운 기회를 제공할 수 있다. 거버넌스의 핵심이 정부가 공익적 시민 단체와 자율적 시민들의 역할 분담을 통해 일정 시민들에게 노젓기(rowing)를 위임하고 정부는 방향키 조정(steering)에 집중함으로서 중앙 정부가 집행기능에 집착하기보다는 전략적인 정책 역량을 강화하는 데 있다.

따라서 지금까지 중앙 선관위가 담당했던 노젓기에 해당하는 선거 관리 행정의 일정 부분을 공익적·중립적 시민 단체와 자율적 시민들에게 일정 분담시키면서 중앙 선관위는 조정(steering)과 메타 거버넌스에 집중하는 역할을 검토할 필요가 있다. 거버넌스에서 조정의 역할이란, 선관위가 매니페스토 운동과 선거 부정 감시단을 활성화하는 과정에서 시민 사회를 참여시키는 일, 공정 선거의 감시를 위해 시민 사회를 참여시키는 일, 투표 참여와 투표 감시 활동의 활성화를 위해 시민 사회를 참여시키는 일 등과 같은 일이다.

또한 공익적 시민 단체와 자율적인 시민들과의 제한적인 협력으로 선거 관리 행정뿐만 아니라 선거 운동 규제에서 비용 규제로의 전환에서 오는 과도기에 '선거 비용 검증 시민 연대'와 같은 방식을 활용하여 정당과 유권자 및 이익 단체의 불법 행동을 견제하는 사례를 검토할 수도 있다. 특히, 공익적이고 비영리적인 시민 단체, 자발적인 정치 팬클럽, 자발적인 지지자 모임의 선거 운동 참여 허용은 유권자에게 선거 참여의 동기를 활성화시키는 한편 정당과 후보자들 및 이익 단체들의 파벌적, 독점적인 운동 방식의 횡포는 물론 불법과 타락 경쟁을 막고 정책 경쟁을 다원주의화하도록 유도하는 데 중요한 자원이 될 수 있다.

3. '선거 비용' 규제로의 전환 필요성과 주의사항

민주화 이후 변화된 정치적 시민권의 요구에 부응하기 어려운 현행 '58년 네거티브 선거법' 체제는 헌재의 위헌 판결, 그리고 지구화, 정보화로 표현되는 전환기적 시대 상황은 시민 단체의 등장과 거버넌스 체제의 등장으로 더 이상 체제로 버틸 수 없다는 것을 웅변해 주고 있다. 따라서 우리도 영국, 미국 등 선진국처럼, 아래로부터의 시민 혁명과 시민 결사체의 활성화 및 덕성 있는 자율적 시민들의 정치 참여 풍토를 전제로 하여 선거 비용 규제의 방향으로 선거 관리와 선거 운동에 대한 규제가 전환될 필요가 있다(중앙 선관위 2001; 유현종 2011).

바람직한 비용 규제의 방향으로 다음의 3개 항목을 정한 1948. 3. 17. 미군정법령 제175호 국회 의원선거법을 준용하면서도 시대 상황에 맞게 보완할 필요가 있다. 특히, 공무원의 정치 활동 참여도 획기적으로 개선해야 할 것이다. 즉, (1) 후보자의 자유로운 선거 운동 보장 (2) 각급 선거 위원회 위원 및 선거 사무에 관계있는 공무원 기타 일반 공무원의 선거 운동 금지 (3) 투표 및 기권과 관련한 매수 금지를 전제로 누구든지 선거 운동을 할 수 있도록 하되 공무원만 선거 운동을 할 수 없는 자로 규정하고, 매수죄를 두어 금권의 개입을 차단하는 것을 전제로 일정 정도 보완할 필요가 있다.

선거 운동의 방법 규제를 선거 비용 규제로 전환하려고 하는 경우에도 단계적인 로드맵과 비전하에서 치밀하고 점진적으로 진행해야 한다. 첫째, 권력과 자본의 동원력의 차이를 최소화는 기회균등의 공정을 기하기 위해 선거 운동의 방법상 규제를 대부분 폐지한다고 하더라도 선거 비용 제한액을 설정하여 그 범위 내에서 자유롭게 선거 운동을 하도록 해야 한다(유현종 2011). 이렇게 되면 후보(예정)자는 최소의 비용으로 최대의 효과를 얻기 위

제왕적 대통령제와 정당

해 선거 비용 제한액 범위 내에서 가장 효과가 있을 선거 운동 방법을 찾아내거나 개발하게 될 것이고 그러한 과정에서 유권자 또한 선거를 축제로써 느끼게 될 것이다(오봉진 2013).

그리고 선거 비용 제한액은 현행 선거법에서도 선거 종류에 따라서 인구수, 읍·면·동수에 일정금액을 곱하여 산정하고, 관할 선거구 위원회에서 공고하고 있다. 선거 비용 제한액의 산출·결정은 국가의 간섭을 배제하고 간편하게 적용할 수 있도록 법률로 규정하고 있으며, 물가 변동 등 경제·사회적 상황 변화에 탄력적으로 대응하기 위하여 소비자 물가 변동률을 감안하여 결정할 필요가 있다. 선거 비용 제한액은 전국 소비자 물가 변동률을 반영하여 증가해 왔다.

대통령 선거의 경우를 살펴보면, 16대 선거에서는 공식적인 1인당 선거 비용 제한액이 341.8억 원이었으나 17대 선거에서는 465.9억 원으로 산정되었고, 제18대 선거는 539억 7700만 원, 19대 선거에서는 509억 9400만 원이였다.

둘째, 공익적인 시민 단체, 정치 팬클럽, 자발적인 봉사 조직은 장단기적으로 미국의 정치 활동 위원회(Political Action Committee)처럼, 후원회를 조직하여 후보자와 정당에게 정치 자금을 후원하거나 정치 광고 등 정책 홍보 활동을 활동할 수 있도록 보장할 필요가 있다. 당연 후원회 조직의 수입과 지출 사항을 엄격하게 보고하고 감사받도록 해야 한다(오봉진 2013).

변화된 시대 상황과 부합하도록 새로운 정치 활동과 관련된 선거 운동의 상을 새롭게 정립할 필요가 있다. 즉, 정당과 후보자, 후보자가 되고자 하는 자와 유권자가 선거와 관련하여 할 수 있는 활동은 일상적인 정치 활동의 연장으로 이해되어야 하기 때문이다. 여기에는 특정 정당이나 후보자, 정당의 정책이나 정견에 대해 지지하거나 반대하는 모든 행위가 포함되며, 굳이 이것이 선거 이전 시기와 선거 시기라는 구분을 통해 구별될 필요는 없을 것이다.

다만, 특정 시점을 기해 후보자는 등록을 함으로써 유권자에게 공식적으로 등장을 하고, 정부와 선관위는 후보 등록 이후 정당이나 후보자의 활동을 지원해 줄 수 있는 부분을 밝히고 정당이나 후보자가 자체적으로 수행하는 활동에 대해서는 비방 및 허위 정보 제공 금지 등의 일반적인 정치 활동 규제를 행하면 될 것이다. 비방이나 허위 정보 제공 금지 등의 규제는 굳이 후보자 등록 이후 시기가 아니라 일상적인 정치 활동 영역에서도 규제가 필요한 부분이기 때문이다.

선거 비용에 대한 개념도 재정의할 필요가 있다. 선거 비용이란 통상적인 정당 활동 등을 제외한, 후보(예정)자를 위하여 선거일전 1년부터 소요되는 자금으로써 후보(예정)자의 자산, 차입금, 정당 지원금, 후원금, 기타 수입을 포함하도록 규정하면 될 것이다. 즉, 후보(예정)자를 위하여 지출하는 일체의 비용으로서, 정당, 선거 사무소장, 선거 연락소장, 후보자의 배우자, 후보자의 직계 존비속, 회계책임자가 지출한 비용과 이들과 통모하여 지출한 비용 모두를 포함하도록 한다. 후보(예정)자 본인과 그 가족의 생활비를 제외한 일체의 자금과 경비를 선거 비용으로 계상하도록 규정하면 될 것이다(현행 선거법상 선거 비용으로 보지 아니하는 비용 규정은 폐지하도록 함).

4. 선거 운동 방식 규제에서 비용 규제로의 전환 내용

'선거 비용의 수입 및 지출 내역'을 허위 보고하거나 누락하는 경우, 당선 무효형에 처하고 10년간 피선거권을 제한하는 강력한 규정을 두는 것을 검토할 필요가 있다(오봉진 2013). 선거 비용 수입 지출에 대한 정치인의 회계

제왕적 대통령제와 정당

보고 내역과 일반 국민이 체감하는 정도에는 현저한 차이가 발생하므로, 후보(예정)자의 선거 비용은 '선거일전 1년'부터 소요되는 일체의 비용(후보자·후보자가 되고자하는 자와 그 가족의 생활비는 제외한다)을 선거 비용으로 계상하여 보고하도록 제도화할 필요가 있다.

선거일전 1년부터 선거 비용의 수입 및 지출내역을 보고하도록 제도화하는 이유는 다음과 같다. 첫째, 대략 선거 운동의 준비가 선거일전 1년 전부터 시작되는 것으로 보이며 둘째, 현행 선거법에서도 대통령 선거 예비 후보자의 선거 운동 개시 시점이 선거일전 240일(약 8개월)이기 때문이다. 셋째, 임기 중보다는 선거일이 임박한 일정 시점(선거일전 1년전)부터 일체의 비용을 계상하도록 하여 회계 보고를 하도록 하는 것은 그 진실성을 담보할 수 있다고 보기 때문이다.

선거 비용은 그 지급일의 여하를 불문하고 기간 내에 행하여진 모든 비용을 포함하도록 제도화할 필요가 있다. 특히, 정당 또는 단체 등이 후보(예정)자에게 직접 지출한 비용과 후보(예정)자에게 제공되는 직·간접의 편익과 서비스, 후보(예정)자에게 이익을 주는 기부 물품 등의 평가액(현저하게 싸거나 비싸다고 이의제기가 있는 경우에는 공신력 있는 평가기관의 재평가액)도 포함하도록 할 필요가 있다.

선거 비용 수입과 지출 내역은 인터넷에 공개하고 '선거비용검증시민연대'와 같은 시민 단체 위주의 검증이 있어야 하며 언론사와 공동으로 취재·조사하여 차기 선거일전 1년부터 그 입후보 예정자의 검증 결과가 언론에 보고되도록 제도화할 필요가 있다. 또한 후보(예정)자는 선거 비용 제한액 범위 내에서 자유롭게 선거 운동을 할 수 있도록 하지만 개인, 기업, 기관, 단체(정치인 팬클럽을 포함한다)가 선거 운동을 하는 경우에는 주문자(자신)의 성명, 제작자(업체)의 명칭·주소·전화번호를 그 선거 운동 매체에 반드시 명시하도록 하되, '정책에 한하여'만 정치적 의사를 표현(선거 운동)할 수 있도록 제한할 필요가 있다. 특히, 개인, 기업, 기관, 단체가 정당이나 후보(예정)자를 위하여 선거 운동을 하려고 할 때에는 반드시 '정책의 지지 반대와 함께 그 정당이나 후보(예정)자를 병기'하도록 제도화할 필요가 있다.

물론 비용 중심의 규제를 하더라도 후보(예정)자에 대한 비방이나 허위 사실 유포, 언어 폭력은 엄격히 단속하고 제제하고, 향응, 접대, 기부 행위를 금지하고, 폭력, 선거의 자유 방해, 투개표소 질서 문란 행위를 금지하며, 공무원의 선거 관여나 비자발적 사조직의 선거 운동을 제한하는 계속해서 추구될 필요가 있다(오봉진 2013).

V. 소결

본 글은 민주화가 된지 35년이 되는 한국 민주주의의 외양에도 불구하고, 한국의 선거 운동 규제 방식은 숙의 민주주의단계가 지향하는 데 여전히 미달하고 있다는 현실 인식에 따라 숙의 민주주의 모델에 부합하는 규제 방식으로 비용 중심의 규제와 거버넌스적 규제의 필요성을 대안으로 모색하고 있다. 본 글은 기존의 선행 연구와의 차별성을 위해 이론적 논의와 함께 비용 중심의 규제와 관련된 세부적인 쟁점 사항을 다루는 등 보다 진전된 논의를 시도하고 있다는 점에서 소박한 의의가 있다.

결론적으로 우리 선거 운동에 대한 규제가 비용 중심의 규제 방식으로 정착되기 위해 필요한 검토 사항과 과제를 제언하고자 한다.

첫째, 비용 규제로의 전환 시 예상 문제점은 다음과 같다. 프랑스의 정치가이자 사회학자인 토크빌(1997)은 1831년 미국을 여행하고 쓴 『미국의 민주주의(Democracy in America)』에서 미국의 성숙한 법치주의 관행은 미국인들의 자발적인 마음의 습속(the habits of the heart)인 결사체를 지향하는 성향 (associations impulse)과 긴밀한 관계가 있다고 논파하고, 이것이 미국의 민주주의를 지탱하는 사회적 기반이라고 분석하였다. 미국 법치주의와 민주주의가 작동되는 핵심에는 독특한 정치 문화적 토대가 있기 때문이라고 지적하였다. 특히, 청교도인들의 검약한 생활 습속에 따른 자율적인 시민성과 관련이 있다고 지적하였다.

이러한 토크빌의 지적은 우리나라가 비용 규제 중심의 선거법 체제를 설계하여 제도화시키는 데에도 많은 영감과 시사점을 준다. 전환 시 예상되는 우려는 선거 운동 규제를 하지 않고, 비용 규제를 대신해도 될 만큼, 우리에게도 자발적인 마음의 습속(the habits of the heart)인 결사체를 지향하는 성향(associations impulse)과 같은 성숙한 시민 의식과 시민적 미덕 및 사회적 자본(social capital)을 기반으로 하는 자율적인 시민 덕성이 굳건하게 자리를 잡고 있는가 하는 점이다. 만약 그런 것이 존재하지 않는다면, 법과 현실의 괴리로 더 많은 부정 선거, 금권 선거, 불법과 타락이 발생할 수 있다.

둘째, 실효성 확보 방안은 다음과 같다. 선거 비용 제한액 범위 내의 합법적인 선거 운동의 경우에는 그 사용 내역이 전부 노출되기 때문에 문제가 없지만 불법 선거 자금을 조성하여 은밀히 금품을 살포하는 경우가 문제가 될 수 있다. 따라서 향응, 기부 행위, 금품 살포의 경우와 같이 은밀하고 파렴치한 불법 선거 운동 행위자에 대해서도 그 정도에 따라 당선 무효형과 10년간 피선거권을 제한하도록 관련 규정을 제도화하는 것을 검토할 필요가 있다. 금품 살포를 제외한 향응이나 기부 행위의 경우에는 그 정도에 따라 처벌할 필요가 있다(오봉진 2013).

사전 선거 운동 금지를 폐지하고, 선거 비용 제한액 범위 내에서 후보(예정)자가 선거 운동을 자유롭게 할 뿐만 아니라 개인, 기업, 기관, 단체(정치인 팬클럽 포함)도 정치적 의사 표현을 허용하는 것을 제대로 관리하고, 만일의 사태에 대비하기 위해서는 중앙 선관위의 조사권을 확대·강화하는 방안을 검토할 필요가 있다.

선관위의 조사권을 강화해야 하는 이유는 다음과 같다. 선거법 위반 범죄의 경우 현장에서의 증거 수집이 중요하고, 선거 범죄가 선거 결과에 지대하게 영향을 미쳤음에도 선거일 후에는 이를 입증할 수 없는 특성이 있으며, 사회 지도층인 후보(예정)자가 조사 받기를 거부하는 경우가 종종 있기 때문이다. 뿐만 아니라 선거 비용 제한액 범위 내에서 선거 운동이 이루어졌더라도 불법적인 선거 자금 사용으로 경제력 차이가 발생하고 이에 따른 불평등이 발생하지 아니하였는지 확인하여야 하기 때문이다.

정치인이 후원금을 직접 수수하지 못하도록 법문에 명시하는 방안을 검토할 필요가 있다. 돈의 특성상 여러 사람의 손을 거치게 되거나 자금 관리자 상호간 견제가 이루어 질 때 투명성이 높아지기 때문이다. 공천과 관련하여 혹은 이권 개입을 목적으로 정치 자금이 후원되는 사례가 발생되지 않도록 관련 규정의 위반시 처벌을 강화할 필요가 있다. 당선 무효형과 더불어 10년간 피선거권을 제한하는 규정을 검토할 필요가 있다. 그리고 불법 사례 방지를 위하여 내부 고발자에게는 포상금을 추가하는 포상금 제도도 시행될 필요가 있다.

또한 과도기적으로 비효율적인 선거 비용 지출을 일정 정도 억제할 필요가 있다. 돈 드는 비자발적 자원봉사자의 고용 금지, 청중 동원에 많은 돈이 들어가는 집회를 이용한 옥내 또는 옥외의 선거 운동의 금지 등 단속과 처벌을 강화해야 한다. 또한 공익적·중립적 시민 단체와 자율적 시민 참여를 활성화하고 이들의 선거 참여를 제도화하는 것을 검토할 필요가 있다. 아울러 이들이 거버넌스적 규제에 협력적으로 참여할 수 있는 정치 문화를 조성해

야 하며 시민적 덕성을 고양시키는 학교와 관련기관의 시민 교육을 활성화
할 필요가 있다.

참고문헌

김 욱. 2017. 「시민주권과 시민참여」. 『대전세종포럼』. 60. 6-22.

김영태. 2014. 「표현의 자유와 선거운동 확대방안」. 2014년 한국 정치학회 추계학술회의
(9.26).

김종서. 2012. 「인터넷 선거운동의 주요 쟁점 검토」. 『헌법학연구』. 18(2). 1-50.

김형철. 2014. 「예비후보자제도와 선거운동기회의 불평등성: 선거운동의 자유와 공정성
을 중심으로」. 『한국 정치연구』. 23(3). 55-82.

서복경. 2013. 「제한적 경쟁의 제도화: 1958년 선거법 체제」. 『선거연구』. 3(1). 109-138.

손병권. 2014. 「실질적 기회균등을 위한 제도개선 방안」. 2014년 한국 정치학회 추계학술
회의(9.26).

송석윤. 2005. 「선거운동 규제입법의 연원: 1925년 일본 보통선거법의 성립과 한국 분단
체제에의 유입」. 서울대학교 『法學』. 46(4). 28-53.

알렉시스 드 토크빌. 임효선, 박지동 옮김. 1997. 『미국의 민주주의』 I · II. 한길사.

오봉진. 2013. 「선거운동의 규제 개선에 관한 연구-방법규제에서 비용규제로」. 건국대학
교 행정대학원 정책공공학과 석사논문.

유현종. 2011. 「선거운동 규제의 제도적 변화와 지속성: 국회의원 선거운동 관련 제도를
중심으로」. 한국 정치학회 『한국 정치학회보』. 45(1). 87-111.

이동수. 2005. 「대의민주주의를 넘어서」. 『오토피아』. 20. 283-301.

이동수. 2005. 「대의제 민주주의의 위기: 마넹의 논의를 중심으로」. 『시민사회와 NGO』.
3(1). 5-28.

임성호. 2014. 「미국 코커스제도의 이상과 현실적 한계: 한국적 함의」. 『국가전략』. 20(3).
163-188.

임성호, 채진원. 2012. 「2012년 양대선거 정책선거 추진방안 연구」. 중앙선관위 연구용역.

중앙선관위. 2001. 『각국의 선거제도』.

채진원. 2010. 「'대화형 정치 모델'의 이론적 탐색: 아렌트의 '공공화법'과 바흐친의 '다성
악적 대화법'」. 『사회과학연구』. 18(2). 308-346.

채진원. 2011. 「지구화시대 한국 정당의 거버넌스 모델과 전략」. 임성호, 채진원, 윤종빈, 김용철, 신두철, 장우영, 송경재, 윤성이, 민희, 이현우. 『지구화시대의 정당 정치』. 한다D&P.

채진원. 2014. 「북한 참주정의 변혁·보존·개선에 관한 '엄밀한 인식'과 한국정체의 대응」. 『동향과 전망』. 91. 94–135.

채진원. 2016. 『무엇이 우리정치를 위협하는가—양극화에 맞서는 21세기 중도 정치』. 인물과 사상사.

채진원. 2016a. 「시민정치의 흐름과 네트워크정당모델의 과제」. 『민주주의와 인권』. 16. 5–50.

Bonchek, M. S. 1997. *From Broadcast to Netcast: The Internet and the Flow of Political Information*. Ph. D. Dissertation, Havard University. 원성묵 옮김, 『브로드캐스트에서 넷캐스트로 : 인터넷과 정치정보의 흐름』. 커뮤니케이션북스.

Dahl, R. 1956. *A Preface to Democratic Theory*. University of Chicago Press.

Dahl, R. 1971. *Polyarchy*. Yale University Press.

Entman, R. M. 1989. *Democracy without citizens: Media and the decay of American Politics*. Oxford University Press.

LaPalombara, J., & Weiner, M. *Political Party and Political Development*, Princeton University Press. 윤용희 옮김. 1989. 『정당과 정치발전』. 법문사.

Manin, B. 1997. *The Principles of Representative Government*. Cambridge University Press. 버나드 마넹 저. 곽준혁 옮김. 2004. 『선거는 민주적인가: 현대 대의민주주의의 원칙에 대한 비판적 고찰』. 후마니타스.

McChesney, R. W. 1997, *Corporate Media and the Threat to Democracy*. Seven Stories Press.

Rosenthal, A. 1998. *The Decline of Representative Democracy*. SAGE Publications Ltd.

Schumpeter, J. 1976. *Capitalism, Socialism and Democracy*. 5th ed. George Allen & Unwin.

결론

성찰 그리고 새로운 과제

지금까지 이 책은 2002년을 기준으로 제왕적 대통령제를 극복하기 위해 한국 정치가 경험하고 논쟁했던 지난 20년간 정당 개혁과 선거법 개혁의 흐름을 정당 모델·공천·선거법 개정의 관점으로 바라보고 정리하였다. 결론적으로 성찰을 위한 새로운 개혁 과제를 다음과 같이 제안하면서 마무리하고자 한다.

1. 민주주의를 살리는 정당 모델·공천·선거법 개정

〈의원 자율성 제고와 원내 정당화 및 오픈 프라이머리〉

미국의 정치학자 새뮤얼스와 슈가트가 정립한 "대통령제화된 정당"(pres-identialized parties) 개념은 대통령제라는 정부 형태가 정당의 이념적·조직적 정체성 및 당 기율과 연관되어 있다는 것 그리고 분점 정부와 같은 여소야대 위기 상황을 피하기 위해 대통령과 집권당의 충돌을 피하기 위한 합목적적인 규범을 내재화한다는 점에서 대통령제 정부 형태에 친화적인 정당 모델과 공천 제도 및 선거 제도까지 선택하는 경향성이 있다는 것을 이론적 함의로 시사한다. 이런 이론적 시사는 대통령제 정부 형태로 유지되고 있는 한국에서 제왕적 대통령제를 극복할 수 있는 바람직한 대안은 무엇인가 대해 정당 모델, 공천 방식, 선거 제도 차원에서 실마리를 제공해 주고 있다.

제왕적 대통령제하에서 대통령과 집권당의 관계는 '권력의 분리'와 '목적의 분리'에 따라 '수직적 관계'에 따른 갈등과 반발이 수반될 가능성이 크다. 선거 운동의 시작부터 갈등적이다. 정당 내 당파적 인사가 아닌 대중적 인지도와 호소력이 높은 당 외부 인사 중심으로 선거 캠프를 구성하고 선거 운동을 하여 정당의 이념적 정체성보다는 대중적 인지도에 신경을 쓴다. 또한 집권할 시 당내 인사보다는 당 밖 인사를 쓰려는 경향이 강하다. 그리고 집권 초반에는 대통령의 높은 지지율에 기반하여 집권당을 우회하려고 하거나 임기 말 레임덕을 고려하여 미리 집권당에 대한 지배적인 영향력을 확보하려고 하는 경향이 있다. 이에 따라 대통령은 집권당의 반발과 갈등에 처할 가능성이 크다.

집권당은 당정 분리 원칙의 견지와 정책 역량의 강화 등을 통해서 제왕적 대통령으로부터 자율성을 확보할 필요가 있다. 미국 정당들은 경험적으로 이념적·조직적 정체성이 약한 원내 정당 모델과 상대적으로 약한 정당 규율에 따른 의원 자율성을 통해 대통령과 집권당의 갈등을 해소해 왔다. 미국은 국회 의원과 대통령을 구분하는 '이원적 정통성'에 따른 체제 경직성을 해결할 수 있는 제도로서, 분점 정부의 출현을 줄여줄 수 있는 '중도 수렴의 양당제'와 일반 유권자들을 정당에 참여시킬 수 있는 '오픈 프라이머리'를 정착시켰다. 상대적으로 약한 정당 규율은 '의원 의 자율성'을 보장함으로써 '의회 내 여야 간의 교차투표(cross-voting)'의 가능성을 높임으로써 의회 내 입법 교착과 파행을 줄일 수 있었다.

　제왕적 대통령이 집권당을 통제할 수 있는 영향력을 제도적으로 줄인다면 집권당의 기율과 정체성 역시 이에 부응해 그것의 경직성을 완화시킬 수 있다. 이를 위해서는 다음과 같은 처방이 필요하다. 첫째, 제왕적 대통령과 집권당을 연결시키는 핵심고리인 대통령의 국회 의원 공천권을 분리시키는 상향식 공천 제도가 필요하다. 굳이 대통령이 직접적으로 관여하지 않는다고 하더라도 대통령의 정치적 의중을 헤아리는 집권당의 지도부가 하향식 공천을 고수한다면, 집권당의 기율은 완화되기 힘들다. 이것을 견제하기 위해서는 반드시 상향식 공천 제도를 제도화해야 할 것이다.

　둘째, 미국식 예비 선거 제도처럼, 일반 국민이 참여하는 오픈 프라이머리를 대폭 확대해야 한다. 상향식 공천 제도가 핵심 당원만 참여하는 것으로 제한된다면 팬덤 정치에 따른 이념적·정파적 편향성으로 인해 제도 개선 효과를 발휘하기 힘들다. 이념 성향이 강한 핵심 당원이 주축이 되는 대중 정당 모델은 정당 조직의 이념적 조직적 정체성과 정당 기율을 강화해서 대통령과 충돌할 가능성이 크기에 바람직하지 않다. 핵심 당원들의 당파적 성향과 대통령의 집권당 통제를 동시에 완화할 수 있는 방법은 '포괄 정당'이나 '네트워크 정당 모델'에 기초한 오픈 프라이머리를 확대해야 한다.

　셋째, 상향식 공천 제도인 오픈 프라이머리의 확대를 위해서는 일개 정당의 자율성에 맡기기보다 규칙의 안정성을 위해 원내 정당 간에 합의를 통해 법제화할 필요가 있다. 공천 제도와 관련된 정당법 개선을 국회 의원에게만 맡길 경우 효과를 발휘하기 힘들다. 이에 언론과 시민 사회의 지속적인 관여와 개입으로 오픈 프라이머리를 국회에서 법제화해야 할 것이다.

〈한국식 병립형 비례 대표제〉

2022년 제8회 지방 선거 그리고 2024년 제22대 총선을 앞두고 그동안 문제로 대두된 연동형 비례제 선거법의 개정 문제가 제기될 수밖에 없다. 선거법 개정없이 선거를 치르게 된다면 지난 21대 총선을 앞두고 출현한 '위성 정당'은 반복적으로 등장할 수밖에 없다.

지난 21대 총선에서 유권자들은 위성 정당을 심판하지 않고, 위성 정당인 미래한국당과 더불어시민당에게 표를 몰아주었다. 오히려 유권자들은 내각제에 친화적인 다당제를 열어달라며 연동형 비례제를 추구했던 정의당, 국민의당, 민생당을 심판하고, 대통령제와 친화적인 '양당 체제'를 구축했다.

지난 21대 총선에서 다당제의 다양성보다는 양당제의 안정성을 선택한 유권자들의 민심에 따라 군소 정당들은 몰락하는 역습을 맞았다. 이런 민심 결과는 당초 준연동형 비례선거법이 추구했던 기대와는 다르다는 점에서 제도 도입에 대한 근본적인 성찰이 필요하다. 왜 민심은 위성 정당을 심판하지 않고, 그것을 지지했을까? 어떻게 이런 역습이 가능했을까?

당시 선거에서 유권자들은 대통령 정부 형태에 부합하지 않는 다당제 추구세력과 중도 수렴의 양당제를 추구하지 않는 좌우 극단 세력을 심판함으로써 '듀베르제의 법칙'과 '다운스의 중도화 법칙'이 한국 현실에서도 관철되고 있음을 보여 주었다. 이런 결과는 한국 정당의 문제는 '양당제'가 아니라 '극단적 양당제'가 문제라는 것을 거듭해서 웅변해 주고 있다. 따라서 선거법 개정의 방향은 내각제 정부와 다당제에 친화적인 독일식 연동형 비례제가 아니라 대통령제 정부와 양당제에 친화적인 한국식 병립형 비례제가 적절하다는 것을 공론화해야 할 것이다.

그동안 한국의 선거법은 분단 속에서 대통령제에 부합하도록 안정성을 강조하는 다수 대표제를 비례 대표로 약간 보완하는 병립형을 채택하고 있었다. 다양성과 국정 안정의 균형을 위해 연동형인 독일식 비례 대표제보다 병립형인 한국식 비례 대표제를 지역구 대 비례 대표 비율을 2대 1(200대 100)로 늘리고 점차 1대 1(150대 150)까지 확대할 필요가 있다.

2. 산업화·민주화 60년의 인간적 상처의 배경

심상정 후보가 정의당의 대선 후보로 선출되어 20대 대선에 출마하였다. 심상정 후보는 위기에 빠진 진보 정당의 미래를 위해 19대 대선 출마 때 던진 화두를 다시 복기하여 성찰할 필요가 있다. 지난 2017년 2월 17일 19대 대선 후보로 선출된 심상정 상임대표는 후보수락연설에서 "산업화 30년에도 국가와 기업이 약속했던 풍요로운 미래는 오지 않았고, 민주화 30년에도 노동자·농민·중소 자영업자 등 가난한 사람을 위한 민주주의는 작동하지 않았다"라고 꼬집었다. 특히 "모두 함께 잘 사는 노동 복지 국가를 만들겠다"며, 노동을 정부의 제1과제로 삼는 첫 대통령이 되겠다고 선언했다.

심상정 후보의 비전은 한마디로 '노동이 있는 민주주의'로 요약된다. 아마도 이것은 최장집 교수의 저서인 〈노동없는 민주주의의 인간적 상처들〉에서 지적된 내용의 반성적 대안인 듯하다. 심상정 후보의 인식 변화를 기대하며, '노동이 있는 민주주의'의 성공 조건에 대해 몇 마디 토론해 보고자 한다.

토론의 핵심은 한국의 정당 체계와 정당 모델이, 민주화 이후 35년이 지난 지금 어쩌다가 좌우 기득권을 과대 대표하는 "과두제 민주주의"로 전락했는가에 대한 원인 진단과 대안 모색이다.

〈좌우 기득권을 대표하는 정당의 대표체계의 원인〉
첫째, 우리 정당 체계의 문제점에 대한 인식 공유이다. 2015년 IMF가 발표한 '성장 과실의 분배: 아시아의 불평등 분석'보고서는 아시아에서 소득 불평등이 가장 심각한 나라 1위로 한국을 꼽았다. 상위 소득 10%가 전체 소득의 45%를 소유하고, 나머지 90%의 국민이 55%를 나누고 있음을 꼬집었다. 특히, 1997년 외환 위기를 전후로 상위 소득 1%와 차상위 상위 소득 10%는 소득이 각각 3% 포인트, 19% 포인트로 증가했으나 하위 소득 10%는 거꾸로 3% 포인트가 감소했다는 것을 지적했다.

중요한 점은 하위 10%의 소득이 3% 포인트가 감소하면서도 상위 10%의 소득 증가폭이 상위 소득 1%보다 더 커진 것을 이해하는 것이다. 이것은 경제 성장의 과실이 상위 1%뿐만 아니라 상위 10%에게도 돌아갔음을 의미하는 것으로, 경제 성장의 과실이 상위 10%에 쏠리면서 하위 90%의 소득 분배가 상대적으로 악화되었음을 보여 준다.

IMF보고서는, 한국이 아시아에서 소득 불평등이 최악인 원인으로 정규직 대비 비정규직과 여성 노동자의 심각한 임금 차별을 지적했다. 이것은 IMF 이후 특혜와 수혜를 받은 상층 자본과 상층 노동 대비 90%의 하층 노동 간 소득 분배가 균형있게 되지 않았음을 의미한다.

그 불균형적 분배의 심각함은 2014년 한국노동연구원이 밝힌 광주 기아 자동차 정규직과 비정규직간 임금 격차를 보면 금방 알 수 있다. 기아차는 고용 형태에 따라 '여섯 개의 계급'이 있음을 보여 준다. 본청 정규직의 임금은 9700만 원, 본청 사내 하청은 5000만 원, 1차 협력사는 4700만 원, 1차 협력사 사내 하청은 3000만 원, 2차 협력사는 2800만 원, 2차 협력사 사내 하청은 2200만 원으로 그 상하 격차는 무려 5배가 난다. 이런 차이는 우리나라가 민주공화국과 거리가 있음을 보여 준다.

그렇다면 이러한 불균형한 임금 격차는 왜 발생했으며, 이것이 의미하는 바는 무엇일까? 여러 해석이 있겠지만, 그것의 핵심은 세계적으로 눈부시게

제왕적 대통령제와 정당

달성한 '산업화'와 '민주화'의 그늘로 만들어 낸 양극화의 상처(인간적 상처)라 할 수 있다. 그 상처 뒤에는 당연 산업화와 민주화의 성과를 분배하지 않고 독점하는 좌우 기득권과 이들을 과대 대표하는 정치권의 지대 추구적인 정당 체계가 있다.

'산업화'의 성과가 상위 소득 1%에 집중되어 대기업과 중소기업의 양극화를 고착화시켰으며, '민주화'의 성과는 민주화를 주도했던 차상위 소득 10%에 집중되어 대기업 노동자와 중소 하청·비정규직 노동자 간의 양극화를 고착시켰음을 보여 준다. 한국 민주주의의 실상은 한마디로, 상위 소득 1% 산업화 세력과 차상위 소득 10%의 상층 노동이 좌우 기득권을 지키기 위해 하층 노동을 지배·약탈하면서 인간적 상처를 남기는 '과두제 민주주의'로의 전락이다.

산업화와 민주화 60년의 결과물인 우리 정당의 대표 체계는 조직화된 상층 자본(전경련, 재벌)과 상층 노동(한국노총, 민주노총)을 과대 대표하면서도, 나머지 빈곤층으로 전락한 90%의 비조직화된 중소 하청·비정규직을 과소 대표하는 '과두제 정당 체계'라 할 수 있다. 상층 자본과 상층 노동은 국민의 힘(새누리, 자유한국), 국민의당, 민주당, 정의당으로 어느 정도 대표되고 있으나, 하층 노동의 대표성은 거의 없다. 특히, 하층 노동과 상층 노동을 균형 있게 통합할 수 없는 '하층 노동의 민주주의가 없는, 상층 노동만의 과두제 민주주의'라는 점이다.

'하층 노동의 민주주의'가 없다는 것은 그동안 진보 정당과 진보 정치가 추구해 온 민주주의와 그 결실이 그 의도와는 무관하게 상위 소득 10%에 속한 계층들에게 돌아가게 하거나 주로 민주화를 주도했던 세력들을 과대 대표했음을 의미한다. 즉, 진보 정치가 대기업 정규직, 공기업 정규직, 전교조, 공무원 등 민주노총을 중심으로 하는 조직된 상층 노동에 의존하면서 그들의

결론 성찰 그리고 새로운 과제

345

표를 과대 대표하면서도 반대로 중소 하청, 비정규직 등 조직되지 않은 하층 노동의 표와 목소리를 과소 대표했음을 의미한다.

이러한 우리 정당의 좌우 기득권적 대표 체계는 우습게도 하층 노동의 대표성없음을 숨기기 위해 민생과 상관없는 이슈에 이른바 진보와 보수로 과잉 포장된 진영 논리와 이념을 동원하여 서로 대립·갈등하거나 '국민 편가르기'로 국가 분열을 초래하면서도 정치적 양극화와 경제적 양극화를 해결하는 데 무능함을 보인 것을 정당화한다.

⟨상하층 노동을 통합하지 못하는 대중 정당 모델⟩

둘째, 그렇다면 진보 정치가 하층 노동을 과소 대표해 온 원인은 무엇일까? 그것은 아마도 '노동이 있는 민주주의' 주장만 있고, 그 대안이 되는 '노동이 있는 경제 민주주의'가 분명하게 정립되지 않는 상태에서 상층 노동과 하층 노동의 이해를 균형있게 통합할 수 없는 '대중 정당 모델(mass party model)'을 추구한 데서 찾아야 할 것이다.

"노동이 있는 경제 민주주의"의 핵심은 로버트 달 교수가 자신의 마지막 책인 ⟨경제 민주주의⟩에서 밝힌 대로, 비정규직의 임금 격차를 줄이기 위해 대기업 노조의 임금 상승 자제를 전제로 한 임금 상승분에 대한 주식 제공, 기업 초과 이윤의 종업원 공동주식 적립, 노사정 대타협에 기초한 동일 노동 동일 임금 연대 임금 제도, 노동자 소유 경영 참가 운동 등 민주적 참여기업 (기업 민주주의) 실현에 올인하는가 하는 여부에 달려있다.

아마도 정의당이 무의식적으로 상층 노동을 과대 대표해 온 이유는 대중 정당 모델을 주창해 온 최장집 교수에 대한 지적 의존과 민주노총을 기반으로 했던 민주노동당의 신화에서 벗어나려 하지 않았기 때문으로 보인다. 최장집 교수는 2016년 정의당의 초청 워크샵에서 정의당이 '작은 포괄 정당'

(catchall party 국민 정당)으로 변해서, 특정 계급의 이익과 이념을 대변하는 대중 정당(mass party 계급적 이념 정당)에서 멀어져 다른 기성 정당과 차별성 없다고 비판하며 그 대안으로 대중 정당으로 돌아갈 것을 주문했다.

최장집 교수의 이런 견해는 가장 전투적으로 대중 정당 모델을 추구했다고 자부해 온 정의당 지도부와 활동가들에겐 당혹스런 일이었다. 과연 최 교수의 이런 진단은 옳은 것인가? 아니면 정의당이 옳은 것인가? 둘 중에 한쪽이 틀렸을 수도 있지만 서로의 반증 사례로 볼 때, 최 교수와 정의당 모두 틀렸을 가능성도 적지 않다.

최장집 교수가 옳다는 가정하에 정의당이 대중 정당을 더 순수하게 전투적으로 실현하지 못하고 이탈했기 때문이라는 진단에 따라, 더 전투적인 대중 정당이 되도록 노력하는 게 대안일 수도 있다. 하지만 정의당이 대중 정당에서 이탈할 수밖에 없었던 이유를 합법칙적인 현상으로 합리화하는 시각에서 보면 그 반대의 생각도 가능하다. 더 이상 대중 정당 모델이 집권을 요구하는 현실에서 그 작동이 불가능하다는 것을 보여 주는 반증 사례로 볼 수 있다.

가장 전투적으로 대중 정당을 추구해 온 정의당마저 '포괄 정당화'가 되었다는 이야기는 수권을 포기하고 운동권 정당으로 남는 방안을 배제할 때, 수권을 위해 지지층을 넓히고 원내 의원들의 역할이 커질 수밖에 없는 사정은 너무나 자연스럽다고 보여진다. 만약 정의당이 시대적실성이 떨어진 대중 정당 모델을 추구하여 포괄 정당으로 변화했고, 과거의 대중 정당 모델로 시대 역행적으로 돌아갈 수 없다면, 최장집 교수와 정의당이 설정했던 대중 정당 모델은 더 이상 이론적으로도 경험적으로 적실성이 약하다고 말할 수밖에 없다.

〈노동 있는 경제 민주주의의 대안은〉

그렇다면 대안은 무엇일까? 심상정 후보가 말하는 '노동이 있는 민주주의'가 종전대로 상층 노동을 과대 대표하여 임금 격차를 심화시키는 결과를 답습하지 않도록 주의하는 게 필요하다. 따라서 그 용어 사용도 로버트 달 교수가 초기에 주장했던 '다원적 민주주의'차원에서 말한 "노동이 있는 민주주의"보다는 다원 민주주의의 한계를 보완하기 위해 말기에 사용했던 "노동이 있는 경제 민주주의"로 구별하여 사용할 필요가 있다.

전자와 후자의 차이는 전자가 주로 노동 조합의 결성과 정당을 통한 이익 표출을 강조했다면, 후자는 노동자의 기업 소유와 경영 참여를 통한 '기업 민주주의'(민주적 참여기업)를 목표로 했다는 점이다. 그렇다면 "노동 있는 경제 민주주의"가 성공하기 위해서는 무엇을 고민해야 할까?

그 첫 출발점은 광주 기아자동차 노동자들의 임금 격차를 해소하고 재벌 개혁과 노동 개혁을 동시에 수행하기 위한 '상층 노동의 임금 자제와 자제분의 주식 제공', '양보 교섭과 노사정 대타협을 통한 연대임금제 실현', '종업원 지주제의 민주적 확대', '국민연금의 주주권 강화'를 전면에 내세울 필요가 있다.

당연히 대안적 정당 모델은 상층 노동과 하층 노동을 통합하여 대변하는 데 필요한 대중 정당 모델보다 공화주의를 실현할 수 있는 '국민 정당'이나 '네트워크 정당 모델'로 전환할 필요가 있다. 특히, 2015년 한국노동연구원이 밝힌 대로, 상위 소득 10%의 임금 인상을 자제시킬 경우, 최대 11만 3000명을 새롭게 채용할 수 있고, 주당 근로 시간을 52시간으로 단축할 경우 고용 효과가 최대 19만3000명에 이른다는 것을 국가적 이슈로 전면화할 필요가 있다.

제왕적 대통령제와 정당

〈숙의가 사라진 정당의 연약한 소통적 기반〉

한국 정치는 '대통령제화된 정당'(Presidentialized Parties)에 따른 제왕적 대통령제의 출현에 따라 지지층 결집을 위한 팬덤 정치의 늪에 빠져 허우적거리고 있다. 팬덤 정치는 정치적 양극화와 포퓰리즘을 촉진한다. 같은 지지자 내부 간에 그리고 같은 계파와 파벌들끼리만 더 친해지고 더 소통하고 연결할수록, 정당과 국회 그리고 사회와 국가는 더 분열하고 더 불통하는 역설이 발생한다. 지지자, 계파, 파벌들의 동종애적인 내부 소통과 연결은 강해지고, 이종애적인 외부 소통과 연결은 약해져서 전체적인 소통과 연결 및 통합의 확장은 더 이상 불가능한 딜레마이다.

페이스북 등의 SNS를 잘 사용하면 숙의 민주주의가 일어날 수 있다는 이상적이고 낙관적인 가정은 무너지고 숙의를 망치는 '집단 사고'와 '집단 극단화'가 일어난다. '집단 사고'는 의사 결정에서 최고 의사 결정자의 뜻을 거스르는 반대 의견을 말하기가 어려워지는 현상을 말한다. 즉, '집단 사고'란 의사 결정 과정에서 만장 일치라는 동조의 압력으로 인해 충분한 논의가 이루어지지 못한 상태에서 합의에 도달하는 비합리적인 의사 결정 양식이다.

'집단 극단화'란 다른 말로 '집단 편향성 동화'로도 번역되며, 성향이 비슷한 동질적인 사람끼리 모여서 토론을 하거나 의사 결정을 하게 되면, 토론 후에는 더욱 극단적으로 보수적이거나 극단적으로 위험한 방향으로 쏠리는 현상을 말한다.

'집단 사고'와 '집단 극단화'는 유유상종으로, 생각과 성향이 비슷한 사람들이 모여 좋아요를 누르고 댓글을 달면서 흥분하여 더욱 극단화되는 것을 말한다. 이것들은 일명 루저라고 알려졌던 온라인 일베가 어떻게 여성 혐오의 아이콘 집단으로 변화했는지를 잘 보여 준다. 그리고 메갈에서 분가한 워마드가 어떻게 남성 혐오의 아이콘 집단이 되었는지를 잘 보여 준다.

동종애가 강할수록 새로운 정보와 아이디어를 접할 가능성은 사라지고 부패와 무능을 감추게 되어 있다. 보다 큰 소통과 통합 및 연결을 위해서는 보다 밀도가 약한 소통과 연결이 필요하다. 여기서 밀도가 약한 소통과 연결은 '집단'이 아닌, 개인적, 개별적 관계를 말한다. 동종애적인 소통과 이종애적인 소통이 서로 잘 균형을 맞추지 않으면, 군중 속 고독, 자율적 개인이 없는 전체주의와 같은 문제점을 맞볼 수밖에 없다.

사회가 양극단으로 치달으면 중간 지대의 설 자리가 없어진다. 무엇보다 '집단 사고'와 '집단 극단화'현상이 나타나면 상대가 무슨 말을 해도 들으려 하지 않고, 무조건 자기 관점에서 상대를 비난한다. 집단 사고와 집단 극단화는 상대의 극단주의를 핑계로 자신의 극단주의를 정당화하며 상대를 적으로 규정하며 증오·혐오하게 된다. 온라인 공간에서 유유상종하는 사람들끼리 여성 혐오, 남성 혐오, 계파 간 혐오, 정치 혐오가 발생하는 배경이다. 집단 사고와 집단 극단화는 다양한 사람들 간의 경쟁과 협력을 통해 열리는 공론장과 숙의 민주주의를 부정하게 된다.

3. 21세기 공화주의와 새로운 과제

〈구좌파와 신좌파 그리고 공화주의〉

20세기 정당의 정치적 균열선은 '물질주의'였다. 자본 계급을 대변하는 물질적 보수와 노동 계급을 대변하는 물질적 진보가 경쟁했었다. 하지만 21세기 정당의 정치적 균열선은 '물질주의적인 균열선'에서 '탈물질주의적 가치와 이슈'의 균열선으로 이동했다.

물질주의적 좌파와 우파는 경제적 성장과 분배를 놓고 어느 정도 타협할 수 있었다. 하지만 21세기 시대 상황에 따른 탈물질주의 흐름은 물질적인 가치보다 자기 실현과 자기 표현과 관련된 문화적 가치 즉, 탈권위, 탈집단, 여성, 환경, 인권, 자아, 생태, 평화, 소통 등을 놓고 갈등했기에 20세기 물질주의적 좌우파와 타협하기가 힘들다.

대표적인 탈물질주의 정당의 예는 68혁명의 가치로 탄생한 녹색당이다. 녹색당의 등장은 기존의 물질주의적 가치로 무장하는 노동자 계급 정당 등에 도전하는 '반정당으로서의 정당'으로 탈물질주의적 가치를 대변하는 신정치와 신좌파 정당이었다. 녹색당은 탈권위와 탈독점의 상징으로 '비례 대표직 순환제'를 시도했다.

21세기는 경제와 권위 및 집단과 계몽을 앞세우는 '보수적인 물질주의(좌우)'와 문화와 탈권위 및 개인과 수평적 소통을 앞세우는 '진보적인 탈물질주의' 사이에 균열선을 피할 수 없다. 탈물질주의적 가치를 추구하는 경향을 다르게, '좌파적 자유주의'(left libertarian), 신사회 운동, 신좌파, 신정치(new politics)로 부르기도 한다. 한국에서 신좌파 흐름의 효시는 초기 노사모, 초기 광우병 촛불 시민이었던 것 같다. 노무현 대통령은 당시 민노당 구좌파로부터 "좌쪽 깜빡이 키고 우쪽으로 간다"는 비판을 받았다.

그리고 노대통령은 한미 FTA를 하면서 자신의 복합적 정체성을 "좌파 신자유주의"라는 신조어로 쓰기도 했는데, 지금 생각해 보면 이런 노무현 대통령의 가치와 태도는 탈물질주의적 가치에 기반한 신좌파나 '좌파적 자유주의'의 효시로 보인다.

60-80년대 반독재 민주화 운동을 주도했던 세대들은 특히, 586운동권 세대들은 이념적으로 자유와 평등을 강조하는 민주주의와 사회주의라는 가치에도 불구하고, 독재와 싸우면서 의도하지 않게 독재적 습성을 몸에 익히는 딜레마를 가지게 되었다.

그래서 민주화 세대의 문화는 이념, 계몽, 집단, 조직, 권위에 중심을 둔 '생활 습속'과 문화 구조를 가지고 있다는 점에서 자발적 시민 참여와 수평적 소통보다는 동원과 명령 문화에 익숙하다. 이런 점에서 586운동권 세대들은 탈물질주의적 문화가 부족하다는 점에서 구좌파와 구정치(old politics)에 가깝다. 마찬가지로 팬클럽 문화, 팬덤 문화, 일명 빠문화는 탈물질주의로 출발했지만 특정 정치인에 대한 우상 선동에 대한 동조와 쏠림으로 개인 숭배와 집단주의로 흐르는 구좌파적인 측면도 있다.

지구화, 후기 산업화, 정보화, 탈냉전화 등으로 불리는 21세기 전환 시대 사회와 사회 이익은 물질주의 가치와 탈물질주의 가치로 파편화, 원자화될수록 정치도 이런 파편적 이익과 포퓰리즘에 의존하는 진영 논리와 정치적 양극화로 극단화하는 경향을 피할 수 없다. 그 결과 정당과 정치는 사익 추구 집단과 선동 정치에 오염되어 국민의 불신을 자초한다.

하지만 정당과 정치의 기능은 파편화를 추구하는 사회 조직과 이익 집단과 달리 국가의 통합을 추구하는 사명을 갖기에, 자율적이고 개방적인 개인의 덕성을 기초로, 중산층과 중도층을 중심으로 국가의 공공선을 추구하는 '공화주의 정치 문화 운동'을 포기해서는 안될 것이다.

〈네트워크 정당 모델로 전환 과제〉

결론적으로 한국의 정당들이 21세기 전환기적 시대 상황에 부응하는 네트워크 정당으로 변신하기 위해서는 무엇을 해야 할까? 어떤 현실적 과제가 필요할까? 첫째, 이론적인 차원에서 대안 정당 모델에 대한 논의를 더욱 활성화하여, 활동가와 진성 당원 중심의 대중 정당 모델이 한계에 봉착했으며, 이를 보완하기 위한 대안 모델로 네트워크 정당의 당위성을 더욱 설득할 필요가 있다.

둘째, 네트워크 정당의 주요한 공천 방식으로 직접적인 시민 참여와 부합

제왕적 대통령제와 정당

성이 큰 오픈 프라이머리를 주요 정당이 동시에 도입하도록 법제화할 필요가 있다. 셋째, 정당들이 기술적인 차원에서 ON과 OFF라인을 결합시키기 위해 다양한 시민 참여형 플랫폼 모델을 개발하고, 모바일 접근성을 강화할 필요가 있다.

첫째, 둘째에 대한 논의는 앞서 어느 정도 진행된 만큼, 셋째의 플랫폼 모델과 관련한 과제를 더욱 강조할 필요가 있다. 무브온의 플랫폼과 네트워크 정당으로 변화를 시도하고 있는 해외 정당들이 공통적으로 사용하고 있는 시민 참여형 플랫폼을 고려하여 다음과 같은 것에 집중할 필요가 있다. ① '캠페인(민원) 플랫폼', ② '정책 플랫폼', ③ '컨텐츠 플랫폼', ④ '커뮤니티 플랫폼'이다.

① '캠페인(민원) 플랫폼'은 시민들이 직접 민주주의 요구를 정당이 적극적으로 수렴하고 촉진하기 위한 플랫폼이다. 청원, 행동 제안, 싱글 이슈 등 캠페인을 진행하고 촉진하는 플랫폼이다. 서명→메일 보내기→전화 걸기→소셜 펀딩하기→시위 구성 등 실천하기→정책과 법률로 입안하기 등 여러 층위로 참여할 수 있도록 프로그램화할 필요가 있다. 이 플랫폼은 2008년 광우병 쇠고기 촛불시위 때 활성화되었던 다음(Daum) 아고라의 확대판이라 할 수 있다. 이 플랫폼이 구축되면 자연스럽게 매 캠페인마다의 데이터가 누적되어 시민 참여 운동의 지속성, 확장성을 확보하게 된다.

② '정책 플랫폼'은 국민들이 생활 속에서 필요로 하는 정책을 등록하고, 이에 대한 참여와 의견을 기반으로 입법화 혹은 캠페인화하는 일련의 과정을 시스템적으로 보장하는 플랫폼이다. 주요한 과정은 제안→토론→합의→입안의 프로세스를 가진 입법·예산 플랫폼, 감사·제보 등의 사회적 이슈를 관리하는 플랫폼, 정책을 사고팔기 위한 정책 마켓 플랫폼 등으로 구성될 수 있다.

③ '컨텐츠 플랫폼'은 시민들이 참여를 '당위'가 아니라 '놀이'로 참여하도록 촉진하는 플랫폼이다. 다양한 파워블로거를 모으고, 시민/지식인/예술가의 창작물을 생산·공유·확산하도록 돕는 플랫폼이다. ④ '커뮤니티 플랫폼'은 네트워크 플랫폼에 참여하는 구성원들의 지역, 직능, 관심사 등의 공통분모를 기반으로, 다양한 의견을 소통할 수 있도록 돕는 플랫폼이다. 입법, 예산, 감사, 제보, 캠페인 등 정책 플랫폼과 연계된 커뮤니티, 이슈, 관심사 등 구성원들의 참여로 생성되는 커뮤니티, 지역, 직능 등 구성원들의 삶을 기반으로 생성되는 커뮤니티 등이 있을 수 있다.

〈'전국 정당'과 구분되는 '로컬 정당' 허용〉

한국의 정당법은 "정당은 수도에 소재하는 중앙당과 특별시·광역시·도에 각각 소재하는 시·도당으로 구성한다"고 규정하고 있다(정당법 제3조). 또한 정당으로 중앙 선거 관리 위원회에 등록하기 위해서는 5개 이상의 시·도당을 가져야 하며(정당법 제17조), 각각의 시·도당은 당해 시·도당의 관할 구역 안에 주소를 두고 있는 1천인 이상의 당원을 가져야 한다(정당법 제18조). 정당법에 따라서 한국에서는 전국적인 정당만을 인정하고 있고, 로컬 정당(지역 정당)을 허용하고 있지 않다.

2006년 3월 30일 헌법재판소는 2004헌마246 전원 배판부 결정을 통해 정당법 제25조 정당 설립에서 5개 이상의 시·도당을 가져야 한다는 조항은 지역 정당을 배제하려는 취지로서 합헌이라고 선고했다. 그이유로 "지역적 연고에 지나치게 의존하는 정당 정치 풍토에서" 지역 정당은 "특정 지역의 정치적 의사만을 반영할 것이므로" 불허한다는 것이다. 현재의 지역 연고주의 정당은 거대정당들이 만든 역사적 유산이지 지방 정당이 만든 결과가 아님에도 전국 정당이 만든 문제를 가지고, 지방 정당을 불허한 것이다.

제왕적 대통령제와 정당

한국의 정당법이 '전국 정당'만을 고집하는 배경에는 '지역주의 정당'의 출현에 대한 경계 때문이다. 보편성을 배제하며 지역의 편향된 이익만을 대변하는 지역주의(localism)와 고유한 지역성을 고려하면서도 보편성을 잃지 않는 지역성(locality)의 개념은 구별돼야 할 것이다.

풀뿌리 민주주의 정신을 반영하는 영미식의 보통법(common law)의 정신처럼, 풀뿌리 지역현장에서 발원하는 지역성(locality)을 통해 보편성의 실현을 강조하는 '로컬 정당'(local party·마을 동네 정당/주민 자치 정당)을 허용해야 할 것이다. 전국 정당은 전국 선거와 지방 선거 모두에 후보를 공천할 수 있고, 지방 정당은 지방 선거에만 공천할 수 있도록 하면 큰 문제는 없다. 영호남 지역에서 지역주의(localism)가 문제가 된다면, 거대 정당들의 지역 정당 조직의 선거 참여에 일정 제한을 가하면 될 것이다. 미국, 네덜란드, 독일, 그리고 일본과 같은 나라에서 전국 정당과 지방 정당이 모두 존재한다는 점을 선례로 수용하여 정당 개혁에 나서야 할 것이다.

〈기초 선거 단위 중앙당 공천제 폐지와 '지역 주민 공천제'〉

제왕적 대통령제를 권력 구조의 근본에서 부터 개혁하기 위해서는 '보충성의 원리'에 충실하게 풀뿌리 민주주의의 상징인 주민 자치 운동부터 시작해야 한다. 이를 위한 정당 공천 방식의 혁신이 필요하다. 그 핵심에는 중앙당과 국회 의원의 공천권을 로컬정당의 기반인 마을과 동네 주민들에게 넘겨주는 일이다.

시군구 기초 선거에 대한 중앙당 공천제를 폐지하고 해당 지역 주민이 참여하는 공천 배심 제도 혹은 오픈 프라이머리를 실시함으로써 마을 주민 정치의 자율성을 회복하는 방안을 찾아야 할 것이다. 아래 설문 조사를 참조할 필요가 있다. 2017년 ㈜코리아리서치센터에 의뢰해 실시한 '기초 지방 의회 정책 과제 설문 조사' 결과에 따르면 설문에 응답한 기초 의회 의원 1천559명 중 68.8%는 정당 공천제를 폐지해야 한다고 답했다. 반면 유지해야 한다는 입장은 29.0%에 불과했다.

정당 공천제 폐지 이유로는 '지방 자치의 중앙 정치 예속 방지'가 56.6%로 가장 많았다. 이어 '공천이 당선으로 이어지는 정치 풍토 개선' 20.9%, '각종 비리와 공천 관행의 근절'이 20.5% 순으로 나타났다. 유지를 희망한 이유로는 '책임 정치의 실현'이 43.7%로 많았고, '기초 지방 의원 선거 후보자 난립 방지' 41.5%, '중앙당과 유기적 협력 지원' 11.5%로 뒤를 이었다. 정당 공천제 폐지 대안으로는 '지역 주민 추천제 도입'이라는 의견이 39.6%로 가장 많았다. 이어 '정당표방제 허용'이 25.7%, '지방 정당의 제도화'가 22.2%였다.

〈읍·면·동장 및 읍·면·동 의회 의원 직선제 부활〉

우리나라는 1991년 지방 자치제를 부활시켰지만 1988년 지방 자치법을 개정하면서 종전에 풀뿌리자치였던 '읍·면 자치제'의 전통을 부활시키지 못하고, 박정희 군사 정부가 만든 '군 자치제'를 그대로 답습하는 문제점을 보였다. 이로 인해 지방 자치가 부활된 이후에도 주민의 삶은 기초 선거 단위에서 대표자를 뽑는 것을 제외하고는 중앙 집권적 생활양식은 크게 달라진 게 없다. 근본적으로 통·리·반에서 '주민 자치회'를 구성하여 운영하는 방안을 검토해야 한다.

우리는 6·25 전쟁 속에서 읍·면 의회 의원과 읍·면·동장을 직선으로 선출한 자치 경험을 가지고 있다. 1950년대 전쟁 속 '동회(洞會)'는 동 재산을 관리할 권한을 갖고 있었고 식량 배급과 인구 관리를 담당했기에 적지 않은 권력을 행사했다. 주민 자치는 읍·면 의회부터 시작했다. 전쟁의 참화 속에서도 1952년 4월 25일 읍·면 의회 의원 선거가 실시돼 전국적으로 91%의 높은 투표율로 1만 6051명의 초대 의원을 선출했다. 읍·면 의회 의원 선거는 세 번 치러졌다. 이어서 1955년 동장 선거, 1956년 읍·면장 선거를 했다.

1958년 이승만 정권은 독재 체제를 강화하면서 읍·면·동장 직선제는 불과 2년 만에 중단하고 임명제로 바꾸었다. 그러나 1960년 4·19 혁명 후 민주화의 열망에 따라 상황이 반전되었다. 6월 15일 공포된 개정 헌법은 임명제였던 시장, 읍장, 면장의 선출을 주민이 직접 선출할 수 있도록 해야 한다는 조항을 지방 자치법이 아니라 '헌법 제96조'(지방 자치 단체의 장의 선임 방법은 법률로써 정하되 적어도 시, 읍, 면의 장은 그 주민이 직접 이를 선거한다)에 삽입하였다. 이런 헌법 개정에 따라 읍·면·동장 직선제는 부활되었으나 제대로 시행하기도 전에 5·16 군사 쿠데타가 일어났고, 쿠데타로 집권한 박정희 정권은 이를 다시 임명제로 변경하였다.

이처럼 현재의 읍·면·동장 임명제는 1950-60년대 주민 자치의 꽃을 꺾은 독재의 유습이다. 1987년 6·10 민주 항쟁, 2017년 촛불 시민 혁명이라는 민주화의 큰 물결이 있었음에도 읍·면·동장 임명제는 오늘날까지 개선되지 못하고 있다. 최근 '읍·면·동장 주민 추천제'는 임명제보다는 진전된 형태이기는 하나 1950-60년대 주민들이 경험했던 읍·면·동 직선제에는 턱없이 미달하는 안이다. 따라서 우리가 탄생시켰던 읍·면·동 주민 자치의 경험과 의미를 되새기기 위해서는 현재의 읍·면·동장 임명제를 폐지하고, '읍·면·동장 및 읍·면·동 의회 의원 직선제'를 부활하도록 선거법을 개선해야 한다.

제왕적 대통령제와 정당
20년간의 정당 모델·공천·선거법 논쟁과 성찰

초판 1쇄 발행 2022년 2월 18일
초판 2쇄 발행 2022년 3월 21일

지은이 채진원

펴낸이 김선기
펴낸곳 (주)푸른길
출판등록 1996년 4월 12일 제16-1292호
주소 (08377) 서울특별시 구로구 디지털로 33길 48 대륭포스트타워 7차 1008호
전화 02-523-2907, 6942-9570~2
팩스 02-523-2951
이메일 purungilbook@naver.com
홈페이지 www.purungil.co.kr

ISBN 978-89-6291-950-9 93340